O TRIUNFO DA MÚSICA

TIM BLANNING

O triunfo da música

A ascensão dos compositores, dos músicos e de sua arte

Tradução
Ivo Korytowski
Revisão técnica
Marcos Branda Lacerda

1ª reimpressão

COMPANHIA DAS LETRAS

*Grafia atualizada segundo o Acordo Ortográfico da Língua Portuguesa de 1990,
que entrou em vigor no Brasil em 2009.*

Título original
The triumph of music — The rise of composers, musicians and their art

Capa
Mariana Newlands

Foto de capa
"A prophecy of Nostradamus", *Makrokosmos II*, de George Crumb. Copyright ©1973 by
C. F. Peters Corporation. Reprodução autorizada. Todos os direitos reservados.

Preparação
Leny Cordeiro

Índice remissivo
Luciano Marchiori

Revisão
Huendel Viana
Carmen S. da Costa

Dados Internacionais de Catalogação na Publicação (CIP)
(Câmara Brasileira do Livro, SP, Brasil)

Blanning, Tim.
    O triunfo da música : A ascensão dos compositores, dos músi-
cos e de sua arte / Tim Blanning ; tradução Ivo Korytowski — São
Paulo : Companhia das Letras, 2011.

    Título original : The triumph of music : the rise of composers,
        musicians and their art.
    ISBN 978-85-359-1784-0

    1. Música - Aspectos sociais - História 2. Músicos - Condições
sociais I. Título.

10-12103   CDD-306.484209

Índice para catálogo sistemático:
1. Músicos : Aspectos sociais : História   306.484209

[2011]
Todos os direitos desta edição reservados à
EDITORA SCHWARCZ LTDA.
Rua Bandeira Paulista, 702, cj. 32
04532-002 — São Paulo — SP
Telefone (11) 3707-3500
Fax (11) 3707-3501
www.companhiadasletras.com.br
www.blogdacompanhia.com.br

Este livro é dedicado a todos os alunos e colegas com quem trabalhei em Cambridge e outros lugares, especialmente Derek Beales, Jonathan Steinberg, Chris Clark e Roderick Swanston.

Sumário

Prefácio

Entre as muitas vantagens de ser professor da Faculdade de História da Universidade de Cambridge está a relativa liberdade de criar cursos que julgamos adequados. Nas últimas duas décadas, aproveitei-me disso para introduzir um elemento musical no currículo, instituindo cursos sobre a música na sociedade e cultura europeia e sobre Richard Wagner e a história alemã. No processo, aprendi muito com os alunos bem como com três colegas com quem trabalhei sucessivamente: Derek Beales, Jonathan Steinberg e Chris Clark. Também me beneficiei de modo incomensurável com a sagacidade e a sabedoria de Roderick Swanston nos muitos festivais de música em que ele e eu fomos conferencistas. A esses quatro acadêmicos este livro é dedicado. Cada um leu generosamente os originais do livro e deu sugestões valiosíssimas.

No plano institucional, tenho dívida de gratidão com várias bibliotecas onde trabalhei ao longo dos anos, sobretudo com a Seeley Historical Library e a University Library em Cambridge, o departamento de música da Bibliothèque National, em Paris, a Staatsbibliothek, em Munique, a Nationalbibliothek, em Viena, e, em Berlim, a Kunstbibliothek e a Staatsbibliothek. Sou também grato às numerosas sociedades e outras instituições que me deram a oportunidade de expor ao debate público e críticas as minhas ideias sobre "o triunfo da música".

Embora seja impossível agradecer a todas as pessoas que me ajudaram de tantas maneiras, gostaria de encontrar espaço para as seguintes: Robert Alexander, Tony Badger, Sally Beales, Mark Berry, Charles Blanning, Susan Boehmer, Ben Buchan, Vicki Cooper, John Deathridge, Linda Fritzinger, Mary Gallacher, Eric Hobsbawm, John Kulka, Gerald Levy, Cecilia Mackay, Arthur Marwick, Kirsty McCluskey, Barry Millington, Sean Milmo, John Mole, Michael O'Brien, Christopher Page, Claire Preston, Martin Randall, Donald Sassoon, Claudia Schneider, Hagen Schulze, Paul Scott, Brendan Simms, David L. Smith, Ian Stevenson, Simon Winder e Andrew Wylie. E finalmente minha esposa, Nicky, que tantas vezes sacrificou seu próprio tempo de lazer escasso para que eu pudesse prosseguir com a pesquisa e a redação. Eu não conseguiria concluir este livro sem seu amor, apoio e bom humor constantes.

Tim Blanning
Cambridge, maio de 2008

O TRIUNFO DA MÚSICA

Introdução

Nos tempos modernos, três monarcas britânicos reinaram por tempo suficiente para celebrar o jubileu de ouro: Jorge III, em 1809, a rainha Vitória, em 1887, e Elizabeth II, em 2002.[1] Os três assinalaram o evento com um serviço religioso. O rei Jorge contentou-se com uma cerimônia privada na capela de Windsor. A rainha Vitória compareceu a um serviço de Ação de Graças na Abadia de Westminster, onde ouviu o Te Deum musicado por seu falecido marido e outra de suas composições, o hino "Gotha". A atual rainha foi à Catedral de São Paulo para um evento semelhante, embora sem a música do príncipe consorte, e ouviu do arcebispo da Cantuária que "ao contrário de tanta coisa no mundo moderno, esse relacionamento entre soberano e povo se fortaleceu e aprofundou com o passar do tempo". Para aqueles três monarcas — chefes da Igreja Anglicana e cristãos devotos —, o serviço religioso deve ter marcado o ponto alto da celebração do jubileu. Mas para os súditos de Jorge e Vitória a maior atração devem ter sido os churrascos, cervejas grátis e fogos de artifício.

Muita comida e bebida também foram consumidas em 2002, mas para a maioria dos súditos da rainha Elizabeth o clímax foi o grande show pop ao ar livre nas dependências do Palácio de Buckingham, na segunda-feira, 3 de junho. Embora a limitação do espaço restringisse a apenas 12,5 mil o público sorteado para comparecer, mais 1 milhão de pessoas viram o espetáculo em telões nas

Festa no Palácio: Show do Jubileu da rainha em 3 de junho de 2002.

imediações do palácio e nos parques reais, enquanto outros 20 milhões no Reino Unido e mais de 200 milhões no mundo inteiro assistiram na televisão. Cem mil cópias do CD foram vendidas em uma semana, e milhões de pessoas assistiram ao show em DVD desde então. Junto com o concerto clássico (Prom at the Palace) realizado no sábado anterior, a Festa no Palácio (Party at the Palace, como o evento foi oficialmente designado) deu ao jubileu um impacto público maior do que qualquer outra celebração real.

O DVD revelou muitos bons momentos: uma das Atomic Kitten usando um vestido justo demais; o outrora satânico Ozzy Osbourne, antigo vocalista da Black Sabbath, rosnando "Deus salve a rainha" ao deixar o palco após interpretar seu hino "Paranoid"; a atraente Rachel Stevens parecendo um tanto desconcertada quando agarrada por Cliff Richard durante sua interpretação de "Move it" — só para mencionar três. Mas sem dúvida o ponto alto foi a abertura do show, com Brian May tocando o hino nacional do Reino Unido, "God save the queen", no alto do Palácio de Buckingham. Embora a própria rainha não tenha aproveitado plenamente as oportunidades apresentadas pelo evento — ela chegou pouco antes do fim usando protetores de ouvido e não se mostrou entusiasmada com o espetáculo —, a maioria dos comentaristas concluiu que se tratou de um eficaz lance de relações públicas. Até republicanos notórios ficaram impressionados.

A reação da colunista India Knight, que estava na Irlanda na noite do show, foi típica:

> Liguei a TV à toa enquanto preparava o banho. A primeira coisa que pensei, entusiasmada, foi: "Meu Deus, como isso é incrível!". A segunda coisa foi: "É Brian May com seu cabelo horrível tocando guitarra no alto do Palácio de Buckingham, então não pode ser incrível, preciso me controlar". Eu devia ir ao pub, mas fiquei vendo o show, fascinada — o mesmo show para coroas que eu vinha depreciando havia semanas: Rod Steward, Ozzy Osbourne, Paul McCartney, os remanescentes do Queen, o oposto de descolado. No entanto, foi fantástico. Mais fantástica ainda foi a visão de 1 milhão de pessoas tremulando suas bandeiras e dando rugidos de aprovação: toda hora as câmeras davam uma panorâmica delas. Fiquei emocionada.

Sua matéria foi publicada com o título: "Socorro, sou uma patriota".[2] Se isso parece um tanto impressionista, podemos acrescentar a reação mais realista de Hans Petri, o diretor-executivo da Opus Arte, empresa responsável pela venda do DVD, que se viu inundado de pedidos de aspirantes a distribuidores: "Quando eles viram aquela imagem de Brian May no teto do palácio, ficaram empolgados", ele disse.[3] Dessa vez, a aplicação do surrado adjetivo "icônico" ao show de Brian parece justificada.

Claro que o espetáculo atraiu muita atenção, mas nenhuma dos milhões de palavras dos comentários — pelo menos ao que me consta — tentou situá-lo em seu contexto histórico, afora algumas breves referências aos dois jubileus reais anteriores (ou três, se incluirmos o de diamante da rainha Vitória, em 1897). Este livro mostrará como o show foi o auge de três séculos de desenvolvimento musical. Claro que outras celebrações poderiam ter sido escolhidas, mas os concertos pop e clássico no palácio servem como um bom ponto de partida, porque naquelas duas noites de junho estavam presentes ao menos quatro dos cinco ingredientes essenciais que se fundiram para assegurar o triunfo da música (e que serão examinados um a um nos cinco capítulos à frente).

Brian May toca "God save the queen" na abertura do Show do Jubileu em 3 de junho de 2002. "O cabelo de Brian May deveria imediatamente ser declarado monumento nacional", escreveu o Daily Mirror.

O primeiro foi o enorme prestígio dos músicos. Seria impossível reunir um grupo de artistas criativos igualmente famosos e ricos em outro campo diferente da música. Quase todos os que apareceram eram nomes muito conhecidos, vários com títulos honoríficos, e a maioria muito ricos. A "lista dos ricos" do *Sunday Times* incluía sir Paul McCartney, com uma fortuna de 760 milhões de libras, sir Elton John, com 170 milhões, sir Tom Jones, com 150 milhões, Ozzy Osbourne, com 100 milhões, Brian May, com 55 milhões, Roger Taylor, com 50 milhões, John Deacon, com 50 milhões, sir Cliff Richard, com 40 milhões (valor quase certamente subestimado), Annie Lennox com 30 milhões, e assim por diante. As coisas mudaram desde 1781, quando Mozart foi literalmente expulso do serviço do arcebispo de Salzburgo "com um chute no traseiro".

Além do prestígio dos artistas, o lugar e espaço do concerto também foram importantes. O endereço pode ter sido o Palácio de Buckingham, mas o acesso não foi controlado pelo proprietário ocupante. Aquele foi um acontecimento público, menos um show do que uma festa ao ar livre, pois o público entrou no embalo e aos poucos se tornou participante, em vez de mero espectador. Além disso, o espaço não foi limitado pelos muros do palácio, espalhando-se pelas avenidas e parques circundantes para se tornar um fenômeno de massa. Isso só foi possível graças à tecnologia, em especial a amplificação do som e a transmissão de imagens. Sem isso, nem Tom Jones teria sido audível e visível para mais de algumas centenas de pessoas. Com seu auxílio, mesmo a discreta e suave banda de folk rock irlandesa The Corrs pôde ser ouvida e vista por dezenas de milhões. Como veremos, local, espaço e tecnologia colaboraram para levar a música fora do palácio à esfera pública.

As mensagens transmitidas do palco foram variadas, mas não incoerentes. Sem forçar muito a imaginação, podiam ser reunidas sob um só rótulo: "libertação", seja das mulheres (Annie Lennox e "Sisters are doing it for themselves"), dos jovens ("Radio Ga Ga", do Queen), das minorias étnicas ("Blackbird", de Paul McCartney, "Respect", de Aretha Franklin), dos gays ("I want love", de sir Elton John), dos namorados ("Everything I do", de Bryan Adams) ou dos idosos (contribuições de sir Cliff Richard).

O único aspecto do show que parecia em desacordo com o progresso triunfante da música diz respeito ao seu propósito. Como celebração real, pretendia ter muito mais em comum com os grandes festivais dos monarcas Habsburgo ou Bourbon, em que o propósito da música era representar a força do patrocinador. A capacidade expressiva que permitiu à música, no decorrer de quatro séculos, ultrapassar as outras artes e assumir a *pole position* pode não ter sido óbvia nas festividades de 2002: Emma Bunton cantando melosamente "Baby love" ou Tom Jones vociferando "Sex bomb" estavam na extremidade comercial do espectro. Mas as interpretações de, entre outras, "Bohemian rhapsody" pelo Queen e "Layla" por Eric Clapton, e as seleções de Paul McCartney de *Sgt. Pepper's Lonely Hearts Club Band* e do *Álbum branco* dos Beatles, foram lembretes suficientes da capacidade da música de atuar num nível mais alto, mergulhando fundo na psique humana e expressando seu conteúdo com um apelo universal.[4] De fato, como mais de um jornalista observou, não estava claro quem estava sendo mais homenageado: a rainha ou os reis e rainhas do pop.

Prestígio, propósito, lugares e espaços, tecnologia e libertação: estas são as cinco categorias que explorarei para explicar a marcha da música até a supremacia cultural. O que se segue é um exercício de história social, cultural e política, não de musicologia — nenhum conhecimento técnico de música é requerido. Esta obra não pretende ser uma história da música e é necessariamente seletiva nos exemplos escolhidos. Pedimos desculpas antecipadas aos fãs de, digamos, Puccini (*muito* melindroso) ou dos Sex Pistols (*idem*) por não darmos aos seus heróis mais atenção. Embora tenha enfatizado o final do século XVIII e o século XIX, porque foi então que ocorreram muitas das grandes mudanças, cada capítulo conclui com uma seção trazendo a história até os dias atuais. Uma tabela cronológica no fim do livro dá uma ideia da sequência dos eventos, além de situá-los no contexto histórico geral.

Defender uma tese sempre traz o risco de reducionismo. Estou ciente de que todos os fenômenos discutidos também tiveram influência em outros ramos das artes criativas, mas demonstrarei que foi a música que mais se beneficiou.

1. Prestígio

"Você é um homem de Deus, o verdadeiro artista por graça de Deus"[1]

O MÚSICO COMO ESCRAVO E CRIADO

Durante grande parte da história houve uma forte discrepância entre a posição da música e o prestígio dos músicos. Nas civilizações antigas, a música era venerada como o meio ideal de transmitir ordens divinas e agradecer por elas. No Egito faraônico, qualquer alteração nos cânticos tradicionais era rigorosamente proibida, pela simples razão de que seu compositor era o deus Osíris. O último salmo do Antigo Testamento exorta os fiéis a louvarem o Senhor com metais, madeiras, cordas e percussão.

Na cultura mais antropocêntrica da Grécia clássica, foram os seres humanos que revelaram o poder da música, o mais famoso sendo Orfeu, que salvou os colegas argonautas na volta para casa com o velocino de ouro, abafando com sua bela música o canto das sereias. A poesia lírica (poemas cantados acompanhados da lira) fez parte integral da tragédia grega desde o princípio. Daí Nietzsche intitular sua primeira obra-prima *O nascimento da tragédia no espírito da música*. Em sua *Poética*, Aristóteles identificou a música como um dos seis componentes essenciais da tragédia (os outros são trama, personagem, dicção, pensamento e espetáculo). Platão atribuiu à música uma influência tão poderosa que formou a base de seu sistema educacional. No Livro 2 de *As leis*, ele o expõe através de uma conversa entre um estrangeiro ateniense e um cretense, Clínias:

ATENIENSE: Devemos nós aceitar esse argumento para termos com o que começar, e postular que a educação deve sua origem a Apolo e às Musas?
CLÍNIAS: Sim.
ATENIENSE: Poderemos supor que o homem não educado não conta com o treinamento nos corais e que o educado conta inteiramente com tal treinamento?
CLÍNIAS: Certamente.
ATENIENSE: O treinamento nos corais, como um todo, inclui, é claro, tanto a dança quanto as canções.
CLÍNIAS: Não há dúvida.
ATENIENSE: E portanto o homem bem-educado terá a capacidade tanto de dançar quanto de dançar bem.
CLÍNIAS: Evidentemente.*

Na *República*, Platão foi ainda mais enfático: "A música é a parte fundamental da educação, porque o ritmo e a harmonia têm, no mais alto grau, tendência a se insinuar na alma, dominando-a" (Livro 3). Por essa razão, ele exigiu — com sua certeza habitual — que não se permitisse nenhuma mudança nas formas musicais. Sua permissão ameaçaria o próprio regime político, pois "quando as modalidades de música mudam, as leis fundamentais do Estado sempre mudam junto". Em sua utopia totalitária, todos os aspectos da atividade musical deviam ser rigorosamente controlados.

Os que seguiram as pegadas de Platão através dos séculos podem não ter compartilhado seu *dirigismo* (se bem que voltaremos a encontrar seu dedo acusador no pânico moral despertado pelo rock'n' roll na década de 1950), mas compartilharam sua avaliação do poder da música. São Basílio, o Grande (c. 330-c. 379), observou em sua *Homilia sobre o salmo 1* que o Espírito Santo proporcionara "a delícia da melodia" para ajudar a humanidade a trocar a inclinação natural pelo prazer pelo caminho reto e estreito de uma vida honrada: "Ele a misturou às doutrinas para que, através do prazer e suavidade do som, recebêssemos sem perceber o benefício das palavras, assim como o médico sábio, ao

---

* *As leis*, Platão, São Paulo, Edipro, 1999. Tradução de Edson Bini.

ministrar os remédios amargos, muitas vezes unta a taça com mel". Entre os que atestaram a exatidão de sua observação estava outro santo quase seu contemporâneo, Agostinho (354-430), que escreveu sobre seu batismo: "A música cresceu nos meus ouvidos, a verdade penetrou no meu coração e meus sentimentos de devoção transbordaram, fazendo cair as lágrimas — mas eram lágrimas de alegria".[2]

Quando a coerência cultural da Idade Média começou a desaparecer, a música conservou sua posição elevada. Em *O livro do cortesão* (1528), Baldassare Castiglione defendeu, através do conde, a sua importância:

> Entrarei num grande oceano de louvação da música e lembrarei o quanto ela foi famosa entre os antigos e considerada algo sagrado; e como os mais sábios filósofos foram da opinião de que o mundo se constitui de música e o firmamento, em seu movimento, produz uma melodia, e nossa alma é moldada da mesma forma, portanto, se elevou e (por assim dizer) reviveu suas virtudes e força com a música.[3]

Esse tipo de elogio poderia ser repetido à vontade, porém só mais um exemplo será o bastante. É um bom exemplo, até porque se origina em Shakespeare. No ato final de *O mercador de Veneza*, Jessica confessa a Lourenço que nunca se alegra quando ouve música suave, o que motiva a seguinte resposta neoplatônica:

> A razão é que todos teus sentidos estão atentos. Presta somente atenção num rebanho selvagem e vagabundo, uma horda de potros jovens sem domar, fazendo loucas cabriolas, nitrindo e relinchando com grande estrépito, levados pelo ardor do sangue. Mas, se por acaso ouvem o som de uma trombeta, ou qualquer ária musical venha ferir-lhes os ouvidos, tu os verás, dominados pelo mágico poder da música, ficarem imóveis como por unânime acordo e os olhos tomarem uma tímida expressão. Por esta razão, o poeta imaginava que Orfeu atraía as árvores, as pedras e as vagas, pois não há coisa tão estúpida, tão dura, tão cheia de cólera, que a música, num momento, não lhe faça mudar a natureza. O homem que não tem música em si, nem se emociona com a harmonia dos doces sons é feito para as traições, os estratagemas e as rapinas; a alma dele tem movimentos silenciosos

como a noite e as afeições tenebrosas como o Erebo. Não te fies jamais em seme-lhante homem!... Escutemos a música.*

De fato, naquela época (meados da década de 1590) havia muito tempo a música sofria ataques da ala mais extrema dos reformadores protestantes. Embora gostasse de música, Calvino se preocupava com seu poder, temendo que pudesse provocar "dissipações desenfreadas", "prazer excessivo", "lascívia e falta de vergonha", para mencionar algumas de suas atrações, e "assim como o vinho é vertido num barril, a peçonha e a corrupção são destiladas nas profundezas do coração pela melodia".[4] Tudo que ele permitiria, portanto, seria o canto dos salmos à capela pela congregação. Tamanha foi a aversão à música instrumental incutida em seus seguidores que, três anos após sua morte, eles fundiram os tubos do órgão de sua igreja para servir de jarras no serviço de comunhão. Ulrich Zwingli, o compatriota de Calvino, proibiu qualquer forma de música.

Essa hostilidade pela música se fundamentava numa interpretação inventiva da revelação das palavras de Deus no Antigo Testamento, cuja abundância de afirmações contraditórias permitia (e permite) justificar qualquer posição. Tanto é que Martinho Lutero, com a autoridade de alguém que traduziu a Bíblia inteira, defendeu a posição de que Deus encorajava a produção de música, anunciando que "uma das dádivas mais belas e magníficas de Deus é a música". Ele recomendou que as autoridades eclesiásticas e seculares a promovessem. Defendeu sobretudo as canções alegres como prevenção contra a tentação: "O Diabo é um espírito triste que entristece as pessoas e portanto não gosta de alegria. Por isso ele se afasta ao máximo da música e não permanece onde as pessoas cantam, especialmente canções religiosas".[5] Os hinos que Lutero escreveu em seu alemão inimitável e a música que compôs — e é bem provável que tenha composto a melodia para seu hino mais famoso "Ein feste Burg ist unser Gott" [Nosso Deus é uma fortaleza poderosa] — eram para ser cantados por toda a congregação, um microcosmo do sacerdócio de todos os crentes que constituía a Igreja luterana.[6] Além de um conduto para a Palavra de Deus e uma arma contra o Diabo, a música também era apreciada na Europa no início da

* *O mercador de Veneza*, em *Shakespeare: Comédias e sonetos*, São Paulo, Abril Cultural, 1978. Tradução de F. Carlos de Almeida Cunha Medeiros e Oscar Mendes.

Idade Moderna pelas qualidades terapêuticas. Parafraseando o médico holandês Lemnius, sir Robert Burton escreveu em sua *Anatomia da melancolia* que a música é "uma poderosa arma contra a melancolia, para edificar e restaurar a alma debilitada; afetando não apenas os ouvidos, mas as próprias artérias, os espíritos vitais e animais, eleva a mente, tornando-a ágil".[7]

Em suma, com exceção dos carrancudos reformadores franco-suíços, os europeus sempre apreciaram a música — sobretudo quando executada coletivamente (seja por atenienses, judeus, monges medievais, congregações protestantes). Com os intérpretes individuais a coisa era bem diferente. Em muitas civilizações antigas, os músicos também eram escravos ou — no caso da Pérsia — prostitutas. Ainda no século xx, de acordo com o polímata francês Jacques Attali, o islamismo proibia seus fiéis de comer na mesma mesa dos músicos.[8] Em sua *Política*, Aristóteles recomendou a música como componente crucial de uma educação liberal, mas fixou limites rigorosos à habilidade de execução a ser conquistada, pois "consideramos os intérpretes profissionais vulgares; nenhum homem livre tocaria ou cantaria a não ser que estivesse embriagado ou brincando". Conquistar habilidade musical por amor à música, ele afirmou, era inaceitável. Só quando internalizada como parte de um programa de aperfeiçoamento moral a música era admissível:

> Desse modo rejeitamos os instrumentos profissionais e também o modo profissional de educação musical (e por profissional nos referimos ao que é adotado em competições), porque aí o artista pratica a arte não visando ao próprio aperfeiçoamento, mas para dar prazer, e do tipo vulgar, aos seus ouvintes. Por essa razão, a execução de tal música não é função de um cidadão honrado, mas de um executante pago, e o resultado é que os executantes são vulgarizados, pois o objetivo a que visam é ruim.[9]

Os romanos seguiram o mesmo caminho. Boécio (c. 480-c. 524) reconhecia como verdadeiros músicos apenas filósofos que abordassem a música no nível da teoria. Ele rejeitou os instrumentistas como "criados [...] que não fazem nenhum uso da razão e que carecem totalmente de pensamento" e os compositores como motivados "menos pela especulação e razão do que por certo instinto natural".[10] A ênfase nos aspectos teóricos da música remonta aos gregos, especialmente Pitágoras (569-475 a.C.), que estava menos preocupado com o som ou estrutura da música do que com sua relação com os corpos celestes, cada um emitindo seu próprio som característico ao orbitar em torno da Terra.[11] Essa "música das esferas" ainda ligava o homem ao universo no tempo de Shakespeare. Pouco antes da passagem de *O mercador de Veneza* citada, Lourenço diz a Jessica:

> Olha como a abóbada celeste está completamente incrustada com luminosos discos de ouro. Até o menor daqueles globos que contemplas, quando se movimentam, produzem uma melodia angelical, em perpétuo acorde com os querubins de olhos eternamente jovens! Uma harmonia semelhante existe nas almas imortais; mas, enquanto esta argila perecível cobri-la com sua veste grosseira, não poderemos escutá-la.

Enquanto a música permanecia parte da ordem divina imutável, seu servidor terrestre não era muito valorizado, fosse um membro anônimo de um grupo ou um compositor-intérprete individual. (Um compositor era quase invariavelmente um intérprete, embora não vice-versa.) Nas cortes reais da Idade Média, o grupo de músicos de mais prestígio eram os sacerdotes do coro da capela. Eles eram reforçados por menestréis leigos interpretando uma música secular mais leve, visando mais a recreação e, portanto, com um prestígio menor. Embora alguns dos primeiros trovadores fossem de origem cavaleiresca, a maioria provinha das margens da sociedade cortês. Um exame de quinze [destes] trovadores pelo historiador Christopher Page revelou sua diversidade: cinco eram sacerdotes de alguma espécie, quatro, cavaleiros pobres ou filhos de cavaleiros pobres, três eram filhos de moradores de cidades e dois antes haviam sido artesãos.[12]

Na Florença medieval, tanto o ensino como a composição da música eram realizados por sacerdotes provenientes, na melhor das hipóteses, de famílias de artesãos.[13] O compositor mais célebre do final do século XIV, Josquin des Prez, foi um clérigo que serviu nos palácios de várias figuras eminentes, incluindo o duque de Anjou, o rei Luís XI da França, o cardeal Ascanio Sforza e o duque de Ferrara, antes de terminar seus dias como preposto da igreja colegiada de Notre Dame em Condé-sur-l'Escaut. Entretanto, ele parece ter tido uma clara ideia do valor de seu talento. Em 1502, um dos agentes do duque de Ferrara recomendou a nomeação de Heinrich Isaac em vez de Josquin:

Para mim [Isaac] parece mais adequado a servir Vossa Senhoria, mais do que Josquin, porque é mais afável e amigável, e comporá obras novas com mais frequência. É verdade que Josquin compõe melhor, mas só compõe quando quer e não quando os outros querem, e está pedindo um salário de duzentos ducados enquanto Isaac se contenta com 120 — mas Vossa Senhoria irá decidir.[14]

De fato ele decidia, e aí estava o problema. O duque de Ferrara podia dar, mas podia igualmente tirar. A inconstância dos protetores nobres foi descoberta por Claudio Monteverdi (1567-1643) ao ser despedido sem mais nem menos pelo duque de Mântua em 1612, ficando desempregado e com apenas 25 *scudi* disponíveis. Pelo menos foi isso que alegou. Na realidade sua fama já era tamanha que um novo patrão logo bateu à sua porta. No verão seguinte mudou-se para a república de Veneza para tornar-se diretor musical (*maestro di capella*) da Basílica de São Marcos. Quando os mantuanos tentaram atraí-lo de volta sete anos depois, Monteverdi teve o maior prazer em recusar o convite, numa carta merecidamente famosa que revelou o que um músico queria (e ainda quer).

Primeiro, dinheiro: Veneza lhe pagava quatrocentos ducados, e ele podia ganhar mais duzentos com trabalhos autônomos, enquanto em Mântua ganhava bem menos, além de ter ido de chapéu na mão implorar ao tesoureiro ducal que lhe pagasse ("Nunca em minha vida sofri maior humilhação do espírito").[15] Segundo, estabilidade: em Veneza seu cargo era permanente, não afetado por mudanças súbitas como a morte de um governante. Terceiro, controle: como *maestro di capella* ele decidia quem era contratado e despedido, e controlava todas as outras questões ligadas às atividades de seus subordinados, chegando até os coristas. Quarto, respeito: "Não existe nenhum cavalheiro que não me estime e respeite, e quando vou tocar, seja música de igreja ou música de câmara, juro a Vossa Excelência que a cidade inteira vem correndo ouvir".

As experiências contrastantes de Monteverdi com seus protetores pareciam indicar que uma república oferecia condições de trabalho e vida mais favoráveis a um músico. Prova disso era a carreira de Johann Sebastian Bach (1685-1750), que, após servir dois príncipes, optou por passar os últimos 27 anos de sua vida empregado pela câmara municipal de Leipzig, a qual, se não era uma república autônoma como Veneza — pertencia ao eleitorado da Saxônia —, controlava seus próprios assuntos culturais.

Pelo menos o duque de Mântua não tentou impedir Monteverdi de mudar-

-se para Veneza. Ao norte dos Alpes não havia tanta liberdade. Em 1721, Christoph Graupner não pôde aceitar o cargo de cantor na escola de São Tomé, em Leipzig, simplesmente porque seu empregador, o *landgrave* de Hessen--Darmstadt, recusou-se a deixá-lo partir.[16] Quando Bach tentou deixar o emprego do duque de Weimar em 1717, tendo recebido uma oferta mais atraente do príncipe de Anhalt-Cöthen, foi enviado à prisão, como consta do registro oficial: "A 6 de novembro, o antigo *Kapellmeister* e organista Bach foi confinado no local de detenção do juiz municipal por insistir obstinadamente na questão de sua demissão, sendo afinal libertado da prisão em 2 de dezembro com seu pedido indeferido".[17] Compositores, cantores e músicos que trabalhavam para príncipes eram tratados como servos de libré e podiam se considerar sortudos se não tivessem também que desempenhar funções de camareiros ou lacaios. Esmagado por dívidas de jogo, em 1753 o jovem Carl Ditters fugiu de Schlosshof, perto de Viena, para assumir um cargo novo em Praga. Em vão, pois seu patrão, o príncipe Joseph Friedrich von Sachsen-Hildburghausen, fez que fosse preso e mandado de volta.[18]

Sem dúvida a autocracia dos nobres chegou ao auge com Frederico, o Grande, da Prússia (governou de 1740 a 1786), cujo regime musical foi apropriadamente descrito por Thomas Bauman como "um caso espantoso de despotismo artístico".[19] Já que ele pagava, também queria mandar, especificando a instrumentação, a orquestração, a tonalidade e o andamento. Conforme escreveu ao seu *directeur des spectacles*, o conde de Zierotin-Lilgenau: "Os cantores e os músicos estão totalmente subordinados à minha escolha, além de muitos outros objetos ligados ao teatro, que eu mesmo encomendo e pago".[20]

Uma cantora que sentiu toda a força dessa atitude foi Gertrude Elizabeth Mara (nascida Schmeling), uma das maiores sopranos de sua época. Conforme registrou em sua autobiografia, em 1774 ela recebeu de Londres a oferta dos sonhos dos cantores prussianos: 1200 guinéus por doze noites, mais duzentos guinéus para as despesas de viagem e um concerto beneficente. De início Frederico autorizou sua ida, embora insistisse que o marido permanecesse em Berlim como garantia de sua volta, mas no último momento mudou de ideia. Quando o casal tentou fugir para cumprir o compromisso, foi detido nos portões de Berlim, e seu marido ficou preso dez semanas. Em 1780 ela adoeceu, mas Frederico não permitiu que se tratasse numa estação de águas da Boêmia: "Mas agora comecei a sentir o peso da escravidão. Não apenas estava tendo que enterrar minha fama e fortuna com ele [Frederico], como também minha saúde". Na segunda vez, o casal planejou a fuga com cuidado. Assim descreveu suas emoções ao acordar na segurança da Boêmia: "Uma manhã magnífica aguardava meu despertar; havia um gramado em frente da casa, de modo que pedi que servissem meu chá ali e me senti totalmente feliz — *O Liberté!*".[21]

Se Frederico era excepcionalmente autocrático, a posição subserviente mesmo dos maiores cantores e compositores constituía a regra nas grandes e pequenas cortes. A cartilha encomendada pela imperatriz Maria Teresa para a educação de seu filho Ferdinando continha uma tabela representativa da hierarquia social. Os músicos foram situados no nível mais baixo, junto com os mendigos e atores.[22] Em 1771 ela acrescentou seu próprio comentário, quando Ferdinando a consultou sobre a possibilidade de contratar o músico de quinze anos Wolfgang Amadeus Mozart:

> Você me perguntou se deveria contratar o jovem de Salzburgo para seu serviço. Não consigo conceber por que deveria, pois você não precisa de um compositor ou de qualquer outra pessoa inútil. Mas, se acha que lhe dará prazer, não me oporei. Só dou minha opinião porque não quero vê-lo perdendo tempo com gente que não serve para nada. Porém, você deve evitar conceder a essas pessoas títulos honoríficos como se estivessem a seu serviço. Pois o próprio serviço cai em descrédito quando essas pessoas perambulam pelo mundo como pedintes.[23]

Em 1761, quando o príncipe Paul Anton Esterházy, um dos magnatas mais ricos e poderosos nos domínios de Maria Teresa, ofereceu a Joseph Haydn um cargo de vice-diretor musical, apresentou ao músico de 29 anos um contrato que detalhava em minúcias não apenas suas tarefas, mas também sua conduta e traje. Quando Haydn e os outros músicos tocassem diante do príncipe, deveriam sempre aparecer "impecavelmente de meias brancas, linho branco, empoados e com rabo de cavalo ou aparência semelhante". Em 1766 a distribuição de novas librés de inverno motivou o seguinte discurso humilhante de Haydn:

> A mui bem-vinda chegada do dia do santo do meu patrão (que a Divina Graça permita que Vossa Alteza Sereníssima passe com perfeito bem-estar e felicidade) me leva não somente a oferecer a Vossa Serenidade em devida apreciação seis novos divertimentos, mas também a beijar a bainha de vosso manto.[24]

O sinal mais perturbador de que Haydn viria a se tornar o servo do príncipe, e somente dele, veio na cláusula 4 de seu contrato, que rezava:

> O referido *vice-Kapellmeister* estará sob permanente obrigação de compor peças musicais que Sua Alteza Sereníssima e Principesca venha a ordenar, e a não comunicar tais composições novas a ninguém, nem permitir que sejam copiadas, conservando-as para uso exclusivo de Sua Alteza; nem deverá compor para nenhuma outra pessoa sem o conhecimento e generosa permissão de Sua Alteza.[25]

Enquanto Haydn era obrigado a cumprir seu período de experiência de três anos e a avisar com seis meses de antecedência se decidisse partir ao final, o príncipe estava "livre a qualquer momento para demiti-lo do seu serviço". Foi esse tipo de contrato desigual que levou Rousseau a denunciar todos os contratos como fraudes. Na verdade, era mais como um laço feudal entre senhor e vassalo. Isso ficou claro nos detalhes da remuneração de Haydn, que incluía pagamentos substanciais em espécie: vinho, lenha, trigo, centeio, sêmola, carne, sal, banha, velas, repolhos, feijões e um porco.[26]

Em termos musicais, esse relacionamento se exprimiu nas 126 peças para barítono que Haydn compôs entre 1765 e 1778. Derivado da viola da gamba, o barítono possui até sete cordas de tripa tocadas com um arco e dez cordas de metal adicionais dentro de um braço de ressonância, e também podem ser dedilhadas por trás. Embora muito pesado e difícil de tocar, era o instrumento favorito do príncipe Nicholas Esterházy, que sucedeu ao irmão como chefe da família em 1762. Assim, gostasse ou não, Haydn era obrigado a compor um suprimento regular de música apropriada — de fato, foi repreendido em 1765 por não produzir o suficiente.[27] Sem as composições de Haydn, há muito o barítono teria virado peça de museu.

Um exemplo musical mais notável do poder do príncipe Nicholas Esterházy sobre seus músicos encontra-se na Sinfonia nº 45 em fá sustenido menor (*Sinfonia da despedida*). A residência principal de Esterházy era um enorme palácio e escritório em Eisenstadt, cinquenta quilômetros ao sul de Viena, construído na década de 1660. Mas o príncipe Nicholas se apegou cada vez mais a um alojamento de caça à beira do lago Neusiedler, transformado numa versão em miniatura do palácio de Schönbrunn dos Habsburgo. Dando-lhe o nome de Esterháza, não poupou tempo nem dinheiro na reforma do alojamento, e passava períodos cada vez maiores ali. Embora seus recursos musicais fossem incomparáveis, incluindo um teatro lírico com quinhentas poltronas e nada menos que 126 quartos de hóspedes para visitantes aristocráticos, as acomodações para as esposas e famílias dos atendentes do príncipe não poderiam ser mais humildes.[28]

Pode-se deduzir que o príncipe ia até Esterháza em busca de paz e sossego a partir do relatório do administrador de suas propriedades em 1772: "Comuniquei a todos os músicos pessoalmente vossa ordem superior de que as esposas e filhos dos músicos não poderão ser vistos em Esterháza".[29] Sua garantia de que "ninguém discordou dos termos da ordem superior" foi então desafiada pela sinfonia de Haydn. Quando o quarto movimento, marcado *presto*, parece estar chegando ao fim, o que é na verdade um quinto movimento, marcado *adagio*, começa. Enquanto a alegre melodia com orquestração simples segue seu curso, instruções na partitura mandam que um músico após o outro cesse de tocar (embora só depois de chamar a atenção para sua aptidão com uma passagem como solista), apague sua vela e deixe o aposento. Após uns cem compassos, apenas Haydn e o segundo músico mais importante permaneceram para encerrar tranquilamente a obra. De acordo com uma história que circulou na época, o príncipe não se ofendeu com essa retirada progressiva dos músicos, mas comentou: "Se todos vão embora, temos que ir também", e ordenou uma volta a Eisenstadt.[30]

Como indica esse estratagema sutil, Haydn era um tipo de pessoa afável e conciliadora, que cultivava um relacionamento amigável, ainda que subserviente, com o patrão. O que o incomodava, porém, eram as restrições à liberdade de movimento. Em Viena, convocado de volta a Esterháza em fevereiro de 1790, escreveu amargurado para sua amiga íntima Maria Anna von Genzinger, esposa do médico de Esterházy: "Bem, aqui estou eu na minha selva — abandonado — como um pobre vira-lata — quase sem companhia humana — melancolia — cheio de lembranças dos dias gloriosos do passado".[31] Em maio reclamou que "tenho que suportar aqui muitos aborrecimentos da Corte, que porém devo aceitar em silêncio", sendo a maior fonte de irritação a recusa do príncipe a permitir sua ida a Viena. Ao final de junho, chegara ao auge da frustração:

De novo, vejo que sou forçado a permanecer aqui. Vossa Graça pode imaginar tudo que perco com isso. É realmente triste ser um escravo, mas a Providência quer assim. Sou uma pobre criatura! Sempre assoberbado pelo trabalho duro, com poucas horas de recreação, e poucos amigos.[32]

HÄNDEL, HAYDN E A LIBERTAÇÃO DO MÚSICO

Graças a Deus e ao dinheiro, Haydn encontrou a salvação. Em 28 de setembro de 1790, o príncipe Nicholas morreu após breve doença. Seu filho e sucessor, o príncipe Anton, imediatamente dissolveu a companhia de ópera e a orquestra, deixando Haydn com todo o tempo livre do mundo para desfrutar sua confortável pensão em Viena. Ou em Londres. Já em 1785, *The Gazeteer and New Daily Advertiser* de Londres havia lamentado:

> Na visão de uma mente liberal, existe algo muito aflitivo na história de *Haydn*. Esse homem maravilhoso, que é o Shakespeare da música, e o triunfo da era em que vivemos, está condenado a residir na corte de um príncipe alemão desprezível, incapaz de recompensá-lo, e indigno de honra. [...] Não seria uma realização comparável a uma peregrinação se alguns jovens ambiciosos o resgatassem de sua sorte e transplantassem à Grã-Bretanha, o país para o qual sua música parece ser feita?[33]

O sequestro acabou se revelando desnecessário. O empresário alemão radicado em Londres Johann Peter Salomon estava percorrendo a Renânia em busca de talentos quando soube da morte do príncipe Esterházy. Correndo para Viena, irrompeu diante de Haydn com as palavras: "Sou Salomon de Londres e vim apanhar você. Amanhã fecharemos um acordo".[34] Foi o que fizeram, e em 1º de janeiro de 1791 os dois homens chegaram à cidade mais rica da Europa, o Eldorado dos músicos. Haydn já era bem conhecido do público musical inglês através de publicações, mas não necessariamente publicações impressas. Como acontecia com muitos compositores do período, a música de Haydn começou a circular primeiro em cópias manuscritas, que foram parar nas coleções de numerosos mosteiros austríacos e de melômanos aristocráticos franceses, italianos e alemães. Qualquer tipo de publicação contrariava o monopólio formal do príncipe Esterházy sobre a produção de Haydn, conforme estipulava o contrato de 1761. A cláusula, mais rompida que observada — a música de Haydn foi pela

Do catálogo temático de Breitkopf e Härtel (1763).

primeira vez anunciada para venda em 1768, apenas em manuscrito —, foi abandonada no contrato revisado de 1779.[35]

Àquela altura, sua música já estava à venda por toda a Europa. Haydn teve a sorte de sua carreira coincidir com uma enorme expansão da impressão e publicação de música. Embora a impressão já fosse possível desde o final do século XV, só em meados do século XVIII começou a se desenvolver algo parecido com um mercado de massa. Era parte essencial de um fenômeno mais vasto: o surgimento de uma esfera pública. O aumento dos índices de alfabetização e a concomitante revolução da leitura, a expansão das cidades e promoção de valores urbanos, a ascensão do consumismo e comercialização do lazer, a proliferação de associações voluntárias como clubes de leitura, sociedades corais e lojas maçônicas, a melhoria das comunicações e serviços postais — todos esses avanços se uniram para criar um novo tipo de espaço cultural que os empresários culturais trataram de explorar.[36]

Editoras já funcionavam em Amsterdã, Paris, Leipzig e Londres no final do século XVII, mas o número se multiplicou após 1750.[37] Uma simples lista das datas de fundação de firmas especializadas em impressão ou venda de música dá uma ideia da escala da mudança: Breitkopf, de Leipzig (1745); Hummel, de

O duque de Alba por Goya (1795).

Amsterdã (1753); Robert Bremner, de Edimburgo (1754); Venier, de Paris (1755); Chevardière, de Paris (1758); Longman and Broderip, de Londres (1767); Schott, de Mainz (1770); André, de Offenbach (1771); Artaria, de Viena (1767); Torricella, de Viena (1775); John Bland, de Londres (1776); Forster, de Londres (1781); Hoffmeister, de Viena (1783); Birchall and Beardmore, de Londres (1783); Bland and Weller, de Londres (1784), e assim por diante.[38] Para a maioria das editoras, as gravuras ofereciam a melhor combinação de elegância e economia, embora a invenção de Johann Gottlieb Emmanuel Breitkopf

Franz Josef Haydn por J. E. von Mansfeld.

de um processo aperfeiçoado de tipos móveis em 1754-5 possibilitasse tiragens bem maiores, gerando economia de escala. Sua aplicação de técnicas comerciais — catálogos, publicidade, redes de distribuição, vendas pelo correio — permitiu que desenvolvesse uma grande empresa que, só na impressão, empregava mais de cem trabalhadores.[39]

Através de editoras como aquela, além do boca a boca entre os melômanos, Haydn começou a firmar uma reputação internacional. Já em 1763 constava do catálogo da Breitkopf um divertimento para cravo de Haydn, ao qual se juntaram dois anos depois oito quartetos de cordas. Em 1764, duas editoras parisienses — Chevardière e Vernier — anunciavam quatro quartetos de cordas e uma sinfonia, respectivamente. Em 1765, a Hummel de Amsterdã anunciou seis quartetos de cordas na *Amsterdamsche Courant*, peças também disponíveis no mesmo ano na gráfica de Robert Bremner em Londres, situada no Strand, defronte à Somerset House.[40] Nas duas décadas seguintes, um fluxo crescente de composições de Haydn foi parar no mercado internacional, às vezes em manuscrito, mas cada vez mais em edições impressas. Especialmente bem-sucedido foi o conjunto de seis sonatas para teclado (Hob. XVI: 21-6) publicadas em 1774 e dedicadas ao príncipe Esterházy, logo reimpressas em Paris, Londres e Amsterdã.[41] Na década de 1780, Haydn vinha compondo música para clientes

Händel por Louis François Roubiliac.

Monumento a Händel por Louis François Roubiliac, Abadia de Westminster.

em toda a Europa: missas, quartetos e óperas para a condessa-duquesa de Benavente e Osuna e o duque de Alba na Espanha, e seis *Sinfonias de Paris* para o Concert de la Loge Olympique em Paris, para citar apenas alguns. Um bom exemplo visual da fama internacional de Haydn está no retrato, pintado por Goya, do duque de Alba, que tem em mãos o livro *Quatro canções acompanhadas por piano* do compositor.[42]

Em Londres, circulavam rumores de que Haydn viria pessoalmente dirigir uma série de concertos. Em novembro de 1782, o *Morning Herald* registrou que "o *mundo musical* está alarmado, temendo que o célebre *Haydn* se recuse a visitar a Inglaterra".[43] No ano seguinte, o *Morning Post* anunciou com satisfação, mas erroneamente, que "o grande Hayden" se apresentaria no outono.[44] Embora restrito ao estreito triângulo Viena — Eisenstadt — Esterháza, Haydn estava ciente de sua fama crescente e fez todo o possível para promovê-la. Em 1781, encomendou um retrato seu ao célebre artista J. E. von Mansfeld, o qual foi depois gravado, reproduzido e posto à venda pela editora vienense Artaria, a que Haydn se associara no ano anterior.[45] O resultado foi bem lisonjeiro, omitindo qualquer traço de seu pólipo nasal ou das cicatrizes de varíola.

Enfim, na época em que Haydn realmente chegou a Londres, no dia de Ano-Novo de 1791, o público musical estava pronto e aguardando. Já havia mostrado sua disposição em acolher músicos de língua alemã ao receber Händel. De fato, o sucesso de Händel durante o meio século que passou em Londres (1710-59) foi uma demonstração pioneira de como um músico podia ficar rico e famoso através da esfera pública. Foi o primeiro compositor e empresário musical a fazer fortuna com base num público pagante.[46] Ao morrer, em 1759, Händel deixou um patrimônio avaliado em cerca de 20 mil libras, o que o transformava em milionário pelos padrões atuais.[47] A riqueza era associada a um prestígio elevado. Quando chegou a Londres, Händel era chamado de "servente do príncipe eleitor de Hanover", mas na época de sua morte era festejado pelo rei, pela aristocracia e pelo país. Sem nunca ter sido dependente deles, beneficiou-se material e socialmente dos três. Homem reservado que jamais se casou, Händel escolheu seus poucos amigos próximos nos escalões superiores da sociedade.[48]

Sinal do grande sucesso da carreira de Händel foi a construção, em 1738, de uma estátua em tamanho natural em Vauxhall, o maior jardim recreativo de Londres, pelo seu empresário, Jonathan Tyers. Sua escolha do desconhecido escultor imigrante Louis François Roubiliac foi um golpe de sorte ou de discernimento. A criação de Roubiliac, que mostra Händel em postura e trajes descontraídos, dedilhando uma lira no estilo de Orfeu, tornou-se uma das mais célebres entre todas as estátuas de músicos.[49] Pretendia ser um ato de homenagem a um herói cultural e um lembrete do poder consolador da música.

A estátua de Vaxhall foi a primeira encomenda a Roubiliac. A última seria o monumento a Händel na Abadia de Westminster, concluído em 1761. Bem mais formal, como convém ao local e ocasião, mostra um anjo suspenso no alto, tocando uma harpa, enquanto Händel escreve as notas de "Sei que meu Redentor vive", do *Messias*.[50] Ao incluir nesta obra o coro "Aleluia", Händel provavelmente contribuiu mais do que qualquer outro indivíduo para a louvação de seu Deus. O fato de ter sido homenageado com túmulo tão proeminente na Abadia de Westminster atesta sua posição pessoal e a crescente sacralização de sua arte. Logo após seu falecimento, foi também reverenciado com o primeiro livro biográfico dedicado a um músico.[51] Decorridos 25 anos de sua morte, Händel foi recompensado com uma apoteose em forma de cinco concertos comemorativos na Abadia de Westminster e no Panteão em Oxford Street. Ao evento principal na abadia compareceram Jorge III (cujo compositor favorito era Händel), vários familiares e grande número de nobres e aristocratas. Como observou William Coxe, a comemoração foi "o mais esplêndido tributo já dedicado à fama póstuma" e "uma homenagem à profissão, à nação e ao Soberano".[52]

Haydn deve ter ouvido falar do sucesso de Händel na grande metrópole, mas ainda assim ficou surpreso com o entusiasmo de sua acolhida pública. Escreveu à família: "Minha chegada causou grande sensação por toda a cidade, e fui notícia em todos os jornais por três dias sucessivos. Todos querem me conhecer. Tive que jantar fora seis vezes até agora, e se quisesse poderia fazê-lo todo dia".[53] Após o primeiro concerto, em 11 de março, o *Morning Chronicle* relatou:

CONCERTO DE SALOMON
O Primeiro Concerto sob os auspícios de HAYDN foi na noite passada, e talvez nunca tenha havido tamanho prazer.

Não surpreende que, para as almas capazes de ser tocadas pela música, HAYDN deva ser objeto de homenagens, até de idolatria; porquanto, como nosso próprio SHAKSPEARE [*sic*], ele incita e domina as paixões à vontade.

Sua *nova "Grande abertura"* foi considerada uma composição maravilhosa por todos os ouvidos científicos; mas o primeiro movimento em particular se eleva, na grandeza do tema e na rica variedade de melodia e paixão, acima de qualquer outra de suas próprias produções.[54]

Charles Burney registrou em suas memórias: "O próprio Haydn presidiu ao piano; e a visão daquele renomado compositor arrebatou o público a ponto de despertar uma atenção e um prazer jamais atingidos pela música instrumental na Inglaterra. Todos os movimentos médios lentos foram bisados; o que nunca aconteceu antes, acredito, em nenhum país".[55] Idolatrado pela sociedade inglesa, do rei e príncipe de Gales até o cidadão comum, Haydn também ganhou muito dinheiro: após seis meses pôde remeter cerca de 6 mil florins aos bancos austríacos (cinco a seis vezes seu salário anual pago pelo príncipe Esterházy).[56] De acordo com seu contemporâneo e biógrafo Griesinger, suas duas visitas a Londres renderam um lucro líquido de 15 mil florins.[57]

A fama e a fortuna de Haydn em Londres são um bom exemplo de como a comercialização de uma forma de arte podia influenciar seu conteúdo. O que estava em questão era mais o patrocínio do que recursos artísticos. No palácio de Esterházy em Eisenstadt, Haydn tivera à disposição uma sala de concertos magnífica, bem maior do que a Hanover Square Rooms, local dos concertos Salomon em Londres.[58] Bem mais importante porém era o tamanho relativo das orquestras para as quais compôs. Em Eisenstadt e Esterháza na década de 1770, Haydn vinha compondo sinfonias para três primeiros violinos, três segundos violinos, uma viola, um violoncelo, um contrabaixo, um fagote, dois oboés e duas trompas — catorze músicos ao todo.[59] Como cada um deles representava uma despesa permanente do tesouro do príncipe, mesmo um magnata rico como o príncipe Esterházy não podia manter uma orquestra maior. Em Londres, Salomon contava com um grupo bem maior de músicos profissionais, que podiam ser contratados por temporada ou mesmo por concerto, proporcionando assim a Haydn uma orquestra com cinquenta a sessenta integrantes.[60] De forma significativa, apenas na outra grande metrópole europeia, Paris, tais proporções podiam ser regularmente igualadas.

Mas mesmo essa discrepância não explica de todo o impressionante desenvolvimento estilístico revelado pelas sinfonias que Haydn escreveu para Paris e Londres, respectivamente em 1784-5 e 1791-5. Uma explicação aceita é que compor para um grande público estimulava Haydn a voos mais altos. O decano dos estudos de Haydn, H. C. Robbins Landon, afirmou:

> O público londrino da última década do século merece parte da gratidão da posteridade por permitir a expansão das fronteiras expressivas das doze últimas sinfonias de Haydn. A música reflete a atmosfera da Londres do fim do século: confiante, polêmica, intrigante, excêntrica, com espírito aberto porém sensível. Haydn respeitava e cultivava seu público. Este, por adulação, encorajava-o num grau e de uma maneira que nenhuma outra cidade (e certamente nenhum indivíduo) teria conseguido para promover sua propensão ao debate e ao entretenimento musical.[61]

Trata-se de uma hipótese plausível apoiada por referências às frequentes e fervorosas expressões de gratidão de Haydn por seus públicos admiradores de Londres. Através da publicação, Haydn atraiu a atenção do público, podendo assim escapar da gaiola dourada de Esterháza para a liberdade da esfera pública de Londres. Sua libertação pode também ser situada num contexto histórico mais amplo, em que o concerto público é apresentado como causa e ao mesmo tempo sintoma da vitória da classe média, conforme observou Peter Schleuning. Mas provavelmente essa não foi a história completa, seja no caso particular de Haydn, ou em termos mais gerais.

Em carta autobiográfica de 1776, Haydn escreveu que em 1761 havia deixado o serviço do falido conde Morzin para tornar-se *Kapellmeister* do príncipe Esterházy, "em cujo serviço desejo viver e morrer".[62] Foi o que fez. Como demonstraram suas visitas a Londres em 1791-2 e 1794-5, ele poderia facilmente ter auferido uma boa renda como músico autônomo trabalhando para público anônimo. No entanto, preferiu encerrar seus dias como leal servidor dos Esterházy. Ele nunca explicou o motivo, mas talvez fosse porque o patrão oferecia a maioria dos requisitos que Monteverdi havia citado: uma boa renda, ainda que não principesca, estabilidade, controle e prestígio. O que mais pesou talvez tenha sido o comando exclusivo de uma grande instituição musical de alta qualidade que fornecia tudo de que um compositor precisava: instrumentos, espaço, ótima biblioteca com livros e partituras, uma orquestra excelente e tempo de ensaio ilimitado.

A qualidade das forças musicais à sua disposição pode ser inferida da música que compôs para tocarem. Um exemplo: no movimento lento da Sinfonia nº 51 em si bemol, o trompetista deve passar da nota mais aguda de seu instrumento para toda uma série de notas difíceis e exageradas no extremo inferior — tudo isso, é claro, sem a ajuda de válvulas. E quantos compositores modernos, afora os que trabalham com dispositivos puramente eletrônicos, podem se dar ao luxo de ver suas obras executadas de imediato sob sua própria direção?

Haydn tinha plena consciência das vantagens de que desfrutava: "Meu príncipe estava satisfeito com todas as minhas obras; eu recebia aprovação, como chefe de uma orquestra podia fazer experiências, observar o que realçava um efeito, e o que o enfraquecia, assim melhorando, acrescentando, excluindo e correndo riscos. Distanciei-me do mundo, sem ninguém por perto para me confundir e aborrecer, de modo que tive de ser original".[63]

Dificilmente poderia ter criado as sinfonias extraordinariamente originais do seu denominado período de *Sturm und Drang** [Tempestade e Ímpeto] do final da década de 1760 e início da de 1770 se estivesse compondo para o público de Londres ou Paris, e não para o discernidor e tolerante príncipe Nicholas Esterházy. Não devo ser o único a preferir a vitalidade emocional dessas obras anteriores às sinfonias mais requintadas de Paris e Londres.[64]

Talvez mais do que qualquer outro compositor do século XVIII, Haydn conseguiu obter o melhor dos dois mundos: aristocrático e popular. Na última década de sua longa vida, tornara-se um ícone da monarquia dos Habsburgo, processo favorecido pela composição de um hino nacional. Em 27 de março de 1808, para marcar seu 76º aniversário, a aristocrática sociedade de concertos dirigida pelo príncipe Von Trauttmansdorff organizou a homenagem máxima de sua carreira: uma apresentação de gala de seu oratório *A criação* no salão principal da Universidade de Viena. Quando a carruagem de Haydn chegou, a multidão que aguardava lá fora era tamanha que a polícia teve que entrar em ação para manter a ordem. Após ser saudado por um comitê de recepção que incluía o príncipe Lobkowitz, o príncipe Esterházy e Beethoven, Haydn foi carregado até o salão numa cadeira de braços, sendo saudado aos gritos de "Vida longa para Haydn!". Antes que o espetáculo começasse, presentearam-no com dois panegíricos em versos: um em alemão, outro em italiano, o que o fez romper em lágrimas.

---

* Movimento de jovens poetas na segunda metade do século XVIII que antecede o romantismo alemão. (N. T.)

A apoteose de Haydn em 27 de março de 1808, originalmente pintada por Balthasar Wigand numa caixa.

Após a abertura orquestral e um breve recitativo, o coro canta o seguinte:

O espírito de Deus pairava sobre a face das águas.
Disse Deus:
Haja luz.
E houve luz.

A passagem é cantada em pianíssimo até a segunda ocorrência da palavra "luz", quando coro e orquestra subitamente irrompem num fortíssimo. Esse é sempre um momento emocionante. Naquela ocasião, o público aplaudiu com tamanho entusiasmo que o espetáculo teve que ser interrompido, enquanto Haydn, "suas lágrimas descendo pela face pálida como se dominado pelas mais violentas emoções, ergueu os braços trêmulos ao Céu, como em oração ao Pai da Harmonia", nas palavras do *Allgemeine Musikalische Zeitung*.

Tratou-se sem dúvida de um dos momentos musicais mais memoráveis da Europa moderna. O evento foi registrado pictoricamente pelo miniaturista Balthasar Wigand a pedido da princesa Esterházy, que deu de presente o resultado a Haydn.[65] No começo de sua carreira, Haydn ficou famoso por ser o *Kapellmeister* dos Esterházy. Quando morreu, os Esterházy eram famosos porque seu *Kapellmeister* era Haydn. Ele morreu em 31 de maio de 1809, quando Viena estava sob ocupação francesa, mas Napoleão não perdeu a oportunidade de mostrar seu respeito, postando uma guarda de honra diante da casa do homem agonizante.[66]

MOZART, BEETHOVEN E OS PERIGOS DA ESFERA PÚBLICA

Acompanhamos a vida de Haydn até o fim, mas omitimos um compositor com pelo menos a mesma estatura, mas bem menos sorte. Ser escravo de um autocrata afável e musicalmente dotado como o príncipe Nicholas Esterházy era uma coisa. Estar sujeito ao conde Hieronymus von Colloredo, arcebispo de Salzburgo, era bem diferente. As experiências contrastantes dos dois músicos supremos da segunda metade do século XVIII mostram bem a aleatoriedade da vida de um artista criativo sob o Antigo Regime. Apesar das queixas ocasionais, Franz-Josef Haydn viveu e morreu como leal servidor de seu patrão. Wolfgang Amadeus Mozart, como todos sabem, não teve o mesmo destino. Sua emancipação de Colloredo, considerada por alguns como nada menos que "uma declaração de guerra entre o novo mundo burguês e o antigo regime de produção artística", demonstrou enfaticamente que Mozart não achou as barras de sua gaiola nem um pouco douradas.[67]

Na opinião de Mozart, seu patrão era ingrato e mesquinho, não concedendo nem vantagens materiais, nem prestígio. Revoltado, escreveu de Viena ao pai em março de 1781:

> O que dizes sobre o arcebispo é até certo ponto a perfeita verdade — quer dizer, quanto à forma como eu atiço sua ambição. Mas de que me serve tudo isso? Não posso sobreviver disso. Acredite, tenho razão quando digo que ele age como uma *tela* para impedir que os outros me percebam. Que distinção ele me confere? Herr von Kleinmayr e Bönike [autoridades arcebispais] têm uma mesa separada com o

ilustre conde Arco. Seria uma honraria se eu sentasse àquela mesa, mas não há nenhuma em sentar com os criados que, quando não estão ocupando os melhores assentos à mesa, têm de acender os candelabros, abrir as portas e aguardar na antecâmara (*quando estou dentro*) — com os cozinheiros também![68]

Com certa razão, Mozart concluiu que seu empregador estava tentando tratá-lo como um objeto de sua propriedade. Conforme continuou reclamando na carta, seu pedido de permissão para tocar num concerto de caridade da Sociedade dos Músicos, onde teria a oportunidade de conquistar "as boas graças do Imperador e do público", foi peremptoriamente rejeitado. Haydn poderia ter composto outra *Sinfonia do adeus*, mas Mozart não era Haydn. Ele não era Haydn por ser uma geração mais novo (nascido em 1756), ter viajado por toda a Europa como uma criança prodígio, ser encorajado em suas aspirações sociais pelo pai ambicioso e possuir um temperamento bem menos fleumático. Mozart se rebelou, e foi devidamente punido. Em junho de 1781, após violenta discussão sobre a data em que deveria deixar Viena e retornar a Salzburgo, foi expulso do serviço do arcebispo da forma mais seca possível.

Em carta ao pai, descreveu o que aconteceu quando foi apresentar uma petição ao chefe de pessoal, conde Arco:

> Em vez de pegar minha petição, marcar uma audiência, aconselhar-me a enviar o documento mais tarde ou persuadir-me a deixar o assunto amadurecer e refletir um pouco mais — *enfim*, o que ele quisesse —, o conde Arco me expulsa do aposento e dá um chute no meu traseiro. Bem, isso significa, em nossa língua, que Salzburgo não é mais o lugar para mim, a não ser para me dar a oportunidade favorável de devolver o pontapé do conde, ainda que tenha que ser em via pública.[69]

Assim Mozart se tornou autônomo. Estava em boas condições para tal, podendo explorar quatro fontes principais de renda: encomendas de novos trabalhos, venda de ingressos dos concertos em que atuava como pianista, direitos autorais das editoras de partituras e aulas de música. Além disso, em 1787 foi nomeado compositor de câmera imperial, uma sinecura que rendia oitocentos florins anuais. Volkmar Braunbehrens estimou que seu salário total equivalia mais ou menos ao de um funcionário público graduado.[70] Ainda bem que tinha essa capacidade de gerar receita, pois gostava de viver em acomodações confortáveis, manter seu próprio cavalo e carruagem e vestir-se como um aristocrata. Quando o pianista-compositor Muzio Clementi conheceu Mozart, pensou que fosse um cortesão, tamanha a elegância de seus trajes.[71]

Mozart gostava de se relacionar com nobres, dos quais obtinha grande parte de sua renda. Se apenas os maiores magnatas conseguiam manter permanentemente suas próprias orquestras, muitos outros conseguiam formar conjuntos quando surgia a necessidade, valendo-se do grande acervo de músicos autônomos que viviam na capital.[72] O alto nível da educação musical dos nobres vienenses os tornava super-receptivos à música inovadora de alta qualidade. Durante seu primeiro ano como músico autônomo em Viena, Mozart deu concertos nas residências da condessa Thun, do conde Cobenzl, do príncipe Galitzin e do arquiduque Maximilian Franz (irmão do imperador José II). Contou, orgulhoso, ao pai: "Se você acha mesmo que sou detestado na corte e pela antiga e nova aristocracia, é só escrever para Herr von Strack, condessa Thun, condessa Rumbeck, baronesa Waldstätten, Herr von Sonnenfels, Frau von Trattner, enfim, para quem você quiser".[73] Um ano depois, ele escreveu sobre o príncipe Galitzin: "Fui contratado para todos os seus concertos. Sou sempre apanhado por sua carruagem, levado à casa dele e ali tratado de forma magnífica".[74]

Esses melômanos nobres também desempenharam um papel crucial no sucesso de outro importante veículo para a nova música: a "academia" ou concerto beneficente organizado por um compositor-intérprete atuando como seu próprio empresário. O fato de Mozart ter conseguido atrair o apoio dos nobres para seus concertos de assinatura proporcionou um bom começo para sua carreira na capital. A lista dos 176 assinantes era nada menos do que "uma lista de chamada da altíssima nobreza, com espaço sobrando para luminares da nobreza menor e burocracia estatal".[75] Cinquenta por cento eram da alta nobreza, 42 por cento, da nobreza menor e apenas oito por cento da burguesia. Em outras palavras, quer Mozart estivesse tocando em palácios ou em salões públicos, a plateia era composta sobretudo de nobres. Foi com eles em mente que compôs as sinfonias, serenatas, obras vocais e — acima de tudo — concertos para piano que constituíam seus programas. Como deixa clara a extensa correspondência com o pai durante aqueles anos, ele mantinha olhos e ouvidos atentos ao desejo dos clientes.

Mozart mostrou que um músico-compositor talentoso e vigoroso podia ter êxito na esfera pública — mas só em épocas de vacas gordas. Quando a situação piorou no final da década de 1780, talvez ele tenha invejado a segurança do cargo de Haydn na família Esterházy. Ainda não são claros os motivos que o fizeram ter sérios problemas financeiros, que por quatro vezes o forçaram a mudar para acomodações cada vez mais baratas e a pedir empréstimos aos amigos. As especulações de que contraiu dívidas no jogo nunca foram provadas. O que se sabe é que sua esposa Constanze padeceu de uma longa enfermidade, que começou em 1788 e exigiu grandes despesas com médicos, remédios e temporadas numa estação de águas. Ainda mais grave foi a guerra com os turcos iniciada no verão de 1787, que levou ao êxodo em massa de oficiais nobres do exército para seus regimentos e a uma concomitante redução da vida cultural de Viena. Para piorar, isso coincidiu com uma recessão por toda a Europa.[76] Mas o abalo foi temporário. Com o final da guerra, no verão de 1790, a situação voltou a se aproximar do normal, estimulada pela morte do turbulento José II e a subida ao trono do irmão conciliador Leopoldo. No último ano de vida, Mozart voltou a auferir somas vultosas, que lhe permitiram saldar as dívidas e, entre outras coisas, enviar o filho a uma escola particular cara.

A estreia de *La clemenza di Tito* em Praga em 6 de setembro de 1791 e de *A flauta mágica* em Viena naquele mesmo mês mostrou Mozart no auge de seus poderes tanto na *opera seria* (a grande ópera cantada em italiano) como na *Singspiel* (ópera popular de baladas cantada em alemão). Jamais sua reputação internacional estivera tão alta, como demonstraram convites das capitais europeias, de Londres a São Petersburgo, e a oferta de pensões de grupos tão diversos como os mercadores de Amsterdã e os magnatas da Hungria.[77] Embora tenha sido enterrado sem pompa — como era costume na época —, seus feitos conseguiram reconhecimento público e particular, e sua memória foi venerada.[78] Se a febre reumática não o houvesse atingido aos 35 anos, provavelmente teria desfrutado um grau de sucesso material e prestígio comparável ao de Haydn. A entusiástica recepção à ópera *A flauta mágica* apontou o caminho.

Mozart e Haydn deram enorme contribuição para o aumento do prestígio da música, graças à qualidade de suas composições, bem como do prestígio dos músicos, ao mostrar o que se podia alcançar nas condições sociais e culturais em rápida mudança do final do século XVIII. Seu herdeiro musical, Ludwig van Beethoven, tirou proveito de suas realizações. No ano em que Haydn morreu, ofereceram a Beethoven um cargo na corte de Vestfália, o novo reino criado por

Napoleão para seu irmão Jerônimo. Beethoven foi sensato o suficiente para não aceitar, mas também esperto o suficiente para aproveitar o convite a fim de melhorar suas condições materiais em Viena. Constitui um indicador de sua posição pessoal e da importância agora atribuída à música que três aristocratas tenham se juntado para lhe garantir uma renda anual vitalícia de 4 mil florins, desde que permanecesse na Áustria. No contrato eles reconheceram seu "talento extraordinário e genialidade como artista musical e compositor". Com isso o libertaram das preocupações rotineiras com a subsistência, para que pudesse se dedicar tão somente a criar "obras grandiosas e sublimes que enobrecem as artes".[79] Igualmente reveladora foi a natureza da relação que desfrutou com seus três benfeitores, príncipe Lobkowitz, príncipe Kinsky e arquiduque Rudolph (irmão do imperador Francisco I), mais próxima da amizade que do patrocínio.

Aquele era o único tipo de relacionamento que Beethoven aceitaria. Na terminologia do século XXI, Beethoven teve *atitude*. Não foram apenas a originalidade revolucionária de sua música e sua fenomenal habilidade como pianista que forçaram seus contemporâneos a vê-lo como muito mais que um músico. Foram também sua conduta, seu modo de vida, suas roupas, até — ou talvez mais que tudo — sua aparência. O número de pessoas que conhecia Beethoven pessoalmente era pequeno, mas sua imagem chegou longe. Ele foi o primeiro músico a se tornar o centro de um culto, uma lenda em sua própria época. No ano em que Beethoven morreu, Richard Wagner, então com catorze anos, ouviu pela primeira vez uma de suas sinfonias (a sétima) e ficou perplexo. Mas o que o lançou num frenesi tipicamente wagneriano de entusiasmo não foram apenas os sons ouvidos no Gewandhaus de Leipzig, mas também "o impacto adicional da fisionomia de Beethoven, como mostrada em litografias da época, bem como o conhecimento de sua surdez e de sua vida solitária e isolada. Logo surgiu em mim uma imagem da originalidade mais sublime, a nada comparável".[80]

Estamos habituados à projeção da imagem do músico como parte integral de sua obra. Imagine Elton John ou Beyoncé tentando atuar num mundo sem o recurso da representação visual. Contudo, durante grande parte da história, os músicos não foram representados como indivíduos, mas incorporados a imagens simbólicas da música em si, como Orfeu, Apolo, rei Davi, Pitágoras, Santa Cecília ou "Lady Music".[81] Só no final do século XV retratos independentes de músicos específicos começaram a ser pintados, o melhor sendo aquele por Hans Memling do cantor-compositor flamengo Gilles Joye em 1472.[82]

Monteverdi por Bernardo Strozzi (1640).

Não por coincidência o primeiro músico celebrado visualmente pelos contemporâneos foi Claudio Monteverdi, que obteve fama no mundo musical de certa forma acessível de Veneza por mérito próprio, não como reflexo de um grande protetor principesco. Seu retrato pintado por Bernardo Strozzi em 1640 é eloquente por apresentá-lo de forma simples e direta, evitando qualquer representação barroca. A mesma imagem icônica reapareceu no frontispício do tributo poético de Giovanni Battista Marinoni, publicado três anos depois para marcar o enterro de Monteverdi. Um acontecimento público, como registrou o obituarista: "A notícia de tamanha perda encheu toda a cidade de tristeza e luto, e foi acompanhada não por cantos do coro de São Marcos, mas por suas lágrimas e pranto".[83]

Todavia, trabalhar para uma cidade, em vez de para um príncipe, não garantia o reconhecimento visual, como deixa claro o exemplo de Johann Sebastian Bach. Embora fosse o maior compositor de seu tempo, e talvez de

Johann Sebastian Bach por Elias Gottlob Haussmann (1746).

todos os tempos, só existe um retrato incontestável de Bach de sua época, pintado em três versões por Elias Gottlob Haussmann em 1746-50, quase no fim da vida do músico. A primeira versão foi encomendada pelo próprio compositor, para poder ingressar na Sociedade Correspondente de Ciências Musicais de Lorenz Christof Mizler, um clube privado e exclusivíssimo com apenas treze membros (Händel havia sido o décimo segundo a aderir). A segunda e a terceira versões ao que parece foram pintadas para seus filhos Carl Philip Emmanuel e Wilhelm Friedemann, respectivamente.[84] E só. Uma das razões por que J. S. Bach parece tão mais remoto do que a geração seguinte de compositores é a dificuldade de visualizá-lo. Como mostra a história pictórica tão diferente de seu contemporâneo Händel, um cenário urbano não bastava. Era necessário um ambiente urbano com profundidade e liberalidade para conservar a demanda por uma imagem visual.

Georg Friedrich Händel por Thomas Hudson (1756).

O catálogo da exposição da National Portrait Gallery de Londres em 1985 para marcar o tricentenário do nascimento de Händel abria com a afirmação enfática: "Imagens de Händel são abundantes. Ele foi retratado com mais frequência do que qualquer outro grande compositor de seu século e talvez de qualquer século".[85] As imagens são tão reveladoras quanto numerosas. Uma simples justaposição do retrato de Bach por Haussmann com o segundo retrato de Händel por Thomas Hudson é mais eloquente do que um parágrafo de prosa. No primeiro, Bach é retratado como um burguês simples, trajando uma casaca azul simples e linho branco, segurando a peça musical extremamente técnica que apresentou à sociedade Mizler, um cânon triplo a seis vozes (BWV 1076). Händel, por sua vez, é o típico cavaleiro, sentado no terraço de sua mansão, resplandecente num traje de seda, com ouro por toda parte: no brocado de bordado sofisticado de seu paletó, nas fivelas dos sapatos, no castão da bengala que segura e no punho da espada que traz à cintura. Diante dele não vemos uma peça técnica acessível apenas aos colegas músicos, e sim a partitura do *Messias*, um oratório que era tocado em público — e podia até ser tocado *pelo* público — e exemplificava sua fama e sucesso numa esfera pública metropolitana.

Londres também foi responsável pela discrepância pictórica entre Haydn e Mozart. A imagem deste último tem sido reproduzida com mais frequência que a de qualquer outro músico em atividade na tradição clássica, graças à vigorosa promoção da "marca" Mozart, que teve início no final do século XIX com a comercialização dos doces com seu nome. O número de vezes em que sua imagem adornou as *Mozartkugel* — bolas de marzipã sabor pistache com cobertura de nogado e camada externa de chocolate — deve estar na casa dos bilhões. Porém seu legado pictórico é surpreendentemente parco. Embora as estimativas variem, acredita-se que só doze retratos de sua época sobreviveram.[86] Muitos têm pouco valor em termos estéticos ou de semelhança. O melhor de todos, pintado por seu cunhado Joseph Lange em 1789-90, ficou inacabado, enquanto o reproduzido com mais frequência só foi pintado, por Barbara Krafft, cerca de trinta anos após a morte de Mozart.

Haydn viveu mais que o dobro do que Mozart, mas ainda assim a superioridade quantitativa e qualitativa de seus retratos é impressionante. Sua procedência também demonstra a invejável capacidade de obter o melhor dos mundos aristocrático e público. O primeiro retrato, pintado em 1768, provavelmente foi encomendado pelo príncipe Esterházy e mostra Haydn na libré de seu empregador. O melhor, pintado por Thomas Hardy em 1792, foi enco-mendado pela editora musical londrina John Bland, que depois providenciou sua gravação, reprodução e venda.[87] Também de alta qualidade e igualmente produzido em Londres foi o retrato pintado por John Hoppner para o príncipe de Gales. É ao mesmo tempo triste e revelador que o retrato mais conhecido de Mozart em atividade, por Michel Barthélemy Ollivier, mostre-o como criança prodígio tocando no salão parisiense do príncipe de Conti, enquanto o de Haydn é a pintura de Balthasar Wigand da execução de *A Criação* um ano antes de sua morte.

Com isso voltamos a Beethoven e à reação emocional de Wagner à sua aparência. Enquanto Haydn ou Mozart tinham admiradores, Beethoven tinha fãs — palavra significativamente derivada de "fanático". O abismo sonoro que separa mesmo as últimas sinfonias de Mozart e Haydn da *Eroica* reflete-se nas representações visuais. Os fãs de Beethoven queriam conhecer o aspecto de seu herói, e as editoras de Viena de bom grado satisfizeram esse desejo. Por toda a Europa, os melômanos podiam ver que a aparência de Beethoven correspondia às suas composições: arrebatada, indômita, empolgante, selvagem, acima de tudo *original*. Além disso, ele podia ser visto em três dimensões, pois Franz Klein obteve um molde do rosto em 1812 que serviu de base para um busto admiravelmente expressivo. Os contemporâneos de Beethoven tinham várias razões para sentir que o conheciam melhor do que a qualquer músico anterior, uma delas sendo aquele acesso visual sem precedentes.

Pode-se aprender muita coisa sobre o prestígio de um artista durante sua vida pela maneira como sua morte é registrada. O caso de Beethoven contrasta fortemente com os acontecimentos que sucederam a morte de Mozart uma geração antes. Ninguém sabe o lugar exato onde Mozart foi enterrado, nem mesmo o dia do enterro. De acordo com sua viúva, Constanze, ele morreu à uma da madrugada de 5 de dezembro de 1791. Às três da tarde do dia seguinte ou no dia subsequente (os documentos remanescentes não são claros), o corpo foi levado à Catedral de Santo Estêvão, onde foi abençoado diante da Capela do Crucifixo, sendo então transportado em carro fúnebre através do Portão Stuben, depois pela Landstrasse ao novo Cemitério de São Marcos.[88] O sepulta-mento pode ter ocorrido no mesmo dia — 6 ou 7, dependendo da fonte adota-da, ou mais provavelmente 7 ou 8, dada a hora tardia. Se alguns dos mitos mais grosseiros em torno das exéquias de Mozart foram refutados, o fato é que se

Propaganda da Mozartkugel.

tratou de um evento bem discreto. Ninguém estava presente junto ao túmulo, exceto o sacristão e o padre, e nenhuma lápide foi erguida para marcar o local.

O tratamento dado a Beethoven 36 anos depois foi muito diferente. Enquanto jazia moribundo, afluíram presentes — inclusive dinheiro — de toda a Europa. Suas últimas palavras antes de mergulhar na inconsciência foram: "Que pena, que pena — tarde demais", sua reação desapontada à chegada, de Mainz, de uma caixa de seu vinho do Reno favorito.[89] Ao morrer em torno das 17h45 da segunda-feira, 26 de março de 1827, seus amigos já haviam selecionado um lote apropriado no cemitério de Währing, em Viena. Declarada oficialmente a sua morte, providenciaram a autópsia, preservando a aparência física de Beethoven para a posteridade por meio de um desenho e uma máscara mortuária de Joseph Danhauser, e protegendo seus pertences. Além disso, mantiveram vigília junto ao "elegante caixão de carvalho que repousava sobre suportes dourados em forma de bola" cercado por oito velas, enquanto a multidão que desejava prestar a última homenagem passava.

Três dias depois aconteceu o enterro, que começou às três da tarde. Convites formais haviam sido enviados, e um feriado escolar foi decretado pelas autoridades.[90] Enquanto o caixão era carregado até o pátio da Altes Schwarzspanierhaus, nove sacerdotes do Schottenstift entoaram uma bênção, e um coro de integrantes da Ópera Italiana

Beethoven por Franz Klein (1812).

cantou um coral de Anselm Weber. A multidão se tornara tão densa que o cortejo teve dificuldade em partir, como mostra a célebre pintura de Franz Stober. (A própria necessidade de um registro visual do enterro já foi significativa.) Quando conseguiu se movimentar, um segundo coro cantou o *Miserere* com acompanhamento de trombones. Ao longo do caminho, havia tantas pessoas reunidas, "de todas as classes e posições", nas palavras da *Berliner Allgemeine Musikalische Zeitung*, que a procissão à Igreja da Santíssima Trindade na Alsergasse levou hora e meia para percorrer menos de quinhentos metros.[91] Um dos 36 carregadores de tochas era Franz Schubert. Após a cerimônia fúnebre, o cortejo, ainda com milhares de pessoas, voltou a se formar para o percurso até o cemitério de Währing.[92] O contraste com a última jornada de Mozart não poderia ter sido maior. A certa altura entre as mortes de Mozart e Beethoven, o prestígio do músico se transformara.

Não parou por aí. Nos portões do cemitério de Währing, o ator clássico Heinrich Anschütz proferiu um discurso escrito pelo mais célebre dramaturgo da Áustria, Franz Grillparzer. Esse último episódio distinguiu o enterro de

Beethoven de tudo que já acontecera antes. Embora tenha sido o primeiro sepultamento grandioso de um músico na Europa continental, Londres saíra na dianteira, com a estupenda despedida a Händel em 1759. O serviço na Abadia de Westminster ante uma congregação compacta de 3 mil incluíra muita música cantada pelos coros combinados da Chapel Royal, da Catedral de São Paulo e da própria abadia.[93] A diferença foi que Händel teve um serviço exclusivamente religioso, como apropriado a homem de tamanha devoção. O discurso fúnebre de Grillparzer para Beethoven, por outro lado, não fez nenhuma menção a Deus. A única divindade reconhecida foi a música *per se* e seu sumo sacerdote, Beethoven. A certa altura entre 1759 e 1827, a música havia se sacralizado.

Voltaremos a isso no próximo capítulo. Aqui é o impacto de Beethoven como ídolo que deve ser abordado. Além de não se sujeitar ao relacionamento convencional músico-protetor, também voltou as costas ao público. Ele aceitaria uma pensão, casa e comida do príncipe Lichnowsky, mas só se pudesse viver como uma pessoa de sua família.[94] Um dos discípulos de Beethoven, Carl Czerny, referiu-se ao príncipe como "amigo de Beethoven [...] ele o tratava como um amigo e irmão e persuadiu toda a alta nobreza a apoiá-lo".[95] Beethoven dedicou diversas obras ao irmão do imperador, arquiduque Rodolfo — entre elas o Quinto Concerto para Piano op. 73 (*Imperador*), o *Trio arquiduque* op. 97 e a *Missa solemnis* op. 123 —, mas como mestre e amigo, não como suplicante.

Nesse ponto, precisamos levar em conta a mitificação. A imagem projetada por Beethoven aos contemporâneos foi tão poderosa que alguns não resistiram à tentação de florear, dourar e até inventar. Um bom exemplo foi o "incidente em Teplitz". De acordo com Bettina von Brentano, em 1812 Beethoven e Goethe caminhavam juntos num parque da estação de águas de Bad Teplitz, na Boêmia, quando depararam com o imperador Francisco I e sua família, inclusive o arquiduque Rodolfo. Sempre cortês, Goethe deu um passo para o lado e fez uma mesura profunda, enquanto Beethoven permaneceu desafiadoramente ereto, disse "Dê-me o braço, eles é que devem abrir espaço para nós, não nós para eles" e continuou andando, abrindo caminho bruscamente pelo grupo imperial.[96] Por azar, a carta de Beethoven para Bettina von Brentano, que teria descrito esse incidente, não sobreviveu. A própria Bettina só se referiu à carta vinte anos depois. Pode ter sido verdade, pois Goethe encontrou Beethoven em Bad Teplitz e comentou sobre sua "personalidade rebelde", enquanto Beethoven criticou Goethe por ser cortês demais. Para uma compreensão do impacto de

Cortejo fúnebre de Beethoven em 1827, por Franz Stober.

Beethoven na época, esse episódio não importa tanto. Foi apenas uma das várias historietas semelhantes em circulação entre os europeus instruídos, que procuravam mostrar sua independência e desprezo às convenções.

Mas, se Beethoven só estava preparado para aceitar a alta sociedade dentro de suas próprias condições, mantinha o mesmo distanciamento do público em geral. Conquanto a crescente surdez o isolasse da maior parte do convívio social, vivia em meio aos vienenses e sabia o que vinha acontecendo à cultura musical da cidade. Esta mudou rapidamente nos 35 anos que passou lá, em reação a dois fatos complementares. Por um lado, os grandes magnatas como o príncipe Lichnowsky e o príncipe Lobkowitz vinham sofrendo pressões financeiras intensas como resultado das guerras de 1787-1815. Entre as primeiras baixas estiveram suas instituições musicais. Já em 1795, um periódico musical informou que apenas a orquestra do príncipe Schwarzenberg ainda existia. Em 1800 todas haviam desaparecido.[97] Por outro lado, o acelerado crescimento da população da cidade criou um público musical maior. Com isso, surgiu um grupo de empresários para saciar o apetite, organizando concertos públicos para quem pudesse pagar o preço de um bilhete.

Esses públicos pagantes recebiam o que queriam: uma audição fácil em forma de muita variedade, boas melodias, ritmos regulares e peças que não fossem longas ou complexas demais.[98] Concertos como a maratona organizada por Beethoven no Theater an der Wien em 22 de dezembro de 1808, que incluiu suas Quinta e Sexta Sinfonias, o Quarto Concerto para Piano e a Fantasia para Piano, Coro e Orquestra op. 80, deixaram de ser viáveis. Cada vez mais, os concertos públicos tomaram a forma de *pot-pourris*, incluindo principalmente aberturas populares, árias operísticas e melodias de dança, e na melhor hipótese um único movimento de uma sinfonia ou concerto. Em particular, a mania duradoura por música de dança fez que até música coral e oratórios fossem reorquestrados, adquirindo um ritmo de valsa ou polca dançante, chegando a exageros como a "Quadrilha Stabat Mater".[99]

Muitas foram as queixas dos compositores de que o público já não os apreciava, preferindo as melodias animadas e a orquestração sensual da ópera italiana. Embora desaprovasse profundamente tudo aquilo, em artigo na *Allgemeine Musikalische Zeitung* um crítico acertou no diagnóstico: a música desenvolvida por Haydn, Mozart e Beethoven e seguidores se tornara complexa demais para o grande público, que se voltara para os italianos em busca de simples diversão.[100] Os italianos tinham outra versão da história: "Os acompanhamentos teutônicos não constituem uma guarda de honra para a melodia, e sim uma escolta policial".[101] Surgiu o homem certo na hora certa: Rossini. Como comentou Stendhal: "Leve, animado, divertido, nunca maçante, mas raramente elevado — Rossini parece ter vindo a este mundo com o propósito expresso de evocar visões de deleite extático na alma comum do Homem Normal".[102]

Esse desdém repercutiu entre os críticos musicais, que lamentaram que a popularização havia degenerado em vulgarização. Em 1820, pouco depois da composição da Sonata Hammerklavier em si bemol opus 106, que levou alguns contemporâneos a achar que, além de surdo, Beethoven estava louco, a influente *Allgemeine Musikalische Zeitung* reclamou que as torrentes de transcrições para piano de árias operísticas populares vinha exterminando a sonata, para a qual deveria ser criado um orfanato musical especial.[103] Desse modo, quando em 1824 um grupo de *connoisseurs* nobres persuadiu Beethoven a dar um concerto após um intervalo de dez anos, apelaram ao seu patriotismo, lamentando que o gosto estrangeiro havia conquistado Viena.[104] O comentário do próprio Beethoven sobre a moda da ópera italiana, feito dois anos depois em conversa com Hummel, foi caracteristicamente incisivo: "Dizem que *vox populi, vox dei* — nunca acreditei nisto".[105]

ROSSINI, PAGANINI E LISZT: O MÚSICO COMO HERÓI CARISMÁTICO

Nos últimos anos de vida de Beethoven, a *vox populi* bradava por ópera italiana, especialmente por Rossini. Quando este visitou Viena em 1822, a *Allgemeine Musikalische Zeitung* relatou: "Foi o bastante, mais do que bastante. O espetáculo inteiro foi como uma orgia idólatra; todo mundo agiu como se tivesse sido mordido por uma tarântula; os gritos, brados, berros de '*viva*' e '*forza*' não pararam".[106] Seis anos depois, um visitante inglês reclamou que "a população de Viena é doida por Rossini; doida não só por ele, mas por seus piores imitadores: com bons ouvidos toleram o pior da música".[107]

Não só em Viena, mas por toda a Europa Rossini dominou a cena musical como um colosso. Seu estupendo sucesso foi um sinal claríssimo de que a esfera pública musical atingira a maioridade. Em seu próprio país, essa esfera era ampla o suficiente para englobar uma grande porção da população urbana. O poeta inglês William Rose informou de Veneza em 1819 que as árias de Rossini eram cantadas por trabalhadores "com tanta paixão como as melodias mais *tolerolo* são entoadas na Inglaterra". Seu amigo e colega expatriado lorde Byron, para quem a adulação popular era algo familiar, escreveu em torno da mesma época: "Encenou-se recentemente uma ópera esplêndida em San Benedetto — de Rossini — que veio em pessoa tocar o cravo. A população seguiu-o por toda parte — coroou-o —, cortou mechas de seu cabelo 'como lembrança'. Ele foi aclamado, cantado em sonetos, festejado — e imortalizado bem mais que um dos imperadores".[108]

Como sugere o último comentário, o culto público ao herói vinha elevando o músico a esferas antes reservadas aos reis e generais. Em 1824, Stendhal publicou sua *Vida de Rossini*, que começa assim:

Napoleão está morto; mas um novo conquistador já se revelou ao mundo; e de Moscou a Nápoles, de Londres a Viena, de Paris a Calcutá, seu nome está constantemente em todas as bocas. A fama desse herói não conhece fronteiras exceto as da própria civilização; e ele nem sequer completou 32 anos! A tarefa que me impus é rastrear os caminhos e circunstâncias que o levaram em idade tão prematura a tal trono de glória.[109]

A renda de Rossini era proporcional: numa única temporada em Londres em 1823 teria ganhado 30 mil libras líquidas, uma fortuna pelos padrões da época.[110] No final da década, estava tão rico que pôde passar os quarenta anos seguintes numa aposentadoria opulenta, jamais voltando a compor uma ópera. Parecia plenamente ciente de seu prestígio ao informar a Jorge IV quando se encontraram que "Sua Majestade estava então entre dois dos maiores homens da Europa: Rossini e Wellington".[111]

Rossini era um músico carismático capaz de estabelecer uma relação direta com seu público, o que, de acordo com Stendhal, foi o segredo de sua fama. Nos últimos anos, as palavras "carisma" e "carismático", de tão desgastadas pelo abuso e aplicação descuidada a qualquer figura pública que chame a atenção dos jornalistas, tornaram-se pouco mais que sinônimos de "charme" e "charmoso". Mas, na origem, "carisma" significava simplesmente "dom de Deus", tendo seu emprego atual se originado da categorização tripartite — tradicional, legal e carismática — da autoridade legítima feita por Max Weber. A autoridade tradicional derivava sua legitimidade pelo simples fato de ter existido desde tempos imemoriais ("a autoridade do ontem eterno", como disse poeticamente). A autoridade legal baseava-se num contrato entre governante e governado. A autoridade carismática resultava do "*dom da graça* (carisma) extraordinário e pessoal, da dedicação absolutamente pessoal e da confiança pessoal na revelação, heroísmo ou outras qualidades da liderança individual".[112] Na Europa do início da Idade Moderna, considerava-se que o carisma derivava diretamente de Deus, conferido na coroação do soberano na forma da unção sacramental. Por isso os reis franceses, por exemplo, logo após a cerimônia da coroação, tocavam as vítimas do "mal do rei" (escrófula) para curá-las, pois eram agora *rois thaumaturges* [reis taumaturgos], dotados de poderes milagrosos.

Com a radical secularização da autoridade política na Revolução Francesa, essa fonte externa de carisma foi descartada. O carisma passou a ser uma qualidade puramente interna, derivada das qualidades pessoais do indivíduo. O primeiro líder carismático autônomo moderno foi Napoleão Bonaparte, que começou do nada, não acreditava em nada, conseguiu tudo e no final não tinha mais nada. Mas praticamente todos que o conheceram, a despeito do que pensavam dele, comentaram a extraordinária força de sua personalidade, encanto, autoridade, noção de destino, autoconfiança — em suma, carisma. Assim, quando resolveu ser coroado imperador dos franceses em 2 de dezembro de 1804, colocou a coroa imperial na própria cabeça.

Fixando o padrão para líderes posteriores, ele insistiu numa relação direta e pessoal com seus soldados e súditos, sem a mediação das instituições parlamentares e legitimada apenas por plebiscitos. Ao seu fiel servidor Pierre-Louis Roederer, observou que uma constituição deveria ser "breve e..." — ele hesitou. "Clara?", sugeriu Roederer. "Não, curta e *obscura*", respondeu Napoleão.[113] Desde o princípio, sua avaliação lúcida do poder do mito pessoal no cultivo da opinião pública o levou a fundar seu próprio jornal na Itália para propagar a imagem certa não apenas ao seu exército, mas também à frente interna.[114] Para o bem ou para o mal, Napoleão abalou a velha Europa, demonstrando no processo toda a força explosiva — e todos os riscos implosivos — de um regime baseado somente no carisma.

Aquele perigoso mundo novo inaugurado por Napoleão exerceu um efeito tão profundo sobre a cultura quanto sobre o Estado e a sociedade. De todas as artes, a música estava em melhor posição para tirar vantagem da promoção do carisma como legitimador. A comparação entre Rossini e Napoleão não foi um capricho de Stendhal, mas uma visão profética. Se Stendhal tivesse vivido na segunda metade do século XX e testemunhado o impacto incomparavelmente maior exercido por Elvis Presley ou John Lennon, teria razões de sobra para se sentir justificado.

Logo depois do episódio napoleônico, o músico que delineou a nova realidade musical foi o violinista Niccolò Paganini. A essência de sua carreira pode ser contada em um instante. Nascido em Gênova em 1782, só na meia-idade exerceu impacto fora da Itália. Sua reputação brilhou brevemente entre 1828 e 1834, até que problemas de saúde o forçaram a uma aposentadoria parcial. Morreu em 1840, mas naqueles poucos anos de excursões arrebatou a Europa. Sua estupenda habilidade como violinista deu um novo sentido à "palavra virtuose". Ele também auferiu uma fortuna colossal em pouquíssimo tempo.

Niccolò Paganini por J. A. D. Ingres (1819).

Pouco antes de retornar à Itália em 1834 completamente exausto, contou a um jornalista alemão que fizera 162 concertos no espaço de doze meses, ganhando 42 mil francos num deles (em Londres).[115]

Não apenas o público, mas músicos, intelectuais e críticos caíram aos seus pés. Suas primeiras apresentações em Paris foram vistas por Auber, Delacroix, Donizetti, Halévy, Heine, Liszt, Musset, Rossini e George Sand. Após sua primeira apresentação em Londres, em 1831, o crítico do *Times* escreveu: "Além de ser o melhor intérprete que já existiu nesse instrumento, ele forma uma classe por si mesmo".[116] Em Viena, onde na década de 1830 tudo que fosse italiano era tratado com desdém pelos intelectuais, um crítico escreveu: "A cada nova realização aumenta a convicção de que ele é o maior instrumentista que o mundo da música já conheceu".[117]

Ninguém podia negar: a habilidade técnica de Paganini era fenomenal. Mas não se tratava apenas disso. Ele atraía — e cultivava com muito zelo — uma aura de mistério, perigo e até diabolismo. O fato de sua carreira decolar tão tarde foi considerado especialmente sugestivo. Circularam rumores de que ele aperfeiçoara sua técnica enquanto cumpria vinte anos de prisão pelo assassinato da amante — e de que sua corda de sol era feita de parte do intestino da vítima.[118] Outros foram mais longe: ninguém conseguiria tocar tão bem sem auxílio sobrenatural, portanto Paganini devia ter capturado o Diabo em sua caixa de ressonância ou firmado um pacto faustiano com o Diabo, sacrificando a alma em troca da habilidade perfeita. Alegou-se ainda que ele nunca se deixava ver sem calçado, para que

Paganini por Ferdinand-Victor-Eugène Delacroix (1831).

ninguém visse seu casco fendido. Em Viena, alguns espectadores afirmaram ter visto o Diabo conduzindo seu arco, permitindo assim que tocasse a uma velocidade sobre-humana.[119] Um periódico musical francês exclamou em 1831: "[Paganini é] Satã no palco. [...] Caiam aos pés de Satã e o adorem".[120]

O próprio Paganini tinha plena consciência de seus dons especiais, mesmo antes de começar sua triunfal jornada pelas capitais da Europa. Em 1818 escreveu: "Da minha execução emana certa magia que não posso descrever para você".[121] Se seus admiradores não empregaram a palavra "carisma", era o que tinham em mente quando tentavam exprimir sua reação. Uma figura do porte de Goethe observou:

O demoníaco é aquilo que não pode ser explicado de forma cerebral e racional. Não é peculiar à minha natureza, mas estou sujeito ao seu feitiço. Napoleão possuía essa qualidade em grau máximo. Nos artistas é mais frequente entre músicos do que pintores. Paganini estava imbuído dela num grau notável e foi assim que exerceu tamanho efeito.[122]

Outros tributos imediatos tampouco podem ser ignorados: Schubert comentou após um concerto que tinha "ouvido um anjo cantar"; Berlioz (normalmente desdenhoso de seus colegas músicos) chamou-o "um titã entre os gigantes"; Heine enalteceu-o como "a glória de seu país"; e assim por diante.[123] Embora não o mais prestigioso em termos da origem, talvez o mais eloquente fosse o poema escrito na partitura do segundo concerto para violino de Paganini por um dos músicos que o executaram em Paris:

> *Em nosso século atual a natureza quis*
> *Demonstrar seu poder infinito;*
> *Para surpreender o mundo criou dois homens:*
> *Bonaparte e Paganini!*[124]

Outra indicação de sua fama foi o fato de os três maiores artistas franceses da época — Ingres, Delacroix e David d'Angers — o terem retratado, respectivamente, em desenho, pintura e escultura.

Mas nem tudo em Paganini era talento natural. Ao repertório técnico do músico ele acrescentou duas características que acabaram se tornando importantíssimas: capacidade de representar e sensualidade. Para aumentar a tensão, aperfeiçoou a arte da entrada retardada no palco de concerto, adentrando-o somente quando a expectativa do público atingira o paroxismo. De seus inúmeros artifícios, o mais famoso foi aparecer com três ou quatro cordas do violino soltas — e depois executar brilhantemente uma peça com a única corda remanescente. Também tinha o cuidado de cultivar seu mistério, não permitindo a publicação das músicas que tocava nos concertos: memorizava sua própria contribuição e levava embora as partes orquestrais tão logo terminasse a apresentação.[125] A combinação de arte e artifício criaria uma imagem de grande força.

Em relatos da época também fica claro que a sensualidade cumpriu uma função. Se o público insistia mais do que nunca que seus governantes e políticos fossem modelos de castidade, mostrava-se mais indulgente com seus ídolos culturais e pode até ter sido atraído pela transgressão, como demonstrou a enorme popularidade de Byron. Certamente a reputação de transgressor de Paganini não lhe fez nenhum mal. Sua música, seu estilo de vida, sua aparência, formavam um pacote complementar. Embora bem diferentes, as imagens apresentadas por Ingres e Delacroix mostram um homem de aparência impressionante — alto, elegante, esguio beirando ao emaciado, com traços fortes e longos cabelos encaracolados. À medida que as várias tentativas infrutíferas de deter sua sífilis foram minando sua saúde, sua contraditória beleza-feiura começou a pender para esta última, mas sua atração aumentou.

Em *Noites florentinas* (1836), Heinrich Heine descreveu um concerto de Paganini com uma eloquência quase de uma gravação real. Ela também capta perfeitamente o músico como herói carismático:

> [Após o intervalo] Paganini voltou tranquilamente a apoiar o violino no queixo, e com o primeiro golpe do arco a maravilhosa transformação de sons recomeçou. Mas agora não eram tão espantosos na tonalidade nem tão acentuados. Brotaram serenamente, majestosamente — comoventes e crescentes, como hinos de órgão numa catedral. Tudo à sua volta parecia ter se expandido num espaço colossal, que nenhum olho corporal, mas apenas o do espírito, podia captar. Uma esfera brilhante pairou no centro daquele espaço, no qual se erguia um homem de estatura e orgulho gigantescos, tocando violino. Seria aquela esfera o sol? Não sei. Mas nos traços do homem reconheci Paganini, idealmente belo, celestialmente transfigurado, sorrindo, e em paz. Seu corpo estava no vigor da virilidade exuberante, e um traje azul-claro envolvia seus membros nobres. Os esplêndidos cachos de seus cabelos negros caíam qual ondas sobre seus ombros; e ao quedar-se lá, firme e confiante, uma divindade sublime, tocando o violino, dir-se-ia que toda a criação obedecia à sua canção. Ele era o planeta humano em torno de quem o universo girava, ressoando em arrebatamentos medidos e ritmos beatíficos.[126]

Paganini fulgurou pelo céu musical como um meteoro para depois cair de volta na Terra. Mas bem antes de sua morte em 1840, um astro bem mais brilhante e duradouro se elevara no firmamento. Era Franz Liszt, quem aos doze anos o pai levou de Viena a Paris, em 1823. Assistiu a um dos concertos de Paganini em 1832 e ficou impressionado: "Que homem, que violino, que artista! Céus! Que sofrimento, que angústia, que torturas naquelas quatro cordas! [...] Quanto à sua expressão, seu fraseado — são sua própria alma!". Como escreveu depois a um amigo, sentiu-se tão pequeno confrontado com aquele colosso que, para recuperar a noção do próprio valor, repetiu a observação desafiadora de Correggio ao ver a *Santa Cecília* de Rafael em Bolonha: "Também sou um pintor!".[127]

Todos que o ouviram reconheceram que Liszt era tão talentoso ao piano quanto Paganini ao violino. Após seu primeiro concerto público, em Viena, em março de 1824, com apenas doze anos, a *Allgemeine Musikalische Zeitung* relatou que alguns espectadores haviam bradado "Um prodígio!" enquanto outros suspeitaram de algum tipo de truque, até que o piano foi colocado num ângulo oblíquo para que o público pudesse ver que o próprio Liszt estava tocando.[128] Os profissionais ficaram tão impressionados quanto os amadores. Em 1834, Mendelssohn saiu da sala de exposição de pianos da Erard em Paris fazendo um sinal negativo com a cabeça e declarando que acabara de presenciar um milagre. Seu novo e extremamente difícil concerto para piano acabara de ser tocado por Liszt com grande brilho e sem nenhuma falha, ainda que este nunca tivesse visto a partitura antes.[129]

Como no caso de Paganini, a técnica impecável foi apenas o início. Liszt também tinha a capacidade de inspirar nos ouvintes a crença de que era sobre-humano, conseguindo transportá-los a um nível de experiência estética antes impensável. As seguintes impressões, entre o rico acervo de testemunhos da época, dão uma ideia do seu impacto: "Quando ele aparece, eclipsa todos os outros como um sol! Tamanho talento, ou melhor, tamanhos poderes nos fazem acreditar em milagres!" (Caroline Boissier, 1832). "Ao ouvi-lo pela primeira vez, quedei-me depois emudecido por um quarto de hora, tamanho estupor o homem provocara. Ninguém mais é capaz de tal execução ilimitada — de fato ilimitada. Ele toca às vezes a ponto de deixá-lo de cabelos em pé! Quem não ouviu Liszt não pode ter ideia — literalmente nenhuma ideia — de como ele toca" (Charles Hallé, 1837). "Jamais conheci um artista, exceto Paganini, com o mesmo dom de Liszt de subjugar, elevar e liderar o público. Somos dominados por uma torrente de sons e sentimentos" (Robert Schumann, 1840). "Quando Liszt adentrou, foi como se um choque elétrico tivesse atravessado o salão. [...] Toda a aparência e os movimentos de Liszt revelam uma daquelas pessoas que notamos exclusivamente por suas peculiaridades; a mão Divina deixou nelas uma marca que as tornam observáveis em meio a milhares" (Hans Christian Andersen, 1840).[130]

A fama conquistada por Liszt foi proporcional à sua habilidade, superando a de qualquer músico anterior. Aonde quer que fosse — e suas excursões o levaram a toda a Europa, de Galway à Ucrânia —, cabeças coroadas e seus cortesãos faziam questão de conhecê-lo, adulá-lo e condecorá-lo. Ao deixar Berlim em 1842, viajou numa carruagem puxada por seis cavalos brancos, seguido por um cortejo de trinta outras carruagens e uma guarda de honra de estudantes, enquanto o rei Frederico Guilherme IV e sua rainha acenavam adeus do palácio real. Nas palavras do crítico musical Ludwig Rellstab, ele partiu "não *à maneira de* um rei, mas *como se fosse* um rei".[131] Estava viajando com um passaporte emitido pelas autoridades austríacas com estes simples dizeres: *Celebritate sua sat notus* (Notório por sua fama).[132] O clímax — ou melhor, *reductio ad absurdum* — talvez tenha sido alcançado em 1845, quando circulou um boato de que Liszt iria desposar a rainha Isabel II da Espanha, de quinze anos, que havia criado para ele o título de duque de Pianozares.[133]

Liszt foi tudo que Paganini havia sido, mas em maior grau. Beneficiou-se promovendo uma imagem bem mais sofisticada e culta. Procurou escapar das origens relativamente humildes — seu pai havia sido um criado-músico empregado pelo príncipe Esterházy — não apenas com sua arte, mas também com seu intelecto. Inteligentíssimo e com amplas leituras, cultivou o mundo literário de Paris, relacionando-se com escritores da estatura de Balzac, Lamennais, Sainte-Beuve, Dumas, Heine, Victor Hugo e George Sand. Ao chegar a um hotel em Chamonix em 1836, escreveu no registro de entrada que sua profissão era músico-filósofo e que estava em trânsito da Dúvida para a Verdade.[134]

O fato de saber que era o maior pianista que já existira e que podia dialogar mesmo com as pessoas mais inteligentes dotou Liszt de uma célebre autoconfiança. Mas sem nenhum traço de arrogância, graças ao seu encanto, genialidade e acessibilidade igualmente célebres. Também se tornou querido pela burguesia liberal da Europa por sua clara indiferença aos privilégios sociais, mesmo diante de altas autoridades. Em 1834, ao conhecer Liszt no salão de exposições de pianos da Erard em Paris, o rei Luís Filipe lembrou que o músico havia certa vez tocado para ele quando ainda duque de Orleans, acrescentando que muita coisa mudara desde então. Liszt respondeu laconicamente: "Sim, senhor, mas não para melhor".[135] Mais arriscada foi a afronta ao notoriamente despótico tsar Nicolau I em 1840, que chegou atrasado ao seu recital e começou a falar. Liszt parou de tocar e ficou sentado imóvel, cabeça abaixada. Quando o tsar

Caricatura francesa de Liszt com sua famosa — e fálica — espada proeminente.

perguntou por que a música não continuava, Liszt respondeu com frieza: "A própria música deve silenciar quando Nicolau fala".[136]

Homem rude com reis e imperadores, não costumava se impressionar com os aristocratas, que ficavam desconcertados com a "autossuficiência de seus modos".[137] Em 1838, Heinrich Ehrlich, aluno de outro virtuose, Sigismond Thalberg, viu, espantado, num concerto em Viena quando Liszt "rompeu todas as barreiras sociais". Ao terminar sua apresentação, Liszt calmamente desceu até a plateia e conversou em francês com as pessoas da alta nobreza sentadas na primeira fila "como se fizesse parte da família". No concerto seguinte, a nobreza veio até ele: "No palco, agrupados em torno do artista, sentaram-se damas da mais alta aristocracia, com quem ele conversou durante os intervalos".[138] Não apenas conversou. À semelhança de Paganini, parte essencial de seu carisma estava na sensualidade.

Parte importante de sua imagem titânica era a merecida reputação de conquistador, com preferência por damas da altíssima sociedade. Entre suas primeiras conquistas constaram a condessa Adèle Laprunarède, que mais tarde se tornou duquesa de Fleury, e a condessa Pauline Plater. Esta, quando pediram que avaliasse os três grandes pianistas que tocaram em seu salão — Hiller, Chopin e Liszt —, respondeu que Hiller daria o melhor amigo, Chopin, o me-

Caricatura da época de um concerto de Liszt em Berlim em 1842.

lhor marido, e Liszt, o melhor amante. Os dotes pianísticos pareciam estar em segundo plano.[139]

O relacionamento mais duradouro de Liszt foi com a condessa Marie d'Agoult, nascida numa rica família de banqueiros alemães e casada com uma pessoa de uma das famílias mais antigas da França — seu contrato de casamento com o conde teve como testemunha o rei Carlos x. Não obstante, ela teve três filhos ilegítimos com Liszt. Uma filha, Blandine, casou-se com o político francês Émile Ollivier, que conduziu a França à catastrófica guerra contra a Prússia em 1870, e outra, Cosima, casou-se primeiro com Hans von Bülow e depois com Richard Wagner.[140] "Uma união feita no céu" foi o comentadíssimo caso amoroso de Liszt, em meados da década de 1840, com Lola Montez (nascida Eliza Gilbert), a mais notória cortesã da época, antes que ela o trocasse pelo rei Luís da Baviera.

Entre 1838 e 1846, Liszt apareceu mais de mil vezes em público nos quatro cantos da Europa, e aonde quer que fosse era recebido por um público arrebatado, em especial os elementos femininos da plateia. O *Oxford English dictiona-*

Franz Liszt, litografia de Josef Kriehuber (1846).

ry registra que o termo "beatlemania" foi usado pela primeira vez em dezembro de 1963 pelo *Times*, como um fenômeno "que se expressa em bolsas, balões e outros artigos que lembram os objetos de adoração ou nos gritos histéricos de moças sempre que o quarteto Beatles se apresenta em público". "Lisztmania" foi inventado por Heinrich Heine para identificar um fenômeno semelhante observado nos concertos de Liszt: "Um frenesi sem igual na história do frenesi!". Um especialista em doenças femininas consultado por Heine deu-lhe um "sorriso misterioso" e falou longamente sobre a histeria em massa num espaço confinado provocada por um afrodisíaco musical.[141] As mulheres usavam sua imagem em camafeus e broches, brigavam para recolher os resíduos de sua xícara de café, dilaceravam seus lenços e luvas, exibiam as guimbas de seus charutos em medalhões incrustados com diamantes, transformavam suas cordas de piano descartadas em braceletes, e assim por diante. Uma caricatura da época de um concerto de Liszt em Berlim em 1842 mostra as mulheres excitadas berrando, desmaiando, tentando invadir o palco, observando-o por binóculos (da primeira fila) e atirando flores enquanto ele tocava. Hoje em dia, o que mudou foi só a natureza dos objetos lançados.

Heine comentou com ironia que "todo o encanto se deve ao fato de que ninguém no mundo sabe como organizar 'sucessos' tão bem como Franz Liszt — ou melhor, como encená-los. Nessa arte, ele é um gênio".[142] Certamente Liszt não deixava nada ao acaso. Em particular, tinha uma compreensão bem clara da necessidade de projetar a imagem visual certa. Contou com a sorte de, bem no início da carreira, ter se tornado disponível um método novo e mais eficiente de captar e reproduzir imagens. Foi a litografia, inventada por Alois Senefelder, de Praga, em 1798 e já consolidada na época em que foi produzida a primeira litografia de Liszt, em Viena, em 1823. Mais bem-apessoado que Paganini, seus traços fortes, cabelos bastos e expressão sonhadora prestavam-

70

-se à perfeição àquele veículo, como demonstram os numerosos retratos produzidos por Josef Kriehuber.[143] Em meados da década de 1850, Liszt também vinha sendo fotografado pelos expoentes da nova arte, em particular Franz Hanfstaengl, de Munique. Daquele momento em diante, a carreira e a vida de Liszt podem ser acompanhadas em detalhes pictóricos inconcebíveis nas gerações anteriores.

A idade avançada não diminuiu a capacidade de Liszt de despertar adoração. Vendo-o em Munique em 1869, Judith Gautier (mais tarde amante de seu genro Wagner) escreveu: "Seria um santo? Mostravam por ele tamanha veneração — as mulheres sobretudo! Correndo em sua direção, praticamente se ajoelhavam, beijavam-lhe as mãos e contemplavam seu rosto em êxtase!". Àquela altura, Liszt já ingressara nas ordens sacerdotais menores, sendo conhecido como abade Liszt, mas quando Judith Gautier perguntou se aquilo fazia alguma diferença, ouviu de um amigo comum: "Pelo contrário, sentir atração pelo fruto proibido as excita ainda mais!".[144]

Qual teria sido a reputação de Liszt se já existisse a tecnologia necessária para gravar seus concertos? Como não existia, temos que confiar nas impressões dos seus contemporâneos. Embora tão numerosas quanto entusiásticas, suas realizações como intérprete tiveram que morrer com ele. Como compositor, ele é respeitado — na verdade, o interesse por ele se renovou no final do século xx —, mas não podemos situar Liszt no primeiríssimo escalão. Possivelmente sua maior realização foi completar a transição dos músicos de servos para senhores. Seu biógrafo, Alan Walker, exprimiu bem esse fato ao escrever:

> Graças à sua genialidade singular e natureza intransigente, Beethoven forçara a aristocracia vienense a encará-lo ao menos como seu igual. Mas restou a Liszt promover a visão de que um artista é um ser superior, com dons divinos, e de que o resto da humanidade, seja qual for a classe social, devia-lhe respeito e até deferência.[145]

Com Liszt o triunfo da música pareceu alcançar alturas intransponíveis. Mas, como costuma acontecer, alcançar o cume só serviu para revelar um pico ainda maior a distância. Pois havia um limite ao que Liszt podia alcançar. Embora exercesse um impacto profundo sobre quem o conheceu, o viu tocar ou ouviu sua música, a vida pública não foi muito afetada.

Aquela dimensão extra ficou para seu genro ainda mais altivo, Richard Wagner. Em 12 de agosto de 1876, o imperador alemão Guilherme I e muitos outros príncipes viajaram à pequena cidade francônia de Bayreuth para assistir à estreia do drama musical em quatro partes *O anel dos nibelungos*, para o qual Wagner havia composto a música, escrito o texto, recrutado a orquestra, cantores e técnicos, arrecadado o dinheiro e construído o teatro. Em seu relato retrospectivo do festival, Wagner escreveu com justificado orgulho: "Parecia verdade que nunca um artista fora assim homenageado; pois embora não fosse incomum um artista ser convocado diante de um imperador e príncipes, não havia lembrança de alguma ocasião em que um imperador ou príncipe tivesse vindo até o artista".[146] Também presente estava o imperador do Brasil. Ao chegar ao hotel, no registro de entrada escreveu "Pedro", e como profissão, "imperador". Luís II, rei da Baviera, foi embora após o ensaio geral, para escapar das multidões que tanto detestava (e para evitar seu tio prussiano idoso, que detestava ainda mais), mas escreveu para Wagner: "Você é um homem de Deus, o verdadeiro artista por graça de Deus, que trouxe do céu o fogo sagrado para purificar, santificar e redimir a terra!".[147]

Entre os compositores presentes estavam Bruckner, Tchaikóvski, Saint-Saëns, Vincent d'Indy e Grieg.[148] De acordo com um periódico musical francês, dezoito jornalistas da França compareceram à estreia, além de dezoito da Inglaterra, catorze dos Estados Unidos, vinte de Berlim e treze de Viena.[149] Como o próprio imperador observou para Wagner, o festival poderia ser considerado um "assunto nacional", embora seu comentário se baseasse numa compreensão equivocada do que Wagner pretendia realizar, como veremos. No curto prazo, aquela viagem imperial até o músico consumou o triunfo da música. Quando viu Wagner rumando num landau conversível para a estação ferroviária a fim de saudar o hóspede imperial, sir George Henschel refletiu sobre como as coisas haviam mudado desde 1849, quando Wagner fugira para o exílio perseguido pela polícia saxônia: "Realmente uma ilustração maravilhosa do poder triunfante do gênio".[150]

A visita imperial foi celebrada em todas as mídias. Um cartão de marketing distribuído pelo Extrato de Carne Liebig's mostrava Wagner recebendo seu hóspede imperial diante de seu teatro. Esse episódio pode ser considerado o

Em 12 de agosto de 1876, o imperador alemão Guilherme I é conduzido pelas ruas de Bayreuth da estação ferroviária ao Teatro de Festivais de Wagner.

clímax da ascensão dos músicos no século XIX — menos de um século havia decorrido desde que Mozart fora literalmente expulso a pontapés do serviço do arcebispo de Salzburgo. Na época de sua morte, em 1883, Wagner já era o objeto incontestável de um culto, e o número de livros e artigos a seu respeito chegara à casa dos cinco algarismos.[151] Quanto aos registros pictóricos, Wagner foi desenhado, estampado, burilado, silhuetado, litogravado e fotografado em centenas — milhares — de ocasiões.[152]

Wagner conquistou para si e sua música mais do que qualquer outro antes ou depois dele. Ele continua sendo condenado e venerado com uma intensidade que nenhum outro artista criativo consegue inspirar. Mas ninguém duvida de sua façanha de ter colocado a música bem no centro da vida pública, de onde nunca mais foi desalojada. Muitas outras forças vinham atuando na mesma direção, mas o que dramatizou a chegada da música foi a crença especial de Wagner em seu próprio destino e no valor supremo de sua arte. Numa perspectiva longa, podemos ver que algo como um efeito alavanca estivera atuando, de modo que nunca mais um músico importante teria que comer na mesma mesa com os empregados.

Mas Wagner acabou sendo o último de sua linhagem. Tal combinação de genialidade e personalidade nunca se repetiu. Tão dominante foi sua arte que uma reação de mesma magnitude não tardou a chegar. Embora em todos os

"Extrato de Carne Liebig's. Wagner com o imperador Guilherme I em Bayreuth na inauguração do Teatro de Festivais em 1876." Atrás de Wagner estão Franz Liszt e o maestro Hans Richter.

níveis Arnold Schoenberg possa ser visto como a grande fonte do modernismo na música, seu abandono da tonalidade em 1908 e o desenvolvimento da Segunda Escola Vienense foram tanto um sintoma quanto uma causa do crescente abismo entre compositores e público. À medida que um número maior de compositores ascendeu para esferas cada vez mais obscuras, a impressão foi que estavam compondo música principalmente uns para os outros. Agradar ao público apreciador da melodia, harmonia e ritmo passou a ser visto como um sacrifício da integridade no altar do sucesso comercial. Em 1997, sir Harrison Birtwistle defendeu-se das acusações de inacessível com a observação desdenhosa: "Não posso ser responsável pelo público: não estou dirigindo um restaurante".[153] Por isso, os promotores de concertos e os públicos voltaram as costas à música contemporânea a favor dos clássicos. Esse fenômeno não levou à perda de prestígio — pelo contrário. Mas levou ao divórcio entre a música séria e a sociedade em geral.

Embora limitações de espaço não permitam acompanhar todas as tendências musicais desde a morte de Wagner em 1883 até hoje, a melhoria sistemática do prestígio dos músicos não é difícil de mostrar. O lugar outrora ocupado pelo compositor como mediador entre música e sociedade foi assumido, nos últimos cem anos, por cantores e maestros. Até o início do século XIX, não apenas a palavra "maestro", mas o próprio conceito de regência era desconhecido. A orquestra era dirigida pelo *Kapellmeister* sentado ao teclado, que acenava com a mão, ou pelo primeiro violinista, que acenava com o arco, e às vezes por ambos. Nas obras corais podia se juntar uma terceira pessoa, que tentava manter a comunicação entre ambos. Praticamente se limitavam a indicar o compasso, e não poderiam fazer muito mais, pois dispunham da partitura de um só instrumento, e não de uma partitura completa. Ainda na década de 1820, mesmo as sinfonias de Beethoven vinham sendo tocadas em Leipzig com base em partituras parciais.[154]

Essa realidade começou a mudar com o aumento do tamanho das orquestras e da complexidade da música orquestral, durante o primeiro quartel do século XIX. Mais ou menos na mesma época, em torno de 1820, os maestros individuais começaram a usar uma batuta e a ler uma partitura completa. Também cessaram de tocar um instrumento enquanto regiam. Nos primeiros sete anos de sua existência, a London Philarmonic Society, fundada em 1813, listava em seus programas "Primeiro violino sr. X; piano sr. Y", mas com o segundo concerto de 1820 o anúncio muda para "Primeiro violino, sr. Spagnoletti; maestro, sr. Cramer".[155] Ao sul dos Alpes, onde se tocava pouquíssima música puramente orquestral e as partituras operísticas simples exigiam menos dos intérpretes, a velha ordem prosseguiu até quase o final do século XIX. Em Nápoles, em 1831, Hector Berlioz irritou-se porque o primeiro violino batia continuamente no suporte da partitura, mas foi informado de que "sem isso seus músicos às vezes teriam dificuldade de tocar no devido tempo". Berlioz comentou: "Aquilo era irrespondível", acrescentando o comentário indignado: "De qualquer modo, não se podem esperar orquestras da qualidade das de Berlim, Dresden ou Paris num país onde a música instrumental é quase desconhecida".[156]

O progresso em outras partes foi rápido. Em 1856, o próprio Berlioz escreveu um breve tratado sobre como reger com batuta, no qual enfatizou que mais importante que a marcação do tempo era a interpretação.[157] Essa evolução foi levada bem mais longe por Wagner, que poderia perfeitamente se considerar o primeiro astro da regência.[158] Segundo todos os relatos, ele conseguia inspirar suas orquestras com sua própria visão do trabalho e fazer que dessem o máximo de si. Anton Seidl escreveu: "Como maestro, técnica e intelectualmente, podemos colocar Wagner no lugar mais alto. Ele regia os músicos completamente com seus gestos — às vezes só com os olhos. Ele os elevava aos domínios encantados".[159]

Ao transportá-los até lá, Wagner corroborava a máxima de Carlyle de que genialidade é uma capacidade infinita de se esforçar. Para sua execução lendária da *Sinfonia coral* de Beethoven em abril de 1848, Wagner insistiu em doze ensaios dos contrabaixos e violoncelos só para o recitativo que introduz o movimento final.[160] Apesar de sua estatura modesta (1,66 m é uma altura muito boa, ora essa!),[161] seu carisma permitia que dominasse os músicos e o público. A aura que ele proporcionou aos maestros foi auxiliada pelos episódios que projetaram sua imagem na consciência popular. Em Londres, por exemplo, ele foi censurado pelo crítico musical do *Times* por reger a *Eroica* sem partitura, o que foi considerado desrespeitoso com Beethoven. Assim sendo, na próxima ocasião Wagner apareceu no pódio com a devida partitura à frente. Conquistou assim a aprovação dos críticos, até que descobriram que se tratava de *O barbeiro de Sevilha*.[162] Seu tratado substancial sobre a arte de reger, em 1869, ajudou a perpetuar sua realização. Também contribuíram para isso os muitos maestros jovens que trabalharam para ele, particularmente Hans von Bülow, Hans Richter, Felix Mottl e Hermann Levi.

Os regentes atingiram a plenitude no século XX, com os avanços nos transportes e comunicações permitindo que percorressem o mundo e as gravações levando suas interpretações a um público global. As carreiras brilhantes de Arturo Toscanini (1867-1957) ou Wilhelm Furtwängler (1886-1954) exemplificaram as oportunidades agora disponíveis aos intérpretes, tanto quanto aos compositores e músicos. Essas oportunidades não foram apenas musicais e materiais; tiveram também forte dimensão social. As idas e vindas dos astros da regência, seus gostos e aversões, suas relações dentro e fora do casamento, continuam preocupando as diversas mídias, dos críticos musicais aos colunistas de fofocas. Suas batutas reuniram a autoridade de um marechal de campo com a empolgação de um símbolo fálico.

O mesmo tipo de observação poderia ser feito sobre os cantores, e pelo mesmo tipo de razão. Claro que astros sempre existiram. Sopranos e *castrati* em especial auferiam salários enormes no século XVIII. Mas, no século XIX, a capacidade de viajar de forma rápida e confortável permitiu aos cantores tirar vantagem do emergente mercado musical e ficar muito rico e famoso. Entre setembro de 1850 e junho de 1851, Jenny Lind, "o rouxinol sueco", deu 95 recitais nos Estados Unidos e ganhou 176 675 dólares líquidos. Durante a excursão foi festejada como uma rainha.[163] À semelhança dos maestros, o advento da gravação aumentou substancialmente as oportunidades dos cantores. Além disso, mudou o equilíbrio entre os sexos. No século XIX as cantoras haviam predominado: Giuditta Pasta, Adelaide Tosi, Adelina Patti, Maria Malibran, Jenny Lind, Teresa Stolz, para mencionar algumas. O século XX também produziu muitas sopranos famosas, mas elas foram acompanhadas por cantores, a começar por Caruso, que gravou pela primeira vez em 1902. Na década de 1990, os Três Tenores — Placido Domingo, Luciano Pavarotti e José Carreras — alcançaram um sucesso colossal com uma série de concertos em estádios. Noticiou-se que cada um dos tenores arrecadou por concerto mais de 1 milhão de dólares.[164]

No Reino Unido, a melhoria sistemática do prestígio dos músicos reflete-se no reconhecimento formal concedido pelos soberanos. Pintores e arquitetos eram nomeados cavaleiros do Império Britânico (recebendo o título de sir) largamente na época em que as artes visuais e a arquitetura eram os meios principais de representar o poder do trono britânico: Anthony van Dyck em 1632, Christopher Wren em 1673, Peter Lely em 1679, Godfrey Kneller em 1692, John Vanbrugh em 1714, James Thornhill em 1720, Joshua Reynolds em 1768, William Chambers em 1770, e assim por diante. Emigo Jones recusou o título em 1633. Alguns talentos óbvios foram omitidos da lista — Hogarth, Gainsborough, Blake, por exemplo —, mas no todo, até quase no final do século XIX, a forma mais segura de um artista criativo adquirir um título era pintando ou construindo uma obra que exibisse a todos o poder do patrocinador real.

Os músicos começaram devagar nessa competição. O primeiro a ser nomeado cavaleiro foi William Parsons em 1795, logo seguido por John Stevenson em 1795 e George Smart em 1811. Mesmo essas nomeações foram menos impressionantes do que pareciam, por não terem sido realizadas pelo rei (ou príncipe regente), mas pelo vice-rei da Irlanda. O primeiro músico nomeado cavaleiro por um monarca reinante foi Henry Bishop em 1842.[165] Na segunda metade do século, o ritmo se acelerou. Uma lista simples de nomes e datas é reveladora: Michael Costa foi nomeado cavaleiro em 1869, William Sterndale Bennett em 1871, John Goss e Robert Prescott Stewart em 1872, George Grove, George Macfarren e Arthur Sullivan em 1883, John Stainer e Charles Hallé em 1888, Alexander Mackenzie em 1895, Frederick Bridge em 1897. Hubert Parry foi nomeado cavaleiro em 1898 e baronete em 1902.

O ritmo se manteve na primeira metade do século xx: Edward Elgar foi nomeado cavaleiro em 1904 e baronete em 1931, Henry Wood e Frederic Cowen foram nomeados cavaleiros em 1911, George Henschel em 1914, Thomas Beecham em 1916, William Hadow em 1918, Henry Walford Davies, Richard Terry e Dan Godfrey em 1922, Hamilton Harty em 1925, Edward German em 1928, Arthur Somervell em 1929, Granville Bantock em 1930, Donald Tovey em 1935, Arnold Bax e Adrian Boult em 1937, Malcolm Sargent em 1947, John Barbirolli em 1949, Arthur Bliss em 1950 e William Walton em 1951. Ralph Vaughan Williams (1872-1958) rejeitou várias ofertas de título de cavaleiro. Ethel Smyth foi nomeada dama do Império Britânico — o equivalente feminino do cavaleiro — em 1922. Esta não pretende ser uma lista completa.

A concessão de títulos de cavaleiros aos músicos não diminuiu nos últimos anos. Pelo contrário. Michael Tippett foi nomeado cavaleiro em 1966, Lennox Berkeley em 1974, Benjamin Britten foi nomeado lorde em 1976, Peter Maxwell Davies foi nomeado cavaleiro em 1987, Harrison Birtwistle em 1988, Richard Rodney Bennett em 1998, Andrew Lloyd Webber foi nomeado cavaleiro em 1992 e lorde em 1997, Malcolm Arnold foi nomeado cavaleiro em 1993. Dos regentes atuais, os seguintes são cavaleiros: David Willcocks (1977), Charles Mackerras (1979), Colin Davis (1980), Neville Marriner (1985), Roger Norrington (1977), Simon Rattle (1994), John Eliot Gardiner (1998), Andrew Davis (1999), Philip Ledger (1999) e Richard Armstrong (2004). A eles podemos acrescentar diretores musicais como John Tooley (1979) e Peter Jonas (2000), produtores como George Martin (1996) e até DJs como Jimmy Savile (1990).

A condecoração de cantores e instrumentistas também ganhou ímpeto no decorrer do século xx, como mostra esta seleção: Charles Santley (1911), Nellie Melba (1918), Harry Lauder (1919), Maggie Teyte (1958), Eva Turner (1962), Geraint Evans (1969), Joan Hammond (1974), Vera Lynn (1975), Janet Baker (1976), Peter Pears (1977), Joan Sutherland (1979), Kiri Te Kanawa

(1982), Bob Geldof (1986), Gwyneth Jones (1986), Cliff Richard (1995), Josephine Barstow (1996), Felicity Lott (1996), Gillian Weir (1996), Paul McCartney (1997), Cleo Laine (1997), Elton John (1998), Shirley Bassey (1999), Thomas Allen (1999), Anne Evans (2000), Mick Jagger (2003), Willard White (2004) e Tom Jones (2006).

À objeção de que Harry Lauder foi condecorado cavaleiro pelas atividades de recrutamento durante a Primeira Guerra Mundial e de que Jimmy Savile e Bob Geldof o foram por arrecadar dinheiro para caridade, pode-se replicar que essas realizações foram possíveis graças à fama como músicos. A última lista revela uma reversão no desequilíbrio que vigorava entre os sexos e também que desde a década de 1990 a música popular tem aumentado sua participação.

Em suma, no Reino Unido, o atalho para um título formal é a música. Nada disso seria possível sem a intervenção dos políticos, pois é o primeiro-ministro quem redige a lista de contemplados. Muita coisa pode ser aprendida sobre a natureza de um regime pela simples análise do tipo de gente que opta por reconhecer. Um sinal seguro de que o prestígio dos músicos populares estava em ascensão surgiu quando os políticos britânicos aderiram à beatlemania depois que o quarteto se tornou um fenômeno internacional. Por incrível que pareça, os conservadores foram mais rápidos no gatilho. Talvez por ter sido jornalista (mais tarde se tornou editor do *Daily Telegraph*), ninguém menos que o ministro Bill Deedes sentiu que a triunfante excursão dos Beatles pelos Estados Unidos, no início de 1964, marcou um divisor de águas cultural. Ele disse à ala jovem do Partido Conservador de Londres que os Beatles anunciavam "um movimento cultural entre os jovens que poderá fazer parte da história de nossa época. Para quem tem olhos abertos, algo importante e animador está acontecendo aqui".[166]

Embora difamado pelos quadros mais reacionários de seu próprio partido, os pontos de vista de Deedes foram adotados por seus líderes. Os candidatos conservadores ao parlamento foram aconselhados a mencionar os Beatles (favoravelmente) o máximo possível em seus discursos, e o primeiro-ministro sir Alec Douglas-Home os saudou como "nossas melhores exportações", dando "uma contribuição proveitosa ao balanço de pagamentos".[167] Com eleições gerais no horizonte, o líder da oposição, Harold Wilson, agiu decisivamente para impedir que os conservadores transformassem os Beatles em sua "arma secreta", segundo suas próprias palavras. Quando soube que o grupo havia sido eleito

O líder da oposição, Harold Wilson, é atormentado pelos Beatles após entregar seus prêmios na cerimônia do Variety Club em 19 de março de 1964.

Personalidade do Show Business de 1963 pelo Variety Club da Grã-Bretanha, procurou o presidente da EMI, a gravadora dos Beatles, para se oferecer como a pessoa ideal para conceder o prêmio num almoço em março de 1964.

Wilson não deve ter esquentado a cabeça com o fato de ter sido empurrado e azucrinado pelos Beatles, pois o episódio permitiu que se posicionasse literal e simbolicamente como o político mais sintonizado com a cultura jovem. Uma tarefa nada difícil, dado que o primeiro-ministro conservador que ele tentava derrotar era sir Alec Douglas-Home — um velho proprietário de terras escocês formado em Eton e décimo quarto conde de Home, título ao qual depois renunciou. Após informar ao Variety Club que aquela não era a ocasião de fazer um discurso político, claro que Wilson fez exatamente isso, aproveitando a feliz coincidência de ser parlamentar por Liverpool. Não temos como avaliar até que ponto a foto de Wilson com os Beatles o ajudou a vencer a eleição de outubro de 1964, embora, pelo que dizem, John Lennon reivindicou o crédito pela vitória trabalhista. De qualquer modo, Wilson mostrou-se grato no ano seguinte ao nomear os Beatles membros da Ordem do Império Britânico. Ele continuou a se aproximar do quarteto até o fim do mandato, presidindo, por exemplo, a reabertura do Cavern Club em Liverpool, um santuário dos Beatles, em julho de 1966.[168]

Wilson foi o primeiro político britânico, mas não o último, a cortejar músicos populares. Quando a longa hegemonia dos conservadores começou a desmoronar em meados da década de 1990, ambos os lados procuraram o apoio do mundo musical. Foi sintomático da época que o primeiro-ministro, John Major, se voltasse para o segmento mais velho, concedendo títulos de cavaleiro a Cliff Richard (nascido em 1940) e Paul McCartney (nascido em 1942), enquanto Tony Blair visou um eleitorado mais jovem.[169] Um sinal prematuro de sua estratégia foi a visita, em 1995, de Damon Albarn, vocalista do Blur, ao Parlamento a convite do Partido Trabalhista. Ali ele aconselhou John Prescott, Alistair Campbell e Tony Blair sobre como o partido poderia atrair mais os jovens.[170]

As credenciais de Blair eram bem mais impressionantes que as de Wilson uma geração antes. O mais importante não foi a idade — Blair tinha 41 anos em 1995, Wilson estava com 48 em 1964 —, mas o estilo. Blair não trajava ternos de três peças, não fumava cachimbo e não passava as férias nas ilhas Scilly. Além disso, como os relações-públicas de Blair gostavam de enfatizar, ele próprio havia sido músico de rock quando estudante em Oxford, tocando guitarra e cantando numa banda chamada Ugly Rumours. Um de seus colegas músicos recordou: "Ele fazia um estilo Mick Jagger. O volume era muito alto, mas não demais. Era acompanhado de uma atuação bem divertida. Sem a menor dúvida ele se inspirava em Jagger. Havia um monte de *Well alright!*".[171]

À semelhança da vitória de Wilson sobre Douglas-Home em 1964, é impossível avaliar o quanto Blair foi ajudado por sua identificação com a cultura jovem na esmagadora vitória de maio de 1997. Ele fez um esforço especial para continuar a aliança, convidando Noel Gallagher (embora não tenha convidado seu irmão mais perigoso Liam), do Oasis, para uma festa na residência oficial do primeiro-ministro na Downing Street logo após a eleição. Damon Albarn também foi convidado, mas disse não: "Deixei um recado na Câmara dos Comuns dizendo: 'Caro Tony, tornei-me comunista. Curta o bate-papo, camarada. Amor, Damon'".[172] Naquele mesmo ano, Alan McGee, fundador e proprietário da Creation Records, que também comparecera à festa na Downing Street,

Tony Blair cumprimenta Noel Gallagher do Oasis numa recepção na Downing Street nº 10 logo após as eleições gerais de 1997.

foi nomeado por Blair para a Força-Tarefa das Indústrias Criativas e convidado para jantar em Chequers Court, a residência de campo do primeiro-ministro. Ele escreveu um relato revelador sobre a noite:

> Não sabíamos o que nos esperava. Eu trajava um terno, Kate [sua esposa] vestia uma roupa elegante. Quando nos aproximamos de carro da casa, havia seguranças por toda parte: sujeitos zanzando pelos gramados com armas. Ele [Blair] nos recebeu à porta trajando jeans, um copo de chope na mão. Entramos, e foi aí que as coisas ficaram realmente psicodélicas. A atriz Judi Dench estava ali, além de um sujeito da Psion Computers, aquele escritor, John O'Farrell [...] e o ator e apresentador da BBC Jimmy Savile. Apresentei-o a Kate, e ele começou, por assim dizer, a sugar os dedos dela. Loucura total.[173]

Como era de esperar, essa aliança entre os trabalhistas e o britpop durou pouco. O ministro da Cultura, Chris Smith, começou a se arrepender, lamentando mais tarde que "a julgar por nossos críticos, somos um pelotão de filisti-

nos dançando ao som do Oasis". Lançou na "fotografia famosa do primeiro-
-ministro com Noel" a culpa por aquela imagem distorcida, acrescentando com
pesar: "Acho que, em uma visão retrospectiva, permitir que uma imagem icônica daquela espécie se vulgarizasse foi um erro".[174] Mas Smith, cujos próprios
gostos tendiam à alta cultura, mostrou-se fora de sintonia com o regime e foi
demitido em 2001. Blair continuou cultivando a cena musical popular, não
perdendo nenhuma oportunidade de ser fotografado segurando uma guitarra
ou de divulgar suas paixões musicais (U2, Foo Fighters, The Darkness) e o fato
de que tocava sua guitarra todos os dias. A estratégia pareceu funcionar. Por
mais que o líder conservador David Cameron tentasse imitá-lo — assistindo a
shows de rock, divulgando seu entusiasmo pelo Radiohead, escolhendo uma
seleção descolada de CDs na Desert Island Discs (Pink Floyd, Radiohead, R.E.M.,
The Smiths, The Killers) —, Blair conseguiu se manter um passo à frente.

Na verdade, os artistas de rock o procuravam. Ao entrevistar Chris Martin
do Coldplay em maio de 2005, a jornalista Miranda Sawyer revelou que veria o
primeiro-ministro no dia seguinte. Martin apanhou seu caderno e escreveu-lhe
uma carta:

> Caro sr. Blair, Meu nome é Chris; sou vocalista de uma banda chamada Coldplay.
> Por favor, desculpe a natureza ligeiramente desleixada de minha carta; não tenho
> papel adequado [...]. Acho que todo o negócio que você está fazendo este ano em
> termos de tentar organizar as coisas é BRILHANTE. A campanha Relegue a Pobreza à
> História, que você está liderando, é mais do que um slogan, é uma possibilidade
> real, e eu e a maioria dos meus amigos sentimos que você é um dos poucos políti-
> cos no cenário mundial que dá sinais de que quer chegar lá.

Sawyer relatou:

> Depois ele deseja a Blair boa sorte nas eleições, oferece aulas de guitarra e se des-
> pede, deixando o número de seu celular. Quando entrego a carta ao primeiro-
> -ministro no dia seguinte, ele pergunta: "Você leu isto?". Eu digo: "Claro". No dia
> seguinte, Chris recebe uma ligação oficial. Ele não me conta como foi, mas tenho
> a impressão de que foi algo do tipo "Então podemos contar com seu apoio?" mais
> do que "Qual a posição dos dedos numa quinta aumentada?".[175]

Os políticos fariam bem em não confiar nos músicos de rock, a maioria dos quais apoia o hedonismo anárquico em vez de um programa específico, como mostraram as declarações subsequentes de Chris Martin. Em junho de 2006, ele encerrou a apresentação da banda Coldplay no Festival da Ilha de Wight com a exortação: "Não votem em Cameron. [...] Nem votem em Blair. Façam o que fizerem, não votem nos conservadores jamais! Foda-se Cameron, é tudo papo-furado!".[176]

Depois dos políticos em busca do apoio dos músicos, o passo seguinte e final foi a entrada em cena dos músicos no mundo da política. Tal atitude teve em Wagner um precursor, mas no final do século xx os músicos se tornaram uma força proativa. A personificação dessa evolução foi Bob Geldof, que começou modestamente, em dezembro de 1984, com um disco compacto simples intitulado "Do they know it's Christmas?" a fim de arrecadar dinheiro para as vítimas da fome na Etiópia. Ele demonstrou seus formidáveis poderes de persuasão ao reunir 45 dos cantores mais famosos da época (incluindo Paul McCartney, Boy George, David Bowie, Phil Collins, Bono, George Michael e Sting). O resultado foi o compacto simples mais vendido em todos os tempos no Reino Unido.[177] Encorajado pelo sucesso, Geldof resolveu organizar o maior concerto mundial de todos os tempos, Live Aid. Em 13 de julho de 1985, foram realizados shows simultâneos no Estádio de Wembley, em Londres, com 72 mil espectadores, e no Estádio jfk, em Filadélfia, com 90 mil espectadores. O evento foi visto na televisão em cinquenta países por 2 bilhões de pessoas. A expectativa inicial de arrecadar 1 milhão de dólares foi ultrapassada 150 vezes.[178]

Em 2005 Geldof voltou a atacar, dessa vez com auxílio de vários outros astros do rock, mais notadamente Bono, do U2. Em 2 de julho, dez shows, conhecidos como Live 8, foram promovidos em vários cantos do mundo, do Japão a Filadélfia, e transmitidos para um público global através de cem canais de tv e 2 mil redes de rádio. Afirmou-se depois que 3,8 bilhões de pessoas — ou mais de metade da população mundial — haviam sintonizado um show em algum momento.[179] Os organizadores mostraram que haviam aprendido com seus erros, pois dessa vez a intenção não foi arrecadar dinheiro, que poderia parar em mãos erradas, mas pressionar o G8, organização dos países mais desenvolvidos do mundo, cujos líderes estavam se reunindo em Gleneagles, na Escócia. Nas palavras de Geldof: "Não queremos seu dinheiro, queremos sua voz".

Outros métodos empregados para pressionar a cúpula do G8 foram uma

Bono e Bob Geldof encontram Tony Blair na Downing Street nº 10, em 22 de maio de 2003.

petição na internet (que obteve mais de 38 milhões de assinaturas) e uma marcha de 225 mil pessoas em Edimburgo. Os resultados foram impressionantes: o ministro das Finanças, Gordon Brown, concordou em isentar de impostos a receita do concerto, poupando aos organizadores 500 mil libras, e os ministros das Finanças do G8 concordaram em cancelar as dívidas dos dezoito países mais pobres, dobrar a ajuda global, metade da qual se destinaria à África, e emendar as normas comerciais restritivas.[180]

O compatriota de Geldof, Bono, agora se comporta como um líder mundial, visitando o papa (com quem trocou seus óculos escuros por um rosário), conduzindo o secretário do Tesouro norte-americano Paul O'Neill por uma excursão investigativa pela África, tentando mudar sua opinião, e aconselhando presidentes e primeiros-ministros sobre o que fazer. Em Gleneagles ele conseguiu persuadir o relutante Gerhard Schröder a aderir fazendo uma oferta irrecusável: apoiar Schröder e o partido social-democrata em todos os shows durante a excursão programada do U2 pela Alemanha.[181] Como vinha enfrentando uma campanha dificílima pela reeleição, o chanceler Schröder capitulou.

Em 2003, Jacques Chirac admitiu Bono na Légion d'Honneur; em 2005, a revista *Time* o elegeu "Personalidade do Ano"; em janeiro de 2007, Blair o condecorou como cavaleiro honorário "em reconhecimento aos seus serviços à indústria da música e por seu trabalho humanitário".[182] Quando o Centro Presidencial e Parque Clinton foi inaugurado em Little Rock, Arkansas, em novembro de 2004, estavam presentes o presidente George W. Bush e três ex-presidentes — George Bush pai, Jimmy Carter e o próprio Clinton. Mas a reação do público mostrou que o verdadeiro astro do evento foi Bono, que não apenas tocou e cantou, mas fez um discurso em que se dirigiu a cada presidente individualmente, comentando suas contribuições à África.[183] Tal exemplo do triunfo da música no mundo moderno é difícil de superar.

2. Propósito

"A música é a mais romântica de todas as artes"[1]

Por que compor música? Por que tocar música? Por que ouvir música? As respostas óbvias são, respectivamente, por dinheiro, por dinheiro e por prazer. Não estão de todo erradas, mas tampouco totalmente certas. Muita coisa depende do período, pois o contexto histórico determina a combinação dos diferentes elementos que constituem a atividade musical.

Um erro comum, mas grave, é supor que a música consiste em notas na pauta, quando composta, ou em sons, quando executada. É possível imaginar um compositor compondo música sem nenhuma intenção de vê-la executada, mas tal isolamento extremo deve ser tão raro como estar perdido numa ilha deserta. Praticamente toda a música ocidental consiste em uma interação trilateral entre criadores, intérpretes e públicos. Além disso, cada um dos três é um participante ativo e crucial. As notas deixam de ser abstrações, ganhando forma, somente quando músicos as transformam em sons e ouvintes as percebem. Ao escolher as notas para uma partitura, o compositor terá em mente quais instrumentos poderá usar, em que tipo de espaço a obra será executada e quais tipos de pessoas irão ouvi-la. Produzir música é um processo social.[2]

Em alguns aspectos importantes, o propósito da música permaneceu o mesmo no decorrer de sua história. Uma constante foi a redenção, encorajando os espíritos humanos a ascenderem a um céu sônico, aproximando-se assim de Deus. A música continua desempenhando essa função nas religiões organizadas, embora seu abraço transcendental tenha agora se expandido para incluir quase todas as pessoas. Outra constante foi a recreação e o entretenimento, com plateias e inclusão social crescente. O que era antes monopólio do príncipe ou prelado é agora uma experiência compartilhada por todos que tenham ouvido musical.

Mas a principal mudança foi no propósito *básico* da música: de representar o poder do patrocinador a expressar os sentimentos do músico individual. O momento central ocorreu nas décadas em torno de 1800. Até o surgimento de um público anônimo como protagonista cultural de peso, o patrocinador individual costumava identificar quem iria compor, o que seria composto, para quais instrumentos e para qual público. Nos casos de Monteverdi e Haydn, quem mais influenciou grande parte da música que criaram foram, respectivamente, o duque de Mântua e o príncipe Esterházy. Mas o exemplo perfeito da música liderada pelo patrocinador — ou melhor, imposta pelo patrocinador — foi proporcionado pelo projeto de Versalhes de Luís XIV.

No decorrer de seu longuíssimo reinado (1643-1715), o Rei Sol transformou o que era quase uma terra abandonada a cerca de dezesseis quilômetros de Paris no maior complexo palaciano de toda a Europa. Seus objetivos eram variados, mas inter-relacionados. O mais elementar era a necessidade de distanciar o rei dos súditos turbulentos que haviam causado tanto caos nos últimos cem anos, mais recentemente durante a guerra civil de 1648-53. Ao criar uma cultura da corte tão opulenta que só um tesouro real era capaz de sustentar, o rei Luís reduziu a lacaios mesmo os maiores magnatas. Quando aparecia na corte coberto de diamantes no valor de 14 milhões de *livres*, por exemplo, estava provando aos cortesãos que nenhum indivíduo particular podia competir com os recursos reais.[3] Ao proporcionar o melhor em termos de entretenimento aristocrático — as melhores caçadas, os melhores bailes, a melhor ópera, a melhor música, o melhor teatro, as melhores apostas —, atraiu os altos escalões da nobreza francesa das províncias para um lugar onde pudesse ficar de olho neles. E como deixou claro que quem permanecesse distante da corte perderia a proteção real, poucos foram os ausentes.

Encenação de A princesa de Elis *como parte de* Os prazeres da ilha encantada, *uma extravagância multimídia ao ar livre encenada em Versalhes em homenagem a Louise de la Vallière, amante de Luís XIV, durante sete dias em maio de 1664. Molière se encarregou da parte teatral, enquanto Lully foi diretor musical. Gravura de Israel Silvestre (1664).*

As despesas dos cortesãos para não ficarem atrás uns dos outros os tornaram dependentes das benesses reais. Em 1683 foram pagas pensões reais ao custo considerável de 1,4 milhão de *livres*, uma soma substancial que representava cerca de 1,2% dos gastos governamentais totais, mas mesmo assim um investimento eficaz em harmonia social.[4] Não se tratava de uma via de mão única, pois tanto o monarca quanto a nobreza davam e recebiam, criando um espaço mutuamente benéfico e não apenas uma gaiola de ouro.[5] E se Versalhes distanciou o rei de seus súditos, serviu também para elevá-lo acima das demais cabeças coroadas da Europa. Ao concentrar em um projeto os melhores talentos dos diferentes ramos das artes, Luís XIV conquistou uma supremacia cultural à altura de sua invencibilidade militar. A arquitetura de Le Vau e Mansart, as pinturas de Lebrun, Mignard, Largilliere e Rigaud, a escultura de Coysevox e Girardon, os jardins de Le Nôtre, as peças de Molière, Corneille e Racine, e a música de Lully, Lalande, Couperin, Marais e Charpentier foram "a continuação da guerra e diplomacia por outros meios".[6] Até as flores foram arregimentadas, já que Versalhes e seus palácios-satélites foram transformados num festim floral permanente para olhos e narinas.[7]

Quem não pudesse viajar a Versalhes a fim de experimentar em primeira mão as suas maravilhas podia fazê-lo através das numerosas descrições e ilustrações que eram publicadas. Em 1663, Luís XIV encomendou a Israel Silvestre gravuras de "todos os seus palácios, casas reais, as vistas mais bonitas e aspectos de seus jardins, reuniões públicas, carrosséis e periferia da cidade".[8] Essa incumbência deu início a uma série de volumes magníficos, eles próprios objetos de arte de alto valor, que difundiram a cultura francesa por toda a Europa. Também foram publicados os libretos das diferentes montagens operísticas, todas elogiando as realizações reais.[9] Em 1682, Ménestrier pôde afirmar que a hegemonia cultural da Itália terminara — a França agora fixava os padrões em todas as artes:

> Constitui a glória da França ter conseguido estabelecer as regras de todas as belas-artes. Durante os últimos vinte anos, dissertações eruditas moldaram teatro, poesia épica, epigramas, éclogas, pintura, música, arquitetura, heráldica, ditados, enigmas, emblemas, história e retórica. Todos os ramos do conhecimento são agora conduzidos em nossa língua.[10]

Essa cultura pode ser descrita como representativa, no sentido de que servia para representar a glória do rei, tornando-a visível, tangível e audível. Seu principal propósito era dizer algo sobre o patrocinador, e fazê-lo de forma sonora. Nesse processo, a música era universal e onipresente: tocada no *lever*, a complexa cerimônia realizada quando o rei se levantava de manhã; na capela, quando comparecia à missa; durante as refeições, passeios e excursões aquáticas; na partida para a caça; em recepções e bailes; nos exercícios militares; durante exibições de fogos de artifício; na ópera; nos *appartements* noturnos, quando o rei e seus cortesãos jogavam cartas e bilhar; e durante o *coucher*, outra cerimônia elaborada, realizada quando o rei ia para a cama.[11] Músicos também estavam por perto para soar uma fanfarra no clímax da caçada, quando o mestre caçador dava o golpe de misericórdia no veado exausto, cortando-lhe a garganta com sua faca de caça. Quando o herdeiro de Luís XIV, seu bisneto Luís XV, foi caçar pela primeira vez, oitenta tocadores de trompa estavam presentes (sem falar nos novecentos cães e mil cavalos).[12]

A dança era especialmente popular, sobretudo porque, segundo a opinião geral, Luís XIV era um magnífico dançarino, capaz de competir com os profissionais. O marquês de Dangeau registrou no seu diário que, nos seis meses entre 10 de setembro de 1684 e 3 de março de 1685, nada menos que setenta entretenimentos reais envolveram dança, inclusive um baile de gala, nove bailes de máscaras e 58 *appartements* — em outras palavras, um evento a cada dois ou três dias.[13] Para proporcionar a grande quantidade de música necessária, cerca de duzentos cantores e instrumentistas eram requeridos, divididos entre a capela, a câmara e a caça. O mundo musical de Versalhes era sem dúvida o maior da Europa, e provavelmente também o melhor.[14]

Os espetáculos musicais mais elaborados foram inicialmente os *ballets du cour*, combinações longas e esmeradas de dança, música, poesia e efeitos teatrais espetaculares, visando entoar loas ao rei. Mas estavam ligados demais às suas origens italianas para serem adequados a um rei de França. Como observou o poeta da época Pierre Perrin, a ideia de que uma nação invencível na guerra devesse continuar sendo influenciada pelas culturas de nações inferiores era inaceitável.[15] Assim, um gênero novo — a tragédia lírica francesa — foi inventado. Paradoxalmente, o principal responsável foi um florentino, Giovanni Battista Lulli, que em 1660, aos 28 anos, tornou-se "compositor da música de câmara do rei" e no ano seguinte "mestre musical da família real". Tendo se casado com a filha de outra figura graduada do *establishment* musical real, adotado a nacionalidade francesa e afrancesado o nome para Jean Baptiste Lully, encorajou o rei a dar as costas à antes predominante escola italiana. Durante 67 anos, a última ópera italiana montada na França foi *Ercole amante*, de Cavalli, em 1662. Em 1666 Luís XIV despediu seus músicos italianos.[16]

As características invariáveis das tragédias líricas emanadas da pena fértil de Lully incluíam um prólogo dedicado a entoar louvores a Luís XIV, uma estrutura em cinco atos e um tema extraído da mitologia clássica ou (mais raro) dos romances medievais.[17] Evitando as melodias adocicadas e o canto brilhante da tradição italiana, Lully fez do diálogo dramático sua principal preocupação. Aquelas tragédias líricas costumavam ser conduzidas em forma de recitativos melódicos, entremeados de passagens líricas curtas para a expressão de momentos de maior paixão. Os diálogos austeros, que facilmente se tornavam espetáculos tediosos quando representados, eram interrompidos de tempos em tempos por *divertissements* em forma de coros, balés e efeitos de palco mágicos.[18]

Os músicos que ascendiam ao topo da hierarquia de Versalhes eram regiamente recompensados. Quando morreu, em 1687, Lully era um homem riquíssimo, com cinco grandes propriedades em Paris e um patrimônio avaliado em mais de 800 mil *livres*. Seis anos antes, comprara o cargo honorário de *secrétaire du roi* por 63 mil *livres* e, com ele, a nobreza hereditária imediata.[19] Lully foi o único homem da história a dirigir a Ópera de Paris com lucro.[20] Seu prestígio junto ao rei lhe permitiu inclusive escapar de um escândalo potencialmente fatal, ao ser denunciado como membro de um círculo homossexual na corte e acusado de corromper os pajens que serviam em seu domicílio.[21]

O preço que Lully e os outros músicos tiveram de pagar por seus privilégios foi a submissão total à vontade real. Luís XIV era um patrão muito ativo, decidindo pessoalmente o que seria tocado, quando e onde. Entre outras coisas, forneceu o tema de diversas tragédias líricas de Lully (*Persée, Amadis, Roland* e *Armide*).[22] Ele também se interessava pela seleção dos músicos, muitas vezes comparecendo aos ensaios e fazendo as escolhas. Foi por sua insistência, por exemplo, que Michel-Richard Delalande foi promovido.[23] Quaisquer decisões que não tomasse sozinho eram delegadas não ao compositor, mas à Academia Real de Música por ele fundada em 1669. Não admitia nenhuma originalidade ou liberdade no processo criativo.[24]

A sofisticação, autoconfiança e glamour de Versalhes se uniram às vitórias militares de Luís XIV para criar um modelo cultural irresistível para o resto da Europa. Um símbolo dessa marcha triunfante foi a vitória linguística. Quando Luís XIV subiu ao trono em 1643, o francês era apenas uma entre as várias línguas concorrentes na Europa. Numa época em que o latim ainda dominava o discurso acadêmico, nada impedia que o espanhol ou o italiano se tornasse a *lingua franca* da Europa culta. Em 1700, o marquês de Dangeau pôde informar à Académie Française, com uma grandiosa satisfação, que "as maravilhas obtidas pelo rei tornaram o francês tão familiar aos nossos vizinhos como seus próprios vernáculos".[25] No mundo da política do poder, a revelação decisiva da hegemonia francesa veio em 1714, um ano antes da morte de Luís XIV, quando pela primeira vez um imperador do Sacro Império Romano-Germânico se dignou a assinar um tratado internacional (Rastatt) redigido na língua francesa, em vez de latim.[26]

Embora não tenha inventado a representação cultural — tão antiga quanto a própria civilização —, Luís XIV criou um modelo que a maioria dos soberanos europeus seguiu pelos próximos cem anos. Tratava-se de um modelo, não de uma norma. Eles adotaram a forma, mas contribuíram com seu próprio conteúdo. Na música, a tragédia lírica desenvolvida por Lully era francesa demais para ter apelo internacional. Em todas as outras partes da Europa, o gênero predominante era a *opera seria* italiana (ópera séria abordando um tema heroico ou trágico, opondo-se à *opera buffa* ou ópera cômica), mais conhecida na época como *dramma per musica*. De todos os gêneros musicais, a *opera seria* era o gênero representativo por excelência, por ser grandiosa, formal, clássica, elitista, hierárquica e ideal à propagação de uma mensagem política absolutista.

Centenas — provavelmente milhares — de *opere serie* foram compostas durante o final do século XVII e o século XVIII, mas o formato era quase invariável. Começavam com uma abertura ou sinfonia em três partes (rápida, lenta, rápida), consistindo quase inteiramente em árias *da capo*, com pouquíssimos duetos ou coros, duravam de três a quatro horas e terminavam com um coro altissonante para deixar explícita a mensagem central da ópera.[27] O libreto costumava se basear em tema extraído da Antiguidade clássica, empregava seis personagens — dois pares de enamorados, um rei nobre e um general traiçoeiro — e tinha um final feliz, com a união dos enamorados, o desmascaramento do vilão e a celebração do soberano.

Tratava-se de uma "ópera de cantores", enfatizando o domínio nos três estilos do canto italiano: *cantabile*, *grazioso* e *bravura*. Especialmente na terceira parte da ária *da capo*, o cantor era não apenas autorizado, mas encorajado a improvisar, florear e correr riscos para surpreender a plateia com seu virtuosismo técnico.[28] Isso requeria uma série de repetições verbais, que podem parecer tediosas, ou mesmo absurdas, ao ouvido moderno, mas que não deveriam obscurecer a importância do texto. A estética da época sustentava que a voz era o único meio de expressão verdadeiro; portanto, a função principal da música era intensificar o sentido e a expressão corporificados nas palavras.[29] O texto não deveria ser encarado como um "libreto" no sentido do século XIX; era um drama, e não por acaso o gênero se chamava *dramma per musica*.[30] O público podia constatar que Pietro Metastasio, além de maior libretista da época, também era

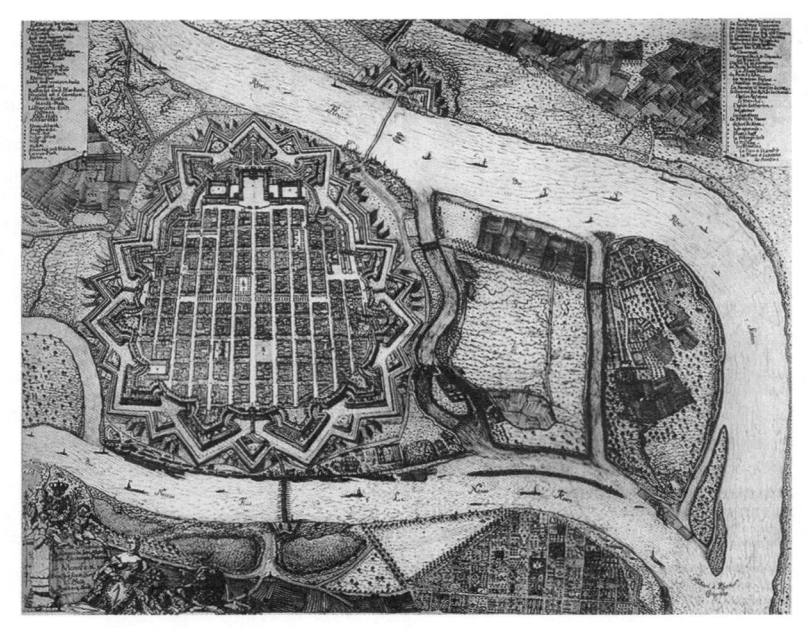

Planta da cidade de Mannheim em meados do século XVIII.

um grande poeta, pois, como as luzes do teatro não eram apagadas, podia seguir cada palavra do texto oferecido na entrada ou obtido antecipadamente.

A música pode ter sido central a esses grandiosos exercícios representativos, mas também se subordinava aos seus objetivos essencialmente sociais e políticos. Em Mannheim entre 1743 e 1777, o príncipe eleitor do Palatinado, Carlos Teodoro, criou um dos grandes centros musicais da Europa do século XVIII. Embora pelos padrões da época tratasse bem seus músicos, oferecendo bons salários, segurança e até pensões, a música que tocavam estava integrada a uma estrutura cerimonial maior que fortalecia a legitimidade do regime. Antes da encenação de uma *opera seria*, a corte se reunia nos aposentos da esposa do príncipe, na ala oeste do gigantesco palácio, seguindo depois para o teatro lírico ao som de fanfarras, como que em procissão para a missa na capela.[31]

A própria Mannheim era uma cidade planejada, construída após 1720 na confluência do Neckar com o Reno em forma de grade retilínea. O romancista Wilhelm Heinse escreveu ao amigo Jacobi em 1780: "Com seu palácio magnífico, Mannheim é uma cidade realmente bonita, mas foi construída de tal forma que parece que seus habitantes *devem* e *precisam*, mais do que *querem*, morar ali. Foi planejada, não se desenvolveu naturalmente. Como qualquer residência nobre, tem uma aparência despótica".[32] Charles Burney disse a mesma coisa, em outras palavras, quando visitou a cidade em 1772:

> Sua paixão [de Carlos Teodoro] por música e espetáculos parece tão forte como a do imperador Nero no passado. Talvez nessas ocasiões a música se torne um vício, prejudicial à sociedade; pois essa nação, da qual metade dos súditos são atores, rabequistas e soldados, e a outra meio mendigos, parece ser mal governada.[33]

Parte da motivação de Carlos Teodoro derivava da preferência pessoal, pois ele era um flautista talentoso e violoncelista competente. Havia sempre um forte elemento recreativo na cultura representativa. Parte dela brotava de um desejo de competir com os vizinhos. Com exceção da Áustria e da Prússia, nenhum dos príncipes do Sacro Império Romano-Germânico tinha a chance de formar um exército grande o suficiente para ter uma voz independente nos assuntos europeus. Em vez disso, competiam no nível cultural, lutando pela fama da melhor ópera, melhor orquestra, melhor compositor, melhor teatro, melhores academias, melhores universidades, melhor caça. Isso beneficiava os artistas criativos e intérpretes, porque a concorrência inflacionava os salários e melhorava as condições de trabalho. Menos atraente era a natureza arbitrária de algumas das opções feitas.

Carlos Teodoro tinha os Stamitz, os Cannabich, Richter e Holzbauer em sua folha de pagamento, mas perdeu a oportunidade de adicionar Mozart. Frederico, o Grande, mais que dobrou o salário de Johann Joachim Quantz em 1740 ao atraí-lo da Prússia, onde era músico na corte do príncipe eleitor da Saxônia, tratando-o com uma solicitude pouco característica. De fato, circulava uma piadinha popular de que a Prússia era governada pelo poodle da sra. Quantz, pois Frederico se submetia a Quantz, este se submetia à sra. Quantz, e esta se submetia ao seu poodle.[34] No entanto, Frederico também empregou Carl Philipp Emmanuel Bach, considerado na época *o* grande Bach, mas o tratou com desprezo, como um reles cravista. Frederico tinha gostos bem definidos: ópera no estilo italiano conservador e música para flauta — e era disso que seus músicos também tinham que gostar.[35] As condições de trabalho não eram melhores mais ao sul. Quando os Estados nobres da Boêmia escolheram Mozart para compor a música de *La clemenza di Tito* para marcar a coroação de

Leopoldo II em 1791, fizeram-no apenas porque Salieri estava sobrecarregado.[36] Poderíamos multiplicar *ad nauseam* exemplos semelhantes do que aos olhos do século XXI parecem ser erros crassos de julgamento.

BACH, HÄNDEL E A ADORAÇÃO DE DEUS

A música e os músicos podiam florescer no mundo das cortes, mas sempre como atividade subordinada e duvidosa. O mesmo se podia dizer de outro tipo, igualmente importante, de representação: a música religiosa. A ideia equivocada de que o século XVIII foi a Era da Razão é tão arraigada que a importância da música religiosa tem sido subestimada. Mesmo os compositores das cortes passavam grande parte do tempo compondo missas, motetos e oratórios, até porque a música sacra estava em primeiro lugar na hierarquia dos gêneros.[37] Para a maioria das pessoas na sociedade em geral, música significava música religiosa, mas não se limitava ao canto congregacional de responsos e salmos. Antes de 1789, na França, mais de quatrocentas igrejas empregavam uma *maîtrise* de ao menos uma dúzia de músicos executando música sofisticada.[38]

Mesmo no mundo notoriamente polêmico dos estudiosos da música, reina um consenso de que a música religiosa mais grandiosa já composta foi a de Johann Sebastian Bach. Tudo que Bach compôs — e sua capacidade de ser prolífico em vários gêneros diferentes era de espantar — foi para a glória de Deus, muitas vezes escrevendo no início de uma partitura "J. J." (*Jesu Juva* — Jesus, ajudai-me) e ao final "*Soli Deo Gloria*" (À Glória de Deus somente). Em dois extraordinários surtos de criatividade, em Weimar em 1713-6 e em Leipzig em 1723-9, escreveu cerca de trezentas cantatas, das quais duzentas sobreviveram. A essas devemos acrescentar cinco paixões (das quais apenas duas sobreviveram) e três oratórios, sem falar em seu testamento musical, a missa em si menor.

Uma das grandes ironias da história é que a música religiosa de Bach está bem mais disponível e é bem mais apreciada numa era secular do que em qualquer outra época. Em 1727, quando Bach compôs *A Paixão segundo São Mateus* para estreia na Sexta-Feira Santa, toda a população de Leipzig ia a uma das igrejas da cidade ao menos uma vez aos domingos para os serviços religiosos que duravam horas. É claro que o grau de entusiasmo com essa atividade não pode ser avaliado. Mas com certeza os valores e a visão de mundo daquela comunidade estavam impregnados de religião. No entanto, *A Paixão segundo São Mateus* foi executada apenas quatro vezes durante a vida de Bach, caindo depois no esquecimento, sobretudo porque não foi publicada. Só foi redescoberta em 1829, quando Mendelssohn promoveu sua famosa apresentação do centenário.[39]

O descaso, tanto na sua época quanto póstumo, foi ainda mais espantoso em vista da estupenda qualidade de uma obra que também tinha todos os atributos associados ao sucesso na música popular: melodia, ritmo e variedade. Na verdade, houve quem na época achasse a obra mundana demais: "O que será disso? Deus nos proteja, meus filhos! É como se estivéssemos numa ópera cômica", teria sido o comentário de uma idosa na congregação.[40] Na época atual, em que uma proporção cada vez menor da população europeia vai à igreja, *A Paixão segundo São Mateus* é universalmente considerada uma das maiores realizações culturais da Europa, encenada com regularidade no mundo inteiro e disponível em dezenas de gravações diferentes.[41]

Uma boa pista para esse mistério foi proporcionada pelo sucesso de uma obra de Händel, um contemporâneo exato de Bach. *O Messias* estreou no Neale's New Musick Hall, em Dublin, num concerto beneficente para três instituições de caridade locais. Os ensaios públicos já haviam obtido comentários entusiasmados da imprensa, que saudou a obra como "a melhor composição musical já ouvida". A estreia, em 13 de abril de 1742, abriu as comportas da enchente retórica: "Faltam palavras para exprimir o deleite proporcionado ao enorme público admirador. O sublime, o grandioso e o delicado, adaptados às mais elevadas, majestosas e comoventes palavras, conspiraram para extasiar e encantar coração e ouvido arrebatados".[42] O entusiasmo foi tamanho que duas apresentações extras foram providenciadas, a receita dessa vez indo para as mãos de Händel e Neale, em vez de para instituições de caridade.

Em Londres, *O Messias* começou sua carreira devagar, devido à oposição à execução de música sacra nos teatros, mas gradualmente se consolidou como atração permanente dentro e fora de Londres. A partir de 1749, ano em que foi apresentado em Oxford para marcar a abertura da Radcliffe Camera (construída para abrigar a Biblioteca de Ciências Radcliffe), Händel sempre concluiu sua temporada de oratórios com execuções da obra. Em 1750 ela alcançou Salisbury; em 1755, Bath e Bristol; em 1757, o Three Choirs' Festival; em 1759, Cambridge; em 1760, Birmingham e Bury St. Edmunds, e assim por diante. Na época da morte de Händel em 1759, *O Messias* fora encenado 56 vezes, somente doze não sendo em teatros seculares. Desde então, nunca saiu do repertório. Em 1763, uma seleção de trechos foi publicada, seguida em 1767 da partitura completa. Duas apresentações foram realizadas em 1784 como parte da grande Comemoração Händel organizada para marcar o que se acreditava ser o centenário do seu nascimento.[43]

Os destinos divergentes de *A Paixão segundo São Mateus* e *O Messias* se devem menos à qualidade das respectivas partituras que às diferenças entre Dublin-Londres e Leipzig. Em meados do século XVIII, a população de Dublin era ao menos três vezes maior que a de Leipzig, enquanto a de Londres era mais de vinte vezes maior. A esfera pública nas duas cidades maiores era portanto mais vasta. Dublin e Londres também atraíam a nobreza e a aristocracia respectivamente da Irlanda e da Grã-Bretanha, enquanto as elites da Saxônia eram atraídas não por Leipzig, mas pela corte do príncipe eleitor de Dresden. Essa maior amplitude da demanda fez de Händel um compositor muito rico e famoso, e também influenciou o tipo de música que compôs. Bach compunha para um público cativo de fiéis que, quando foi à Igreja de São Tomé na Sexta-Feira Santa de 1727, teve por objetivo assistir a um serviço religioso, embora muitos esperassem ouvir alguma música boa em troca. Händel compunha para um público voluntário de clientes pagantes cujo principal intuito, quando foram ao Neale's New Musick Hall em 13 de abril de 1742, era assistir a um concerto, embora muitos almejassem também uma elevação espiritual.

Além disso, Bach estava compondo para uma comunidade musical imensa que ele próprio havia aumentado e treinado desde a chegada na cidade quatro anos antes. Na versão revisada de 1736, *A Paixão segundo São Mateus* requer dois coros, cada qual com sua própria orquestra e situado separadamente; um terceiro coro de sopranos com apoio do órgão; nove solistas vocais e cinco instrumentais; e uma orquestra de tamanho modesto. A música que devem cantar e tocar é no mínimo difícil. Händel estava compondo para cantores e instrumentistas que havia recrutado localmente em Dublin desde sua chegada em dezembro último (com exceção de uma estrela soprano que trouxera consigo). *O Messias* requer um só coro, quatro cantores solistas e três solistas instrumentais. A música que precisam interpretar, com toda a sua admirável qualidade, está ao alcance de uma boa sociedade coral amadora. Eventos em que artistas se juntam para cantar *O Messias* são comuns, mas o mesmo não se dá com *A Paixão segundo São Mateus.*

Esses contrastes também explicam os finais tão diferentes das duas obras. *O Messias* se divide em três partes, cada qual concluindo com um coro. Como a parte 2 termina com o coro possivelmente mais famoso da música sacra, o "Aleluia", Händel se viu ante o desafio de evitar que a obra encerrasse com uma sensação de anticlímax. Ele o enfrentou compondo um coro duas vezes mais longo, "Digno é o cordeiro", acrescentando instrumentos de metal e tímpanos à orquestra, e concluindo a obra com um *coup de théâtre* musical. Com o coro entoando "Amém" repetidamente, os trompetes soando e os tímpanos troando, forma-se um clímax grandioso, até que de repente, no compasso 84, faz-se total silêncio. Após pausa de um só compasso, as forças combinadas retornam em fortíssimo por mais três compassos, levando a obra a uma conclusão triunfante e ensurdecedora. Tratou-se sem dúvida de um dispositivo para desencadear uma tempestade de aplausos, o que raramente não acontece, embora o final exija muito do maestro, orquestra e cantores.

A conclusão de *A Paixão segundo São Mateus* é muito diferente. Claro que Bach compõe um grande coro também, mas encerra em *diminuendo* numa nota resignada, com as palavras finais: "Felizes são teus olhos que se fecham por fim" (*Höchst vergnügt schlummern da die Augen ein*). Pelo menos em parte essa é a diferença entre compor para uma congregação e compor para um público.

CONCERTOS E A ESFERA PÚBLICA

Essas reflexões não pretendem insinuar que a obra de Bach seja superior ou que sua motivação religiosa fosse mais forte. O que sugerem, porém, é que um passo importante na ascensão da música e de seus criadores foi dissociá-los do serviço a uma terceira entidade. No caso da *opera seria*, essa terceira entidade era o príncipe; no caso da música religiosa, Deus. Embora Händel pareça ter sido tão devoto quanto Bach, ao encenar oratórios em teatros para um público pagante, apontou o caminho para a emancipação da música, que deixou de ser funcional. Na época de sua morte, em 1759, a formação de um público musical já vinha exercendo uma influência crescente sobre o prestígio da música e dos músicos. A principal expressão institucional era o concerto público, que atingiu a plenitude no século XVIII. No veredicto abalizado de um dos críticos mais influentes do século XIX, Eduard Hanslick, em 1800 o concerto havia se tornado "a principal mídia da música em si".[44]

Melômanos sempre haviam se reunido para tocar e ouvir, mas um concerto definido como execução musical que distingue com clareza músicos de plateia e que admite um público anônimo em troca do pagamento de um ingresso teve origem relativamente recente. Tudo indica que o primeiro concerto da Europa foi realizado na casa de John Banister em Londres em 1672, quando se cobrou dos membros da plateia a soma considerável de um xelim e seis *pence* para ouvir "música tocada por excelentes mestres".[45] O sucesso de Banister atraiu outros músicos-empresários, e no final do século anúncios de concertos públicos eram publicados regularmente nos jornais. Os ingleses estavam na vanguarda da comercialização nessa área, pois anúncios de concertos só apareceram nos jornais de Paris em 1725 e nos de Viena em 1780.[46]

Londres era o lugar natural para o novo gênero, não apenas por seu tamanho e riqueza, mas também devido à relativa liberalidade de sua cultura. Qualquer pessoa dotada de iniciativa, capital e contatos podia organizar um concerto reunindo uma orquestra, alugando um salão e divulgando um programa. Se isso parece óbvio, é interessante contrastar com as condições na única outra metrópole de tamanho e riqueza comparáveis: Paris. O músico real Anne-Danican Philidor teve a brilhante ideia de organizar concertos durante a Quaresma, quando os teatros eram obrigados a fechar as portas, mas primeiro teve de obter a permissão de Jean-Nicolas de Francine, que herdara o monopólio das apresentações musicais públicas concedido por Luís XIV ao seu sogro, Lully. Esta custou a Philidor 10 mil *livres* ao ano e a promessa de não tocar música operística ou qualquer música vocal com textos em língua francesa.[47] Mas a demanda do público foi tamanha que seus Concerts Spirituels, quando lançados em 1725, se tornaram um retumbante e duradouro sucesso.

É tentador situar o advento do concerto no contexto de uma evolução socioeconômica que pode ser rotulada de "a ascensão da burguesia". Na Leipzig de J. S. Bach, por exemplo, o vínculo entre concertos e comércio é facilmente visível. Pelos padrões alemães, aquele era um mundo cosmopolita, elogiado por Goethe no *Fausto* como a "Pequena Paris" e por Lessing como "um lugar onde se pode ver o mundo inteiro em microcosmo".[48] Como um grande entreposto na encruzilhada da Europa central, Leipzig desfrutou uma nova perspectiva de

O antigo Gewandhaus de Leipzig pintado pelo multitalentoso Felix Mendelssohn.

vida no século XVIII com a rápida expansão dos mercados russos. Os concertos começaram na cidade na década de 1680, executados por um grupo informal de músicos conhecido como Collegium Musicum. Quando Georg Philipp Telemann veio à cidade em 1701 para estudar direito na universidade, fundou outro grupo, que sobreviveu à sua partida em 1705 e envolveu cerca de sessenta pessoas.[49] Foi esse grupo que Bach dirigiu de 1729 a 1736.

Em 1743, uma associação mais ambiciosa denominada Grand Concert foi fundada por dezesseis cidadãos, cada qual prometendo doar dezesseis táleres imperiais anuais para subsidiar concertos.[50] Os mercadores que ocuparam o conselho diretor reagiram como bons empresários à demanda crescente aumentando o número de concertos durante as três grandes feiras comerciais realizadas a cada ano na cidade. Em 1781, uma nova e esplêndida casa de concertos foi inaugurada por uma nova associação no antigo salão dos mercadores de tecidos, cujo nome alemão, Gewandhaus, passou a designar uma tradição sinfônica que perdura até hoje. No primeiro concerto, uma orquestra de trinta componentes tocou um programa misto de sinfonias, música de câmara, árias de óperas e obras corais para um público de quinhentas pessoas.[51]

Um padrão semelhante podia ser encontrado em outros centros comerciais, como Frankfurt am Main, Hamburgo e Lübeck. Mas por quase toda parte a iniciativa não foi dos cidadãos comuns, e sim dos nobres. Mesmo em Leipzig, os dezesseis cidadãos que fundaram a série Grand Concert em 1743 incluíam nobres, além de burgueses. Os músicos profissionais que organizaram pela primeira vez concertos em Londres estavam preocupados em limitar sua clientela à alta sociedade, e seus patrocinadores nobres decidiam o que deveria ser tocado e quando. Em texto de 1728 sobre o último quarto do século anterior, o primeiro historiador da vida de concertos de Londres, Roger North, reconheceu que "nada promovia mais a música nessa época do que o patrocínio da nobreza e de homens de fortuna, pois eles se tornaram seus encorajadores através de grandes liberalidades e sustento dos professores".[52] A situação pouco mudou no decorrer do século XVIII: quando os promotores de concertos diziam em seus anúncios que se dirigiam "à nobreza e à aristocracia", estavam dizendo a verdade.[53]

Em outras partes, o elemento aristocrático predominava ainda mais. No mundo musical alemão, os concertos nas Cidades Imperiais Livres autônomas como Hamburgo e Frankfurt am Main foram ofuscados pelas capitais dos principados. Então, como hoje, Frankfurt am Main era a capital financeira da

Alemanha, mas também era sinônimo de conservadorismo cultural. Ninguém menos do que o filho mais ilustre da cidade, Goethe, queixou-se da cultura burguesa "tacanha e estagnada" que, como contou à mãe após sua mudança para o principado de Weimar, o teria enlouquecido se permanecesse ali mais tempo.[54] Não seria dessas províncias culturais que viria a inovação musical, nem mesmo da relativamente animada Leipzig. O desenvolvimento da música instrumental, em especial da sinfonia, deveu bem mais a Mannheim (capital do Palatinado), Eisenstadt (residência do príncipe Esterházy), Salzburgo (residência do arcebispo), Berlim (capital do reino da Prússia) e Viena (residência do imperador do Sacro Império Romano-Germânico). Nessas cidades palacianas, cuja razão de ser social e econômica era a presença da corte, o público era composto sobretudo de funcionários públicos, em sua maioria nobres — como os patrocinadores dos concertos de Mozart na década de 1780.[55]

A SECULARIZAÇÃO DA SOCIEDADE, A SACRALIZAÇÃO DA MÚSICA

Um serviço importantíssimo prestado pelo concerto público foi dar respeitabilidade à música. É claro que nas igrejas a música só podia ser respeitável, mas no mundo secular gozava de má fama. Cantoras e dançarinas tinham uma reputação, a que faziam jus em muitos casos, de também atuar como prostitutas.[56] Na França, essa associação se consolidou no final do reinado de Luís XIV. Jean de Tralage escreveu em 1690 que, no passado, as mulheres que cantavam na ópera eram na maioria casadas, mas agora quase todas eram "protegidas" por algum nobre. Ele concluiu que a Academia de Música (o título oficial do teatro lírico em Paris) havia se tornado a Academia do Amor.[57] Quando não estavam no palco, as artistas visitavam admiradores em seus camarotes, e após o espetáculo os homens circulavam fazendo *négociations de volupté*.[58] Essa atmosfera sensual naturalmente atraía ao teatro as prostitutas profissionais, que monopolizavam os assentos mais proeminentes no balcão para apregoar seus encantos.[59]

Esse tipo de inadequação estava ausente da sala de concertos. Em seu romance *Evelina*, de 1778, a heroína de Fanny Burney escreveu ao amigo sacerdote:

La petite loge, *de Jean-Michel Moreau (1783). Uma alcoviteira apresenta sua moça a dois aristocratas num camarote da Ópera.*

Em torno das oito horas fomos ao Pantheon. Fiquei impressionadíssima com a beleza do prédio, que superava de longe tudo que eu podia esperar ou imaginar. Mas parecia mais uma capela do que um local de diversão; e embora eu me encantasse com a imponência do salão, senti que não poderia estar tão alegre e despreocupada ali como em Ranelagh [um jardim recreativo], pois algo nele inspira temor e solenidade, mais que júbilo e prazer.[60]

Esse processo foi muito auxiliado pela popularidade dos oratórios, que se tornaram uma atração permanente dos programas de concertos nos quatro cantos da Europa. Sua importância não estava apenas na respeitabilidade que conferiam ao evento, mas na mudança de atitude inculcada no público dos concertos. Talvez porque os primeiros espetáculos estivessem tão associados às tabernas, o público continuava se comportando de forma desordeira, mesmo depois que os concertos foram transferidos para salas de música apropriadas: chegavam tarde, andavam pela sala, conversavam com os vizinhos. Um oratório que proclamava verdades religiosas exigia uma mentalidade diferente. Como registrou um observador da Comemoração Händel de 1784, quando Jorge III fez que o público se levantasse no coro "Aleluia", tratou-se de uma demonstração de "aprovação nacional das verdades fundamentais da religião".[61]

Os festivais de música que se desenvolveram no decorrer do século XVIII também associaram o sagrado ao secular. O primeiro parece ter sido o serviço anual em Londres na Catedral de São Paulo para a Corporação dos Filhos do Clero, uma instituição de caridade fundada para ajudar o clero carente e seus dependentes. Quando realizado pela primeira vez em 1655, não passou de um serviço de ação de graças, seguido de um banquete, mas aos poucos o elemento musical se tornou predominante, com o *Te Deum* e *Jubilate* de Purcell tocados regularmente.[62] Essas duas obras foram também a base dos festivais organizados em conjunto pelas catedrais de Gloucester, Worcester e Hereford, com início em 1713, que acabaram se tornando o Three Choirs Festival.

Embora esses festivais — e outros criados na Inglaterra nas décadas seguintes — se realizassem em locais religiosos e tivessem fins beneficentes, pareciam mais concertos do que cultos divinos, sobretudo por também incluir obras puramente orquestrais. O musicólogo americano William Weber afirmou com precisão: "O festival musical [...] era um ritual *na* igreja, mas não *da* igreja".[63] O mesmo se aplicava aos equivalentes continentais que começaram após 1800, o primeiro em Frankenhausen, na Turíngia, em 1810.[64] Embora tardiamente, os alemães receberam os festivais com prazer quando se espalharam pelo país nas décadas de 1820 e 1830. De fato, Edward Dent lhes atribui a responsabilidade pela "atitude semirreligiosa em relação à música", que se desenvolveu ali com tamanho ardor no século XIX.[65]

A ópera na França do século XVIII (ou em qualquer outra parte da Europa) era fundamental para a sociedade refinada, sendo alternadamente descrita como "um lugar aonde todos vão" (Voltaire em 1732) e "a paixão dominante da boa sociedade" (Diderot em 1762). Dos que criticaram a imoralidade desse mundo operístico, ninguém foi mais veemente, radical ou influente que Jean--Jacques Rousseau. Em suas autobiográficas *Confissões*, concluídas em 1770 e publicadas postumamente em 1782, ele difamou a Ópera de Paris, que definiu como "aquele antro de depravação".[66] A hostilidade de Rousseau tinha bons motivos: em 1753, a publicação de sua *Carta sobre a música francesa* desencadeara uma campanha tão virulenta contra ele que até uma alma menos sensível se magoaria. O barão Grimm e o marquês d'Argenson relataram em separado que Rousseau havia sido enforcado e queimado em efígie pela orquestra da Ópera, empurrado e chutado quando visitou o teatro e proibido de entrar mesmo quando suas próprias obras eram encenadas.[67] Esse episódio — conhecido coletivamente como a Guerra dos Bufões (Querelle des Bouffons) — também revelou muita coisa sobre a música como fonte de orgulho nacional.[68]

Os pontos de vista de Rousseau sobre música eram especialmente abalizados por ele próprio ser músico. Quando jovem, ele recordou: "Eu era absorvido de tal forma pela música que não conseguia pensar em mais nada".[69] Por longos períodos ganhou a vida como transcritor de partituras. Além disso, concebeu um novo sistema de notação musical, escreveu muitos verbetes sobre temas musicais para a *Encyclopédie* de Diderot e D'Alembert e compôs uma das óperas francesas mais populares do século XVIII, *Le devin du village* [O adivinho da aldeia] (1752), que permaneceu no repertório nos próximos cinquenta anos. Mas seu serviço mais importante à música foi dar uma contribuição crucial à grande revolução romântica que abalou a cultura europeia até as bases no final do século XVIII e início do século XIX.

Das várias candidatas à data inicial dessa erupção, a melhor é julho de 1749, mês da experiência de conversão de Rousseau. Caminhando de Paris a Vincennes para visitar seu amigo Diderot na prisão, estava lendo o *Mercure de France* quando seus olhos toparam com o anúncio de um concurso de melhor ensaio sobre a pergunta: "O progresso das ciências e das artes ajudou mais a corromper ou a melhorar os costumes?". Para Rousseau, aquela não era uma pergunta retórica: "No momento em que li aquilo, contemplei outro universo e me tornei outro homem".[70] As vendas de seus olhos tendo sido retiradas, pôde ver que a civilização não passava de uma gigantesca fraude, perpetrada pelos grandes, ricos e poderosos para manter a humanidade oprimida num estado de servidão: "As Ciências, Letras e Artes [...] espalham guirlandas de flores sobre as correntes de ferro de que estão carregadas".[71] Ao descobrir as leis mecânicas do universo, os cientistas naturais haviam apenas revelado novas maneiras de explorá-lo. De fato, cada ramo de sua desprezível atividade estava enraizada numa perversão: a astronomia, na superstição, a geometria, na avareza, a física, na curiosidade fútil, e todas elas, no orgulho humano.[72] Seu desejo de submeter o mundo é um desejo de possuir luxo, e o luxo é a mais corruptora das perversões, tanto para os indivíduos como para os Estados.[73]

Rousseau agora se voltava de forma vingativa contra seus amigos *philosophes*. Contra a razão, defendeu a paixão; contra a lógica, a intuição; contra o universal, o particular; contra a dúvida, a fé; contra a civilização, a natureza. Acima de tudo, defendeu a introspecção como única fonte autêntica de inspiração. As únicas autobiografias anteriores comparáveis — as *Confissões* de Santo Agostinho e o *Livro da vida* de Santa Teresa — pretendiam promover a glória de Deus. Embora profundamente religioso à sua própria maneira, Rousseau estava interessado apenas numa melhor compreensão de si mesmo.

Com falta de modéstia típica, ele enfatizou bem no início a originalidade do que estava fazendo: "Dou começo a um empreendimento que não tem precedente, e cuja execução não terá imitadores".[74] O que escreveu tinha valor, ele acreditava, porque vinha de dentro: "O objetivo exato de minhas confissões é dar a conhecer, com exatidão, o meu íntimo em todas as situações de minha vida. O que lhes prometo é a história de minha alma".[75] O fundador da racionalidade esclarecida, Descartes, havia defendido como seu axioma central a necessidade de "afastar a mente dos sentidos". Rousseau propôs o contrário. O problema de madame de Warens, uma de suas amantes, ele observou, era dar ouvidos à razão, uma má conselheira, e não ao coração, que lhe daria bons conselhos.[76]

Rousseau sabia que ele era diferente, orgulhando-se do fato: "Se não sou melhor, pelo menos sou diferente", escreveu no parágrafo inicial das *Confissões*. Cultivou tal diferença especialmente após a epifania na estrada para Vincennes, vestindo-se de forma simples, comendo frugalmente, mantendo-se de propósito fora do *beau monde* dos antigos amigos. Convidado ao Palácio de

Fontainebleau para a estreia de *Le devin du village*, fez questão de vestir-se "da minha maneira desleixada habitual, barbado e com a peruca despenteada". Quando o duque d'Aumont o convidou para conhecer Luís XV, dando a entender que uma pensão seria concedida, Rousseau deixou a corte, "libertando-me assim da dependência que me teria imposto".[77] Seu estilo fez escola. Sua integridade pura, desprezo pelo sucesso material, transgressão das convenções sociais e glorificação da imagem marginal combinaram-se para fazer de Rousseau um modelo para os futuros boêmios.

Em nenhum lugar Rousseau exerceu tanto impacto como no mundo de língua alemã. Se as resenhas de seu *Discurso sobre as ciências e as artes* foram na maior parte hostis, também foram numerosas e detalhadas.[78] Junto com seus sucessos literários, mais notadamente *A nova Heloísa* de 1760, que foi o *best-seller* internacional do século XVIII, o *Discurso* abriu caminho para o *Sturm und Drang* (Tempestade e Ímpeto) da década de 1770. Durante sua breve vida, esse movimento de jovens insatisfeitos liderado por Goethe e Herder refulgiu tão intensamente que reduziu a cinzas o antigo consenso sobre padrões estéticos. Subjetivismo, excesso emocional, espontaneidade, violência, até certo tipo de anarquismo, deixaram de ser desaprovados, passando a ser bem-vindos e encorajados. Em reação ao romance epistolar de Goethe *Os sofrimentos do jovem Werther* (1774), o jornalista Christian Daniel Schubart contou aos seus leitores: "Aqui estou eu, sentado com o coração derretendo, o peito tremendo, os olhos chorando lágrimas de dor extática, e preciso dizer a você, caro leitor, que estive lendo *Os sofrimentos do jovem Werther* do meu querido Goethe? Ou devo dizer que o venho devorando?".[79]

Àquela altura, tornara-se moda deixar-se levar pela emoção em reação não apenas a romances lacrimosos como *A nova Heloísa* e *Werther*, mas a todas as formas culturais. Em 1780, um dos primeiros críticos de arte profissionais, Johann Georg Meusel, lamentou que até tempos relativamente recentes o excessivo racionalismo dos filósofos havia sido muito prejudicial às artes. O acúmulo de conhecimentos sobre o mundo físico, ele argumentou, levara à dissecação árida: "Estamos pensando mais, mas sentindo menos, e nossa busca incessante da onisciência resultou apenas em frieza".[80] O mundo precisava de mais sentimento e menos regras. Como mentor de Herder, Johann Georg Hamann sintetizou aquele estado de espírito em dois memoráveis epigramas: "Só a paixão dá mãos, pés e asas às abstrações e hipóteses; dá espírito, vida e voz às imagens e símbolos" e "As regras são virgens vestais; sem violá-las não se consegue produzir uma obra-prima".[81]

No repúdio da razão fria, mudando o equilíbrio da balança, a música instrumental desempenhou um papel especial. C. P. E. Bach, por exemplo, afirmou que a música era a língua do sentimento, o espelho da vida emocional; sua função básica era "transportar o coração para emoções suaves" e assim promover a virtude.[82] Só a música podia ir direto aos sentimentos do ouvinte. Mesmo uma imagem visual requeria algum tipo de mediação intelectual antes que seu efeito fosse experimentado. Por isso E. T. A. Hoffmann pôde se referir à música, em sua análise da música instrumental de Beethoven, como "a mais romântica de todas as artes, é possível quase dizer que a única genuinamente romântica".[83]

Claro que sempre fora assim. A novidade era a ênfase maior no som e originalidade, à custa da forma e da tradição. Em 1800, muitos compositores haviam mudado de uma estética mimética para uma expressiva — de uma estética que via a arte em relação à natureza para uma estética que via a arte em relação ao artista.[84] Empregando a metáfora esclarecedora criada por M. H. Abrams, a arte mudara de espelho para lâmpada, já não refletindo o mundo natural externo, mas brilhando dentro da mente e coração do criador.[85] Para que tenha valor, uma obra de arte deve vir de dentro do artista, deve ser individual, pessoal, original, espontânea e autêntica. "A poesia é o transbordar espontâneo de sentimentos poderosos", escreveu Wordsworth no prefácio de suas *Baladas* líricas, uma convicção partilhada com Shelley ("A poesia num sentido geral pode ser definida como a expressão da imaginação"); Byron ("Não consigo fazer as pessoas entenderem que a poesia é a expressão da paixão excitada"); Novalis ("A poesia é representação do espírito, do mundo interior em sua totalidade"); e Tieck ("Não são essas plantas, nem essas montanhas que desejo copiar, mas meu espírito, meu humor, que me controla neste exato momento").[86]

A ideia de que a arte devia ser essencialmente expressiva interagiu com o culto relacionado e contemporâneo do gênio. Até então, a palavra "gênio" designara a essência de algo, como por exemplo "o gênio da constituição britânica" (Adam Smith). No decorrer do século XVIII, passou a ser aplicada ao artista criativo, como na citação:

O que, na maioria dos casos, queremos dizer com Gênio senão o Poder de realizar grandes coisas sem os meios geralmente considerados necessários a tal fim? Um

Gênio difere de uma boa Compreensão, como um Mágico de um bom Arquiteto [...]. Daí sempre se ter acreditado que o Gênio tem algo Divino.[87]

Essas palavras foram escritas em 1759 por Edward Young em *Conjectures on original composition*. Ele contrastou o acadêmico diligente que trabalha dentro da tradição estabelecida com o herói prometeico que rompe a carapaça do passado: "As regras, como as muletas, são um auxílio necessário ao coxo, embora um impedimento ao forte. Um Homero livra-se delas".[88] Por uma ou outra razão, Young foi bem menos influente em sua Inglaterra natal do que na Alemanha, onde suas ideias foram adotadas por Hamann, Herder e pelos escritores do *Sturm und Drang*, e levadas ainda mais longe.[89]

No fim do século, o gênio criativo vinha sendo aclamado como o tipo superior de ser humano, substituindo tipos ideais anteriores como o sábio, o santo, o *uomo universale* ou mesmo o herói militar. Além disso, "gênio" deixou de ser um atributo e se tornou a pessoa inteira: possuir gênio era ter um talento excepcional, mas *ser* um gênio era algo sobre-humano.[90] Uma indicação prematura de que a música viria a se tornar o veículo ideal para o gênio foi dada por Christian Daniel Schubart, ele próprio um músico notável e pianista brilhante. Em 1784, em um ensaio "Sobre o gênio musical", ele escreveu: "O gênio musical está radicado no coração e recebe suas impressões pelo ouvido. [...] Todos os gênios musicais são autodidatas, pois o fogo que os anima leva-os irresistivelmente em busca do próprio voo".[91]

Faltava um ingrediente final para que o super-homem musical pudesse emergir. A sacralização, processo pelo qual a cultura perdeu sua função representativa e recreativa, tornando-se uma atividade a ser adorada por si mesma. De novo, foi durante as décadas de meados do século XVIII que essa evolução crucial começou. Em seu núcleo estava sua aparente oposição: a secularização. À medida que as formas tradicionais de religião recuaram, um crescente número de intelectuais começou a procurar em outras partes o sustento metafísico e espiritual. De um instrumento da glória de Deus a arte foi gradualmente promovida à própria divindade.

O expoente individual mais influente foi Johann Joachim Winckelmann (1717-68), um prussiano que passou a maior parte da vida adulta em Roma. Graças aos seus dons literários — em particular sua capacidade de tornar a análise penetrante emocionalmente empolgante — e à capacidade de estar no

Apolo Belvedere, *Vaticano.*

lugar certo na hora certa, as ideias de Winckelmann tiveram um impacto colossal. Recordando a juventude, Goethe (nascido em 1749) lembrou "a veneração geral e incondicional" que Winckelmann despertou em sua geração: "Todos os periódicos eram unânimes em promover sua fama, viajantes que o visitavam voltavam instruídos e extasiados, e suas opiniões se espalharam pelo mundo acadêmico e pela sociedade como um todo".[92] De fato, Goethe deu o título *Winckelmann e seu século* a uma coletânea de ensaios sobre a história da arte no século XVIII que publicou em 1805. As obras de Winckelmann foram rapidamente traduzidas nas principais línguas europeias, assegurando que sua influência fosse tão internacional quanto suas ideias. Ao unir a introspecção pietista ao paganismo sensualista, ele criou uma religião estética. Sua descrição do *Apolo Belvedere*, exposto no Vaticano, mais do que uma apreciação de uma estátua, é um exercício religioso, porque para ele a estátua não representa Deus: *é um deus*.[93]

Para os intelectuais alemães insatisfeitos com o cristianismo, mas igualmente contrários ao que viam como o materialismo superficial dos empiristas ingleses e filósofos franceses, a beleza era um substituto atraente para a santidade. A versão definitiva foi fornecida em meados da década de 1790 por Friedrich Schiller em dois tratados clássicos: *A educação estética do homem* e *Poesia ingênua e sentimental*. Ele afirmou que a maioria dos seres humanos era impermeável ao argumento racional, só podendo ser afetada através dos sentimentos. Assim as sementes da percepção racional definharão a não ser que caiam num solo preparado pelas emoções e a imaginação: "O caminho até a cabeça deve ser aberto através do coração". Numa época em que toda a Europa corria o risco de ser dominada pela mudança revolucionária, só pela cultura a humanidade conseguiria alcançar a liberdade sem licenciosidade: "Se o homem quiser resolver o problema da política na prática, terá que abordá-lo por meio do problema da estética, porque só pela Beleza o homem alcança a liberdade", foi a conclusão de Schiller.[94] Podia parecer estranho, ou mesmo sinistro, aos ouvidos anglófonos, mas sua influência foi tremenda e duradoura na Europa de língua alemã.

BEETHOVEN COMO HERÓI E GÊNIO

Em suma, em 1800 os progressos na literatura, nas artes visuais e na filosofia haviam criado um tipo novo de ideal estético, que se pode denominar romântico. Suas principais características eram emocionalismo, introspecção, autoexpressão, originalidade, culto do gênio e sacralização. O surpreendente é que até então o papel da música no movimento romântico havia sido modesto, em parte porque a maioria dos músicos ainda estava presa à estrutura do patrocínio representativo, e em parte porque não estava acostumada a enunciar o significado maior de sua arte. Nenhum dos grandes compositores do século XVIII, com a exceção de

Rameau, podia ser descrito como um intelectual. Tudo isso estava prestes a mudar. Para entender o porquê, voltemos ao enterro de Beethoven.

A oração fúnebre composta por Franz Grillparzer e declamada no portão do cemitério por Heinrich Anschütz, o principal ator clássico da época, foi notável por várias razões, uma delas a ausência total de Deus. A arte foi invocada como a deidade de Beethoven:

> A harpa agora silenciada. Deixe-me chamá-lo assim! Porque ele foi um artista, e o que foi, o foi apenas através da arte. Os espinhos da vida o feriram profundamente, e como o náufrago se agarra à orla salvadora, ele se agarrou em teus braços, ó gloriosa irmã e companheira do Bem e da Verdade, tu, consolo do coração aflito, tu, arte, nascida nos céus! A ti se agarrou fortemente, e até quando se fechou o portal pelo qual havias entrado e havias falado, e quando seu surdo ouvido cegou a visão de tua face, ainda assim conservou tua imagem dentro de seu coração, e quando morreu ela ainda repousava sobre seu peito. Ele foi um artista, e quem será capaz de se equiparar a ele?[95]

Não é preciso dizer, porque suas próprias declarações registradas foram incoerentes, para não dizer confusas, que os pontos de vista de Beethoven sobre religião são incessantemente debatidos, sobretudo por gente ansiosa em respaldar as próprias ideias. O palpite mais verossímil é que ele não foi nem católico, nem mesmo cristão ortodoxo, mas que acreditava num deus pessoal e benévolo manifestado basicamente de forma panteísta através da natureza. De uma forma ou de outra, Beethoven venerava Schiller desde a juventude e conhecia intimamente sua obra, citando passagens de peças dele em sua correspondência.[96] Cogitou pela primeira vez um acompanhamento musical para sua "Ode à alegria" quando ainda em Bonn, no início da década de 1790. O professor Fischenich, de Bonn, escreveu para a esposa de Schiller em janeiro de 1793 sobre seu amigo Beethoven. "Ele se propõe a compor *Freude* de Schiller, estrofe por estrofe. Espero algo perfeito, já que ele se dedica totalmente ao grandioso e ao sublime".[97] A versão do próprio Beethoven da religião estética de Schiller foi a observação concisa: "Só a arte e a erudição nos dão indícios e esperanças de uma vida superior".[98]

Beethoven personificou e defendeu o romantismo. Na música, foi o verdadeiro rompedor de moldes, estabelecendo o modelo do compositor como gênio

Frontispício da Terceira Sinfonia de Beethoven, Eroica, *com a dedicatória "intitolata Bonaparte" riscada.*

irado, infeliz, original e determinado, erguendo-se acima dos simples mortais e em comunicação direta com o Todo-Poderoso. Já durante sua vida, uma torrente de histórias foram publicadas, projetando, nas palavras de Paul Johnson, "o complexo quadro do mártir arquetípico da arte, a nova espécie de santo secular que vinha substituindo as antigas folhinhas cristãs como foco da veneração pública".[99] Característico foi o testamento que escreveu em 1802, aos 28 anos, legando tudo aos dois irmãos. Não era um documento legal, mas um *cri de coeur* ardente contra o golpe cruel do destino que o vinha privando da audição. Somente sua arte, ele escreveu, e a necessidade de exprimir tudo que estava dentro dele o impediam de atentar contra a própria vida. Ele terminou com o apelo angustiado: "Oh, Providência, conceda-me pelo menos um dia de sincera alegria! Quando, oh, Deus, quando sentirei de novo essa alegria no templo da natureza e dos homens? Nunca? Não, isso seria cruel demais".[100] Descoberto entre seus papéis após sua morte e imediatamente publicado, esse "Testamento de Heiligenstadt" se tornou um dos documentos seminais do romantismo.

Também em Heiligenstadt — uma pequena estação de águas a poucos quilômetros de Viena — Beethoven começou a composição de sua terceira sinfonia, a *Eroica*, no ano seguinte. Foi tocada em particular para o príncipe Lobkowitz, em seu palácio de Viena no verão de 1804, e pela primeira vez em público em janeiro de 1805. Duas vezes mais longa que qualquer sinfonia de Haydn ou Mozart e soando totalmente diferente, essa Sinfonia nº 3 em mi bemol maior foi logo reconhecida por amigos e inimigos como uma incontestável "obra de gênio", como Georg August Griesinger, primeiro biógrafo de Haydn, informou aos editores musicais Breitkopf e Härtel.[101] Uma boa noção da consternação provocada foi transmitida pela resenha na *Allgemeine Musikalische Zeitung* de Leipzig, o principal periódico musical da época: "Essa composição longa e extremamente difícil é na verdade uma fantasia muito prolongada, ousada e frenética. Não faltam passagens impressionantes e bonitas em que é preciso reconhecer o espírito dinâmico e talentoso de seu criador; mas com frequência parece se perder na anarquia".[102] Beethoven dera o nome de "Bonaparte" à sinfonia, escrevendo-o no frontispício, mas ao saber em 1804 que seu herói se declarara imperador, riscou o nome com tamanha força que sua pena perfurou o papel.[103]

PROBLEMAS COM O PÚBLICO

Para todas as gerações subsequentes de músicos, Beethoven foi o grande inspirador. Liszt escreveu: "Para nós, músicos, as obras de Beethoven são como a coluna de nuvens e fogo que guiou os israelitas pelo deserto — uma coluna de nuvens para nos guiar de dia, uma coluna de fogo para nos guiar de noite, de modo que possamos avançar tanto de dia como de noite".[104] Foi também a experiência de Liszt de como seu herói foi tratado pela posteridade que o encorajou a promover a sacralização da música. Pois, à medida que Beethoven avançava para domínios cada vez mais ousados, começou a deixar muitos de seus ouvintes para trás. Mesmo o renomado crítico Ludwig Rellstab achou os últimos quartetos desconcertantes, escrevendo que o opus 127 "contém apenas as ruínas da beleza juvenil e da nobreza adulta de seu gênio, muitas vezes soterradas sob escombros áridos".[105]

Muitos dos que se diziam arrebatados pela música de Beethoven parecem ter sido mais atraídos por seu nome e fama. Em um recital em Paris, Liszt mudou a ordem do programa sem avisar a plateia, de modo que, ao chegar à peça anunciada como de Beethoven, tocou uma música do pouco conhecido Johann Peter Pixis, e vice-versa. Sem perceber a diferença, o público recebeu a peça de "Beethoven" em delírio e a de "Pixis" com indiferença. A única exceção foi Berlioz, cujo desprezo pelo esnobismo parisiense foi assim confirmado.[106] Liszt também registrou que, ao tocar quando criança prodígio uma peça composta por ele próprio, ouviu depois o comentário condescendente de que "não está nada mau para uma criança". Mais tarde, voltou a tocá-la, dizendo que era do compositor menor Carl Czerny, e ninguém deu ouvidos. Ao tocá-la pela terceira vez dizendo ser de Beethoven, todo mundo achou a peça maravilhosa.[107]

Não por coincidência, exatamente nesse período os músicos criativos começaram o longo processo de alienação em relação ao gosto do público. No início do século XVIII, nos primórdios dos concertos públicos em Londres, todo tipo de atração não musical era inserida nos programas para atrair os clientes: danças, malabarismos e números circenses. Às vezes gente da plateia era convidada ao palco para tentar tocar os instrumentos de seu gosto.[108] Embora com a consolidação do hábito de ir aos concertos tais artifícios não fossem mais necessários, a rápida expansão do mercado musical no início do século XIX provocou o reaparecimento dessas diversões secundárias. Os empresários que organizavam os concertos nas grandes cidades europeias acreditavam saber o que o público queria: antes de mais nada, *variedade*. Achando que seus clientes não eram capazes de permanecer sentados durante uma sinfonia completa, inseriam árias de óperas ou mesmo canções de dança entre os movimentos.

Quando a última sinfonia completa de Schubert, nº 9 em dó maior (conhecida como a Grande), enfim foi executada, árias da ópera de Donizetti *Lucia di Lammermoor* eram intercaladas para "animar" o evento.[109] Nos Promenade Concerts na Royal Adelaide Gallery no Strand, seleções da última ópera de Meyerbeer eram acompanhadas pelas "verdadeiras Quadrilhas Escocesas, apresentando a gaita de foles das Terras Altas [...] seguidas das apresentações da Infanta Thalia, Experiências com as Colossais Lentes Chamuscantes e o novo Microscópio de Gás Oxídrico, Palestras Populares e o Gás Hilariante todas as terças, quintas e sábados à noite".[110] Os maestros começaram a tocar para o público. Louis Jullien, que dominou a cena dos concertos em Londres nas décadas de 1840 e 1850, foi o melhor exemplo de exibicionismo: em ocasiões especiais, iniciava um espetáculo sendo lançado por um alçapão, de batuta na mão.[111]

Essa comercialização levou a uma crescente bifurcação entre músicos que compunham e tocavam para o grande público e os que compunham e tocavam para si, na esperança, é claro, de conseguir popularidade e recompensa material entre os apreciadores da boa música sem sacrificar a integridade. Para estes últimos compositores, o novo público de massa se compunha de "filisteus" — um termo pejorativo usado para menosprezar o burguês rudimentar, ignorante e materialista. De acordo com o dicionário dos irmãos Grimm, "filisteu" foi usado pela primeira vez nesse sentido em Jena após uma briga entre os estudantes e a população local, que resultou na morte de um estudante. No seu enterro o pastor pregou um sermão sobre o texto "Sansão, os filisteus vêm contra ti!" (Juízes, 16: 9).[112]

Recordando seu tempo de estudante em Göttingen em 1820, Heine escreveu em "Uma viagem ao Harz": "Em geral, os habitantes de Göttingen podem ser divididos em estudantes, professores, filisteus e o gado, embora esses quatro grupos não se diferenciem nitidamente. O gado é o mais importante". A queixa de que a música se tornara popular, comercial, vulgar e superficial era um tema favorito dos periódicos musicais que proliferaram no período.[113] O renomado crítico francês Joseph d'Ortigue, que escreveu a primeira biografia de seu amigo Berlioz, satirizou a burguesia filistina como uma dama da elegante rua Chaussée d'Antin que oferece à filha aulas de piano e música com o mesmo tipo de espírito com que dá ao filho uma jaqueta e a si mesma um casaco de caxemira, por considerar a música simplesmente "como um item da moda e vaidade".[114] A declaração musical mais famosa dessa hostilidade à classe média foi sem dúvida o *Carnaval* de Robert Schumann, composto em 1834, cuja última das 21 peças se intitula "A marcha dos companheiros de Davi contra os filisteus".

Por enquanto, músicos e público podiam manter algum tipo de contato, pois uma parcela suficiente do público mostrava apreço pelos músicos e aguardava suas novidades. Não obstante, a crescente sensação de que o público em geral vinha sofrendo de "retardamento cultural" encorajou mais sacralização, com a música ascendendo a um altar fora do alcance das mãos sujas dos consumidores.[115] Essa operação foi ajudada pelo fato de muitos músicos — Berlioz, Schumann, Mendelssohn, Liszt, Wagner e inúmeros luminares menores — se dedicarem também ao jornalismo para aumentar a renda e propagar sua mensagem. Tudo leva a crer que o mais influente, e certamente o mais eloquente, foi Liszt, cuja crença no poder redentor da música era tão forte quanto sua devoção católica. Numa série de notáveis artigos intitulados "Sobre a situação dos artistas e sua condição social", publicados em sequência na *Gazette Musicale de Paris*, em 1835, lançou uma veemente crítica à civilização moderna.

Sua degeneração, ele afirmava, se deveu à separação de religião, política, arte e ciências naturais em atividades distintas. Só quando pudessem ser reunidas sob a égide das artes, sobretudo da música, a alienação humana poderia ser solucionada. Infelizmente, ele continuou, a característica predominante dos músicos nos tempos modernos era sua posição subordinada: eles *deveriam* ser relevantes em tudo, mas na verdade não eram em nada. A culpa estava neles próprios, porque a maioria se caracterizava por uma falta de fé em sua arte, pelo egocentrismo e pelo comercialismo sórdido. Já era tempo de se reunirem para perceber que tinham uma "grande MISSÃO religiosa e social".[116] Em artigo adicional dois anos depois, comparou o artista a um sacerdote, pois ambos traziam a marca da predestinação — nem um nem outro resistia à sua vocação. Mesmo quando vivia em sociedade, a verdadeira vida do artista era interiorizada, e nem sequer a mais poderosa das emoções humanas — vaidade, ambição, cobiça, ciúme, amor — conseguia romper a cerca mágica em torno do santuário que era seu centro criativo.[117]

WAGNER E BAYREUTH

Com Wagner a sacralização da música atingiu o clímax. As contribuições que Liszt deu a Wagner foram múltiplas: materiais (contribuições e "empréstimos"); artísticas (com a produção de *Lohengrin* por Liszt em Weimar em 1850, Wagner começou a conquista do mundo operístico alemão); musicais (por mais que Wagner relutasse em admitir); e também intelectuais (ainda que subestimadas pela maioria dos estudiosos de Wagner). Wagner chegou a seduzir a filha de Liszt, Cosima, fazendo que se afastasse do marido, Hans von Bülow, um ato que desafiou o lendário bom humor de Liszt. Embora Wagner raramente reconhecesse a obra de outros músicos, especialmente se ainda vivos, abriu uma exceção para Liszt.

No jantar realizado em 18 de agosto de 1876 para marcar o fim do primeiro Festival de Bayreuth, onde se encenou pela primeira vez *O anel dos nibelungos* na íntegra, Wagner fez uma homenagem especial a Liszt:

> Por tudo que sou e alcancei, tenho que agradecer a uma pessoa, sem a qual nem sequer uma nota minha teria sido conhecida; um querido amigo que, quando fui banido da Alemanha, com devoção e sacrifício inigualáveis me trouxe de volta à luz, e foi o primeiro a me reconhecer. A esse querido amigo devo a homenagem máxima. É meu sublime amigo e mestre, Franz Liszt![118]

Liszt retribuiu o cumprimento com juros, escrevendo diversas vezes que Wagner se comparava a Beethoven e Dante.[119]

Wagner levou o romantismo a patamares intransponíveis. Sem dúvida, o melhor exemplo de inspiração romântica é seu relato, em *Minha vida*, de como começou a composição de *O ouro do Reno*, a primeira parte de *O anel*. Na tarde de 5 de setembro de 1853, em viagem na Itália, Wagner estava deitado num sofá no quarto de seu hotel em La Spezia. Sofria de diarreia, insônia e das sequelas do enjoo que tivera no vapor que o trouxera de Gênova. Não pela primeira nem pela última vez, sentia-se solitário, com saudades de casa, abandonado e deprimido. Por mais que tentasse, não conseguia adormecer, de modo que

> mergulhei numa espécie de estado de sonambulismo, em que tive a repentina sensação de estar imerso numa água que fluía depressa. Seu fluxo logo se resolveu para mim no som musical do acorde de mi bemol maior, ressoando em acordes quebrados persistentes; estes por sua vez se transformaram em figurações melódicas de movimento crescente, mas a tríade em mi bemol maior nunca mudou, e em sua persistência parecia comunicar uma importância infinita ao elemento em que eu estava afundando. Despertei em súbito terror daquele transe, com a impressão de que as ondas estouravam bem acima de minha cabeça. Reconheci de uma vez que o prelúdio orquestral de *Das Rheingold*, por muito tempo dormente dentro de mim mas até aquele momento incipiente, enfim se revelara; e também vi imediatamente como as coisas aconteciam comigo: a torrente vital vinha de dentro de mim, não de fora.[120]

"De dentro de mim, não de fora" — difícil uma definição mais concisa do projeto romântico, a não ser a formulação incisiva de Hegel de "interiorização absoluta". Só quando os grilhões do mundo das aparências fossem afrouxados e se ganhasse acesso ao subconsciente, a fonte criativa jorraria. Wagner adorava o "mundo maravilhoso da noite" e os sonhos que trazia, colocando nas bocas de Tristão e Isolda um canto de elogio à "noite incessante, doce noite! Gloriosa, exaltada noite de amor!" e seu ódio pelo "dia enganador, nosso pior inimigo".[121] E gostava de mergulhar numa paixão introspectiva para poder criar. Ao compor *Tannhäuser*, contou ao crítico berlinense Karl Gaillard: "Antes de começar a escrever um verso ou mesmo a delinear uma cena, preciso me sentir inebriado pelo aroma musical [*Duft*] do meu tema; todos os sons, todos os motivos característicos estão na minha cabeça".[122] Para auxiliar o processo, precisava estar cercado de — na verdade, estar usando — tecidos luxuriosos e perfumes fortes, um fetiche com um componente claramente erótico.

De forma apropriada, foi em Bayreuth que Wagner homenageou seu amigo e (àquela altura) sogro Liszt. Pois Bayreuth representava o clímax da sacralização que Liszt tanto encorajara. Embora Wagner só escolhesse Bayreuth como sede de seu teatro de festivais em 1871, as características essenciais de seu empreendimento já haviam sido formuladas vinte anos antes, nos denominados textos da reforma de Zurique escritos em seu exílio suíço após o fracasso da insurreição de Dresden em 1849. Em *Arte e revolução* (1849), ele afirmou que só a obra de arte total, incorporando dança, música, teatro dramático e poesia, poderia redimir a humanidade do abismo em que mergulhara:

> O teatro é a mais abrangente, a mais influente de todas as instituições artísticas, e sem que possam praticar com liberdade sua atividade mais nobre, que é a arte, como podem os seres humanos ter esperanças de ser livres e independentes em outros rumos inferiores? [...] A arte eternamente jovem, capaz de renovar-se com base nos espíritos mais nobres de sua época, está mais bem qualificada do que uma religião senil que perdeu o controle sobre o público, do que um governo incapaz, para dirigir as correntes turbulentas dos movimentos sociais pelos rochedos escarpados e baixios traiçoeiros, rumo ao seu grande e nobre objetivo: o objetivo da verdadeira humanidade.[123]

A obra em questão era sem dúvida *O anel dos nibelungos*, cuja composição ele iniciara no ano revolucionário de 1848, mas que não podia ser encenada num teatro existente, dominado pela pompa representativa do príncipe ou

Fotografia antiga do Teatro de Festivais em Bayreuth tirada da cidade.

pelo sórdido comercialismo do empresário. Ele escreveu a Hans von Bülow em 1861: "Um único exame do teatro atual voltou a me mostrar que só uma coisa permitirá que minha arte se enraíze e não desapareça, totalmente incompreendida, no ar rarefeito. Preciso de um teatro que eu próprio possa construir". De início propôs localizá-lo numa das grandes cidades alemãs, ao que parece Berlim, mas logo mudou de ideia, pois não queria um "confronto com um teatro existente de grande porte nem com o público teatral costumeiro de uma cidade grande e seus hábitos", como escreveu no prefácio do libreto de *O anel*, publicado em 1863.[124]

Bayreuth acabou sendo escolhida por ter o tamanho certo, não abrigar nenhum concorrente (embora dotada de uma magnífica casa de ópera do século XVIII cujo palco grande chamara originalmente a atenção de Wagner para a cidade), ser protestante, situar-se no norte da Francônia (bem distante da detestada Munique, mas ainda na Baviera e, portanto, nos domínios de Luís II, de cujo apoio financeiro o projeto dependia) e, enfim, ser acessível por ferrovia.[125] Nem tudo que Wagner planejara foi realizado em Bayreuth, mas um objetivo ele certamente cumpriu. Ir até lá não era (e continua não sendo), em nenhum sentido, semelhante a "ir à ópera". Desde o início, o evento pretendeu ser um festival — ele se referiu a *O anel* como um "festival do palco" (*Bühnenfestspiel*) já em 1851. O Teatro de Festivais (Festspielhaus) se ergue fora da cidade numa colina verde — "sem nenhuma muralha" — e o público que vai até lá se compõe de peregrinos em busca de redenção, não do público de ópera em busca de entretenimento.

Embora obras assim estupendas não se prestem facilmente à paráfrase, pode-se dizer que *O anel* faz uma crítica fundamental ao mundo moderno e mostra como a humanidade pode acomodar-se a ele. No núcleo da análise de Wagner estava o embate entre amor e poder. Baseando-se nas leituras profundas dos gregos antigos e dos jovens hegelianos (em especial Ludwig Feuerbach), ele demonstrou a corrosiva autodestrutividade dos homens em busca do poder, fosse Alberich formalmente renunciando ao amor para capturar o Ouro do Reno ou Wotan arrancando um galho do freixo do mundo para forjar a lança em que gravou os contratos que confirmavam sua autoridade.[126] *O anel* sugere ao menos quatro soluções possíveis: revolução, simbolizada pela espada empunhada inicialmente por Siegmund, depois destroçada por Wotan mas recuperada por Siegfried; revolução sexual, simbolizada pela união incestuosa de Siegmund e Sieglinde que produziu Siegfried; o "eternamente feminino" personificado pela autoimolação de Brünnhilde que traz o anel de volta às virgens do Reno; e a renúncia à vontade, primeiro aceita por Wotan e depois levada a um nível maior por Parsifal na ópera de mesmo nome que formou a quinta parte de *O anel* e estreou em Bayreuth em 1882.

Com *Parsifal*, a sacralização da cultura atingiu o auge. Wagner a chamou de um "Festival de Consagração do Palco" (*Bühnenweihfestspiel*). Apesar de a palavra "Cristo" nunca aparecer, referências e símbolos cristãos são importantes no decorrer da obra, que acaba com Parsifal ministrando a comunhão aos cavaleiros do Graal. Embora não seja uma obra cristã, *Parsifal* certamente é religiosa. Depois da morte de Wagner seis meses após sua estreia, Liszt contou a um amigo húngaro, o conde Géza Zichy:

> Sofremos uma triste perda. Wagner está morto — relativamente morto, pois tais homens nunca morrem de todo. Ele desfrutou um esplêndido e glorioso crepúsculo. Sua última obra foi uma oração. Em seu coração havia dedicado *Parsifal* ao Deus eterno. Como não conseguia orar ao modo litúrgico, Wagner criou assim

O auge da sacralização da música: croqui de Paul von Joukowsky dos momentos finais da estreia de Parsifal *em Bayreuth em 1882.*

sua própria oração. Que bela vida, e que morte magnífica! Plenamente vivida, plenamente expressa, plenamente reconhecida: não temos direito de reclamar![127]

Essa é uma constatação genuína, mas sem muito alcance, pois em *Parsifal* Wagner fez muito mais do que orar. Como mostrou sua correspondência com o rei Luís, buscava nada menos que a regeneração da humanidade.[128] Os espectadores que experimentassem juntos um drama musical experimentariam "a verdade de uma obra de arte". Por meio da estética, a integração social poderia ser obtida através de um consenso ético geral. Em outras palavras, Wagner reivindicava para a arte a função antes exercida pela religião e usurpada nos tempos modernos pela política ou economia. A religião cristã, embora inadequada e, em sua forma organizada, positivamente daninha, poderia ajudar através de sua ampla reserva de símbolos e rituais litúrgicos e de sua ideia central do sábio sofredor. Através de *Parsifal*, Wagner procurou mostrar por que havia tanto sofrimento no mundo e como só poderia ser superado pela negação do eu. Ao contrário de Siegfried, o herói de *O anel*, Parsifal tem a capacidade de aprender com a experiência e de perceber que precisa se redimir antes de poder redimir os outros. Por isso a obra termina com as palavras "Redenção para o redentor".[129]

Como indica a ênfase na negação da vontade, a influência filosófica dominante de *Parsifal* foi Arthur Schopenhauer (1788-1860). Quando Wagner leu pela primeira vez *O mundo como vontade e representação* em 1854, o libreto de *O anel* já estava pronto. Na época em que escreveu o primeiro esboço de *Parsifal* em 1857, havia mergulhado na filosofia de Schopenhauer com determinação típica. Constitui um indicador do intelectualismo de Wagner o fato de ter lido a *magnum opus* de Schopenhauer — dois volumes, mais de mil páginas — quatro vezes em doze meses. Como observou com razão o filósofo Bryan Magee: "Raramente houve um relacionamento tão produtivo entre duas grandes mentes de campos diferentes".[130] Todos os últimos dramas musicais de Wagner — *Tristão e Isolda, Os mestres cantores de Nuremberg* e *Parsifal* — estão imbuídos de Schopenhauer. Wagner não estava se iludindo quando afirmou que Schopenhauer o havia ajudado a expressar intuições profundas e antigas que ele antes não entendia.

Na primeira leitura, Wagner se impressionou especialmente com a estética de Schopenhauer, "sobretudo seu conceito surpreendente e significativo de música".[131] Tinha razão para isso, pois Schopenhauer foi o primeiro filósofo não apenas a reconhecer o valor da música, mas a vê-la em posição tão superior às outras formas de arte a ponto de constituir uma categoria estética própria.[132] Ninguém menos do que Friedrich Nietzsche sintetizou o que Wagner adotou de Schopenhauer: a afirmação de que a música representa "o auge triunfante de toda a arte, não preocupada como as outras com imagens do mundo fenomênico, mas falando a linguagem da vontade diretamente da fonte profunda do ser, sua manifestação mais perfeita".[133]

A primeira montagem de *O anel* em 1876 havia sido artisticamente um sucesso limitado e um inequívoco desastre financeiro, como Wagner reconheceu com tristeza. Já *Parsifal* foi um triunfo em todos os aspectos. Logo após a primeira apresentação, Liszt escreveu: "A sensação geral foi de que não há nada que se possa dizer sobre essa obra prodigiosa. O silêncio é decerto a única resposta possível a uma obra tão profundamente comovente; o oscilar solene de seu pêndulo vai do sublime ao mais sublime".[134] Gustav Mahler escreveu ao amigo Friedrich Löhr: "Quando deixei o Teatro de Festivais, incapaz de falar, sabia que algo supremo e doloroso acontecera comigo e que me acompanharia, com toda a sua santidade, pelo resto da vida".[135]

Embora *Parsifal* tivesse seus detratores, sendo os mais famosos Nietzsche ("a aliança da beleza com a doença") e Ígor Stravínski ("Ao final de um quarto de hora eu não aguentava mais"), o sucesso da arte-religião sacralizada de Wagner foi imediato, colossal, internacional e duradouro. Em 1891 o escritor francês Romain Rolland escreveu à sua mãe que *Parsifal* era

> o quinto Evangelho, ou melhor o primeiro, o maior de todos [...] tudo nele é simples e sublime, do princípio ao fim, e o poeta está à altura do compositor. É iluminado em toda sua extensão por uma compaixão divina, uma misericórdia infinita e um sofrimento purificado. Aquilo realmente não é mais teatro, aquilo não é mais arte, aquilo é religião e como o próprio Deus.[136]

A INVENÇÃO DA MÚSICA CLÁSSICA

No decorrer da vida de Wagner (1813-83), o mundo mudou mais rápida e radicalmente do que em qualquer época anterior da história humana. Pouquíssimas daquelas mudanças se mostraram reversíveis: o processo de modernização é unidirecional, não cíclico. Assim foi com a música. Apesar de toda a reação inevitável contra o tipo de projeto cultural defendido por Wagner, seria impossível um retorno ao cenário representativo de um século antes. Os músicos do futuro atuantes na tradição clássica aceitariam como axiomática a necessidade de criar música que fosse sincera, expressiva, espontânea, individual e, acima de tudo, original. A pior coisa que um crítico musical atual pode dizer é que uma obra é "diluída". Mesmo quando são divertidos em contraste deliberado com os alemães solenes, os compositores permaneceram essencialmente sérios. Qualquer ideia de compor música de fundo para ser tocada enquanto as elites jantavam, jogavam cartas ou assistiam a queimas de fogos era condenada. No entanto, Mozart não achara indigno de sua estatura compor dezenas de danças, *cassationes*,* divertimentos, serenatas e noturnos, e fazê-lo com esmero.

O período também viu uma grande mudança na maneira de encarar a música. Em vez de compor algo reconhecidamente efêmero, para ser tocado

---

* Música de entretenimento, semelhante ao divertimento, para execução ao ar livre.

uma ou duas vezes e depois descartado, os compositores quiseram criar obras que se tornassem peças permanentes do repertório clássico. Uma indicação dessa mudança fundamental foi a grande redução da quantidade de música criada por um compositor individual. Antonio Vivaldi (1678-1741) compôs cerca de quinhentos concertos; Mozart (1756-91), cinquenta; Beethoven (1770-1827), oito. Haydn (1732-1809) compôs 104 sinfonias; Mozart, 41; Beethoven, nove; Brahms (1833-97) fez seus primeiros esboços para uma sinfonia em 1855, mas só veio a compô-la em 1876.[137] O atraso parece ter resultado da sensação de ser ofuscado por Beethoven. Como escreveu a Hermann Levi: "Você não pode ter ideia do que é alguém como eu ouvir os passos de tal gigante pelas costas".[138] Brahms não deve ter gostado de saber que Hans von Bülow se referiu à sua criação como a "Décima de Beethoven" (embora aos meus ouvidos pareça mais a "Quinta de Schumman").

À medida que a música foi sacralizada e colocada num altar, seus criadores foram alçados à posição de sumos sacerdotes daquela religião secularizada. Já em 1802, Haydn se referira a si mesmo como "um sacerdote não totalmente indigno dessa arte sagrada".[139] Em meados do século XIX, o emprego de uma linguagem quase religiosa para descrever a vocação musical era comum, por exemplo, quando um periódico inglês mencionou Mendelssohn e Spohr como "altos sacerdotes da arte que empunham o cetro em virtude do poder intelectual" ou quando o príncipe Schwarzenberg elogiou Liszt como "um verdadeiro príncipe da música, um genuíno *grand seigneur* [...] um sacerdote da arte".[140]

Os objetos daquela veneração reagiram desenvolvendo uma consciência bem maior que a de seus predecessores. Se ir além dos fatos básicos da vida de Johann Sebastian Bach é difícil, sobre seu colega saxão Richard Wagner sabemos até demais, graças ao próprio compositor, que deixou uma dúzia de grossos volumes de textos teóricos e comentários sobre suas obras, uma autobiografia de mais de 300 mil palavras e ao menos 12 mil cartas, muitas bem longas. Sua segunda esposa, Cosima, manteve um diário de 1º de janeiro de 1869 até a morte de Wagner catorze anos depois, em que registrou diariamente tudo de importante que ele fez e disse. Como de hábito, Wagner é um caso extremo, mas personificou uma tendência. Cada compositor de peso do século XIX deixou um corpo de correspondências, e muitos escreveram autobiografias e mantiveram diários também — como, por exemplo, Spohr, Weber, Berlioz, Liszt, Schumman e Moscheles. Com o explosivo aumento da imprensa periódica, qualquer músico que alcançasse mesmo uma fama limitada podia também contar com sua presença em reportagens, reminiscências e obituários. A litografia, e depois a fotografia, transmitiam suas imagens para bem longe.

Parte essencial desse processo foi a criação de um corpo de obras geralmente consideradas "clássicas". Não por acaso essa tendência começou na Inglaterra, onde o tamanho excepcional e o comercialismo da esfera pública na capital libertaram a música de sua função representativa. A ausência de uma corte poderosa também contribuiu, bem como o desenvolvimento precoce de concertos e festivais públicos.[141]

Um sinal da mudança de atitude em relação à música do passado foi a fundação da Academy of Ancient Music em 1726, um grupo de músicos profissionais dedicados a reviver a música sacra e madrigais dos dois séculos anteriores. Mais influente foi o Concert of Ancient Music, fundado em 1776 por sugestão do conde de Sandwich para promover a execução de obras pelo menos vinte anos mais antigas. Dominado por nobres e pela aristocracia rural e patrocinado pelo rei, seu sucesso forneceu novos sinais de que o desenvolvimento dos concertos públicos não representava a vitória da classe média.[142] Ao promover o interesse pela música de compositores mortos, os fundadores foram ajudados pela permanente popularidade de Händel, cuja comemoração organizaram em 1784. Na Europa de língua alemã, uma função semelhante foi desempenhada, cerca de uma geração depois, por Haydn, Mozart e Beethoven.

Em 1900, os grandes axiomas da "música de arte" estavam formulados. Apesar de todas as excentricidades do modernismo e do pós-modernismo, uma expressiva estética enfatizando originalidade, sinceridade e autenticidade permanecera em primeiro plano. Mesmo aqueles que pareciam dar as costas mais resolutamente não foram muito longe. Um bom exemplo foi Stravínski. O legado romântico era um peso tão grande que ele até se viu "alienado de Beethoven por muitos anos".[143] *Parsifal* em Bayreuth, em 1912, foi para ele "revoltante [...] ridículo [...] inconveniente e sacrílego". Em sua autobiografia, tentou negar à música qualquer elemento expressivo: "A música é, por sua própria natureza, essencialmente incapaz de *expressar* qualquer coisa, seja um sentimento, uma atitude mental, um estado psicológico, um fenômeno da natureza. A *expressão* nunca foi parte intrínseca da música".[144]

No entanto, cada nota de sua música maravilhosamente original e expressiva desmentia sua modéstia teórica. De fato, ele já havia se traído antes na autobiografia quando enfatizou a necessidade de uma base técnica sólida: "Não importa qual seja o tema, só existe um caminho para o principiante; ele precisa no início aceitar uma disciplina imposta de fora, mas apenas como meio de obter liberdade para seu próprio método de expressão e se fortalecer nele".[145] Além disso, a falta de reação do público às suas obras posteriores fez que retornasse para dentro de si:

> Infelizmente, a perfeita comunhão [com o público] é rara, e quanto mais a personalidade do autor se revela, mais rara se torna a comunhão. Quanto mais ele elimina tudo de extrínseco, tudo que não é de si próprio ou de "dentro dele", maior o risco de conflito com as expectativas da maioria do público, que sempre recebe um choque quando confrontada com algo com que não está acostumada."[146]

JAZZ E ROMANTISMO

Não dá para acompanhar aqui todas as diferentes tendências da natureza expressiva e o propósito sagrado da música até os nossos dias. Mas dois gêneros fora da tradição clássica ilustram esse poder crescente. Desde a época de seu surgimento no final do século XIX, o jazz se enquadrou bem na estética romântica, devido à sua espontaneidade, improvisação e individualidade. Suas origens afro-americanas também o tornaram um aliado potencial dos movimentos de libertação. Mas durante grande parte do século XX, apesar de toda a capacidade do jazz de expressar o sofrimento e as aspirações de uma comunidade oprimida, o gênero fez parte integral da indústria do entretenimento. Mesmo seus maiores expoentes — Louis Armstrong e Duke Ellington — atuaram dentro de uma estrutura social e cultural caracterizada por um espírito de hierarquia e deferência. Só depois que o consenso (talvez hegemonia fosse uma palavra melhor) que caracterizou a cultura americana durante a Segunda Guerra Mundial começou a se desfazer após 1945, os músicos de jazz se tornaram mais ambiciosos, tanto na teoria quanto na prática.

Um exemplo deve bastar, mas um bom exemplo, em todos os sentidos. Em dezembro de 1964, John Coltrane gravou numa única sessão noturna um álbum que intitulou *A love supreme* com um quarteto formado por ele no sax tenor, Wynton Kelly ao piano, Elvin Jones na bateria e Jimmy Garrison no contrabaixo. Quando lançado no início do ano seguinte, com uma capa adequadamente séria, o álbum foi acompanhado por um texto do próprio Coltrane. Começava assim: "Louvado Seja Deus A Quem Toda Louvação É Devida. Busquemo-Lo no caminho virtuoso. Sim, é verdade: 'procura e acharás'. Somente através dele podemos conhecer o legado mais maravilhoso". Em seguida, explicou que oferecia sua música como "uma tentativa de dizer OBRIGADO, DEUS, por salvá-lo do atoleiro de desespero em que os vícios da heroína, álcool e nicotina o haviam lançado. A experiência de conversão de fato ocorrera cerca de sete anos antes, mas, à semelhança de Christian, personagem de *Pilgrim's progress*, de Bunyan, a jornada de Coltrane da Cidade da Destruição à Cidade Celestial não fora direta.

O texto da capa também incluía um poema intitulado "Um amor supremo", que agradece a Deus por pairar gentilmente em meio à raça humana e encerra com uma gratidão sincera.[147] Coltrane colocou o poema no suporte da partitura para inspirar as improvisações que formaram "Salmo", a quarta e última parte da suíte (as outras são "Reconhecimento", "Resolução" e "Execução"). Além dessas palavras, não havia mais nada escrito, pois Coltrane buscava intuitivamente os sons desejados. Também em 1964 havia contado ao crítico Nat Hentoff que "ainda estou basicamente examinando certos sons, certas escalas. Não que tenha certeza do que estou procurando, mas será algo nunca tocado antes. Não sei o que é. Sei que terei tal sensação quando chegar lá".[148]

O nascimento de um filho proporcionou a inspiração necessária. Sua segunda mulher, Alice, registrou que Coltrane se trancou num quarto no andar de cima, tendo por única companhia o saxofone. Quando saiu,

> foi como Moisés descendo da montanha, foi tão bonito. Ele desceu as escadas, e havia aquela alegria, aquela paz em seu rosto, tranquilidade. Então eu disse: "Conte tudo, há quatro ou cinco dias que não vemos você". Ele disse: "Pela primeira vez, recebi toda a música que quero gravar em sequência. Pela primeira vez, tenho tudo, tudo pronto".[149]

Qualquer artista romântico, a despeito de sua arte, sentiria afinidade com a narração das aspirações de Coltrane:

John Coltrane *em 1964. Esta imagem adornou a capa de seu álbum* A love supreme.

Meu objetivo é viver a vida verdadeiramente religiosa e expressá-la na minha música. Se a gente a vive, não há problema quando toca, porque a música é parte do todo. Ser um músico é de fato especial. Vai bem, bem fundo. Minha música é a expressão espiritual do que sou — minha fé, meus conhecimentos, meu ser. [...] Quando a gente começa a ver as possibilidades da música, deseja fazer algo realmente bom pelas pessoas, ajudar a humanidade a libertar-se de suas preocupações. Acho que a música pode tornar o mundo melhor e, se estiver habilitado, quero fazê-lo. Quero mostrar às pessoas o divino na linguagem musical que transcende palavras. Quero falar às suas almas.[150]

Também tipicamente romântico foi seu comentário ao entrevistador francês que perguntou se era possível improvisar empregando o sistema de doze sons de Schoenberg: "Danem-se as regras, é o sentimento que conta".[151]

Não é difícil imaginar como Stravínski teria achado tudo isso ultrajante. A seriedade, até pompa, da pergunta merece uma expressão de desdém. No entanto, assim como alguns compassos da música de Wagner conseguem apagar a lembrança mesmo de suas teorizações mais graves, a música de Coltrane tem o dom de desconcertar a pessoa mais crítica. Em apenas 32 minutos e cinquenta segundos de inspiração sustentada, Coltrane e seus três colegas criaram uma das obras-primas musicais do século XX. Além disso, embora *A love supreme* não seja uma peça fácil, consegue sensibilizar imediatamente o público de forma poderosa. No fim de uma década, o álbum vendera mais de meio milhão de cópias e continua sendo ouvido com o mesmo entusiasmo.[152]

O enfoque religioso de Coltrane era tão impreciso quanto profundo. Ele não pertencia a nenhuma igreja e não professava nenhuma crença, expressando a fé em todos os deuses. Sua capacidade de combinar a introspecção com uma visão transcendental permitiu que sua música exercesse atração tão poderosa e duradoura. A realização de Coltrane corroborou ainda mais, se é que isso era necessário, a afirmação de Wagner de que a música "está mais bem qualificada do que uma religião senil que perdeu o controle sobre o público" para satisfazer as aspirações espirituais de uma sociedade secularizada. A resposta que *A love supreme* evocou de Bono do U2 ilustra isso à perfeição:

Eu estava no alto do Grande Hotel em Chicago [numa excursão em 1987] ouvindo *A love supreme* e aprendendo a grande lição de minha vida. Antes eu assistira a uns pastores na TV recriando Deus à sua própria imagem: minúsculo, mesquinho e ganancioso. A religião havia se tornado a inimiga de Deus. Eu pensava: a religião é o que aconteceu quando Deus se retirou. Eu sabia, de minhas lembranças mais antigas, que o mundo estava se afastando do amor, e também fui arrastado pela corrente. Existe tanta maldade neste mundo, mas a beleza é nosso prêmio de consolação: a beleza da voz aguda de John Coltrane, seu sussurro, sua sabedoria, sua sexualidade dissimulada, seu louvor à criação. Então Coltrane começou a fazer sentido para mim. Deixei a música repetindo e fiquei acordado ouvindo um homem encarando Deus com o dom de sua música.[153]

Mutatis mutandis, é possível dizer o mesmo de *Parsifal*.

Após *A love supreme*, Coltrane se tornou ainda mais experimental. Continuou inspirando a vanguarda, mas deixou para trás grande parte de seu público. Três meses após morrer de câncer no fígado em julho de 1967, a primeira página de *Down Beat* proclamava: "o jazz como conhecemos está morto".[154] Porém, justamente quando o jazz perdia força como veículo para a sacralização musical, outro gênero começava a desenvolver aspirações semelhantes. Tratava-se do rock, que começava a adentrar um território mais sofisticado. Embora o rock'n' roll tenha liderado uma revolução cultural e social nos anos 1950, no início dos anos 1960 estava dominado por gerentes, empresários e gravadoras sem maiores ambições além de ganhar o máximo de dinheiro o mais rápido possível. A pura energia de seus primórdios dera lugar a um estilo mais ameno e menos apurado. Em 1956, Elvis Presley cantava "Heartbreak Hotel" com toda a sua alma; em 1962, cantava "Good luck charm" como um *crooner* com um acompanhamento suave de country music; e em 1965 interpretava canções piegas como "If everyday was like Christmas".

A erupção dos Beatles no inverno de 1962-3 não mudou muita coisa. As letras triviais de seus primeiros sucessos — "Love me do", "Please please me", "From me to you", "She loves you"... — ainda estavam firmemente ancoradas na tradição dos infortúnios e tribulações do amor jovem. Bem mais ousados foram os grupos que resistiram ao tipo de assepsia que o empresário Brian Epstein impôs aos Beatles: cortes de cabelo padronizados, uniformes, relações públicas. Os Bluesbreakers de John Mayhall, The Animals, The Yardbirds e The Rolling Stones, com sua música visceral, viva e enraizada, se mantiveram fiéis à tradição afro-americana do blues que originalmente os inspirara. Quando o empresário dos Rolling Stones lhes comprou ternos de três peças, eles o vestiram para uma apresentação na televisão e uma sessão de fotos e depois jogaram fora.[155] Numa das grandes ironias da história musical do século XX, foram as bandas de blues inglesas que criaram um mercado de massa para os músicos afro-americanos em seu próprio país, tornando palatável ao público americano branco comum como "The house of the rising sun" (The Animals) e "I just wanna make love to you" (The Rolling Stones).

Apesar do sucesso comercial, esses grupos inspirados no blues conseguiram conservar ao menos a imagem de independência e integridade, procurando

Um ícone dos anos 1960 é profanado.

com sua música mais do que apenas sucesso popular e ganhos materiais. À medida que os melhores grupos adquiriram confiança, deixaram de ser meros imitadores para encontrar suas próprias vozes. Uma comparação entre a gravação icônica de "Crossroads" por Robert Johnson em 1936 e a interpretação do Cream (Eric Clapton, Ginger Baker, Jack Bruce) no Albert Hall de Londres em maio de 2005 mostra como o mesmo material pode ser interpretado de formas diferentes. Possivelmente o maior mestre vivo da guitarra elétrica, Clapton personificou a estética romântica:

A posição clássica de Clapton — de costas para a multidão, cabeça inclinada sobre seu instrumento, solitário na agonia do blues — sugere uma comunhão suplicante com algo interno: uma musa ou um demônio. [...] Toda a sua carreira pode ser vista como a busca de uma forma na qual pudesse expressar as emoções básicas do blues — medo, solidão, raiva e humor — de uma forma pessoalmente válida.[156]

As lutas de Clapton contra o vício das drogas, perda da fé, amor não correspondido, alcoolismo e luto, que podiam ser mapeadas através de canções como "Layla" (1970) e "Tears in heaven" (1991), só serviram para confirmar seu prestígio quase divino. Desde meados dos anos 1960, seus inúmeros fãs simplesmente o chamam de "Deus".[157] Nem seus excessos nem a busca obstinada de sua própria visão impediram Clapton de acumular uma vasta fortuna, estimada em mais de 100 milhões de libras.[158]

Enquanto Clapton e outros bluseiros vinham desenvolvendo sua própria linguagem expressiva em meados da década de 1960, uma contribuição um tanto diferente, mas igualmente poderosa, para a sacralização da música popular era dada por Bob Dylan. Sua grande ajuda foi mostrar como poesia, música e espetáculo podiam se combinar para formar uma obra de arte maior que a soma de suas partes. Suas canções de protesto de enorme influência no início dos anos 1960 deram lugar a algo mais duradouro quando ele se afastou da política explícita para expressar uma visão menos tópica, porém mais pessoal e introspectiva. Também atingiram um público bem maior em 1965 quando ele adotou uma guitarra elétrica e acrescentou o acompanhamento de um grupo de rock. Para cada um de seus fãs do folk que bradava "Judas!" ou "Traidor!" quando ele aparecia com sua nova banda (que incluía três componentes da Paul Butterfield Blues Band de Chicago), milhares de outros foram conquistados por sua fusão de letras memoráveis com uma batida de rock vigorosa. Sem falar no seu carisma.

Quarenta anos depois, Dylan continua a excursionar e a gravar, personificando a capacidade persistente da música de alcançar milhões de pessoas, não apenas para divertir, mas também para estimular, elevar, talvez até redimir. Sua obra, como a de John Coltrane, é espiritual, se não religiosa, e sua estética é essencialmente romântica. Na obra autobiográfica *Chronicles*, publicada em 2004, ele escreveu:

Não sei dizer quando me ocorreu escrever minhas próprias canções. [...] Às vezes você simplesmente quer fazer as coisas à sua maneira, quer ver por si mesmo o que jaz por trás da cortina nebulosa. [...] Você quer dizer algo sobre coisas estranhas que aconteceram, coisas estranhas que viu. Você tem que conhecer e entender algo, e depois ir além do lugar-comum.[159]

Uma de suas realizações importantes foi inspirar os músicos populares a compor suas próprias canções. Grupos que simplesmente tocam suas próprias versões das criações dos outros passaram a ser conhecidos desdenhosamente como bandas *cover*. Essa diferença crucial distinguiu o pop (efêmero, hedonista, superficial) do rock (expressivo, comprometido, profundo, ao menos aos olhos de seus expoentes). Dylan teve um importante papel na elevação da música popular de um horizonte limitado pelo lucro para alturas transcendentais infinitas. Como ele disse em 1986, "Tin Pan Alley* acabou. Dei um fim nela. As pessoas podem gravar suas próprias canções agora. Quase se espera que o façam".[160]

Ao adotar a guitarra elétrica, Dylan retornou às raízes, pois havia começado como um adolescente obcecado pelo rock'n' roll, passara para o blues e depois para o folk. Talvez fosse encorajado pelo sucesso dos Beatles, que conheceu em Nova York em agosto de 1964 durante a segunda excursão da banda pelos Estados Unidos. Na história da música popular, esse encontro no Hotel Delmonico, na Park Avenue, adquiriu uma aura mítica, pois marcou o primeiro contato dos Beatles com a maconha. Até então, a única droga que haviam usado eram anfetaminas. Seja devido aos baseados que Dylan enrolou para eles ou à força de sua personalidade, o resultado foi uma epifania: "Descobri o sentido da vida naquela noite", recordou Paul McCartney, acrescentando: "Até então estávamos mais para o uísque e Coca-Cola. Tudo mudou naquela noite".

Não há dúvida de que a natureza da música dos Beatles mudou abruptamente. Nas palavras de James Miller:

Até então, rock and roll havia sido basicamente uma música de celebração, um meio de melhorar o astral das pessoas, fazendo-as dançar e espantar a tristeza. Sob as influências combinadas da maconha e da imagem relaxada de Bob Dylan, os Beatles se transformariam, passando a compor uma música introspectiva, perfeita para comunicar intimidades autobiográficas, descontentamentos políticos, eleva-

* Rua em que se concentrava a indústria de composição e edição de canções em Nova York, entre 1890 e 1940. (N. T.)

ção espiritual, convidando o público não a dançar, mas a ouvir — tranquilo, atento, pensativo.[161]

A maconha não foi a única substância que manteve os Beatles nessa direção. No ano seguinte, enquanto filmavam *Help!*, descobriram o LSD e se dedicaram a ele com entusiasmo.[162] Os resultados se fizeram ouvir em seus álbuns *Rubber soul* (1965), *Revolver* (1966) e especialmente *Sgt. Pepper's Lonely Hearts Club Band* (1967), geralmente considerada a gravação mais influente da segunda metade do século XX. O iê-iê-iê do início da década de 1960 agora não passava de uma pálida lembrança.

Quando os Beatles se separaram em 1970, o poder da música aumentara ainda mais. Dez anos depois, com o assassinato de John Lennon em Nova York, o culto que o cercava levaria a sacralização da música um passo à frente. A famosa máxima de Karl Marx de que "a religião é o ópio do povo" teria de ser reescrita: nos anos 1980, era possível dizer: "A música é a religião do povo".[163]

3. Lugares e espaços
Do palácio ao estádio

IGREJAS E TEATROS LÍRICOS

A mais importante igreja barroca de Viena é a Karlskirche — a Igreja de Carlos — projetada por Johann Bernhard Fischer von Erlach (1656-1732). Foi encomendada pelo imperador Carlos VI (que reinou de 1711 a 1723) para cumprir uma promessa de 1713 de construir uma igreja dedicada a São Carlos Borromeu se a cidade fosse poupada da peste que ameaçava a região. Após a intercessão bem-sucedida do santo junto ao Todo-Poderoso, o planejamento começou em 1715, a estrutura externa foi completada em 1725 e o prédio pronto foi consagrado em 1737.[1] Sua localização fora das grandes fortificações de Viena tornava clara a confiança do imperador de que a ameaça dos turcos otomanos, que haviam cercado a cidade no recente ano de 1683, havia terminado de uma vez por todas.

Fischer von Erlach colocou no centro um pórtico encimado por um grande tambor e uma cúpula alta e ladeado por gigantescas colunas triunfais e torres. Não foi apenas por uma feliz coincidência que o imperador e o objeto de sua oferenda votiva tinham o mesmo nome cristão. Embora os baixos-relevos nas colunas retratassem as realizações do santo, todo o conjunto é também uma afirmação arquitetônica da simbiose do imperador do Sacro Império Romano-

-Germânico com a Igreja Católica e de sua herança romana conjunta.[2] "A suma da arte eclesiástica em união com o simbolismo dinástico."[3]

O projeto iconográfico do exterior e do interior foi cuidadosamente planejado por Carl Gustav Heraeus, o inspetor imperial de medalhas e antiguidades. O fato de aquela ser a igreja do imperador Carlos, tanto quanto de São Carlos, foi explicitado pela placa de bronze simbolicamente colocada na pedra fundamental, com a legenda *Carolus VI. Imperator Fortitudine et Constantia immotus* (imperador Carlos VI, firme na coragem e perseverança).[4] Na cerimônia de lançamento da pedra, Johann Joseph Fux — diretor musical do império (*Kapellmeister*) — compôs sua *Missa San Carlo*, uma coincidência que revela muita coisa sobre o relacionamento entre espaço e música na Europa do início da Idade Moderna.[5] Embora a música fosse importantíssima para o barroco, era apenas parte de uma experiência que apelava a todos os sentidos. Quando a Karlskirche ficou pronta, os ouvidos ouviram o contraponto de Fux, os olhos se elevaram para a imensa cúpula oval onde o afresco de Johann Michael Rottmayr retratava a intercessão e virtudes de São Carlos Borromeu, enquanto o nariz era estimulado pelo incenso e a mente contemplava as verdades transcendentais. Talvez nem todo fiel reagisse com o mesmo fervor a cada parte, mas a subordinação das partes a uma obra de arte total dedicada a Deus e ao imperador estava clara. Karlskirche, como qualquer construção barroca, não era um lugar onde se encontrasse a arte pela arte. Tampouco a Igreja de São Tomé, em Leipzig, quando ali estreou *A Paixão segundo São Mateus*, de Bach.

O mesmo se pode dizer da música secular. Em 1716, Fux compôs a música para *Angelica vincitrice di Alcina* (Angélica triunfa sobre Alcina), uma ópera com libreto escrito por Pietro Pariati que havia sido encomendada por Carlos VI para celebrar o nascimento de um herdeiro (infelizmente com vida curta). O escopo da autocongratulação foi estendido para incluir a vitória sobre a França de Luís XIV, selada dois anos antes pela Paz de Rastadt, e em termos mais gerais para proclamar a glória da Casa de Habsburgo.[6] Seja como for, esse grande exercício multimídia da representação nunca pretendeu ser mais que uma *pièce d'occasion* e só foi encenada quatro vezes. Mas seu caráter temporário não inibiu a extravagância da produção.

Projetados por Giuseppe Galli-Bibiena, os enormes e elaborados cenários foram erguidos ao lado do laguinho de peixes ornamentais nos jardins de Favorita, um palácio imperial nas imediações de Viena. Entre o público da noite de estreia estava lady Mary Wortley Montagu, a caminho da embaixada britânica em Constantinopla, que descreveu ao amigo Alexander Pope: "o teatro é tão grande que é difícil ver seu final". O fato de a encenação ter custado 30 mil libras era fácil de acreditar, ela acrescentou, pois "nada do tipo jamais foi tão magnífico". Por azar, um súbito temporal dispersou o público "em tamanha confusão que quase morri espremida" — apenas o imperador e seu séquito imediato tinham assentos cobertos.[7] Não é preciso dizer que o espetáculo foi captado visualmente, gravado, reproduzido e espalhado pela Europa para apregoar aos que não tiveram a sorte de estar presentes que pompa insuperável haviam perdido.

No início do século XVIII, extravagâncias multimídia grandiosas mas efêmeras daquele tipo estavam dando lugar a apresentações operísticas igualmente caras, porém mais duradouras, em teatros permanentes, e a *opera seria* despontara como o gênero representativo por excelência. Quando Frederico Augusto, rei da Polônia e príncipe eleitor da Saxônia, quis anunciar sua promoção à nata dos soberanos europeus após casar seu filho e herdeiro com uma Habsburgo em 1719, construiu a maior casa de ópera ao norte dos Alpes.[8] A ópera escolhida para inaugurá-la foi *Teofane*, com música de Antonio Lotti, o maior compositor veneziano, trazido de Dresden expressamente para o evento, e libreto do poeta da corte saxônica Stefano Benedetto Palavicino. O maior astro do elenco estrelado foi o *castrato* mais famoso da época, Francesco Bernardi, mais conhecido como Senesino. Entre o público de príncipes e nobres de todas as partes do império houve lugar para ao menos dois homens capazes de apreciar a música: Händel e Georg Philipp Telemann. A mensagem política de *Teofane* foi transmitida por analogia, pois abordava o casamento do grande imperador saxão Oto II com Teófana, filha do imperador bizantino. Para que todos a captassem, na cena final o palco era transformado no templo do Himeneu onde a Germânia prestava homenagem à união da Áustria com a Saxônia.[9]

A ilustração mais reveladora de uma *opera seria* da época talvez fosse a pintura de Pietro Domenico Olivero de uma apresentação de *Arsace*, de Francesco Feo, no Teatro Real de Turim em 1740. Entre outros pontos de interesse, mostra o esplendor dos figurinos e cenários, os camarotes dispostos basicamente para que os ocupantes pudessem ver uns aos outros e não o palco, um garçom levando bebidas para a plateia durante o espetáculo, alguns espectadores acompanhando o libreto, outros dando as costas ao palco e conversando

O Teatro Regio de Turim em 1740 durante a representação de Arsace, *com música de Francesco Feo e libreto de Antonio Salvi, pintado por Pietro Domenico Olivero.*

com amigos da fila de trás, o tamanho da orquestra (32 músicos, incluindo dois ao cravo, mas sem um maestro separado) e o brasão proeminente da Casa de Saboia.[10]

O que não mostra é a imponência do camarote real, situado no eixo central e erguendo-se por três fileiras de camarotes, expressamente projetado para manter distanciamento espacial entre o rei e o resto dos súditos. Sua localização no ápice do formato de ferradura permitia que ele visse o palco do melhor ângulo. Teatros líricos sobreviventes do período, os mais notáveis sendo o Teatro Cuvilliès de Munique e a Casa de Ópera do Margrave de Bayreuth, fornecem até hoje uma ideia arquitetônica da natureza pessoal do espetáculo representativo. Esta última também ostentava duas *Trompettenlogen* — camarotes dos dois la-

Bayreuth: o camarote do margrave na Casa de Ópera do Margrave, por Giuseppe e Carlo Galli Bibiena, 1744-8.

dos do palco de onde trompetistas soavam uma fanfarra para anunciar a chegada do margrave.[11]

Em visita a Nápoles no final da década de 1830, a condessa de Blessington deixou uma excelente descrição do camarote real do San Carlo:

> O camarote real fica no centro do teatro lírico e forma um objeto bem impressionante e ornamental. Projeta-se consideravelmente, é sustentado por palmeiras douradas, sendo encimado por uma grande coroa; da qual desce, dos dois lados, um cortinado, aparentemente de metal pintado e dourado, para parecer tecido de ouro, que é suspenso por personagens mitológicas. O interior é revestido com painéis de espelho e equipado com veludo carmesim, adornado com uma franja de ouro.[12]

Em algumas casas, os camarotes que ladeavam o palco também eram reservados ao príncipe, caso quisesse se aproximar da ação. Em Dresden, nas ocasiões de gala, o rei sentava-se no camarote direito do proscênio e a rainha, no esquerdo, enquanto demais parentes da família real sentavam nas poltronas bem em frente da orquestra. Nos espetáculos comuns, os camarotes do primeiro nível eram reservados aos dignitários da corte, embaixadores e visitantes estrangeiros; o segundo nível, a outras pessoas da corte, autoridades de alto escalão, oficiais do exército e estrangeiros; enquanto a galeria era reservada aos plebeus.[13]

De Estocolmo a Nápoles, teatros líricos foram erguidos para glorificar o soberano reinante. Nunca antes ou depois tantos governantes dedicaram o mesmo tempo e dinheiro à promoção da música operística. Muitos eram apenas protagonistas de segundo ou terceiro escalão no sistema dos Estados europeus. Tudo indica que o esplendor do teatro era inversamente proporcional ao poder de seu construtor. O margrave de Bayreuth tinha importância modesta mesmo dentro dos limites do Sacro Império Romano-Germânico, mas legou um esplêndido teatro lírico, com um palco grande o suficiente para chamar a atenção de Richard Wagner, quando procurava um local adequado para *O anel dos nibelungos*.

O maior teatro lírico da Europa era o San Carlo, em Nápoles, concluído em 1737. A prodigalidade de suas produções se tornou lendária. Uma encenação de *Ezio*, de Domenico Sarri, em 1741, apresentou em palco oito cavalos, quatro camelos, um número desconhecido de leões, 64 figurantes trajados como romanos, dezesseis escravos libertos vestidos em seda multicolorida, seis escravos vestidos como soldados de Átila, o Huno, uma banda de palco com oito componentes, 37 espadachins representando o povo romano, doze espadachins representando os soldados do imperador, doze guardas pretorianos e catorze pajens e criadas para atender os cantores principais.[14] Contudo, no ano seguinte, 1742, Carlos IV foi humilhado quando uma esquadra britânica lançou âncora diante da costa e deu meia hora para que se retirasse incondicionalmente da guerra que vinha travando do lado da Espanha, sob pena de ver sua capital reduzida a cinzas. Ele obedeceu. O rei da Inglaterra não tinha nenhum teatro lírico.

Como anunciavam os grandes camarotes reais, o teatro lírico era um espaço dedicado antes de mais nada a apregoar a majestade do soberano. Essa prioridade se expressava de modo mais óbvio em sua localização dentro da estrutura do palácio real (Versalhes, Munique, Mannheim, por exemplo) ou adjacente a ele, proporcionando ao rei e comitiva acesso ao seu camarote por uma passagem privada (como em Turim e Nápoles). Uma utilidade secundária, mas totalmente afim, era reforçar a hierarquia social. Como uma extensão da corte, o teatro lírico reproduzia suas claras distinções de escalão social e etiqueta complexa. Desse modo, o projeto do teatro não era determinado pela necessidade de ver o palco ou ouvir a música, e sim de ver os demais espectadores e ser visto por eles. Sua função não era estética, mas social.

No salão do Palais Royal em Paris onde as *tragédies lyriques* de Lully eram encenadas, as divisórias entre os camarotes não estavam inclinadas na direção do palco, mas dos camarotes em frente. Embora tivessem a pior vista, os mais populares eram os seis camarotes do proscênio, por darem aos ocupantes uma visão total do público, sendo portanto reservados aos príncipes de sangue real.[15] Essa forma de estratificação espacial sobreviveu por muito tempo ao século XVIII. Em Turim, em 1820, lady Morgan constatou que a rainha (da Sardenha) tinha grande interesse na distribuição dos assentos: "Sua lista decide o número de camarotes que devem ocupar as fileiras *aristocratici* do primeiro e segundo círculo, e determina o ponto de *roture*, que bane para os andares mais altos a *piccoli nobili*".[16]

Quando o soberano estava presente, um respeitoso silêncio constituía a ordem do dia, a ponto de só serem permitidos aplausos quando as mãos reais indicassem. Aquela era a casa do rei, e só se podia entrar com convite. Quando *Cleofide*, uma *opera seria* do compositor da corte saxônica Johann Adolf Hasse,

Haydn dirige um espetáculo no teatro lírico de Esterháza.

foi encenada pela primeira vez em Dresden, em 17 de agosto de 1731, o público era composto apenas pelo rei Frederico Augusto e alguns cortesãos especialmente convidados. Só um mês depois o resto da alta sociedade teve a oportunidade de vê-la.[17] Um dos melhores teatros líricos da Europa era inteiramente privado: aquele em Esterháza, a residência campestre distante do príncipe Nicholas Esterházy, patrão de Joseph Haydn. Tanto em termos de quantidade como de qualidade, Esterháza se comparava aos maiores teatros líricos da Europa. No decorrer da década de 1780, Haydn fez 880 apresentações ali, incluindo três obras novas de sua autoria e vinte de outros compositores.[18] Quando o príncipe Nicholas morreu, em setembro de 1791, ficou claro que aquele espaço dependia da vontade de um só homem. Seu herdeiro descartou a companhia de ópera e rebaixou Esterháza à função original de alojamento de caça. Em 1824, um visitante informou que o teatro lírico era usado para armazenar feno.

Interior da Scala de Milão mostrando os seis níveis de camarotes.

Esterháza era tão pessoal que, na ausência do proprietário, o teatro lírico imediatamente ficava às escuras. Em outras partes, as casas de ópera continuavam funcionando como locais de encontro para a corte. Especialmente em repúblicas aristocráticas como Veneza, ou onde o soberano era representado por um vice-rei, como em Milão, os nobres davam o tom, transformando seus camarotes em casas fora de casa, provendo-os de mobílias, pinturas, comida e bebidas. Cortinas que podiam ser fechadas na frente davam privacidade total ao interior do camarote.[19] Sobretudo na Itália, a casa de ópera era, antes de mais nada, um centro social, onde as elites da cidade compareciam todas as noites. Como podiam ouvir a mesma obra dezenas de vezes durante uma temporada, a atenção dispensada ao palco era irregular. Os jogos de cartas, a recepção de visitantes ou as conversas só eram interrompidos quando surgia uma cantora famosa ou começava uma ária popular.

Louis Spohr relatou de Milão, indignado, em 1816:

Durante a poderosa abertura, vários recitativos com acompanhamento bem expressivo e todas as *pièces d'ensemble*, o público fazia tanto barulho que mal se conseguia ouvir a música. Na maioria dos camarotes, os ocupantes jogavam cartas, e por todo o teatro as pessoas conversavam alto. Um estrangeiro ávido por ouvir a música não pode imaginar nada mais insuportável do que aquele ruído detestável. [...] Não consigo imaginar tarefa mais ingrata do que compor para tal público, e é surpreendente que bons compositores se submetam a tal.[20]

Embora os camarotes fossem distribuídos rigorosamente segundo a posição social, a maioria dos teatros líricos era grande demais para ser apenas reduto da aristocracia. Para cumprir seu papel representativo, o esplendor era fundamental, mas os enormes custos de construção, manutenção e produção precisavam ser distribuídos entre a população como um todo. La Scala, San Carlo e Dresden, por exemplo, tinham capacidade para mais de 2 mil pessoas, e assim plebeus tinham que ser admitidos nos camarotes mais em cima. De acordo com lady Morgan, La Scala era "o lar noturno de quase todas as classes, a recreação de comerciantes e a bolsa dos mercadores". Era também um centro de discussão política, pois "somente ali, em meio ao máximo de publicidade, a privacidade consegue encontrar um refúgio contra a intromissão da espionagem".[21]

Como sugere esse comentário, os emergentes das classes médias gostavam de se exibir tanto quanto seus superiores na escala social. O maior teatro lírico francês do século XVIII não foi erguido em Versalhes, mas em Bordeaux, o grande centro comercial cujo comércio ultramarino aumentara mais de vinte vezes desde 1715. O Grand Théâtre, inaugurado em 1780, era especial por dedicar ao saguão e à escadaria tanto espaço quanto ao auditório, dando assim à alta sociedade de Bordeaux a oportunidade de se exibir com toda a sua elegância — de ver e ser vista. Como percebeu o arquiteto Victor Louis, num teatro lírico o público é tão importante quanto os cantores no palco. Num teatro lírico construído para um rei, o camarote real é o aspecto arquitetônico principal, mas num teatro lírico construído para uma grande cidade comercial como Bordeaux, o saguão, a escadaria e outros espaços públicos predominam.[22]

O Grand Théâtre também incluía um salão para concertos públicos, fenômeno típico do século XVIII. Durante muito tempo os frequentadores das tabernas puderam ouvir boa música como acompanhamento suplementar de comida e bebida. Samuel Pepys, por exemplo, escreveu em seu diário em 27 de setembro de 1665: "Fomos ao King's Head, a grande casa de música. Foi minha primeira ida lá, e tive um bom desjejum".[23] O que provavelmente foi o primeiro concerto verdadeiro, organizado por John Banister em Londres em 1672, não pode ter sido grande coisa, já que se realizou em sua própria casa. Tampouco a elevação da música a objetivo principal do evento fez que comida, bebida e fumo fossem abandonados. Pelo contrário, de acordo com Roger North, a sala de concertos de Banister "estava guarnecida de cadeiras e mesinhas em círculo, à maneira das tabernas. O preço era um xelim, e você podia pedir o que quisesse".[24] Essa associação estreita entre execução de música e consumo de comestíveis foi duradoura: o Collegium Musicum que J. S. Bach dirigiu em Leipzig, por exemplo, após 1727 se reunia no café Zimmermann's ou Richter's.[25]

Na extremidade aristocrática da escala social, os concertos orquestrais eram realizados em espaços cujos tamanho e esplendor deixavam claros seu lugar na cultura representativa caracterizada pela *opera seria*. Um ótimo exemplo era fornecido pela corte de Mannheim, descrita alternadamente pelos contemporâneos como "a Atenas musical do mundo de língua alemã" (Christian Daniel Schubart), "o paraíso dos compositores" (Friedrich Heinrich Jacobi) e "a famosa corte, cujos raios, como os do sol, iluminam toda a Alemanha, quiçá toda a Europa" (Leopold Mozart).[26] Ali o príncipe eleitor do Palatinado, Carlos Teodoro, reunia a melhor orquestra da Europa, incluindo em suas fileiras, entre outros, Franz Xaver Richter, Ignaz Holzbauer, Christian Cannabich e Johann Stamitz. De um total de 35 compositores no catálogo de 1761 de uma editora de música francesa, vinte sinfonias foram compostas por músicos de Mannheim.[27] Não admira que Charles Burney relatasse em 1772 que "há mais músicos solistas e bons compositores nesta orquestra do que talvez em qualquer outra da Europa; é um exército de generais, preparado para planejar uma batalha tanto quanto para travá-la".[28] O comentário de Mozart cinco anos depois foi: "A orquestra é excelente, e muito forte".[29]

Embora o generoso Carlos Teodoro permitisse ao público em geral frequentar sua casa de ópera e seus concertos, não restava dúvida quanto à propriedade

O Rittersaal no palácio do príncipe eleitor em Mannheim (1730), que também servia como sala de concertos principal.

da música e dos músicos. De fato, a sala de concertos de Mannheim é o melhor exemplo espacial da natureza proprietária da música da corte no período. Não era uma sala dedicada só à música, e sim um Salão dos Cavaleiros (Rittersaal), que servia a outros propósitos representativos como recepções, bailes e banquetes. Simbolicamente, não tinha uma estrutura externa autônoma, estando embutido no enorme palácio. E, apesar de todo seu amor pela música, o príncipe eleitor habitualmente tratava os concertos como música de fundo. Esse fato foi revelado por um visitante nobre, Gottfried von Rotenstein, que em 1785 publicou um interessante relato de uma visita a um concerto no Rittersaal: "Após as seis horas, a corte entrou, o príncipe eleitor e a esposa, a viúva do príncipe eleitor da Baviera e as damas de companhia e cavaleiros. Depois a música começou e, ao mesmo tempo, todos passaram a jogar cartas. [...] O príncipe eleitor se levantava a toda hora e ia de mesa em mesa rindo, alegre".[30]

Isso não era incomum. Louis Spohr registrou em sua autobiografia que na corte de Brunswick o silêncio só predominava nos concertos em que o duque estava presente. Em sua ausência, a orquestra recebia ordem de tocar baixo para

O palácio do príncipe eleitor em Mannheim. O Rittersaal se localiza no primeiro andar do pavilhão central.

não atrapalhar os jogos de cartas. De fato, um grosso tapete era colocado sob os suportes das partituras para abafar o som.[31] Mas Spohr também revelou que, no novo século, as atitudes vinham mudando. Quando um lacaio transmitiu o pedido da duquesa de tocar mais baixo, Spohr na verdade aumentou o volume. Em outra ocasião, ao tocar para o rei de Württemberg, fez questão de que todos parassem de jogar cartas durante sua apresentação. O pedido foi atendido (mas o jogo recomeçou logo em seguida).[32]

CASAS DE CONCERTOS E A SACRALIZAÇÃO DA MÚSICA

Quer como música de fundo para cortesãos jogando cartas, como música ambiente agradável para se beber e comer em tabernas e cafés ou mesmo como acompanhamento do culto religioso, a música estava subordinada a outras preocupações sociais até meados do século XVIII. Para poder se manifestar como atividade com valor próprio, essa arte teria que conquistar seu próprio espaço exclusivo. Acredita-se que o primeiro desses espaços tenha sido o Holywell Music Room em Oxford, construído em 1748 para a Musical Society, que antes promovia seus concertos no salão da Christ Church ou da King's Head Tavern.[33] Mas a modéstia do tamanho do prédio e a localização provinciana impediram que definisse uma tendência. Mais influente foi a sala de concertos Hanover Square Rooms em Londres, o primeiro desses espaços construído na capital com fins estritamente musicais. Inaugurado em 1775, seu proprietário era Giovanni Gallini, um mestre da dança suíço-italiano que se intitulou sir John Gallini (um título papal) e deixou a colossal fortuna de 150 mil libras ao morrer em 1805. Ali J. C. Bach e C. F. Abel organizaram suas bem-sucedidas séries de concertos por assinatura na década de 1770 e Salomon promoveu os lendários concertos de Haydn na década de 1790.[34] Na Europa continental, o Gewandhaus de Leipzig foi o pioneiro em 1781.

Essas primeiras salas de concertos, com suas apresentações públicas, deram expressão arquitetônica à crescente e poderosa sacralização da música. A disposição espacial da Hanover Square Rooms, por exemplo, lembrava uma igreja, com o público sentado como se fosse uma congregação, a orquestra posicionada numa plataforma elevada cercada por uma grade, semelhante a uma capela-mor, e um órgão no lugar do altar. O interior do Gewandhaus é bem semelhante. Todas essas salas de concertos pioneiras eram relativamente austeras por dentro e por fora, suas decorações refletindo os limitados recursos dos construtores. Só com a ajuda do Estado a música e os músicos encontraram uma morada digna de sua imagem cada vez melhor.

Um primeiro passo nessa direção havia sido dado por Frederico, o Grande, da Prússia. Logo após ascender ao trono, em 1740, encomendou uma grandiosa casa de ópera nova ao seu arquiteto favorito, Georg Wenzeslaus von Knobelsdorff. Apesar da guerra contra a Áustria, a obra foi conduzida com tamanha determinação que o primeiro espetáculo — *Cesare e Cleopatra*, de Carl Heinrich Graun — foi encenado em dezembro de 1742. Frederico tratou seu teatro lírico como sua propriedade privada, como uma expressão cultural de sua monarquia absoluta. O rei ordenara o comparecimento de todos os oficiais militares graduados da capital na noite de estreia, e esses ficaram de pé enfileirados no fosso, atrás de duas

Hanover Square Rooms em 1843.

filas de cadeiras reservadas para o monarca e seu séquito.[35] Quando o rei adentrou o prédio, uma banda militar de trompetistas e percussionistas atacou uma fanfarra.[36] Esse tema militar se mostrou persistente: onde mais senão na Prússia seria possível encontrar um soberano ordenando que se apinhasse uma casa de ópera de soldados, como uma forma barata (e malcheirosa) de calefação central?[37] E onde mais senão na Prússia se poderiam encontrar soldados sendo recrutados para encher a plateia quando o público diminuía?[38]

Como era de seu costume, Frederico não se sentou no camarote real, preferindo um assento bem em frente ao fosso da orquestra, para poder ficar de olho no palco e na partitura do diretor musical.[39] O historiador musical inglês Charles Burney, que visitou Berlim em 1772, forneceu um vívido relato em primeira mão das consequências para os músicos:

O rei sempre fica atrás do *maestro di capella*, com a partitura à vista, que ele frequentemente olha, na verdade desempenhando o papel de diretor-geral, tanto

Casa de ópera de Frederico, o Grande, em Unter den Linden, projetada por Georg Wenzeslaus von Knobelsdorff. Atrás fica a igreja católica de Santa Edwiges, o que revela a tolerância religiosa de Frederico. À direita está a biblioteca real.

quanto de generalíssimo no campo de batalha. [...] Na casa de ópera, assim como no campo, Sua Majestade é um disciplinador tão rígido que, se um erro é cometido num movimento ou evolução, ele imediatamente percebe, e repreende o infrator.[40]

Até aqui nada de novo. Mas — como em tantas outras coisas — o conservadorismo musical de Frederico também era progressista. Sua nova casa de ópera não foi construída como parte do palácio real, mas se localizava em Unter den Linden em forma de um templo clássico autônomo, o primeiro teatro lírico independente da Europa.[41] A inscrição sobre o pórtico anunciava *Fridericus Rex Apollini et Musis* — dedicado pelo rei Frederico a Apolo e às Musas. As regras de conduta para o público, impostas por guardas armados, exigiam silêncio durante o espetáculo.[42] Frederico desprezava o cristianismo como um conjunto de ficções perniciosas, preferindo satisfazer a necessidade de experiência transcendental por meio das artes. Seu esteticismo teve muita influência, em especial na Alemanha protestante, onde se tornou modelo para quem achava inadequadas as formas religiosas herdadas.

Destoando da maioria dos patrocinadores da arte representativa, Frederico foi um criador ativo. Como teórico político, historiador, poeta, dramaturgo, compositor e flautista, mereceria um nicho em qualquer história cultural do século XVIII ainda que não fosse também rei da Prússia.[43] A despeito da opinião que se tenha sobre seu regime ou seu impacto no rumo subsequente da história alemã, quem lê suas obras ou ouve sua música logo percebe que era dotado de dons extraordinários. Embora não usasse esse termo, a importância que atribuiu à *Bildung* — o autoaperfeiçoamento individual — o situou na corrente progressista da cultura alemã. Um homem que levava *De rerum natura* de Lucrécio ao campo de batalha e se distraía nos intervalos das negociações que culminaram na Paz de Hubertusburg lendo *Émile*, de Rousseau, dava alta prioridade ao intelecto.[44] Não há razão para duvidar da sinceridade de suas inúmeras declarações de fé, como esta: "Desde a infância tenho adorado as artes, literatura e ciências, e se puder contribuir para sua propagação, será com o máximo empenho, pois não pode haver felicidade verdadeira neste mundo sem elas".[45]

O templo independente de Frederico dedicado à arte era uma expressão arquitetônica do processo de sacralização. À medida que o século XVIII avançava, começaram a se acumular os sinais visuais de uma profunda mudança na maneira de ver todas as artes — literal e metaforicamente. Num país após o outro, os governantes começaram a abrir suas coleções ao público. Na própria Berlim, Friedrich Nicolai publicou um guia para turistas que, entre outras coisas, informava como ter acesso às coleções reais, afirmando que "todos são autorizados a ver essas raridades". Ao acrescentar a ressalva "fique entendido que o costumeiro e convencional em outras partes também será imposto aqui", ele também revelou que aquilo agora era comum.[46] Assim o museu moderno evoluiu. Os objetos exibidos foram dissociados do contexto representativo original e exibidos para serem venerados por si próprios.

Uma ótima ilustração desse processo foi fornecida por Friedrich Schiller em 1785 ao colocar as seguintes palavras na boca de um turista dinamarquês fictício que acabara de visitar as galerias do príncipe eleitor Carlos Teodoro, do Palatinado, em Mannheim:

Hoje tive uma surpresa inexprimivelmente agradável, que me dilatou todo o coração. Sinto-me mais digno e melhor. Vim da Galeria das Antiguidades. [...] Todo nativo e estrangeiro tem liberdade ilimitada de desfrutar esses tesouros da Antiguidade, porque o inteligente e patriótico príncipe eleitor os trouxe da Itália não para aumentar sua glória pela posse de mais uma raridade, nem, como muitos outros príncipes, para oferecer ao viajante casual algo para admirar. Ele fez esse sacrifício pela própria *arte*, e uma arte agradecida para sempre louvará seu nome.[47]

Goethe, amigo de Schiller, foi ainda mais explícito sobre a função sacralizante dos museus, ao recordar sua impressão ao visitar a coleção do príncipe eleitor da Saxônia em Dresden: "Esse santuário [...] transmitiu uma sensação única de solenidade muito parecida com a que se tem ao adentrar uma igreja, pois os adornos de tantos templos, os objetos de tanta adoração pareciam expostos ali somente em prol dos objetivos sagrados da arte".[48] O primeiro museu independente da Europa foi o Museum Fridericianum em Kassel, construído entre 1769 e 1779 para abrigar as coleções e a biblioteca do landgrave Frederico II.

TEMPLOS DA MÚSICA

Seria de esperar que os britânicos estivessem na vanguarda desse progresso, dado o tamanho de sua esfera pública, a abundância de seus recursos materiais e sua constituição parlamentar. Mas, ao contrário das expectativas, foram exatamente esses aspectos ditos progressistas que inibiram a construção de templos da arte em Londres. A National Gallery só adquiriu seu próprio prédio na Trafalgar Square em 1831. O British Museum já existia por quase um século quando suas coleções foram enfim transferidas para um local exclusivo na década de 1850. O contraste com os progressos simultâneos na Europa continental, especialmente na pobre e autocrática Prússia, era impressionante. Enquanto nesta última o governo fez a transição do patrocínio real para o estatal sem ser estorvado pela inspeção pública, na Grã-Bretanha o Parlamento manteve os gastos sob estrito controle.[49]

Reforçada por uma hostilidade comum à Revolução Francesa e uma sensação comum de triunfo sobre os franceses em 1815, a união entre o Estado e a sociedade britânica era tão sólida que não precisava de nenhuma argamassa cultural extra. Na maioria dos países continentais, a história foi diferente. Ali uma crise prolongada de legitimação encorajou a busca de novos meios de vincular as classes médias instruídas (o *Bildunsbürgertum*) ao Estado. Uma forma promissora de

O Teatro Nacional na praça Gendarmenmarkt, Berlim, projetado por Carl Gotthard Langhans e inaugurado em 1801.

promover uma sensação de propósito comum, sem compartilhar o poder político, foi mediante projetos culturais. A expansão do Louvre em Paris sob Napoleão e a criação da Galeria Nacional de Arte (Rijksmuseum) em Amsterdã em 1800, do Museu Real de Pintura e Escultura (o Museu do Prado) em Madri em 1819 e do Museu Real de Berlim (Das Alte Museum) em 1822 fizeram parte do mesmo exercício de controle político e social.

Um bom exemplo foi proporcionado pela história dos teatros da praça Gendarmenmarkt, em Berlim. O primeiro foi erguido em 1774 por ordem de Frederico, o Grande, para acomodar uma trupe de língua francesa, sendo desativado quatro anos depois com a irrupção da Guerra da Sucessão Bávara. Em 12 de setembro de 1786, um dia depois do enterro de Frederico, o Grande, seu sucessor, Frederico Guilherme II, num gesto programático grandioso, ordenou a reabertura da anterior Casa de Comédia Francesa, como um Teatro Nacional encenando obras em língua alemã.[50] Em 1801, foi substituído por uma constru-

O Schauspielhaus na praça Gendarmenmarkt em Berlim, projetado por Karl Friedrich Schinkel e inaugurado em 1821. A ala à esquerda do pórtico de entrada abrigava uma sala de concertos.

ção bem maior no mesmo local, projetada por Carl Gotthard Langhans, com 2 mil lugares. Embora basicamente planejado para o teatro falado, o espaço também foi usado para óperas em alemão e concertos de assinatura.[51]

Depois que o Teatro Nacional pegou fogo em 1817, o local foi incorporado à reconstrução de Berlim, que estava em andamento sob o comando de Karl Friedrich Schinkel, o maior arquiteto da época. O resultado foi o Schauspielhaus (Casa de Teatro), um dos mais esplêndidos teatros europeus. Ali a sacralização das artes, e da música em particular, se tornou explícita, especialmente na sala de concertos localizada na ala oeste. O acesso se dava por um saguão semelhante a uma antecapela, adornado com bustos dos grandes compositores do passado, estratégia repetida no próprio salão. Naquele local sagrado, a música deveria ser ouvida com reverência, para que se realizasse seu propósito redentor. Mas tanto o local como o propósito estavam abertos a todos, a despeito da posição social. As implicações democráticas da arte sacralizada ficaram claras no projeto de Schinkel do auditório do teatro, abandonando a forma em ferradura tradicional pela de semicírculo. Esse gesto arquitetônico ampliou o arco do pros-

A sala de concertos no Schauspielhaus. Destruída por um bombardeio na Segunda Guerra Mundial, não foi restaurada.

cênio, mudando o ponto focal do camarote real para o palco — e a ação sobre este.[52] Embora fossem oferecidos alguns camarotes, o interior do Schauspielhaus mais parecia um cinema que um teatro lírico do tipo tradicional.

No ano de sua inauguração, o Schauspielhaus foi palco de um episódio que revelou que espaços culturais podem ter implicações políticas: a estreia de *Der Freischütz*, uma ópera romântica com música de Carl Maria von Weber, diretor musical do rei da Saxônia. O espetáculo estava destinado a ser um enorme sucesso devido à sucessão de ótimas melodias. A ópera logo se tornou uma sensação internacional, e até hoje permanece no repertório. Mas, em Berlim, em 1821, forças adicionais estavam em jogo. O cenário da ópera — a Boêmia após a Guerra dos Trinta Anos — tinha um significado especial para qualquer morador da Alemanha no final das Guerras Napoleônicas. Embora inexista mensagem política explícita, o fato de os personagens serem camponeses simples, cantando uma música impregnada de linguajar folclórico, transmite uma mensagem populista.

Mais especificamente político era o local da produção. Em termos estéticos, o novo Schauspielhaus era bem superior ao Teatro da Corte de Knobelsdorff, perto dali, na Unter den Linden. Entretanto, na hierarquia dos palcos reais prussianos, o repertório em alemão do Knobelsdorff Schauspielhaus estava abaixo dos espetáculos italianos oferecidos na corte. Apenas dois anos antes, o rei Frederico Guilherme III havia apregoado seu amor à grande ópera tradicional contratando a um alto custo Gasparo Spontini, cujo trabalho viera a conhecer e apreciar quando em Paris para as celebrações da vitória de 1814. Italiano de nascimento, Spontini trilhara uma carreira de sucesso como compositor favorito da primeira esposa de Napoleão, a imperatriz Josefina. A chegada de Spontini à Prússia em 1820 foi celebrada por duas extravagantes produções de suas obras mais famosas: *La vestale* e *Fernando Cortez*. Assim, a euforia inaudita que saudou *Der Freischütz*, de Weber, no ano seguinte foi também uma afirmação dos valores nacionais e populares, opondo-se à cultura representativa estrangeira do Teatro da Corte.[53] Todos os relatos concordam que aquela ópera foi aclamada com um frenesi até então desconhecido, ao menos nos palcos alemães.[54]

Por ora, o rei da Prússia e seus súditos puderam discordar sem problemas no gosto musical, embora um sinal de alerta tivesse sido emitido. A coexistência, se não a harmonia, era promovida pela crença bem fundamentada de que, apesar de todos os defeitos, a Prússia era um *Kulturstaat*, um Estado que valorizava e promovia a cultura. No mesmo ano da encenação de *Der Freischütz*, Frederico Guilherme ofereceu um terreno perto da Unter den Linden para a Sing-Akademie (Academia de Canto), uma sociedade coral formada em 1791 por Carl Friedrich Christian Fasch. Sua história inicial proporciona sinais convincentes da crescente sacralização da música. Após a morte de Fasch em 1800, um busto comemorativo do grande escultor Gottfried Schadow foi inaugurado, e Carl Friedrich Zelter aproveitou a ocasião como oportunidade para discutir o propósito da academia. A grande realização de Fasch, ele elogiou, havia sido servir como "um sacerdote digno da música", usando seu coro para diminuir a distância entre a arte e as pessoas e para demonstrar que a música não era algo menor, mas parte central de um projeto nacional. Fasch havia entendido que só um coração consegue afetar um coração, e que a missão sublime da "divina música" era purificar o coração, conduzindo-o à autoconsciência. Não apenas o indivíduo, mas toda a sociedade seria influenciada, pois a "música abraça o coração ferido com mãos reconfortantes, despejando nele um bálsamo que cura e fortalece".[55]

Àquela altura o coro da Academia de Canto contava cerca de duzentos integrantes, tendo atraído o olho aprovador das autoridades. Em 1802, o ministro conde Friedrich von Hardenberg se tornou seu patrocinador, e em 1809 criou-se uma direção musical financiada pelo governo, com Zelter como seu primeiro ocupante. Ele respondeu organizando uma montagem do *Dettingen Te Deum*, de Händel, para celebrar a volta de Frederico Guilherme III a Berlim no fim do ano, após longo exílio na esteira das derrotas de 1806. A Academia de Canto também esteve em evidência durante a Guerra de Libertação de 1813 contra os franceses, entre outras atividades na organização de concertos de caridade a fim de arrecadar fundos para o exército de voluntários Lützow Freikorps.[56] Em 1812, Schinkel projetou um novo espaço de concertos para a academia, combinando a sacralização secular e religiosa em forma de um salão abobadado dominado por um gigantesco afresco celebrando Santa Cecília, a padroeira da música. Infelizmente, a academia não conseguiu arrecadar os recursos necessários, tendo que se contentar com uma estrutura mais modesta — mas muito elegante — projetada por Theodor Ottmer. Está de pé até hoje, com o nome de Teatro Maksim Górki, assim como a própria Academia de Canto.

A Academia de Canto pode servir de exemplo das iniciativas que salpicaram a Europa com salas de concertos no decorrer do século XIX. Em alguns lugares, a criatividade individual foi decisiva, como no acréscimo de uma casa de espetáculos aos salões sociais em Edimburgo em 1843. Em outros, a escala era tão ambiciosa que tornava necessária a ajuda estatal ou municipal, como para o suntuoso novo Gewandhaus ("Salão dos Mercadores de Tecidos") em Leipzig, concluído em 1884, que levou um jornal local a apregoar que tão grande e magnífico templo das musas só se encontrava numa verdadeira "cidade cosmopolita". O espetáculo da primeira noite, informou o jornal, impressionou pelo luxo, esplendor e todo o conforto moderno — incluindo luz elétrica — não apenas na sala de concertos principal, mas também no imenso *foyer*, escadaria e cafés, por onde a nata de Leipzig podia desfilar em sua elegância durante os intervalos.[57] Incluía também uma sala menor para música de câmara, construída como uma réplica do antigo salão do Gewandhaus, como para enfatizar o quanto a cidade progredira no último século.

Por toda a Europa, os governantes procuraram se adaptar ao mundo pós--revolucionário consolidando uma nova aliança com suas classes instruídas. Mas essa não foi a única motivação em jogo, e seria enganoso exagerar a natureza funcional de seus grandiosos projetos de construção. Sem dúvida, também esteve envolvido um elemento da representação antiquada — ou mesmo de autogratificação — combinada com a competição cultural entre pares. Todas as motivações estiveram à mostra em Munique, onde, no espaço de uma geração, Luís I (que reinou de 1825 a 1848) transformou sua capital provinciana em uma metrópole, tornando-se "a Florença do século XIX".[58] Um dos projetos de Luís foi o Odeon, uma nova sala de concertos projetada por Leo von Klenze e inaugurada em 1828. Os três afrescos do teto deixavam seu programa claro: *Apolo entre as musas, ou a arte na esfera suprema da cultura*; *Apolo entre os pastores, ou a arte como meio de educar naturezas modestas*; e *Apolo e Midas, ou a arte confrontada pela degeneração [Afterkunst] e estupidez.*[59]

Atrás dos Hohenzollern e Wittelsbach vieram os Habsburgo, como sempre lentos em captar o espírito da época. Somente após as revoluções de 1848-9, o fracasso do neoabsolutismo na década de 1850 e os desastres na Itália em 1859-60 enfim iniciaram algo semelhante. Mas recuperaram o tempo perdido com um projeto de reconstrução de Viena comparável ao do barão Haussmann em Paris na mesma época: a Ringstrasse — remoção das gigantescas e agora inúteis fortificações que cercavam a cidade antiga. Em seu lugar surgiu um anel de bulevares, ladeados por grandes prédios públicos que anunciavam a nova aliança entre a dinastia e as classes médias liberais. Avançando no sentido anti-horário de norte para oeste e depois para o sul, passa-se pela universidade, prefeitura, Teatro Burg, Museu de História Natural, Museu de História da Arte, Academia de Arte, Teatro Lírico, Casa dos Artistas e Associação Musical (Musikverein).

A Musikverein foi construída entre 1866 e 1869 com projeto de Theophil von Hansen, também responsável pelo prédio do Parlamento e pela Academia das Artes, proporcionando uma sede nova para a Sociedade Imperial e Real

O aspecto original do salão principal da Musikverein em Viena, projetada por Theophil von Hansen e concluída em 1869. Mais tarde um órgão foi acrescentado nos fundos do salão, e as cariátides que sustentavam a galeria foram removidas para as paredes laterais.

dos Amigos da Música em Viena, fundada em 1812. Como mostra seu título, a associação sempre foi uma instituição semioficial: fundada por Josef Sonnleithner, um funcionário público, recebeu alvará imperial e teve como primeiro patrocinador o cardeal-arquiduque Rodolfo, irmão do imperador Francisco I e amigo de Beethoven. Entre outras atividades, a sociedade organizava concertos, publicava uma revista musical, concedia bolsas de estudo para aspirantes a músicos e criou uma biblioteca musical para uso público e um conservatório.[60] Sempre no centro da vida musical vienense, foi um dos principais beneficiários do projeto da Ringstrasse, recebendo um local privilegiado diante da Karlskirche.

Nesse templo da música, Hansen criou uma imensa sala de concertos, com cerca de vinte metros de largura, dezoito de altura e cinquenta de comprimento, capaz de abrigar nada menos que quinhentos músicos e 2 mil ouvintes. Menor mas igualmente magnífica era a sala para música de câmara. Tanto fora quanto dentro, uma abundância de esculturas e insígnias se referiam aos deuses musicais do passado e aos membros da dinastia Habsburgo.[61] Entre os patrocinadores cujas doações viabilizaram a construção estiveram o imperador Francisco José e a imperatriz Isabel, cinco arquiduques e uma verdadeira lista de chamada das grandes famílias aristocráticas do Império Austro-Húngaro (Batthyány, Kinsky, Liechtenstein, Schönborn, Schwarzenberg, Lobkowitz).[62]

DUAS FORMAS DE ELEVAR A MÚSICA: BAYREUTH E PARIS

De todas as grandes construções dedicadas à música erguidas no século XIX, o Teatro de Festivais criado por Wagner em Bayreuth sintetizou a evolução espacial que ajudou a exaltar os músicos e a sacralizar a música. A contribuição pessoal de Wagner ao projeto foi tão enfática e original como a atenção dispensada a to-

Esboço do arquiteto do exterior do Teatro de Festivais de Bayreuth. Wagner escreveu embaixo: "Livre-se dos ornamentos!".

Corte transversal da Ópera de Paris projetada por Charles Garnier, mostrando que aos salões públicos e à escadaria foi destinado tanto espaço quanto ao auditório e ao palco.

dos os demais aspectos do projeto. No prefácio ao texto de *O anel dos nibelungos*, publicado em 1863, Wagner afirmou que a estrutura deveria ser "a mais simples possível, talvez só de madeira, sem nenhuma outra consideração em mente além da adequação de seu interior ao propósito artístico". Essa adequação requeria, entre outras coisas, uma forma anfiteatral e uma orquestra oculta.[63]

Ele teve a sorte de ter entre seus amigos um dos maiores arquitetos da época, Gottfried Semper, que também fugira de Dresden após o fracasso da insurreição de 1849. Semper transformou as ideias de Wagner num projeto prático, embora sempre reconhecendo quem estava no comando. Ao enviar a Wagner um conjunto de esboços em 1865, Semper teve o cuidado de enfatizar que queria se certificar de que as "especificações correspondem inteiramente às suas intenções e ideias". Wagner insistiu que o exterior deveria ser o mais simples possível, e num desenho preliminar da fachada escreveu: "Livre-se dos ornamentos" (*Die Ornamente fort!*). Em carta ao prefeito de Bayreuth escreveu que o prédio

não deve ser mais sólido do que o necessário para não desabar. Portanto economize aqui [no exterior], economize — nada de ornamentação... O maquinário de palco e cenário, e tudo relacionado ao trabalho interno ideal da arte devem ser *perfeitos* em todos os aspectos. *Nada* de economia aqui; tudo como se fosse projetado para durar muito e muito tempo, nada de provisório.[64]

Vista da Ópera de Paris.

Quando enfim abriu as portas em agosto de 1876, o teatro era de fato revolucionário. Não havia fachada ornamental, saguão, escadaria ou salas públicas, apenas um auditório, um palco enorme e uma imensa torre cênica para agilizar a troca de cenários. Os assentos estavam organizados como num anfiteatro, proporcionando a cada espectador uma linha de visão clara até o palco. Não havia camarotes luxuosos, apenas duas galerias de pequenos camarotes ao longo da parede dos fundos. A orquestra era completamente invisível ao público, afundada sob o palco. Um arco do proscênio duplo aumentava a ilusão da grande profundidade do palco, criando o que Wagner denominou um "abismo místico" entre o público e a encenação.[65]

A iluminação a gás permitiu que o teatro fosse completamente escurecido quando o espetáculo começava. O ritual de abertura convencional — o maestro atravessando a orquestra até o estrado, virando-se para o público a fim de fazer uma mesura, indicando aos músicos que deveriam se levantar para também agradecer os aplausos e enfim erguendo a batuta para iniciar o espetáculo — estava totalmente ausente. Em Bayreuth (então e agora) a iluminação é apagada,

Grande escadaria da Ópera de Paris.

La danse bachique, *de Gustave Boulanger, um dos murais do Foyer de la Danse da Ópera de Paris.*

o público silencia, e do meio da escuridão surge a música. Escrevendo sobre a primeira apresentação de *Parsifal* em 1882, o maestro Felix Weingartner registrou: "O auditório fica completamente às escuras. Faz-se um silêncio absoluto. Como uma voz de outro mundo, o primeiro tema extenso do prelúdio começa. A impressão a nada se compara, e é inextirpável".[66]

A originalidade e a natureza sagrada de um espetáculo no auditório de Bayreuth ficam em evidência quando se compara o espaço com outro teatro lírico construído quase ao mesmo tempo: a Ópera de Paris, projetada por Charles Garnier e concluída em 1875. Ainda que só abrisse as portas após o colapso de seu regime, tratou-se de um projeto imperial de Napoleão III, que decidiu que um dos *grands points de vue* que embelezariam sua Paris reconstruída deveria terminar com um novo e grandioso teatro lírico.[67] Como deixaram claro as instruções detalhadas ao arquiteto, cada aspecto da ida à ópera receberia seu espaço especial: saltar da carruagem sob uma cobertura, passar cerimoniosamente por um vestíbulo, *avant-foyer* e *foyer* repletos de espelhos até a grande escadaria, subir a escadaria até um *grand foyer* pomposo, onde o visitante poderia ver os demais membros da alta sociedade e ser visto por eles, e prosseguir até um camarote no auditório. Como revela a planta baixa, foram destinados muito mais recursos aos salões representativos que ao espaço musical (a capacidade de 1,8 mil espectadores era apenas ligeiramente superior à de Bayreuth). Todos esses espaços representativos formavam um colossal edifício com 155 metros de comprimento, cem metros de largura em seu ponto mais largo (a fachada tem setenta metros de largura) e sessenta metros de altura.[68]

Embora o auditório do que passou a ser conhecido como o Palais Garnier seja bastante imponente, incluindo o gigantesco candelabro de cristal que desempenha um papel crucial em *O fantasma da ópera*, na época as pessoas não tinham dúvida de que a escadaria predominava no prédio. Foi proposital. Garnier escreveu que a chegada e a partida dos espectadores era uma parte central da experiência operística, de modo que "escadarias imensas e convenientemente localizadas" eram parte essencial de uma casa de ópera moderna.[69] O poeta Théophile Gautier observou que a escadaria de Garnier em si já constituía um teatro, comparando-a a uma pintura de Veronese em que as pessoas são ao mesmo tempo espectadores e espetáculo, um espaço perfeitamente projetado para exibir "aquela maravilha da civilização moderna denominada 'sair da ópera', ou seja, uma cascata de diamantes, pérolas, penas, flores, ombros nus, cetim, veludo, sedas, gazes, renda, descendo os degraus de mármore branco, resplandecendo à luz brilhante, tudo isso emoldurado por uma arquitetura de conto de fadas".[70] Gautier definiu a própria casa de ópera como "um centro radiante, uma espécie de catedral secular de civilização, onde arte, riqueza e elegância podem celebrar seus melhores festivais".[71]

Como revelam esses comentários, o propósito básico da Ópera de Paris não era estético, mas social. Assim, o programa da noite de inauguração em 15 de janeiro de 1875, para a qual foi convidada a alta sociedade de toda a Europa (incluindo o prefeito de Londres), foi um *pot-pourri* agradável de trechos de fácil audição das óperas favoritas do período — "algo como retalhos e remendos", *The Musical Times* observou com desdém.[72] Pode ter havido ciúme, mas os visitantes estrangeiros em particular se mostraram horrorizados com a suntuosidade "desse templo estranho, estupendo, babilônico, ninivita do prazer moderno", nas palavras de outro periódico inglês. Foi o *Musical Standard*, cujo correspondente se entregou a um frenesi de denúncias: "completamente sobrecarregado, exagerado, supersofisticado em todos os sentidos [...] carência absoluta de qualquer coisa próxima do bom gosto [...] paganismo duro, grosseiro, brutal, licencioso" e assim por diante.[73]

Uma repulsa especial foi provocada pelo Foyer de la Danse — "simplesmente chocante, nauseante em sua voluptuosidade" —, o que é compreensível, por ser o aposento onde se podiam abordar os integrantes do *corps de ballet* para marcar encontros amorosos. Os murais, sobretudo os que representavam *La danse bachique* e *La danse amoureuse*, eram adequadamente eróticos.[74] Em suma, não se poderia imaginar contraste maior entre a profusão carnal hedonista de Garnier e a solenidade redentora austera de Bayreuth. A única coisa que as duas casas têm em comum talvez seja uma enorme torre cênica. Outra diferença marcante é que a Ópera de Paris custou setenta vezes mais que Bayreuth.[75]

A DEMOCRATIZAÇÃO DO ESPAÇO MUSICAL

Pode-se pensar que a estrutura de Garnier era tradicional, enquanto Bayreuth apontou o caminho do futuro.[76] Por certo a Ópera de Paris era um espaço bem mais exclusivo em termos sociais. Os ocupantes dos assentos mais baratos nem sequer podiam chegar pela entrada grandiosa ou subir a escadaria, sendo obrigados a usar portas laterais e mantidos a distância segura de seus superiores. O plano original previa um imenso Pavilhão do Imperador para uso exclusivo de Napoleão III, além de uma entrada reservada por onde a carruagem imperial poderia passar, com espaço suficiente para os guarda-costas.[77]

Mas é tão óbvio assim que esse tipo de teatro lírico estava ultrapassado? As casas de ópera construídas mundo afora no final do século XIX — Buenos Aires (1857), São Petersburgo (1860), Viena (1869), Praga (1881), Budapeste (1884), Manaus (1896), Rio de Janeiro (1909), São Paulo (1911) — parecem muito mais com a Ópera de Paris do que com Bayreuth.[78] Foram projetadas basicamente para permitir que a sociedade elegante se encontrasse num ambiente agradável, promovendo uma forma de arte elitista que realçava sua sensação de refinamento cultural. Não tinham nenhuma pretensão de se engajar num exercício revolucionário ou redentor no sentido wagneriano. Essa cristalização foi auxiliada pela simultânea contração do repertório operístico. Em meados do século XX, esse repertório havia encolhido para um núcleo de apenas 120 obras, praticamente só de compositores mortos.[79] Tanto quanto os patrocinadores reais do passado, o público pagante sabia o que queria, e insistia em tê-lo. Durante os 22 anos em que dirigiu a Metropolitan Opera de Nova York — a companhia mais rica na cidade, mais rica do mundo —, Rudolf Bing encenou apenas três obras inéditas e foi bem sincero sobre seu papel: "Somos semelhantes a um museu: minha função é apresentar óperas antigas em molduras modernas".[80]

Tampouco Bayreuth é tão diferente como se afigura à primeira vista. Conquanto a intenção original de Wagner fosse permitir a entrada gratuita, seu idealismo logo esbarrou nas finanças. Assim que precisou depender dos detentores de debêntures e do público pagante, sem falar no rei Luís II, para manter seu projeto funcionando, seu público começou a parecer o de qualquer outra casa de ópera, apenas um pouco mais exigente e resistente. Esse paradoxo foi bem expresso por George Bernard Shaw em *The perfect Wagnerite* quando observou que todos os elogios colecionados no primeiro festival de 1876

tiveram como único efeito abrir os olhos de Wagner para o fato de que o experimento de Bayreuth, como tentativa de evitar as condições sociais e comerciais normais dos empreendimentos teatrais, foi um fracasso [...] nada mais falso do

A sala de concertos no Conservatório de Paris.

que falar de Bayreuth como se tivesse sido mais bem-sucedido do que a Ópera de Paris ou Londres em escapar das condições de nossa civilização moderna.[81]

Bayreuth se tornou um espaço populista preenchido pelas elites.

Assim, o ambicioso plano de Wagner de tornar a cultura musical acessível ao povo comum — o *Volk* — se mostrou um beco sem saída. Um local mais promissor do que o teatro lírico (ou teatro de festivais no caso de Bayreuth) foi a sala de concertos. Contudo, como já vimos, grande parte dos concertos no século XVIII era dominada pelos escalões superiores da sociedade. Essa exclusividade se mostrou persistente. Em Paris, por exemplo, os melhores concertos se realizavam no Conservatoire, uma das poucas criações culturais positivas da Revolução Francesa. Em sua sala de concertos, cuja acústica era excelente, ouvia-se uma orquestra que incluía alguns dos melhores instrumentistas da Europa, que também se beneficiavam da rara vantagem do tempo de ensaio adequado. A maior realização da orquestra e de seu por muito tempo maestro, François-Antoine Habeneck, foi demonstrar a força plena das sinfonias de Beethoven. Nos trinta anos após a morte de Beethoven em 1827, suas sinfonias foram tocadas 280 vezes, em comparação com 58 execuções de sinfonias de Haydn e 37 das de Mozart.[82] Um dos muitos que se impressionaram foi o jovem Wagner, para quem uma apresentação da Nova Sinfonia de Beethoven foi "tão perfeita e tão comovente que a concepção dessa obra maravilhosa [...] subitamente se mostrou para mim brilhante como o dia e palpável ao meu tato [...] um fluxo de melodia inesgotável, dominando o coração com força inelutável".[83]

Os concertos do Conservatoire se tornaram famosos por toda a extensão do mundo musical, definindo novos critérios não só para a música que era tocada, mas também para a sua recepção, pois aquele era "um santuário onde escritores, pintores e todos os artistas sérios se reúnem", nas palavras do crítico Joseph Ortigue. Ali a sacralização da música atingiu uma nova intensidade. Hermione Quinet escreveu em suas memórias sobre o período anterior a 1848: "Costumo esquecer que o Conservatoire não é uma igreja, que os cem músicos da Société des Concerts vivem espalhados pelos vinte *arrondissements* de Paris, e não num seminário, que não é um colégio de sacerdotes reunidos diante de nós para celebrar um serviço religioso aos domingos".[84] Mas a congregação era estritamente limitada pela capacidade do auditório, que mal chegava a mil assentos. Wagner só conseguiu acesso graças à gentileza do maestro Habeneck.

A demanda excedia a oferta a ponto de as assinaturas de concertos se esgotarem com meses de antecedência. Em 1830, um melômano parisiense revoltado reclamou à *Revue Musicale* que, no mês de dezembro anterior, tentara adquirir a assinatura dos concertos do ano seguinte, mas foi informado de que os bilhetes estavam esgotados. Solicitou então os bilhetes para o ano subsequente, recebendo a mesma resposta. Conclusão: um lugar na lista de assinaturas se tornara uma espécie de relíquia, conservada pela família e transmitida de geração para geração.[85] O jeito era se contentar com os concertos da rue de la Harpe organizados pela deplorável Société des Amateurs, onde qualquer um podia trazer seu instrumento e tocar. Os resultados eram previsivelmente "sinistros".[86]

O mesmo tipo de contração social ocorreu na Grã-Bretanha, onde a última visita de Haydn em 1794-5 marcara o clímax dos concertos públicos de Londres tanto quanto o começo de seu declínio.[87] A fundação da Philharmonic Society em 1813 por um grupo de músicos profissionais foi um raro raio de luz num cenário normalmente sombrio. Embora contribuíssem para fazer de Londres o tipo de cidade que músicos como Weber, Spohr e Mendelssohn gostavam de visitar, os concertos eram prejudicados pela falta de tempo de ensaio e ausência de maestro, e o alto preço do ingresso — um guinéu — os restringia à classe média alta.[88] O tipo de aristocrata que havia patrocinado Haydn na década de 1790 preferia se retirar às suas salas de recepções, onde concertos e recitais privados estavam livres da poluição do público em geral. O que havia sido outrora o carro-chefe dos concertos clássicos declinou, tornando-se meramente "o *hobby* de alguns lordes velhos", como *The Musical World* lamentou em 1839.[89]

Em seu lugar, desenvolveram-se os concertos descaradamente populares voltados ao gosto convencional das classes médias e organizados por empresários com o único intuito de ganhar dinheiro. O mais exuberante desses empresários foi Louis Jullien (1812-60), que se mudou de sua França natal para Londres em 1838. Sete anos depois, *The Musical World* lançou a pergunta: "Quem consegue desvendar a carreira de Monsieur Jullien?". Ele chegara "sem um tostão e sem perspectivas", mas então não existia "em Londres homem mais próspero do que Monsieur Jullien". O segredo de seu sucesso era simples. Estava na capacidade de interpretar os sinais do tempo e, em particular, de atrair o poder da imprensa à sua causa: "Todo mundo diz que Jullien não conhece uma só nota musical, mas e daí? Ele consegue produzir o som do acorde, que comove o coração popular com sua vibração, e consegue extrair vinte vezes mais lucro de sua ignorância do que outros artistas de sua erudição".[90]

Os relatos da época eram unânimes em afirmar que, como maestro, Jullien possuía um carisma extraordinário. Em janeiro de 1845, por exemplo, o crítico musical do *Manchester Times* falou com entusiasmo: "A ALEGRIA QUE SENTIA ele comunicava com a influência talismânica de sua batuta através do vasto salão, que era o cenário de esplendor e prazer universais".[91] Não foi o último líder carismático a perceber que, quanto maior a multidão, mais fácil levá-la a um frenesi de entusiasmo. Os locais de seus *Concerts Monstres* eram amplos o suficiente para permitir ingressos baratos (dois xelins e seis *pence* se comprados antecipadamente), orquestras enormes e multidões — o Jardim Zoológico de Surrey, por exemplo, onde um público de 10 mil foi entretido por uma orquestra de trezentos músicos.[92]

No final da década de 1840, ele promovia concertos com uma orquestra de quatrocentos músicos, três bandas militares separadas e três coros distintos. *The Musical World* comentou:

Jullien é o próprio colosso dos concertos públicos. Suas concepções são universais — suas especulações, gigantescas. A época parece talhada para Jullien, e Jullien talhado para a época. Ele é o próprio escudeiro dela, marchando na retaguarda da ocasião. [...] Esta é uma época de exagero e extravagância — uma época exaurida —, que requer estimulantes fortes para manter vivo o entusiasmo.[93]

Entre outros elementos, ele introduziu tiros de rifle e fogos de artifício para animar trechos do terrível *Les Huguenots*, de Meyerbeer.[94]

No entanto, seu exibicionismo vinha acompanhado de muita música séria também. Quando regia Beethoven, Jullien primeiro ostentava luvas brancas prontas para receber a grande batuta incrustada de joias, trazida cerimoniosamente ao salão em almofada de veludo por um criado com libré.[95] Mas ele regia Beethoven. Além do mais, às vezes sua orquestra tocava uma sinfonia de Beethoven na íntegra, prática pouco comum mesmo nas séries de concertos mais refinadas. Sua técnica consistia em mesclar novidades, música de dança e "peças fáceis" com músicas mais complexas. Como reconheceu *The Musical World*, Jullien conseguia educar suas plateias, enquanto as persuadia de que estavam realmente sendo entretidas.

Um concerto em 1849, por exemplo, foi dividido em três partes. A primeira consistiu em *O deserto*, de Felicien David, retratando a viagem de uma caravana pelo deserto, com música e versos. A segunda englobou a Sinfonia em lá menor de Mendelssohn (a *Sinfonia escocesa*) e o Prelúdio e Fuga em lá menor de Bach, e a terceira, uma mescla de peças instrumentais e vocais populares, incluindo "God save the queen".[96] A execução do hino nacional nessas ocasiões era uma resposta à demanda popular. No outono de 1848, enquanto revoluções grassavam no continente, seu concerto no Drury Lane Theatre inspirou uma enorme manifestação pró-monarquia:

Embora a execução de "God save the queen" fosse totalmente indescritível, precisamos tentar dar ao menos uma leve ideia da impressão produzida no público. Imagine o leitor uma grande orquestra normal de cem músicos; imagine agora o acréscimo de quatro bandas militares, com suas caixas-claras e outros instrumentos altissonantes; imagine então o acréscimo adicional de duzentos cantores, o fortíssimo de suas vozes e instrumentos, o próprio espírito patriótico do Hino Nacional, e mesmo assim não terá sequer uma ideia remota do efeito produzido pelo arranjo de Jullien para "God save the queen". Após o espetáculo, um bis foi o resultado inevitável, e aos poucos o público pareceu transportado a um estado frenético que desafia a descrição.[97]

Um terceiro bis se seguiu, o público agora dividido entre os que pediam "God save the queen" e os que preferiam "Rule Britannia".* Concertos semelhantes realizados em salas maiores, ou mesmo ao ar livre, visando o público das classes média e baixa podiam ser encontrados por toda a Europa durante meados do século XIX.[98] Uma comparação entre as temporadas de 1826-7 e 1845-6 revelou que o número de concertos triplicou em Londres e quintuplicou em Paris.[99]

De 1861 a 1884, Jules Étienne Pasdeloup organizou uma série de Concerts Populaires de Musique Classique no Cirque Napoléon (atual Cirque d'Hiver) em Paris. O tamanho do salão ali — com capacidade para mais de 5 mil pessoas — permitia cobrar apenas cinquenta centavos de ingresso, atraindo assim clientes até da classe trabalhadora. Mas ele elevou o nível de seus programas bem mais que seu compatriota Jullien em Londres. Especialmente louvável foi sua preferência por compositores contemporâneos, incluindo Berlioz, Schumann, Tchaikóvski, Grieg, Bizet, Rubinstein, Gounod, Saint-Saëns e Massenet.[100]

O mais impressionante no entanto foi sua defesa de Wagner, mesmo depois que a Guerra Franco-Prussiana tornara controvertida a obra de qualquer alemão. Em 1876, a mera visão de instrumentistas adicionais subindo ao palco em preparação para a execução da "Marcha fúnebre de Siegfried" foi suficiente para desencadear uma tempestade de protestos, embora seguida de uma reação dos wagnerianos presentes.[101] Jules Ruelle, que cobria o evento para *L'Art Musical*, se surpreendeu com o fato de que uma música "tão vazia, tão fraca, tão insignificante" pudesse despertar aversão ou entusiasmo.[102] Embora a concorrência e problemas de saúde obrigassem Pasdeloup a encerrar seus concertos em 1884, àquela altura haviam sido copiados por toda a França: em Toulouse, Nantes, Bordeaux, Lyon e Marselha.[103]

Grandes espaços requeriam grandes orquestras, grandes públicos, preços baixos e diversidade social. Em 1861, 5 mil pessoas vinham comparecendo aos concertos em Paris a cada semana.[104] Na Inglaterra, grandes públicos eram en-

* Canção patriótica, espécie de hino não oficial da Grã Bretanha. (N. T.)

tão atraídos nas províncias. Em Manchester, os concertos orquestrais organizados por Charles Hallé (nascido Carl Halle em Hagen, Vestfália) após 1858 atraíram também um público de nível social mais baixo, ao menos de acordo com *The Musical World*, que relatou, em janeiro de 1860, que "os concertos de Manchester do sr. Charles Hallé estão se tornando populares em todas as classes, do mercador e industrial rico ao comerciante e burguês de classe média [...] e artesãos respeitáveis e econômicos, embora mais humildes".[105] Em 1896, o filho de Hallé afirmou que pessoas da classe trabalhadora também compareciam, "apinhados de pé em grande desconforto [...] ouvindo durante horas, e evidentemente gostando muito".[106]

As implicações democráticas de concertos públicos baratos eram óbvias demais para passar despercebidas. Houve quem os desaprovasse, como o crítico parisiense que lamentou que, durante a temporada musical, com não menos de dois concertos ao dia e muitas vezes até oito, o comercialismo e a vulgaridade passaram a dominar.[107] Aqueles com uma tendência mais igualitária se empolgaram com a popularização do que havia sido um gênero elitista. Um correspondente de jornal em Frankfurt am Main em 1856 repreendeu um pianista visitante por reservar a primeira fila no seu concerto aos membros da nobreza, afirmando: "Em nossa cidade livre, não estamos acostumados com esse tipo de coisa. Num concerto público, todas as classes são iguais, porque todos pagaram o preço do ingresso, e só os retardatários podem ser mandados para as filas dos fundos".[108]

Enquanto isso, outro espaço importante para a execução de música — o salão de dança — seguia trajetória semelhante. Claro que as pessoas comuns sempre dançaram — nas tabernas, nas festas dos santos padroeiros, nos casamentos. Mas a dança como atividade regular e organizada é algo bem mais recente. A corte de Luís XIV em Versalhes foi a origem de muitas das características da dança e do balé modernos, e a notação de 330 danças praticadas naquele palácio sobreviveu.[109] Os bailes formais eram eventos organizados com rigor, servindo mais para demonstrar a estrutura hierárquica da corte e a disciplina social de seus membros do que para permitir o diálogo rítmico.[110] Apenas uma pequena proporção dos participantes chegava a dançar; a grande maioria era de espectadores. Eis um relato da época: "Primeiro é preciso saber que ninguém é admitido no círculo a não ser príncipes e princesas de sangue azul, depois os duques e pares e as duquesas, e depois destes lordes e damas da corte, cada qual segundo sua hierarquia".[111]

A dança como reflexo da hierarquia social continuou ao longo do século XVIII e no início do século XIX. Uma ilustração musical perfeita foi fornecida por Mozart na cena do salão de dança no final do segundo ato de *Don Giovanni*, quando três bandas diferentes tocam três danças diferentes para três grupos sociais diferentes: um minueto para os nobres, uma quadrilha para a burguesia e uma dança rústica para os camponeses.[112] A comercialização da dança, que se desenvolveu mais ou menos simultaneamente à dos concertos, pouco contribuiu para romper as barreiras. Nos Salões Sociais em Bath, por exemplo, quem dava início à dança era o casal de maior nível social. Nem ali, nem nos muitos locais equivalentes na capital, os "filhos do comércio" eram admitidos.[113] Nos salões inaugurados em 1816 em Cheltenham — até hoje sinônimo de requinte —, as regras afirmavam que "nenhum caixeiro empregado ou não nesta cidade ou nas vizinhanças, nenhuma pessoa ligada ao comércio varejista, nenhum ator teatral ou outro artista público profissional será admitido".[114] Tais pessoas podiam dançar também, mas tinham que procurar um salão de dança de nível correspondente à sua posição social.

Mas uma mudança que ocorreu foi a crescente padronização das danças. No final do século XIX, um compositor que atribuísse diferentes danças a diferentes grupos sociais estaria sendo anacrônico. Todos agora davam passos semelhantes, embora em espaços diferentes. As duas danças mais populares eram a quadrilha, uma dança de cinco figuras para conjuntos de quatro casais, e, claro, a valsa. Quando surgiu no início do século XIX, a valsa, que não tinha uma configuração fixa e permitia o contato físico entre casais, provocou pânico moral. Descrita como "estupro coreográfico", até um devasso notório como Byron foi levado a condená-la.[115] Em 1816, em poema intitulado "A valsa: um hino apostrófico", ele escreveu:

> *Mas tu — que jamais provaste um só pensamento*
> *Do que nossa moral deve ou devia ser;*
> *Que sensatamente desejas ver os encantos que colhes,*
> *Diz — tu criarias belezas assim tão vulgares?*
> *No ardor das mãos que promiscuamente abraçavam*
> *a cintura fina ou que desciam pelo flanco fulgurante,*
> *Onde lograria o êxtase apoderar-se da forma*
> *Desse abraço libidinoso e do calor do contato anárquico?*[116]

Provavelmente mais ajudada que impedida por esse tipo de acusação, a valsa tomou a Europa de roldão. Em seu berço, Viena, alcançou grande quantidade de pessoas e produziu música de altíssima qualidade. O complexo de salões de dança coletivamente conhecidos como Zum Sperlbauer, no bairro Leopoldstadt, podia acomodar milhares de pessoas, e os dois primeiros mestres da valsa, Josef Lanner e Johann Strauss, começaram ali suas carreiras, compartilhando uma estante de partitura como violonistas. Seus rumos vocacionais diferentes promoveram o apelo universal da valsa: em 1829 Lanner se tornou diretor dos bailes da corte imperial, enquanto Strauss negociou um contrato exclusivo e um cachê polpudo com o Sperl.[117] Lanner desfrutou o prestígio de um cargo na corte, mas Strauss ganhou dinheiro, dirigindo um grupo de cerca de duzentos músicos enviados para salões de dança por toda Viena.

Mesmo descontando os exageros próprios dos jornalistas, o relato de Heinrich Laube de um concerto com baile de Strauss na década de 1830 ilustra bem o impacto de sua música:

> Sob árvores iluminadas e em arcadas abertas, há pessoas sentadas em inúmeras mesas, comendo, bebendo, rindo e ouvindo. No meio delas a orquestra de onde vêm as novas valsas [...] que incitam o sangue qual mordida de tarântula. No meio do jardim, no estrado da orquestra, ergue-se o herói moderno da Áustria, *le Napoleón autrichien*, o diretor musical Johann Strauss. As valsas de Strauss são para os vienenses o que as vitórias napoleônicas foram para os franceses. [...] Todos os olhos se voltaram para ele; foi um momento de adoração. [...] O poder exercido pelo músico de cabelos negros é potencialmente muito perigoso; ele tem a sorte especial de que a música de valsa e os pensamentos e emoções que desperta não estão sujeitos à censura. [...] Não sei se Strauss entende de alguma outra coisa além de música, mas sei que é um homem que poderia causar grandes danos se fosse tocar as ideias de Rousseau em seu violino. Numa única noite os vienenses adeririam a todo o *Contrat social*.[118]

Quando Strauss viajou à Inglaterra, em 1838, além de tocar no baile de pré-coroação da rainha Vitória, arrecadou duzentas libras por noite, uma soma fabulosa pelos padrões da época.[119] Seu filho, Johann Strauss II, se tornou ainda mais popular, graças a valsas como "O Danúbio azul" e operetas como *Die Fledermaus* (O morcego). Uma pesquisa realizada na Europa em 1890 revelou que o segundo Strauss — o "Rei da Valsa" — era o terceiro europeu mais admirado, depois da rainha Vitória e de Bismarck.[120]

LUGARES E ESPAÇOS PARA AS MASSAS

Sem dúvida, o substancial aumento do mercado da música no decorrer do século XIX implicou uma proliferação dos lugares e espaços para sua execução, tanto salas de concertos como salões de dança. Pouquíssimos trabalhadores manuais podiam ser encontrados dançando a quadrilha ou a valsa, e embora alguns conseguissem acesso a grandes concertos públicos do tipo realizado no Palácio de Cristal ou Cirque Napoléon, homens e mulheres da classe trabalhadora não passavam de intrusos ocasionais em espaços essencialmente burgueses. Mas a rápida industrialização durante o boom das décadas de 1840, 1850 e 1860 aumentou o tamanho total da classe trabalhadora e a renda disponível de muitos de seus membros. Embora irregular e espasmódica, uma tendência para jornadas de trabalho menores e mais lazer também foi discernível durante o período.

O *music hall* foi criado especificamente para esse novo grupo de consumidores. Embora se cantasse em pubs desde o início dos tempos, em meados do século XIX a música naqueles estabelecimentos se tornou mais generalizada e ambiciosa. Uma pesquisa de 1849 do *Morning Chronicle* sobre "mão de obra e os pobres" revelou que 32 pubs em Liverpool ofereciam entretenimento musical:

> A atenção do forasteiro que caminha pelas ruas de Liverpool não pode deixar de ser atraída pelo grande número de cartazes que convidam o público para salas de concertos baratas ou gratuitas. De todas as formas, tamanhos e cores para atrair a visão, eles cobrem os muros da cidade, e competem uns com os outros nos incentivos que oferecem ao público para atraí-lo aos estabelecimentos que anunciam.[121]

No decorrer da década seguinte, esses locais informais e muitas vezes semiprofissionais se transformaram em *music halls* completos que dominariam o entretenimento urbano popular na geração seguinte. O melhor candidato ao título de pioneiro nessa área foi Charles Morton (1819-1904), que em 1852 demoliu a pista de boliche de seu pub The Old Canterbury Arms, no distrito londrino de Lamberth, e ergueu um *music hall* em seu lugar. O ingresso custava seis *pence*, consumíveis no bar.[122] Seu sucesso foi tamanho, especialmente depois que ele abriu um *music hall* na Oxford Street a oeste, que muitos outros empresários ingressaram no ramo. Em meados da década de 1860, Londres contava trinta grandes *music halls* com capacidade média de 1500 lugares, além de duzentos a trezentos estabelecimentos menores.[123] A reação no interior foi quase simultânea, com grandes "palácios de variedades" se multiplicando nas cidades industriais do norte. Um sinal seguro de que a instituição se consolidara foi a fundação de uma agência especializada por Ambrose Maynard em 1858, a publicação de uma revista do ramo — *The Magnet*, em 1866 — e a criação de associações de classe de promotores e artistas, respectivamente em 1860 e 1865.[124]

A oferta musical era diversificada, variando de trechos de óperas, baladas de comédias de costumes, canções folclóricas e músicas patrióticas a paródias, burletas, canções cômicas, baladas sentimentais e cançonetas muitas vezes obscenas. O que tinham em comum era melodia. O *music hall* não era um local para harmonia ou contraponto. Os fregueses queriam uma melodia animada, que pudessem acompanhar batendo com os pés ou assobiar a caminho de casa. E não tinham nenhuma inibição em deixar claro aos artistas o que pensavam. O bem-sucedido cancionista Felix McGlennon observou sarcasticamente:

Não são os críticos com luva de pelica nos camarotes, os literatos eminentes, que fazem o serviço para você, e sim as pessoas da plateia e galeria, que não têm medo de exprimir sua aprovação ou desaprovação. Elas gostam de emoções simples ou humor despretensioso — envolvendo esposa e sogra e coisa e tal. O importante é ser contagiante. *Eu sacrificaria tudo — rima, razão, sentido e sentimento para ser contagiante. Existe, vou lhe contar, uma grande arte em tornar o lixo aceitável.*[125]

Entre as canções contagiantes que se mostraram duradouras estavam "O homem que quebrou a banca em Monte Carlo", "Bertie de Burlington", "Lily de Laguna", "Papai não quis me comprar um au-au", "Perambulando ao crepúsculo", "Adoro uma mocinha", "Meu velho holandês", "Lá no The Old Bull and

Bush",* "Meu coroa", "Oh, sr. Porter!" e "Acabe com seus problemas", todas fáceis de cantarolar após serem ouvidas uma só vez.[126]

Não era apenas a classe trabalhadora que apreciava uma boa melodia. Entre as centenas de milhares de pessoas que acorriam aos *music halls* no final do século XIX, muitas eram da classe média ou mesmo curiosos da classe alta. Elas ocupavam os assentos mais caros nas primeiras filas e balcão. A maioria dos pobres continuava excluída pelo preço de ingresso mínimo de seis *pence*. Mas em Londres, onde o preço podia baixar para dois *pence*, o *music hall* estava ao alcance de qualquer pessoa com emprego. O filantropo H. Lee J. Jones observou: "Acho que dois terços dos pobres de Liverpool nunca se aproximam de *music halls*; pelo menos não com frequência. Seu único '*music hall*' é o realejo italiano".[127] Para preencher essa lacuna na base da pirâmide, Jones organizou o que se tornou conhecido como concertos de "pátio e viela", envolvendo apenas um estrado e piano, carregados para os conjuntos residenciais por um cavalo e carroça para tocarem música sacra e cômica, *pot-pourris* escoceses e irlandeses (dependendo da mistura étnica) e solos instrumentais.[128]

Conforme o século XIX chegava ao fim, a estratificação do consumo musical no Reino Unido parecia completa. A aristocracia se exibia na ópera; a classe média preferia concertos com orquestra e os melhores lugares nos melhores *music halls*; a classe trabalhadora se contentava com as galerias dos *music halls*, bandas de metais, coros cooperativos e bandas alemãs itinerantes. Um padrão semelhante podia ser encontrado em qualquer dos países em industrialização da Europa. Mas, antes do fim do século, uma invenção irrompeu no cenário musical para derrubar as barreiras sociais e padronizar, homogeneizar e internacionalizar a experiência musical. Foi o cinema, cujo advento costuma se situar em 28 de dezembro de 1895, quando Auguste Marie Lumière e seu irmão Louis Jean Lumière mostraram um filme para um público pagante, no Salon Indien do Grand Café, no Boulevard des Capucines em Paris. O filme, que mostrava um grupo de trabalhadores, na maioria mulheres, saindo da fábrica Lumière em Lyon, durou apenas 45 segundos.

Após um início lento, o cinema venceu as dificuldades e se transformou no entretenimento favorito de todas as classes. Em 1906, Paris tinha dez cinemas, mas apenas dois anos depois a cidade contava com 87. Em 1920, milhares de

---

* The Old Bull and Bush é o nome de um pub londrino. (N. T.)

Um órgão de teatro Mighty Wurlitzer.

telas podiam ser encontradas em todos os países.[129] Em vez de tornar-se uma ameaça à crescente hegemonia da música, o filme foi na realidade uma oportunidade. Não pela primeira nem pela última vez, a música mostrou sua maravilhosa versatilidade explorando a nova tecnologia em seu benefício. As primeiras sessões de cinema no Salon Indien incluíam acompanhamento ao piano. Na primeira demonstração do invento em Londres, no mês de fevereiro seguinte na Politécnica em Regent Street, um harmônio foi trazido da capela.[130]

Todos os filmes exibidos nos cinemas antes de 1927 eram mudos e exigiam um acompanhamento musical para criar uma atmosfera e abafar o ruído do projetor. Nos cinemas pequenos — muitas vezes um centro comunitário alugado para o evento —, um só pianista bastava; mas os cinemas mais suntuosos ostentavam um órgão de teatro como o Mighty Wurlitzer ou mesmo uma orquestra completa. Ou até ambos: o suntuosamente decorado Strand Cinema em Manhattan, com capacidade para 3300 espectadores, ostentava uma orquestra de 33 músicos e um imenso órgão Wurlitzer.[131] Max Winkler, um funcionário da editora musical de Carl Fischer em Nova York, aproveitou a oportunidade. Ele inventou o simples mas brilhante dispositivo da lista de músicas, que informava ao músico no fosso do cinema exatamente qual música tocar e em que momento, para criar o máximo de efeito durante o filme.

Para vender a ideia à Universal Films, ele preparou uma lista de músicas para um filme imaginário, *O vale mágico*:

> Música 1. Abertura — tocar Minueto nº 2 em Sol de Beethoven por noventa segundos até surgir na tela o intertítulo "Siga-me, querida".
> Música 2. Tocar Andante Dramático de Vely por dois minutos e dez segundos. Observação: tocar suavemente durante a cena da entrada da mãe. Tocar Música nº 2 até a cena do herói deixando o aposento.
> Música 3. Tocar Tema de Amor de Lorenz por um minuto e vinte segundos. Observação: tocar suave e lentamente durante as conversas até surgir na tela intertítulo "Lá vão eles".
> Música 4. Tocar Debandada de Simon por 55 segundos. Observação: tocar rápido e reduzir ou aumentar velocidade de galope de acordo com a ação na tela.[132]

Após formar sua própria companhia, Winkler reuniu uma equipe de compositores sob encomenda para criar fragmentos musicais apropriados às mais variadas situações dos filmes mudos, de corridas de carros a cenas de amor. Ele também saqueou os clássicos, conforme explicou na autobiografia *A penny from heaven*, publicada em 1951:

> Recorremos ao crime. Começamos a desmembrar os grandes mestres. Assassinamos as obras de Beethoven, Mozart, Grieg, J. S. Bach, Verdi, Bizet e Wagner — tudo que não fosse protegido de nosso furto por direito autoral. Atualmente vejo com vergonha e espanto as cópias impressas dessas obras-primas mutiladas. Espero que essa confissão tardia me conceda o perdão pelo que fiz.[133]

Podemos tentar imaginar como Wagner, por exemplo, teria reagido ao descobrir que "A cavalgada das valquírias" era tocada com força total num órgão de cinema para acompanhar a chegada da cavalaria do bangue-bangue mais recente. Ele e seus colegas poderiam ter refletido, porém, que pelo menos sua música vinha alcançando um público muito maior do que em qualquer época anterior.

O que mais aborreceria o hipersensível Wagner seria descobrir que participava de uma partitura de fragmentos de diferentes compositores. Tal miscelânea foi o que D. W. Griffith e Joseph Carl Briel fizeram para *O nascimento de uma nação* em 1915. Wagner teria aceitado Beethoven; talvez tivesse aturado Liszt; mas Verdi e Tchaikóvski teriam provocado em Wagner uma reação sísmica, e nem dá para imaginar sua reação diante da música popular americana "Dixie" e do hino nacional americano. Àquela altura, porém, a música de cinema vinha emergindo como uma forma de arte própria. A partitura de Edmund Meisel para *O encouraçado Potemkin* (1925), de Serguei Eisenstein, foi um sinal prematuro do que se conseguiria unindo imagem e som. Outros compositores que compuseram partituras para filmes mudos importantes foram Arthur Honegger (*A roda*, 1922), Darius Milhaud (*Futurismo: Uma história feerica*, 1924) e Dmítri Chostakóvitch (*A nova Babilônia*, 1929).[134]

O advento do cinema sonoro após 1927 certamente causou problemas para a indústria musical. O pobre Max Winkler se viu com setenta toneladas de música impressa que ninguém mais queria. Até a fábrica de papel que as adquiriu por onze dólares a tonelada foi à falência antes que Winkler conseguisse descontar o cheque.[135] Todavia, apesar dos problemas decorrentes da transição, os músicos e sua música estavam atingindo a maioridade num mundo totalmente diferente. Quer fosse Marlene Dietrich cantando "Falling in love again" em *O anjo azul* (1930), Fred Astaire e Ginger Rogers cantando e dançando em *Voando para o Rio* (1933), Busby Berkeley coreografando *Rua 42* (1933) ou Bing Crosby como *crooner* em *Blue of the night* (1933), a música havia conquistado uma mídia nova e poderosíssima. Em 1938, cerca de 80 milhões de norte-americanos, ou 65% da população, iam ao cinema toda semana.[136] Nem todos os filmes a que assistiam eram musicais — embora alguns dos mais populares o fossem —, mas todos incluíam música de alguma maneira.

Cinema e música continuaram unidos. Alguns dos filmes mais caros e ambiciosos do final do século xx — *Guerra nas estrelas, Titanic, O senhor dos*

Anúncio dos anos 1920 do Palais de Danse Hammersmith.

anéis, por exemplo — são mais dependentes de suas trilhas musicais do que quaisquer filmes anteriores. Os lugares onde se tocam essas músicas não poderiam ser mais abundantes, nem os espaços, mais democráticos. Rara é a cidade no mundo desenvolvido sem uma sala de cinema, e toda sala é projetada para que todos possam ver a tela. As luzes são apagadas quase totalmente, permitindo aos espectadores uma relação pessoal e íntima com os acontecimentos e as pessoas na tela — ou, quando se trata de casais, entre si.[137]

Os mesmos tipos de casais vinham se aproximando também no salão de dança. Em seu livro de 1904 sobre a história da dança, sir Reginald St. Johnston escreveu: "Não consigo encontrar agora sequer entre a população rural qualquer traço do que se pode chamar uma dança nacional [...] o pessoal rural dança valsa, polca e quadrilha tanto quanto a classe alta — embora quase sempre com mais naturalidade e animação".[138] Todas essas danças continuam sendo dançadas até hoje, mas são classificadas como "dos velhos tempos". Seu rebaixamento do presente para o passado foi súbito. Sete anos após a observação de St. Johnston, a chegada do tango da América do Sul, logo seguido do ragtime norte-americano, revolucionou o salão de dança.

Uma sucessão de danças efêmeras — Bunny Hug, Grizzly Bear, Turkey Trot (mais tarde conhecida como *one-step*), Crab Step, Kangaroo Dip, Horse Trot — introduziu um estilo de danças bem menos sérias e contidas do que a valsa, além de — uma qualidade crucial — bem mais fáceis de aprender. Essas danças também requeriam um tipo diferente de música. A orquestra dominada pelas cordas deu lugar às bandas com naipes de metais, saxofones e percussão. Esses grupos também eram bem mais ruidosos, capazes de preencher o maior dos salões com música animada. Desse modo, primeiro através dos Estados Unidos e depois por todo o mundo, grandes salões de dança comerciais abriram as portas, o equivalente no mundo da dança ao cinema, com ingressos baratos e públicos imensos.

Na Inglaterra, o líder em todos os sentidos foi o Hammersmith Palais de Danse, inaugurado em 1919, que ao mesmo tempo refletiu e encorajou uma mania de dança que permeou todos os níveis da sociedade. Em fevereiro de 1922, o *Daily Mail* relatou: "Centenas de academias de dança reduziram a escassez de homens dançarinos. Para cada homem que dançava há dois anos, oito ou nove dançam agora. Os passos complicados [...] estão ultrapassados, e passos fáceis e diretos constituem a regra".[139] No fim da década, quase toda cidade de qualquer tamanho no país tinha um salão de dança.[140] Claro que as barreiras sociais não haviam caído. Quando as classes alta e média queriam dançar, procuravam um hotel ou restaurante, em vez de um "*palais*", mas todos estavam dançando os mesmos tipos de passos com o mesmo tipo de música, e todo morador urbano com certa renda podia ter acesso à dança e à música dançante.

Com a criação de enormes prédios para concertos, filmes e danças, a oferta de locais e espaços musicais para o público em geral parecia ter atingido o auge. Entretanto, no século XX aconteceu uma bifurcação notável — e paradoxal —, cujas implicações espaciais não podem ser ignoradas. Ainda que o escurinho do cinema promovesse uma relação especial entre o público e os atores na tela, ir ao cinema também era uma experiência comunitária. A chegada da televisão após 1940 confinou aquela experiência comunitária à família,

Os Beatles no Shea Stadium, 15 de agosto de 1965.

embora — como veremos — não reduzisse a quantidade de música tocada. O passo seguinte na redução do público foi o desenvolvimento do transistor nos anos 1950, que permitiu a fabricação dos primeiros rádios genuinamente portáteis. Embora os primeiros rádios transistores custassem caro, a produção em massa logo fez o preço unitário despencar, tornando-o acessível mesmo aos bolsos menos abonados. Hoje em dia na Europa e nos Estados Unidos é possível comprar um rádio por menos que o menor salário-hora.[141]

A invenção da fita cassete pela Philips em 1963 e do walkman pela Sony em 1979 permitiu ao indivíduo criar um mundo sonoro completamente pessoal e isolado. Entre outras coisas, o walkman e seus sucessores, como o iPod, acabaram com qualquer possibilidade de as pessoas conversarem com estranhos nos transportes públicos. É raro agora entrar num trem ou vagão de metrô no Ocidente sem que a maioria dos passageiros esteja usando fones de ouvido.

Ao mesmo tempo, os espaços públicos para a música estavam evoluindo exatamente na direção oposta: para o gigantesco e o impessoal. O concerto dos Beatles em 15 de agosto de 1965 no Shea Stadium, Nova York, diante de uma multidão de 56 mil pessoas, é considerado pela maioria como o primeiro concerto em estádio. Seria o primeiro de uma grande série, depois que empresários e músicos descobriram que grandes somas de dinheiro podiam ser auferidas da noite para o dia. Além disso, uma propriedade especial dessas aglomerações de dezenas de milhares de pessoas, difícil de descrever e impossível de quantificar, tornava essas plateias bem maiores do que a soma das partes.

O concerto do Shea Stadium foi único, mas com a escalada dos custos de sistemas de som melhores e dos telões, aumentou a pressão por turnês com vários concertos. Para sua Forty Licks Tour de 2002-3, os Rolling Stones empregaram trezentos especialistas, inclusive contadores, um advogado de imigração e um chefe confeiteiro. Foram necessários mais de cem trabalhadores só para o transporte do equipamento em 38 caminhões.[142] Os Rolling Stones foram estimulados pelo fato de que, entre 1989 e 2002, haviam arrecadado mais de 650 milhões de libras em excursões.[143] A cifra parece menos inacreditável quando ficamos sabendo que eles conseguem cobrar até 225 libras por uma poltrona em Las Vegas ou que atraíram mais de 1 milhão de pessoas num único concerto na praia de Copacabana no Rio de Janeiro (em fevereiro de 2006) com uma receita bruta de 2 milhões de dólares numa só noite.[144] Na excursão Bigger Bang de 2006, chegaram a ser vendidos ingressos por 4 mil dólares no eBay.[145] Embora geralmente reconhecidos como a banda de rock mais rentável da história, os Rolling Stones não são os únicos a gerar tais fortunas em concertos monstro. Robbie Williams vendeu 400 mil ingressos para três concertos ao ar livre em Knebworth House em 2004, o que ajudou a aumentar sua renda naquele ano para 26 milhões de libras.[146]

Em apenas três séculos, passamos da *Missa San Carlo* de Fux, em Karls-kirche, Viena, para "Angels" (nome do maior *hit* de Robbie Williams até agora) em Knebworth. A terminologia religiosa que esses dois exemplos musicais têm em comum é mais que mera coincidência. Respaldando nossa conclusão anterior de que a música é a religião das pessoas, podemos ir ainda mais longe e afirmar que os estádios e arenas usados para concertos de rock são as catedrais da era moderna. Isso se tornou possível graças a uma complexa rede de inovações tecnológicas em interação que mudaram todas as artes, principalmente a música. A tecnologia será o tema do próximo capítulo.

4. Tecnologia
Do Stradivarius ao Stratocaster

GÁS MUSICAL E OUTRAS INVENÇÕES

Em 1837, um dos muitos periódicos franceses dedicados à música publicou um artigo satírico intitulado "Gás musical".[1] Informou que um brilhante químico inglês chamado Pumpernikle, que tivera o bom-senso de emigrar para Paris, fizera uma descoberta que revolucionaria o tempo de lazer do mundo. Num experimento anterior, ele já mostrara como o som de um piano poderia ser transmitido de um prédio a outro por uma distância de quarenta metros. Agora ele dera um passo adiante ao descobrir como carbonizar ondas sonoras e assim criar gás musical.

Os sons originais eram transmitidos através de um receptor em forma de sino por tubos até uma fornalha, onde eram condensados e reduzidos a uma substância parecida com carvão. Com uma técnica semelhante à empregada na fabricação do hidrogênio, esse "carbono acústico" era então reduzido a gás, que podia ser armazenado em tanques subterrâneos. De lá podia ser canalizado para assinantes, que só precisariam abrir uma torneira em hora marcada para ouvir um concerto. No futuro, ao voltar para casa à noite, os parisienses poderiam ouvir notas estranhas, gemidos melódicos ou até irrupções de harmonia escapando da rede de tubos sob as ruas. O processo de destilação extirparia notas falsas e trechos deteriorados, detrito esse que poderia ser transformado em bolos musicais e vendido a salões de dança suburbanos a um custo modesto — um subproduto útil.

Os parisienses que percorrem as ruas da cidade no século XXI não dependem do escapamento de gás para ouvir música. Uma variedade quase infinita está disponível, transmitida por rádios de automóveis ou pelos fones de ouvido de tocadores pesando poucos gramas. Quem prefere o silêncio corre o risco de ser interrompido constantemente pela música amplificada dos bares, cafés, clubes e carros que passam. Essas experiências sintetizam as características proeminentes da música atual: acessibilidade, portabilidade, diversidade e, acima de tudo, onipresença. Para quem não tem ouvido musical, o mundo moderno é uma câmara de tortura — uma usina incessante de barulho sem sentido.

Mesmo os que apreciam música acham irritante sua presença constante, seja o zunido de fones de ouvido próximos nos transportes públicos, a música ambiente nos elevadores, restaurantes e shopping centers, ou a musiquinha que temos de aturar ao telefone quando uma mensagem gravada pede que aguardemos. Esses são apenas alguns dos horrores que dão má fama à música. Nem mesmo o satirista que saudou a chegada do "gás musical" poderia ter imaginado esse grau de saturação, resultante de uma revolução tecnológica constante. Todas as artes foram afetadas, mas a música foi o que mais mudou.

Quando os vários componentes dessa surpreendente transformação são analisados, fica difícil identificar quem veio primeiro. Todos foram necessários, nenhum por si só foi suficiente. Esse processo interativo pode ser exemplificado pelo desenvolvimento dos instrumentos de teclado. No início do século XVIII, a música de igreja era dominada pelo órgão e a música secular, pelo cravo. O poder e o alcance do órgão o transformaram em instrumento ideal para os espaços cavernosos das catedrais e igrejas europeias, embora seu tamanho e custo o fixassem no prédio para o qual foi construído.

O cravo florescera nos dois séculos anteriores devido à portabilidade e à sonoridade incisiva adequada à música polifônica do período. Mas, por criar sons beliscando as cordas, sua dinâmica é limitada: a força maior aplicada ao teclado não se traduz num som mais forte (ou a força menor, num som mais fraco). Outro instrumento de teclado da época, o clavicórdio, por percutir as cordas em vez de beliscá-las, conseguia uma dinâmica maior, mas ao preço de um som delicado demais, o que o tornava inadequado para grandes conjuntos

Bartolomeo Cristofori apontando para um diagrama de seu novo mecanismo à base de martelos; um dos três únicos pianos remanescentes produzidos por ele.

e salas de concertos. Embora um corpo significativo de música fosse composto especificamente para esse instrumento, os clavicórdios eram usados basicamente para a composição, prática e recitais em ambientes íntimos.

O avanço da ópera e o abandono da polifonia no fim do século XVII intensificaram a necessidade de um instrumento mais expressivo, combinando o poder do cravo com o alcance dinâmico do clavicórdio. Quem solucionou a charada foi Bartolomeo Cristofori, um paduano empregado por Ferdinando III de Medici como fabricante de instrumentos. Um inventário compilado em 1700 observou a presença na coleção ducal de "um cravo de Bartolomeo Cristofori com um novo recurso, que toca *piano* e *forte*, com dois conjuntos de cordas em uníssono [...] com peças com tecido vermelho abafando as cordas e martelos produzindo o *piano* e o *forte*".[2] Essa possibilidade de variar a dinâmica tornou o que passou a ser conhecido como forte-piano (forte-suave) atraente para os músicos. No início do século XIX, quando a liderança numa área era motivo de orgulho nacional, franceses e alemães disputavam o título de inventores do instrumento, mas não há mais dúvida de que coube a Cristofori.[3]

Muitas décadas decorreriam até que a invenção de Cristofori se consolidasse como o instrumento de teclado predileto. Nos seus primórdios, sua popularidade foi restringida pela falta de volume. Apesar de sua ação revolucionária, a leveza de suas cordas e martelos tornava o impacto sonoro incapaz de competir com o do cravo. Existem até indícios de que alguns clientes desapontados converteram em cravos os instrumentos encomendados de Cristofori.[4] Mas em pouco tempo fabricantes em outras partes começaram a aperfeiçoar o invento original. Um dos primeiros foi o saxão Gottfried Silbermann (1683-1753). Suas primeiras criações foram recebidas com ambiguidade pelo amigo Johann Sebastian Bach, que admirou a sonoridade, mas achou o registro agudo fraco e o mecanismo pesado demais. Johann Friedrich Agricola registrou que Silbermann ficou ao mesmo tempo ofendido e estimulado pela crítica, procurando corrigir os defeitos.[5]

Parece ter conseguido, pois várias de suas criações posteriores — talvez até quinze — foram adquiridas por Frederico, o Grande, da Prússia. De acordo com o primeiro biógrafo de Bach, Johann Nikolaus Forkel, quando o músico visitou Frederico em Potsdam em 1º de maio de 1747, "o rei revelou seu concerto noturno e convidou Bach [...] a testar seus forte-pianos, feitos por Silbermann, que estavam em vários aposentos do palácio. Os músicos o acompanharam de aposento em aposento, e Bach foi convidado a testá-los e tocar composições improvisadas".[6]

O cravo se mostrou persistente. De fato, afirma-se que seu apogeu começou *após* 1750.[7] Mesmo assim, o equilíbrio do poder começava a mudar. A maioria dos estudiosos situa a transição nas sonatas para teclado de Joseph Haydn. Embora só adquirisse seu forte-piano em 1788, desde 1773 Haydn teve acesso ao do patrão, o príncipe Esterházy, e estava começando a compor obras que serviam tanto ao cravo quanto ao piano. Suas seis sonatas publicadas por Artaria em 1780, por exemplo, são apresentadas como sendo "para cravo ou forte-piano".[8] Em meados da década, as marcações de dinâmica deixavam claro que Haydn estava compondo exclusivamente para o forte-piano.[9]

Em 1790 ele escreveu para sua amiga íntima Anna Maria von Genzinger: "Que pena que Vossa Graça não possua um forte-piano de Schanz, porque tudo pode ser expresso melhor nele. Acredito que Vossa Graça deveria oferecer seu cravo, que ainda está em ótimas condições, a Miss Peperle, e comprar um novo forte-piano para si".[10] Haydn havia sido encorajado a passar a compor para piano ao saber que havia um mercado para o que compunha — e o que compunha encorajava aquele mercado a crescer ainda mais. Esse tipo de processo autossustentado estava destinado a continuar até o século XX, quando a disponibilidade de gravações começou a erodir a demanda por partituras.

A popularidade dos concertos para piano compostos por Johann Christian Bach para as apresentações em Londres que organizou com Carl Friedrich Abel na década de 1760 marcou um importante passo à frente. De acordo com Charles Burney, "após a chegada de John Christian Bach a este país e a realização de seus concertos [...] todos os fabricantes de cravos aplicaram seus poderes mecânicos aos piano-fortes".[11] Atribui-se também a ele a primeira apresentação pública em piano solo, em 1768.[12] Mas o sinal mais claro de que o piano atingira a maioridade talvez tenha sido fornecido por Mozart. Tanto sua carreira inicial como um prodígio itinerante, iniciada quando tinha apenas seis anos, como seus concertos em Viena na década de 1780 demonstraram a capacidade do instrumento de forma absolutamente irrefutável. Suas dezoito sonatas para piano, 36 sonatas para violino e piano (em que o piano desempenha um papel à altura), doze trios para piano e, acima de tudo, os 27 concertos para piano impeliram o pianista para a linha de frente dos instrumentistas. Em 1774, Voltaire havia descartado o forte-piano como "o instrumento de um caldeireiro quando comparado com um cravo". No fim do século, só o violinista desfrutava prestígio igual ao do pianista.[13]

Fundamental para essa evolução foi a reação dos fabricantes. Em Londres, Paris, Viena e muitas cidades do Sacro Império Romano-Germânico, um empresário após o outro agarrou as oportunidades apresentadas por um mercado em rápida expansão. Foram ajudados por um progresso simultâneo nas comunicações que permitiu o intercâmbio de informações e pessoas bem mais ágil do que em qualquer época desde a queda do Império Romano. Digna de nota foi a carreira de Johann Christoph Zumpe, que nasceu em Fürth, perto de Nuremberg, em 1726, aprendeu a construir gabinetes ali e partiu para Londres em busca de fortuna. Após trabalhar para o fabricante de cravos de origem suíça Burkat Shudi por vários anos, abriu sua própria fábrica. Logo encontrou um mercado de nicho, produzindo um forte-piano "quadrado" compacto o bastante para caber numa sala de estar de classe média e barato o bastante (16,80 libras) para o bolso de classe média (embora entre os clientes de Zumpe estivesse a admiravelmente econômica rainha Carlota).

O rápido sucesso do piano de mesa foi favorecido pelo aval de luminares do mundo musical, como Charles Burney e Johann Christian Bach. Em 1782, Zumpe amealhara uma fortuna que lhe permitiu retirar-se do negócio e gozar a vida como um rentista (um cavaleiro ocioso que vive de rendas).[14] Seu exemplo logo foi imitado sucessivamente nos centros europeus, sem falar nas colônias americanas, onde Thomas Jefferson se impressionou tanto com o piano de mesa de Zumpe visto em 1771 que escreveu às pressas a seu agente em Londres modificando sua encomenda original de um cravo.[15]

O seguidor mais bem-sucedido de Zumpe foi John Broadwood, um escocês que pegou a estrada para Londres em 1761. Ele também aprendeu seu ofício trabalhando com Burkat Shudi, cuja filha desposou antes de se tornar sócio da firma em 1770. O empreendimento se mostrou mais duradouro que o de Zumpe, pois a firma Broadwood existe até hoje. Seu papel timbrado e site anunciam que fornecem pianos a reis e rainhas da Inglaterra numa sucessão ininterrupta desde 1727.[16] O primeiro John Broadwood teve sorte de entrar no ramo numa época em que a demanda se expandia mais rápido do que a capacidade da indústria. Na década de 1790, a empresa vinha produzindo cerca de quatrocentos pianos de mesa e cem pianos de cauda por ano.[17] De todo modo, após 1793 a Broadwood deixou de fabricar cravos.

Outro indicador do futuro foi a constante tentativa de John Broadwood de aperfeiçoar a intensidade, a sonoridade e a tessitura de seus instrumentos. O forte-piano de Cristofori era pequeno e delicado, com uma tessitura de apenas quatro oitavas. Em 1800, um piano de cauda Broadwood era bem maior, mais robusto e mais sonoro, cobrindo cinco oitavas e meia.[18] Ao aperfeiçoar os diferentes mecanismos, o empreendedor Broadwood também buscou conselhos de cientistas como Tiberius Cavallo, um napolitano que se fixara em Londres em 1771 e publicara vários tratados científicos. Entre outras coisas, a consulta resultou em uma subdivisão do cepo para superar os problemas já experimentados na transição das cordas de aço (para notas agudas) a cordas de latão (para notas graves), tornando a oitava de tenor (média-grave) bem mais rica e sonora.[19]

Importante na determinação do sucesso de um fabricante era a resposta dos intérpretes profissionais. Em outubro de 1777, Mozart escreveu de Augsburg ao pai que agora preferia os pianos fabricados localmente por Johann Andreas Stein, sobretudo devido à excelência do mecanismo de escape: "Quando toco com força, posso manter o dedo na nota ou levantá-lo, mas o som cessa no momento em que o produzi". Ele também registrou a explicação do próprio Stein de sua busca de perfeição: "Se eu não fosse tão apaixonado por música e não tivesse eu próprio certa habilidade ao teclado, sem dúvida há muito teria ficado impaciente com meu trabalho. Mas gosto de um instrumento que nunca desaponte o intérprete e que seja durável".[20]

Os fabricantes empreendedores eram rápidos em divulgar quaisquer elogios recebidos de pianistas famosos. Em 1818, Thomas Broadwood, o filho do fundador, marcou um tento de relações públicas ao divulgar a doação de um piano de cauda de seis oitavas a Beethoven.[21] O receptor ficou encantado: "É um presente maravilhoso, e tem um som bonito", contou a Ludwig Rellstab.[22] Beethoven compôs sua próxima grande obra, a Sonata para Piano em si bemol, opus 106 (*Hammerklavier*), naquele instrumento. Quando os astros viajantes do piano — Weber, Moscheles, Kalkbrenner, Field, Thalberg, Liszt — levaram o instrumento a públicos cada vez maiores, também agiram como vendedores itinerantes. Chopin dava poucos concertos públicos, mas era de conhecimento geral — e bem divulgado — que seu instrumento favorito era um Pleyel.[23] O multitalentoso Muzio Clementi conseguiu combinar todas as funções, sendo simultaneamente compositor, pianista, professor, editor e fabricante.

Embora John Broadwood and Sons fosse a maior fabricante de pianos do mundo na época, muitos outros através da Europa estavam empenhados no aperfeiçoamento do instrumento. Os vienenses chegaram relativamente tarde, mas não faltou entusiasmo. Uma figura-chave foi Leopold Koželuch (às vezes grafado como Kotzeluch ou Koželuh), quase tão versátil quanto Clementi, mas sem a capacidade fabril deste último. Em 1796, um periódico informou sobre ele: "A monotonia e o som confuso do cravo não permitiam a clareza, a delicadeza, a luz e a sombra que ele exigia na música; ele portanto não aceitava alunos que não quisessem entender o forte-piano".[24] Graças à defesa de professores como Koželuch, um mercado de pianos explodiu em Viena nas duas últimas décadas do século XVIII, e o número de fabricantes cresceu na mesma proporção. Vieram de locais tão distantes como a Prússia, Württemberg e Frankfurt am Main, atraídos pelas oportunidades de emprego oferecidas pela maior cidade de língua alemã da Europa. Em 1830, havia oitenta fabricantes de pianos só em Landstrasse, Laimgrube e Wieden, três subúrbios, e poucos haviam nascido em Viena.[25]

PIANOS PARA A CLASSE MÉDIA

Em menos de um século o piano havia avançado da invenção à aceitação e depois à predominância. Sua expressividade satisfazia e encorajava a demanda por música que apelasse às emoções. À medida que a revolução romântica ganhou ritmo, a sorte do piano melhorou, atingindo o clímax com Franz Liszt, por certo seu expoente mais carismático e talvez o maior deles. Liszt aproveitou ao máximo os instrumentos aperfeiçoados que lhe foram fornecidos pela companhia Erard. Foi o primeiro pianista a tocar totalmente de memória; o primeiro a colocar o piano no ângulo certo para se tornar mais visível ao público (na verdade, gostava de dois pianos no palco para mudar de lugar periodicamente e assim exibir o outro lado de seu perfil); o primeiro a tocar com a tampa aberta, refletindo o som pelo auditório; e o primeiro a dedicar um concerto inteiro a um só instrumento — na verdade, ele inventou o termo "recital", introduzindo-o pela primeira vez em um concerto em Londres em 1840.[26]

Liszt também deu a declaração definitiva sobre a capacidade do piano:

Na minha opinião, o piano deve se orgulhar de seu lugar na hierarquia dos instrumentos. Deve sua importância ao poder harmônico que só ele tem. [...] No escopo de suas sete oitavas, abarca todo o alcance da orquestra, e bastam os dez dedos do pianista para reproduzir todas as harmonias produzidas por cem músicos de orquestra tocando juntos. Por seu intermédio podem ser transmitidas obras que normalmente permaneceriam desconhecidas, devido às dificuldades de reunir uma orquestra completa.[27]

Liszt resolveu provar a verdade de sua afirmação ao transcrever para o piano uma série de músicas de (entre outros) Beethoven, Berlioz, Schubert, Rossini e Verdi. Suas surpreendentes versões das óperas de Wagner são obras-primas em si mesmas, provando de forma irrefutável o poder expressivo de seu instrumento. Dieter Hildebrandt observou com ironia: "Tente tocar a música de Venusberg [do *Tannhäuser* de Wagner] no cravo!".[28]

No entanto, ninguém precisava ser gênio para tocar piano toleravelmente. Um aprendiz podia extrair sons agradáveis já no primeiro dia, ao contrário do aspirante a violinista, que continuaria incomodando a vizinhança meses — ou mesmo anos — após escolher o instrumento. Havia também benefícios sociais. Um piano de mesa ou (mais tarde) um piano vertical acrescentavam som a uma sala de estar sem dominá-la. E o custo não era excessivo. Em 1780, um Broadwood básico podia ser adquirido por vinte guinéus (21 libras), mais um guinéu pela embalagem e a entrega. Uma geração depois, a economia de escala reduzira o preço para dezoito libras, incluindo o frete. Isso representou uma redução líquida substancial, descontada a inflação.[29] Uma vez dominadas as técnicas básicas, um pianista podia entreter a família e amigos com música de dança ou transcrições de árias das óperas mais recentes. De acordo com Volkmar Braunbehrens, "um próspero mercado de partituras" surgiu em Viena já na década de 1780.[30] Nos dez anos após a estreia de *I lombardi* de Verdi em 1843, nada menos que 245 arranjos de suas árias foram publicados, incluindo a ópera completa transcrita para piano "no estilo simples".[31]

Essa evolução ganhou ritmo à medida que o século XIX avançava e a economia europeia se expandia. Houve altos e baixos, notadamente a prolongada recessão que se seguiu ao fim das Guerras Napoleônicas, mas a tendência secular foi positiva. As guerras eram menos frequentes, mais curtas e menos letais — proporcionalmente à população, morriam em batalhas *sete vezes* menos europeus que no século XVIII. Por toda parte, a população vinha crescendo, mais do que dobrando no decorrer do século. Aldeias viravam cidades, e cidades viravam metrópoles. As ferrovias e navios a vapor tornavam as viagens mais fáceis, baratas e confortáveis. Uma combinação de divisão do trabalho e inovação tecnológica trouxe aumento substancial na produtividade industrial. Embora desigualmente dividida, vinha sendo gerada mais riqueza que em qualquer outra época da história da humanidade.

Dos muitos atingidos por essa transformação, coletivamente a mais beneficiada foi a classe média. Não precisamos nos deter aqui nas controvérsias acadêmicas sobre a natureza dessa categoria. O pessoal da época sem dúvida percebia para onde o vento social vinha soprando. Representativa de uma série de comentários foi a célebre observação do advogado, jornalista, reformador, político e finalmente par do reino Henry Brougham: "Quando digo Povo, refiro-me à classe média, a riqueza e a inteligência do país, a glória do nome britânico".[32] Essas palavras foram proferidas em 1831, um ano antes da aprovação da Great Reform Bill, em parte graças à militância de Brougham. A expansão do direito de voto no Reino Unido para abarcar uma parte substancial da classe média simbolizou sua incessante marcha rumo ao poder político. Meio século depois, praticamente todo país europeu adotara a medida, com a exceção significativa da Rússia. Se o fenômeno representou uma revolução social com consequências culturais e políticas ou uma revolução cultural com consequências sociais e políticas, o resultado foi uma maciça expansão da esfera pública. No seu núcleo estava uma correspondente elevação da música como atividade de classe média, encorajada pelos avanços tecnológicos. E seu meio representativo era o piano.

A primeira vez que se tocou piano em público foi em 6 de março de 1763 em Viena, quando Johann Baptist Schmid tocou um concerto "em seu novo instrumento chamado piano e forte".[33] Setenta anos depois, toda família vienense possuía um piano, e era possível ouvir moradores de prédios inteiros praticando ao mesmo tempo.[34] Em 1845, o violinista, compositor e crítico Henri Blanchard relatou de Paris que não havia palácio, loja, reunião de família ou baile sem que um piano fosse ouvido.[35] Esse tipo de hipérbole é tão revelador quanto os fatos reais que oculta. Apesar dos exageros, muitos dados estatísticos confirmam a impressão de que os pianos eram onipresentes. Em texto de 1830, o musicólogo belga residente em Paris François-Joseph Fétis, por exemplo, estimou que cerca de 6 mil pianos vinham sendo fabricados anualmente na cidade (em comparação aos 130 em 1790 e mil em 1800).[36] A fábrica de pianos parisiense fundada em 1807 pelo austríaco Ignaz Joseph Pleyel continuava empregando apenas vinte trabalhadores em 1825, mas dez anos depois a folha de pagamento se expandira para 250. Na década de 1860, a fábrica produzia cerca de mil pianos por mês.[37]

Àquela altura, os alemães começavam a conquistar uma posição dominante na produção em massa de instrumentos musicais. Em 1860, 8 mil operários estavam envolvidos no setor, cifra que dobraria em 1875 e triplicaria em 1882. Na década de 1880, a produção total de pianos na Alemanha foi de 60 mil a 70 mil unidades ao ano, três vezes a da França. O recorde de produção de mais de 100 mil foi alcançado pouco antes da irrupção da Primeira Guerra Mundial.[38] Esse sucesso foi reflexo do domínio alemão na denominada segunda revolução industrial baseada na alta tecnologia (em contraste com a primeira fase dos metais pesados, quando predominaram o carvão e o ferro). Aproveitando-se do melhor sistema de educação tecnológica do mundo, os fabricantes alemães de pianos aplicavam a tecnologia mais recente. Eles também mostraram que sabiam tirar vantagem da situação, formando uma rede de agentes comerciais multilíngues ao redor do mundo.[39] Mesmo assim, embora sua alegação de ser "a oficina do mundo" parecesse antiquada, foi o Reino Unido que produziu as cifras mais impressionantes: em 1911 estimou-se que havia entre 2 milhões e 4 milhões de pianos no país, ou um para cada dez a vinte habitantes.[40]

O mesmo tipo de fenômeno podia ser ilustrado pela literatura. No primeiro ano do século XIX, o romancista Henri Beyle, mais conhecido como Stendhal, escreveu à irmã Pauline em Grenoble insistindo que não desprezasse o piano, pois "neste país é decerto essencial que uma jovem dama saiba sua música, senão é considerada totalmente inculta".[41] Oitenta anos depois, sua visão foi confirmada no romance mais famoso do século, *Nana*, de Émile Zola, quando Bordenave, o dono do teatro onde Nana faz sua estreia, observou sobre sua então amante, Simone Cabiroche: "Ela era uma moça instruída que tocava piano e falava inglês".[42] Os padrões não eram diferentes do outro lado do canal da Mancha. Na primeira página do romance de Elizabeth Gaskell *North and South* (1855), a despretensiosa heroína Margaret ouve sua prima rica Edith contar que o problema de manter um piano afinado na ilha de Corfu, onde foi obrigada a viver com o marido soldado, foi "um dos mais terríveis que poderiam se abater sobre ela durante o casamento". Quando Margaret mais tarde revela que sua família teve de vender seu piano, Edith replica: "Não entendo como você consegue viver sem ele. Parece-me uma necessidade da vida".[43]

O tom satírico da abordagem da sra. Gaskell se tornou mais explícito na imprensa musical. Em 1860, o compositor e jornalista musical francês Oscar Commettant publicou um artigo em seu periódico *L'Art Musical* intitulado "A influência do piano sobre a vida familiar", em que zombou da popularização do piano. Entre outras coisas, contou a história de um parisiense em busca de apartamento: ele não se importava com o local, o andar ou se ficava de frente para norte, sul, leste ou oeste. Sua única exigência era que não se ouvisse ninguém tocando piano. Informaram-lhe que tal refúgio não existia mais.

Commettant também registrou a seguinte conversa entre dois homens da sociedade:

— Oh! Meu caro amigo, que pessoa encantadora é a senhorita Clarisse Filandor!

— Conheço: dezoito anos, loura e bonita.

— Sim, olhos azuis e cílios escuros.

— E tem um dote de duzentos mil francos.

— Exatamente, e além disso é a única herdeira de um tio rico que está em fase terminal.

— Mas sua maior glória é *não tocar piano*.

— Eu ia dizer isso. Não é uma mulher como as outras — um anjo caído do céu![44]

Commettant depois acrescentou que ele próprio, porém, considerava o piano extremamente benéfico, por manter a família unida e "trazer a orquestra para dentro de casa". Em vez de saírem para o bar (ou coisa pior) depois do jantar, os pais agora permaneciam em casa entretidos por suas mulheres e filhos pianistas. Guloseimas musicais haviam substituído o álcool, como outro periódico musical francês revelou em "Cenas da loucura burguesa por música":

MADAME GODET (A OCTAVIE AO PIANO): Onde está teu pai?

OCTAVIE: Acabou de sair.

MADAME GODET: Sabe aonde foi?

OCTAVIE: À loja de música comprar seus docinhos.[45]

Um momento íntimo Ao piano, *de Albert Gustaf Aristides Edelfelt (1884).*

Outros comentaristas foram mais críticos, culpando o piano pelo colapso da música de câmara, por ser um "usurpador tirânico" que reduziu um instrumento musical a peça de mobília, por encorajar a imoralidade ao permitir que os casais se sentassem muito perto enquanto tocavam a quatro mãos, por induzir os pais a exigir demais dos filhos, inclusive forçando seus dedos.[46] Acima de tudo, o piano foi acusado de nivelar e vulgarizar o gosto musical. "Mais" significava "pior", queixavam-se os críticos, apontando para o declínio de gêneros sérios como a sonata a favor de trivialidades como as *polonaises, écossaises, anglaises* e valsas. Um dos professores de piano de mais sucesso do século XIX foi Antoine-Joseph Marmontel, cujos alunos incluíam Isaac Albéniz, Claude Debussy e Vincent d'Indy, o que não o impediu de condenar seu instrumento escolhido como "*ce grand vulgarisateur de la musique*" (este grande vulgarizador da música).[47]

Marmontel deu esse veredicto em 1885, quando o piano havia se tornado praticamente o instrumento moderno que conhecemos hoje. Desde 1800 ele se transformara: como observou o musicólogo Jeremy Montagu: "o piano de Beethoven diferia, no som, do de Brahms tanto quanto do cravo de Bach".[48] Entre as muitas mudanças introduzidas ao longo do século, as mais importantes foram o mecanismo de escape duplo inventado pelos irmãos Erard em 1822, que permitia que a mesma nota fosse repetida com rapidez; a construção de cepos de ferro a partir de 1825, permitindo maior tensão das cordas e, assim, maior volume; cordas cruzadas, introduzidas após 1835, que também ajudavam a aumentar a tensão; e a expansão da tessitura para englobar sete oitavas mais uma terça menor, que permaneceu a norma (embora Bösendorf produza um instrumento com oito oitavas plenas).[49] Sigismond Thalberg escreveu sobre o escape duplo: "Com esse recurso engenhoso, o mecanismo ultrapassa tudo já feito ou tentado. Permite ao intérprete comunicar às cordas tudo que a mão mais hábil e delicada consegue expressar".[50]

Como era inevitável, as oportunidades oferecidas por instrumentos maiores, mais altos, mais fortes e mais ágeis foram aproveitadas pelos compositores. A interação entre instrumento e música pode ser vista, por exemplo, nas mudanças introduzidas por Liszt em 1837 nos seus *Études en formes de 12 exercises*, compostos originalmente em 1826. Robert Schumann ficou tão impressionado com as diferenças entre as duas versões que compôs uma peça explorando as implicações.[51] Essas mudanças deveriam ser chamadas de inovações, não melhorias, pois esta palavra traz consigo uma implicação normativa. Claro que Liszt preferia tocar um instrumento capaz de encher com som um salão, que ostentasse sua técnica fabulosa em toda sua glória e que não quebrasse quando golpeado por "esse Átila do piano" (como François Danjou o apelidou em 1845).[52] Mas o movimento da música de época na Europa e nos Estados Unidos no século XX deixaria claro que ouvir as sonatas para teclado de Haydn tocadas nos instrumentos originais — clavicórdio, cravo ou forte-piano pequeno — é tão válido quanto ouvi-los num piano de cauda moderno — ou ainda mais válido, na opinião de muitos.

Em *Os fundamentos racionais e sociológicos da música*, publicado postumamente em 1921, o ano posterior ao de sua morte, Max Weber observou que "é da natureza peculiar do piano ser um instrumento doméstico de classe média".[53] Embora inventado na Itália, prosseguiu Weber, havia sido desenvolvido no norte da Europa, onde o clima mantinha as pessoas dentro de casa durante grande parte do ano. Talvez mais persuasiva do que esse argumento meteorológico fosse a fraqueza relativa da burguesia no sul. Mas que o piano foi o instrumento da classe média *par excellence* ninguém pode negar. Ele se ajustou ao bolso da classe média, à sala de estar da classe média e ao gosto da classe média. Com sua ironia característica, Heinrich Heine expressou sua simpatia por esse fardo burguês: "A burguesia dominante precisa pagar por seus pecados não apenas com as velhas tragédias clássicas e as trilogias que não são clássicas, pois os poderes celestiais a abençoaram com um deleite ainda mais terrível: o famigerado piano-forte que ouvimos soando em todas as casas, em todas as companhias, dia e noite".[54]

Enquanto a evolução do piano atingia o término no final do século XIX, surgiam os primeiros sinais de uma revolução tecnológica que democratizaria a música, tornando-a disponível também ao resto da sociedade. Embora nem sempre em sincronia, cultura, sociedade e política vinham marchando na mesma direção. Mas, antes de passarmos do piano para a reprodução mecânica e eletrônica da música, cabem algumas palavras sobre o desenvolvimento dos outros instrumentos musicais. Muitos volumes alentados foram publicados sobre o tema — um livro de setecentas páginas sobre os instrumentos empregados por J. S. Bach, por exemplo —, de modo que a concisão é muito difícil de encontrar.[55] Em linhas gerais, um longo período de desenvolvimento gradual no século XVIII foi seguido por uma mudança muito rápida durante o segundo e o terceiro quartéis do século XIX. Como no caso do piano, as causas se confundem com os efeitos. A mudança na natureza da música teria inspirado a invenção de instrumentos musicais ou vice-versa? Os instrumentos novos encorajaram o uso de espaços maiores ou os espaços maiores exigiram inovações nos instrumentos? A necessidade foi a mãe da invenção ou a invenção criou a necessidade? De qualquer modo, forças técnicas, sociais e espaciais se combinaram para tornar a música ainda mais popular e onipresente.

VÁLVULAS, CHAVES E SAXOFONES

Nas décadas em torno de 1700, diversos instrumentos foram criados: oboé, fagote, clarinete, trompa e violoncelo, por exemplo, enquanto outros caíram em desuso, entre os quais charamela, *flute douce* (um tipo de flauta doce), dulciana, alaúde, teorba e pandora.[56] Também em queda estavam as diferentes violas (viola baixa, viola da gamba, *viola di lira*), conquanto sua popularidade como instrumentos de baixo contínuo fizesse algumas sobreviverem até meados do século XVIII.

Em alguns casos, as inovações representaram uma evolução acelerada, mais que uma criação: o oboé se desenvolveu a partir da charamela e o fagote, da dulciana, por exemplo. Em outros casos, os músicos exploraram instrumentos originalmente criados para fins práticos. A trompa, por exemplo, foi inventada para as opulentas caçadas organizadas para Luís XIV e sua corte. De uma pequena trompa de caça usada até hoje por caçadores de raposas ingleses, desenvolveu-se no instrumento enrolado com campânula grande que logo encontrou seu lugar nos conjuntos instrumentais.[57] Outro instrumento que contribuiu para a sonoridade da orquestra foi o trombone, existente havia muito tempo, mas tão associado à música de igreja a ponto de ser ignorado pela maioria dos compositores seculares. No final do século XVIII, porém, surgiram sinais de uma descoberta tardia de seu potencial — por Gluck em *Alceste* e por Mozart em *Don Giovanni*, por exemplo.[58]

Outros instrumentos antigos foram tão modificados por sucessivas gerações de fabricantes e músicos que se tornaram praticamente recriações. A flauta de 1800 era bem diferente da flauta de 1700, assim como esta diferia da flauta de 1600. A introdução de chaves na década de 1750 tornou a flauta mais fácil de tocar e versátil. De um modo ou de outro, um forte ímpeto comercial esteve por trás do desenvolvimento do que se tornara um bem de consumo, como mostrou Richard Potter em 1785 ao ser o primeiro fabricante de flautas a proteger seu produto por patente. Para encorajar as vendas, foi publicado um manual de instruções intitulado *Uma descrição da nova flauta patenteada inventada por Potter, com uma escala completa explicando o uso de todas as chaves adicionais.*[59]

As mudanças nos instrumentos foram acompanhadas por uma especialização crescente por parte dos intérpretes. No passado, trompetistas e percussionistas costumavam ser emprestados pelas bandas militares do soberano, e os trompistas, da comunidade de caçadores. Com a mudança cada vez mais acelerada para a música sinfônica, os instrumentistas de sopro "abandonaram sua vida comunista na orquestra e se tornaram individualistas" (Adam Carse).[60] À medida que os diferentes instrumentos de sopro se tornaram mais numerosos e proeminentes, a orquestra teve de ser reequilibrada. Para os conjuntos de tamanho moderado do início e meados do século XVIII, esse não foi um problema grave. Uma sinfonia de Haydn típica da década de 1770, por exemplo, era orquestrada para dois oboés, duas trompas, três primeiros e três segundos violinos, uma viola, um violoncelo, um contrabaixo e baixo contínuo (fagote e cravo). Mas quando ele e outros compositores começaram a compor sinfonias mais elaboradas para concertos públicos em espaços públicos, o fortalecimento da seção de cordas se tornou necessário.[61]

Outra abordagem ao problema do desequilíbrio orquestral foi adaptar os instrumentos de cordas para torná-los mais potentes. No importantíssimo violino, isso significou aumentar a tensão da corda para produzir um som mais forte e penetrante. Um resultado foi que o diapasão da maioria das orquestras aumentou um semitom na segunda metade do século XVIII. A tensão adicional sobre o instrumento imposta por essa inovação foi compensada com a melhora da junção de corpo e braço, o aumento do braço e sua inclinação para trás, a elevação do cavalete, o fortalecimento do estandarte e o aumento da espessura da alma e da barra harmônica dentro do corpo. Provavelmente de mesma importância foi a transformação simultânea do arco para permitir um ataque mais vigoroso e um som mais pleno.[62]

Em 1800 o violino era "uma força dominante na cultura musical ocidental", de acordo com Simon McVeigh.[63] O último estágio de sua modernização veio em 1820, quando Louis Spohr inventou a queixeira, que liberou a mão esquerda para subir e descer pelo braço sem a preocupação de apoiar o instrumento.[64] O caminho agora estava aberto para o violino não apenas dominar a orquestra, mas também fornecer um meio para virtuoses como Paganini.

A despeito do instrumento tocado, o sucesso dos virtuoses itinerantes demonstrou o grau de penetração da música na esfera pública no início do século XIX. A proliferação dos periódicos musicais foi outro sinal, bem como a constante afirmação em suas páginas de que a música agora impregnara todas as classes da sociedade. Em geral esses artigos não eram de congratulação, mas lamentos pela profanação da arte sagrada por mãos plebeias. Cem anos antes, os comentaristas sociais haviam se impressionado (e se irritado) com a mania de leitura; agora foi a mania de música que atraiu seus olhos e ouvidos.

Dois exemplos são suficientes. De Viena foi informado em 1824 que, já fazia muito tempo, "uma quantidade incrível de música vem sendo tocada em público e em particular", e sempre que se pensava que a musicomania havia atingido seu paroxismo, esta só fazia crescer.[65] A mesma observação foi feita por um periódico francês, mas aplicável a todo o continente. O artigo chegou a admitir que na Inglaterra — "até agora tão atrasada em questões musicais — dificilmente se acharia uma casa que não ostentasse um instrumento musical e um amador capaz de tocá-lo de modo razoável".[66] Em suma, a música havia se tornado uma mercadoria.

Um dos fabricantes de instrumentos mais influentes que se aproveitaram desse potencial comercial foi o bávaro Theobald Boehm (1794-1881), que combinava numa só pessoa quatro atributos valiosos: as habilidades práticas de um mestre artesão (fora aprendiz de ourives); uma extraordinária capacidade musical (durante anos foi primeiro flautista da orquestra real de Munique, sendo considerado por muitos como o melhor flautista alemão da época); experiência internacional (viajou muito na década de 1820 e fez questão de investigar as flautas que encontrou pelo caminho); e uma abordagem científica (consultou especialistas em acústica na Universidade de Munique).[67] Entre 1831 e 1847, Boehm desenvolveu uma flauta com orifícios grandes situados nas posições acusticamente corretas e com o tamanho acusticamente certo. Para superar os problemas físicos assim criados, concebeu um sistema de chaves ligadas por eixos que permitiam ao flautista abrir e fechar catorze orifícios.[68] Embora a necessidade de um novo dedilhado inibisse a aceitação, as vantagens oferecidas pelo sistema de Boehm em termos de destreza e precisão tonal foram tamanhas que acabaram prevalecendo. Além disso, seu sistema pôde se converter em melhorias semelhantes na maioria dos outros instrumentos de madeira, francamente no caso do clarinete.[69]

Entre os muitos instrumentos que surgiram, aquele de futuro mais brilhante foi o saxofone, patenteado na França pelo belga Adolphe Sax em 1846. Com apenas 28 anos ao se mudar para Paris em 1842, Sax já era famoso nos círculos musicais pela criação de um clarinete baixo muito aperfeiçoado. Saudando sua chegada, Berlioz escreveu num artigo no *Journal des Débats*: "Ele é um homem de mente perspicaz; lúcido, tenaz, com uma perseverança contra todos os reveses, de grande habilidade. [...]Ao mesmo tempo um idealizador, perito em acústica e, quando necessário, também fundidor, torneiro e gravador.

Consegue pensar e agir. Ele inventa e realiza".[70] Em outras palavras, ele se asse-melhava ao colega inventor Boehm. A maior criação de Sax não se assemelhava a nenhum outro instrumento e não soava como nenhum outro instrumento, embora em essência fosse um clarinete de metal com diâmetro interno largo, boquilha de clarinete e uma só palheta. Um entusiasta afirmou que se trata do "mais flexível e expressivo dos instrumentos musicais, talvez apenas superado pela voz humana".[71]

Assim como a voz, os saxofones vinham em diferentes formatos e tama-nhos, de sopranos a contraltos e de tenores a barítonos. Suas grandes vantagens eram (e são) sua tessitura, volume e robustez, o que o torna ideal para a música militar para a qual foi criado. Apesar do uso ocasional por Debussy e Bizet, o saxofone só se tornou um instrumento respeitável no século XX, quando foi adotado pelos músicos de jazz — mesmo então, algum tempo após o jazz des-pontar como gênero autônomo.[72] A importância póstuma de Adolphe Sax não é menor que a de Boehm, embora em vida tenha passado por uma sucessão de crises financeiras, jamais conseguindo lucrar com suas criações, em grande parte devido à violenta campanha levada a cabo pelos fabricantes parisienses nativos. A homenagem mais adequada que recebeu foi do colega expatriado belga François Fétis, que escreveu: "Todos os outros instrumentos passaram por modificações notáveis ao longo do tempo e das migrações. E enfim todos se aperfeiçoaram pelo progresso lento. O saxofone, por outro lado, nasceu ontem. É fruto de uma concepção única, e desde seu primeiro dia foi o mesmo instru-mento que será no futuro".[73]

Embora o saxofone fosse relativamente fácil de fabricar e tocar, seu im-pacto chegou atrasado, sobretudo devido às mudanças nos instrumentos de metal. Como quem já teve o azar de ser recrutado para uma banda militar sabe muito bem, embora seja fácil extrair som de um bocal ligado a um tubo de latão em forma de sino na extremidade, tornar esse som eufônico são ou-tros quinhentos. Produzir notas numa corneta depende inteiramente da em-bocadura do músico, ou seja, da coordenação de lábio, músculo, mandíbula e dentes ao soprar.

Em torno de 1760, um trompista da orquestra de Dresden, Anton Joseph Hampel, descobriu que inserir o punho na campana do instrumento aumenta-va sua tessitura. Essa técnica logo se espalhou. Também comum foi a inserção no instrumento de seções de tubo adicionais de diferentes comprimentos — os

Os saxofones de Adolphe Sax: soprano (na frente), contralto, tenor e barítono.

chamados "*crooks*" — para alterar a nota fundamental e, assim, a tonalidade em que o instrumento podia ser tocado. Embora engenhosas, nenhuma dessas técnicas era ideal. A inserção do punho na campana também enfraquecia o instrumento, enquanto a inserção de seções de tubo levava tempo e envolvia o risco de uma entonação defeituosa quando metal frio era acrescentado ao quente. O trompista de *Don Giovanni* de Mozart é mantido ocupado com 35 mudanças de tubo, enquanto no primeiro movimento da *Eroica* Beethoven precisa prever um bom tempo de troca do tubo quando o mi bemol maior dá lugar a algumas notas em fá maior.[74]

A solução foi mostrada pela primeira vez em Berlim em 1814 por Heinrich David Stölzel, que acrescentou duas válvulas tubulares a uma trompa, permitindo-lhe alterar o comprimento do tubo (e, portanto, o som) sem recorrer ao punho ou seção de tubo adicional. Com isso teve início um período de 25 anos de experimentação e melhorias na Europa e nos Estados Unidos, encerrado em

Prova visual do avanço das bandas de metais na Inglaterra: Banda Besses o' Th' Barn em 1860...

1839 quando o parisiense Étienne François Périnet patenteou "uma válvula de êmbolo cilíndrica de diâmetro médio e tempo médio".[75] A importância dessa invenção era tão óbvia que ela nem enfrentou a resistência que retardara a aceitação do sistema de Boehm. Logo todos os instrumentos de metal receberam válvulas, inclusive o trombone. Outros instrumentos foram inventados, o mais importante sendo a tuba, patenteada pelo maestro de banda Wilhelm Wieprecht e pelo fabricante de instrumentos J. G. Moritz em 1835. Ao mesmo tempo, as propriedades físicas dos instrumentos de metal foram melhoradas, graças às novas descobertas metalúrgicas que produziram um latão melhor e aos aperfeiçoamentos nas técnicas dos fabricantes que produziram melhores molas, uma tolerância de componentes com melhor usinagem e uma melhor soldagem e galvanização.[76] Escrevendo em 1851, Fétis observou que, durante o último meio século, e com uma velocidade crescente, o equilíbrio do poder na orquestra mudara das cordas para os instrumentos de sopro.[77]

Os compositores reagiram à mudança. O prelúdio euforizante do terceiro ato de *Lohengrin* só poderia ter sido composto para trompas com válvula, sem falar na contribuição da tuba. O impacto mais profundo das mudanças nos instrumentos de metal, no entanto, foi mais social que musical. As válvu-

... e em 1903. Logo atrás do tambor grave está o Troféu 1000 Guinea do Crystal Palace.

las os tornaram mais fáceis de ensinar e tocar, e técnicas de produção em massa deixaram seus preços ao alcance dos homens e mulheres trabalhadores, especialmente aqueles com acesso ao novo mecanismo do aluguel com cláusula de aquisição. Dessa vez o surrado adjetivo "revolucionário" pode ser usado com confiança: como argumentou o musicólogo Trevor Herbert, o explosivo crescimento das bandas de metais na segunda metade do século XIX representou "uma das mudanças sociológicas mais notáveis da história da música". Ele prossegue:

> Quase todo mundo que em, digamos, 1820 possuísse um grande talento em algum instrumento de música artística e não ganhasse a vida com este era, praticamente por definição, um aristocrata ou burguês abastado. No entanto, no decorrer de uma só geração, tais habilidades se tornaram comuns entre músicos amadores de bandas nos quatro cantos da Europa e dos Estados Unidos. Trata-se de um momento de grande importância que resultou em mudanças na linguagem de muitos instrumentos de metal, e foi uma das formas pelas quais se pode de fato dizer que a produção de música elaborada contribuiu para a emancipação social.[78]

Agora os trabalhadores vinham praticando música de outras maneiras além de cantar. Ninguém jamais saberá quantas pessoas estiveram envolvidas, mas o total sem dúvida chegou à casa das centenas de milhares. O *Wright and Round's amateur band teachers guide* estimou, em 1889, que havia 40 mil bandas de música na Grã-Bretanha.[79] Muitas estavam ligadas aos locais de trabalho, como a Black Dyke Mills Band ou a Holmes Tannery Band; outras tinham o nome de suas comunidades, como a Besses o' Th' Barn Band, nome estranho de uma cidade industrial entre Bury e Manchester; outras ainda tinham um objetivo extramusical, como as bandas do Exército da Salvação ou a Brampton Total Abstinence Band (extinta por sua patrocinadora, lady Carlisle, depois que os integrantes celebraram a vitória numa competição enchendo várias vezes o troféu com cerveja até que finalmente o derrubaram e quebraram).[80]

Todas essas bandas eram unidas pelo objetivo comum da competição. A primeira a ser organizada, na aldeia de Burton Constable, perto da cidade de Hull, em 1845, foi um evento pequeno, mas em pouco tempo os grandes concursos nacionais atraíam de 70 mil a 80 mil participantes e ouvintes.[81] O repertório era uma miscelânea, variando de melodias de hinos simples a arranjos sofisticadíssimos de músicas originalmente compostas para óperas ou sinfonias. Uma descrição da peça de teste do campeonato do Crystal Palace de 1907 dá uma boa ideia das exigências feitas às bandas:

> Este ano [a peça] consistiu em uma mescla inteligente de trechos de obras de Schumman, apresentando muitos pontos problemáticos e nenhum padrão médio de interesse. Uma peça compreendendo fragmentos da *Abertura Hermann e Dorothea*, o quinto estudo para piano de pedal, as canções *Widmung* e *Talisman*, o concerto em lá menor, a abertura *"Fest"* e a abertura de *Genoveva* — ainda que tenham sofrido certa brutalidade nos cortes — deve ser encarada como algo que demanda uma cultura maior do que aquela que corresponde à noção geral de interesse musical popular na Inglaterra.[82]

A onipresença e a popularidade das bandas do Exército da Salvação trouxeram mais música religiosa a ruas e praças da Grã-Bretanha do que em qualquer outra época anterior. Dentro das igrejas e capelas, o mesmo fenômeno ocorria, graças ao significativo aumento do número de órgãos. Ao fim do

Commonwealth de Cromwell em 1660, a austeridade puritana havia praticamente banido todos os órgãos dos locais de culto. Seu retorno foi lento e hesitante, resultando daí que em 1800 mais de 90% das igrejas paroquiais inglesas ainda não dispunham de órgão.[83] Mas então teve início um intenso e prolongado ressurgimento, liderado por um lado do espectro litúrgico pelos metodistas e evangélicos e, por outro, por católicos, tanto anglo-católicos como católicos romanos. No decorrer do século XIX, mais música foi composta e cantada nas grandes catedrais do que em qualquer época anterior, além de ser entoada com coros melhores e maiores.[84]

Em 1900, a grande maioria dos locais de culto, anglicanos ou não conformistas, ostentavam alguma forma de instrumento para conduzir e acompanhar a congregação. Tratou-se de um movimento com muitas origens, mas sem dúvida auxiliado pelos progressos tecnológicos simultâneos que tornaram os órgãos menos complicados e mais baratos. Em particular, diferentes versões do denominado órgão de palheta livre, fabricado primeiro na França por Gabriel-Joseph Grenié em 1810, se mostraram populares, por ser mais fácil de manter afinado, não requerer tubos para ressoar e poder ser tocado *piano* e *forte*.[85] Uma versão posterior patenteada por outro fabricante francês, Alexandre-François Debain, em 1842, deu seu nome a toda uma família de pequenos órgãos com palhetas: os harmônios.

Em 1847, Debain era apenas um entre quarenta fabricantes de órgãos da França que produziam cada vez mais instrumentos. Seu número havia aumentado outro terço em 1860, mas sua produção coletiva triplicara.[86] Em 1845, François Danjou pôde afirmar que o órgão é "o rei dos instrumentos musicais, a orquestra sagrada, o instrumento *par excellence*" e que "*está se espalhando com velocidade incrível*" (é dele o grifo). Ele previu que, em poucos anos, a maioria das igrejas de aldeia na França teria um órgão.[87] Os alemães se mostraram ainda mais empolgados na produção de órgãos. A firma Ludwigsburg, de E. F. Walcker, exportou grande quantidade de órgãos para o mundo inteiro e continua firme até hoje, nas mãos da mesma família.[88] Uma boa indicação da disseminação do instrumento foi a criação, em 1851, de uma revista especializada, *Neues Deutsches Orgel-Magazin*.[89]

No final do século XIX, a tecnologia levara a música a espaços não alcançados no passado: às salas de estar da classe média e aos coretos de bandas da classe trabalhadora. Na década de 1890, enquanto o cinema abria espaços maiores para a incursão da música no tempo de lazer, o mercado viu o surgimento de uma invenção de potencial revolucionário igual, se não maior. Em 12 de agosto de 1877, o inventor norte-americano Thomas Edison registrou pela primeira vez sua voz num cilindro feito de folha de estanho. Ao patentear seu "fonógrafo" no ano seguinte, previu dez aplicações possíveis, a primeira como ferramenta de escritório para ditar cartas. A "reprodução de música" foi a de número quatro.[90] Edison depois pareceu perder o interesse, voltando a trabalhar na lâmpada elétrica e deixando o desenvolvimento de sua nova máquina para outras pessoas. Quando retornou ao aparelho em 1888, havia sido ultrapassado por Emil Berliner, um imigrante alemão que, em 1887, registrou a patente de um mecanismo que denominou "gramofone" e tocava discos achatados em vez de cilindros. Na primeira demonstração pública, no Franklin Institute em Filadélfia, Berliner previu que sua invenção acabaria tendo um papel central no lazer doméstico.[91]

Mas o progresso foi lento, à medida que Edison, Berliner e uma série de outros inventores procuravam transformar uma ideia brilhante em sucesso comercial. Achatados ou cilíndricos, os primeiros discos só conseguiam tocar por uns dois minutos, eram frágeis e caros, e logo se desgastavam. A duplicação era problemática. Até Berliner descobrir um meio de criar uma matriz da qual pudesse extrair cópias, cada disco tinha de ser criado individualmente. Assim, uma orquestra era obrigada a tocar a mesma peça várias vezes diante de um máximo de dez aparelhos de gravação.[92] Na verdade, "orquestra" é uma designação incorreta, pois só podia participar um número limitado de uma faixa limitada de instrumentos. Como todo som gerado precisava passar por uma grande campânula, o processo de gravação valorizava instrumentos ao mesmo tempo altos e direcionais. Portanto os instrumentos de metal se saíam bem, os de madeira eram aceitáveis, mas os pianos eram praticamente inaudíveis. Para superar os problemas especiais dos violinos, proporcionando-lhes o volume e direção necessários, Augustus Stroh substituiu a caixa de ressonância por uma membrana flexível à qual se ligava uma grande campânula, montada num dos lados do cavalete.

O violino de Stroh.

Uma das razões para o som fraco das primeiras gravações orquestrais é essa parcimônia de músicos, pois uma banda típica poderia consistir em uma flauta, dois clarinetes, duas cornetas, dois trombones, dois violinos de Stroh, uma viola e um fagote tocando a parte do violoncelo.[93] Os instrumentos de corda de registro mais baixo não conseguiam ser captados, sendo normalmente substituídos por tubas. Quando Arthur Nikisch fez a primeira gravação completa da Quinta Sinfonia de Beethoven com a Filarmônica de Berlim em 1914, foi limitado a seis violinos e duas violas, sem contrabaixos, tímpanos, pianíssimos ou fortes.[94] Para manter algum tipo de equilíbrio de forças, os instrumentistas de metais eram obrigados a se sentar de costas para o gravador, acompanhando o maestro com a ajuda de espelhos.[95] Os cantores tinham que se afastar e aproximar conforme a dinâmica da peça, pois um volume excessivo podia fazer a agulha saltar da superfície.

Esses e outros problemas impediram a economia de escala, fazendo tanto os gramofones quanto os discos tocados custarem caro. Um Electric Motor Phonograph de Edison de 1893 custava 190 dólares, e o modelo comum do Disc Phonograph de 1913 custava duzentos dólares, refletindo sua intenção de que atraíssem "pessoas de gostos refinados e elegantes".[96] Na Inglaterra, um disco isolado custava entre dez xelins (meia libra) e uma libra, embora o conjunto completo de oito discos da gravação de Nikisch da Quinta Sinfonia de Beethoven custasse apenas duas libras. Se isso parece uma pechincha, lembre-se de que o salário semanal médio era de £1 6s 8d (1,33 libra).[97]

Mesmo assim a indústria fonográfica se desenvolveu nas duas décadas anteriores à Primeira Guerra Mundial. Quando ouvimos hoje Tennyson grasnando "A carga da brigada ligeira" (gravada numa máquina de Edison em 1890) ou Alessandro Moreschi, "o último *castrato*", se esforçando em "Ave Maria" numa gravação de 1904, é bom lembrar que quem comprava os originais novinhos em folha, além de ouvir um som bem mais convincente, não estava mal-acostumado pela excelente tecnologia digital atual. Para ouvidos do início do século xx, o disco de gramofone era uma revelação sensacional, permitindo que se ouvissem música e músicos até então confinados a uma minúscula elite. E mesmo aquela elite teve seus horizontes ampliados: quando Artur Schnabel estudava piano em Viena na década de 1890, confessou que, além de nunca ter ouvido um concerto para piano de Mozart, nem sequer ouvira falar *sobre* eles.[98]

Claro que os fabricantes usaram todos os recursos de marketing disponíveis para promover um "discurso de verossimilhança" (nas palavras de Colin Symes), anunciando a soprano Geraldine Farrar em 1915, por exemplo, nestes termos: "Ambos são Farrar: o disco Victor da voz de Farrar é tão verdadeiramente Farrar como a própria Farrar. A mesma voz singularmente bonita, com todo o encanto pessoal e individualidade da artista".[99] As cantoras faziam sua parte, é claro. Quando a já aposentada Adelina Patti foi convencida, aos 62 anos, a fazer gravações para The Gramophone Company, induziram-na a aprovar os resultados nestes termos:

> O gramofone atual, eu acho, é um instrumento tão aperfeiçoado para gravar a voz humana que já não faço mais objeção a que milhares que não podem me ouvir cantar pessoalmente ouçam a reprodução de minha voz pela instrumentalidade de seu gramofone, e acho que os discos que nos últimos tempos vocês fizeram para mim são reproduções naturais de minha voz.[100]

Patti provavelmente sabia das fabulosas perspectivas financeiras que as gravações estavam trazendo para as cantoras.

A indústria fonográfica conseguiu marcar um tento em 1902 quando Fred Gaisberg, da Gramophone Company, persuadiu Enrico Caruso a gravar dez árias. Sua voz era perfeita para o gramofone, transformando seus defeitos em vantagens — "a resposta aos sonhos de um empresário fonográfico" foi o veredicto de Gaisberg.[101] Com o enorme sucesso comercial e de crítica daquelas gravações, a importância do gramofone foi enfim reconhecida. O editor fundador da revista *The Gramophone*, Compton Mackenzie, escreveu em 1924 que Caruso foi o responsável pelo sucesso do gramofone: "Mediante sua voz gravada, ele imprimiu sua personalidade sobre reis e camponeses".[102] O elogio rendeu juros: em 1914, Caruso arrecadava 20 mil libras anuais com as vendas mundiais de seus discos, uma soma colossal pelos valores da época, que pode até ter decuplicado após 1918.[103] Os tenores eram especialmente favorecidos pela nova mídia, como demonstraram os sucessos semelhantes de Beniamino Gigli e John McCormack, mas barítonos e baixos (Peter Dawson, Fiódor Chaliápin) e sopranos (Nellie Melba, Luisa Tetrazzini) também despontaram.

A próxima revolução tecnológica veio em 1924, quando a verossimilhança recebeu grande impulso com o surgimento da gravação elétrica. Viabilizada pelas pesquisas em telegrafia sem fio para fins militares durante a Primeira Guerra Mundial, foi introduzida como reação à crescente concorrência do rádio. Tratava-se de uma mudança em que a "melhoria" podia ser quantificada. Uma gravação acústica oscilava entre um mínimo de 164 vibrações por segundo e um máximo de 2088 (ou seja, de mi abaixo de dó central a três oitavas acima de dó central), enquanto na sala de concertos o alcance era bem maior: de 20 ciclos a 20000. O uso de microfones e amplificadores estendeu a faixa de frequência das gravações em duas oitavas e meia, para 100-5000 ciclos.[104] Agora os pianos, violinos apropriados e todos os outros órfãos da era acústica podiam enfim entrar em cena.

Após um período inicial de hesitação que invariavelmente acompanha a chegada de uma nova tecnologia, o público comprador de discos reagiu com entusiasmo. Além de discos novos, queria também versões novas de músicas que já tinha. A produção no Reino Unido disparou de 22 milhões de discos em 1924 para mais de 70 milhões em 1930. A *Gramophone Review* comentou em 1928: "O gramofone é um dos maiores tesouros do lar moderno. Está terminando a época em que o homem comum pode se declarar além da magia da música".[105]

Meio século havia decorrido desde a invasão do fonógrafo/gramofone, e as consequências a longo prazo para os músicos estavam se tornando mais claras. Entre os que atuavam na tradição clássica, os maiores beneficiários foram os maestros, cantores e instrumentistas solistas. Os artistas sortudos, carismáticos e empreendedores o bastante para competir eficazmente podiam encontrar fama e fortuna comparáveis apenas às de seus predecessores mais notáveis.

Quando ouviu a reprodução de uma gravação que fizera no laboratório Edison em 1888, o sensível Hans von Bülow desmaiou. Como ele morreu logo depois, a posteridade só pôde conhecer suas qualidades supremas como pianista e maestro pelos relatos da época. Embora Arturo Toscanini nascesse apenas 37 anos depois de Von Bülow, seu lugar no panteão está assegurado graças ao grande número de gravações que realizou.

Para os compositores, o gramofone trouxe vantagens e desvantagens. Muitos o acolheram com entusiasmo: Tchaikóvski, por exemplo, o saudou como "a mais surpreendente, a mais bonita e a mais interessante entre todas as invenções que surgiram no século XIX", enquanto o mais lacônico Debussy acreditou que ele conferiria à música *"une totale et minutieuse immortalité"*.[106] O que não puderam ver tão facilmente foi que, a curto prazo, as gravações acelerariam uma tendência à cristalização do cânone clássico. Os produtores de discos agora decidiam o que seria gravado e por quem. Por mais inteligentes e cultos que muitos desses empresários possam ter sido, o fator comercial era decisivo. Assim, se a escolha fosse entre, digamos, a *Sinfonia coral* de Beethoven e, digamos, *Pierrot lunaire* de Schoenberg, as projeções de vendas decidiam. Em 1923, mesmo antes da gravação elétrica, todas as sinfonias de Beethoven estavam disponíveis em discos.[107] A obra-prima de Schoenberg teve de esperar até 1940 por sua primeira gravação (regida pelo compositor), 28 anos após ter sido composta.

Por algum tempo, os dois mundos da música mecanizada e da interpretação ao vivo coexistiram sem problemas. Em 1913, o Trinity College of Music examinou 28 mil candidatos, a maioria moças aprendendo piano. Desde sua fundação em 1872 para melhorar a qualidade da música nas igrejas, o colégio examinara cerca de meio milhão de pessoas, embora no início limitasse seu público a homens anglicanos.[108] Nos anos em torno de 1914, a produção e a posse de pianos alcançou um pico, e em 1919 a canção "That old fashioned mother of mine" vendeu mais de 3 milhões de partituras no Reino Unido. Em 1924, o comércio de instrumentos musicais excedeu 5 milhões de libras.[109]

Mas, para muitos dos que ganhavam a vida com música, a disseminação das gravações trouxe grandes transtornos. Para cada um que achou emprego no novo setor, muitos outros se viram descartados. Assim como a divisão de trabalho e a linha de montagem tornaram os artesãos desnecessários, a mecanização da música reduziu a necessidade de dotes musicais tradicionais. A combinação de cinema, rádio e disco transformou inexoravelmente o público de músicos em público consumidor de música. Após uma última era dourada na década de 1920, a Grande Depressão trouxe uma recessão da qual os professores de música, fabricantes de instrumentos musicais e músicos profissionais custaram a se recuperar. Como observou Cyril Ehrlich, não se tratou de um colapso de curto prazo do poder de compra por parte do público, mas de um declínio a longo prazo da procura. Por que comprar e aprender a tocar piano se um gramofone oferecia desempenho musical superior por muito menos dinheiro? Nas décadas de 1930 e 1940, o número de músicos profissionais caiu de 26 mil para 15 mil e o dos professores de música, de 21 mil para 11 mil.[110]

Muitas lágrimas podem ser derramadas por essas baixas, mas este é um livro sobre o triunfo da música, não sobre o triunfo dos músicos (e certamente não músicos com atuação na tradição clássica). As gravações permitiram que músicas que haviam sido compostas anos, séculos ou milênios antes fossem desencavadas e transmitidas pelo mundo. O cânone clássico se expandiu a tal ponto que o próprio conceito se dissolveu. Isso foi bem expresso pelo analista cultural Jacques Barzun em texto de 1954:

> Esta nossa civilização mecânica realizou um milagre pelo qual não posso ser muito grato: conseguiu, por meios mecânicos, trazer de volta à vida todo o repertório da música ocidental — sem falar que nos apresentou à música do Oriente. Antes, uma moda soterrava todo o passado musical com a exceção de uma meia dúzia de obras arbitrariamente selecionadas. [...] [Hoje] compositores negligenciados ou menores conseguem o reconhecimento e conquistam seu lugar. Em suma, toda a literatura de uma das artes ganhou existência — é como o Renascimento redescobrindo o mundo antigo dos clássicos e preservando-o por meio da prensa tipográfica. Trata-se de um marco na história intelectual ocidental.[111]

Embora não o cite, Barzun encontraria uma confirmação abalizada de sua afirmação numa confissão de Rakhmáninov de que ele não sabia que Schubert havia composto sonatas para piano até que a BBC passou a transmitir suas gravações. Noel Malcolm observou: "Aquela foi uma revolução cultural tão importante, à sua própria maneira, quanto os efeitos da invenção de Gutenberg no século XV".[112]

Além disso, enquanto um grupo de praticantes da música vinha caindo em inexorável declínio, outro abria caminho para a linha de frente. Até o advento da gravação, a música só podia ser armazenada pela notação musical ou pela memória humana, transmitida de uma geração a outra de forma puramente oral como música folclórica. Esta última pode muito bem ser o "arquivo de um povo", nas palavras de Herder, mas tal arquivo mudava radicalmente através do tempo à medida que as pessoas acrescentavam seus próprios floreios ou lembravam incorretamente as versões anteriores. O que a gravação fez foi pegar formas de música baseadas na interpretação — e não na notação —, dar-lhes permanência e depois transmiti-las por todo o mundo.

O maior beneficiário foi o jazz, que por coincidência despontava como forma musical autônoma justamente nos primórdios das gravações. Nada sobrevive de Buddy Bolden, o *bandleader* de Nova Orleans geralmente reconhecido como o primeiro jazzista (embora, como todo o resto na história do jazz, isso seja contestado). Mas dispomos de muitas músicas de uma banda que incluía o vizinho de Bolden, Larry Shields, um integrante da Original Dixieland Jazz Band, o primeiro grupo a gravar jazz. "Livery stable blues" e "Dixie jass band one step" foram lançadas em 26 de fevereiro de 1917 pela Victor Talking Machine Company.[113] Embora a banda tivesse impressionado nas apresentações ao vivo em Chicago e Nova York, foi através dos discos que esse grupo desfrutou uma deslumbrante, embora breve, carreira internacional, incluindo uma temporada em Londres. Ao menos uma dúzia de CDs de seleções de suas gravações, incluindo uma coleção completa, estão disponíveis hoje. A afirmação do líder, Nick La Rocca, de que a banda havia "inventado o jazz" foi claramente absurda, mas as gravações por certo foram as primeiras a anunciar o potencial comercial do gênero novo.

Os historiadores costumam minimizar a contribuição da Original Dixieland Jazz Band ao desenvolvimento do jazz, em parte porque seus integrantes não correspondiam à versão predominante de que o jazz surgiu nas comunidades negras. Embora os cinco componentes da banda viessem de Nova Orleans, eles eram brancos. Na verdade, até tentaram negar a influência negra: "Os homens de cor só tocam músicas das plantações" foi o veredicto de Tom Browne, o trombonista da banda.[114] A tendência de tocar vestindo ternos elegantes em restaurantes e boates também contribuiu para o desdém dos historiadores. Uma deficiência mais substancial foi a modesta qualidade da música que tocavam. Mesmo levando em conta o estado das gravações acústicas da época, sua versão de Dixieland parece limitada em todos os sentidos.

O primeiro músico de jazz a demonstrar a importância da indústria fonográfica foi Louis Armstrong, cujas gravações com os grupos Hot Five e Hot Seven de 1925-9 incluem muitas obras-primas inegáveis que ainda soam tão atuais como no dia em que foram tocadas. Sem essas gravações, os solos de corneta insuperáveis em "West End blues" ou "Potato Head blues" (os únicos dois candidatos ao título de "melhor disco de jazz de todos os tempos" na visão de Eric Hobsbawm) teriam se perdido para sempre.[115] Paradoxalmente, o valor dessas gravações é realçado pela transcrição de Peter Ecklund do solo de Armstrong na última faixa.[116] Um trompetista competente poderia tocar as notas à perfeição, mas jamais conseguiria reproduzir o som original. Esse foi o veredicto de Humphrey Lyttelton, que escreveu em sua autobiografia:

> Uma transcrição de solo de trompete de Louis Armstrong, por mais detalhada que seja, não consegue transmitir nenhuma ideia da interpretação real no disco. E nenhum trompetista de orquestra, com base na partitura, poderia dar-lhe vida, porque grande parte de suas qualidades está no tom pessoal e na noção de tempo do seu criador.[117]

De fato, como qualquer pessoa que ouviu Armstrong tocar mesmo um pouquinho confirmará, o som que ele produzia era tão original que ouvir apenas cerca de um compasso já revela sua identidade. O mesmo se poderia dizer de todos os maiores músicos de jazz.

RÁDIO E TELEVISÃO

A primeira transmissão regular de rádio — regular no sentido de que foi anunciada antecipadamente — teve lugar em 2 de novembro de 1920 quando a estação KDKA entrou no ar em Pittsburgh. Conseguir uma licença era tão fácil nos primórdios do rádio e o capital para montar o equipamento primitivo era tão modesto que no início de 1923 mais de quinhentas estações operavam nos Estados Unidos. Desde o princípio, de todas as artes auditivas (teatro, poesia, até comédia), a música foi a principal beneficiária do rádio, por ser a forma de entretenimento mais barata, mais fácil e de longe mais popular. Na formulação sucinta de Donald Sassoon: "O rádio foi, substancialmente, uma caixa de música à qual notícias e outros itens foram acrescentados".[118]

Ao contrário do disco de gramofone, o rádio criou uma relação imediata, direta, até íntima entre artista e público. Mesmo os músicos que fizeram sucesso através das gravações ficaram impressionados com a reação popular ao rádio. No final de 1921, Vincent Lopez e sua banda transmitiram pelo rádio um espetáculo do Hotel Pennsylvania em Nova York. Espertamente, ele próprio se apresentou, com as palavras: "Oi, todo mundo. Lopez falando". Recordou que, dentro de uma hora

> todas as mesas para a noite seguinte haviam sido reservadas pelo telefone, e as chamadas continuaram chegando naquela noite e durante todo o dia seguinte. [...] Além disso, no meio da tarde o hotel já estava lotado. [...] A resposta postal à nossa próxima transmissão foi simplesmente inacreditável. Ao microfone [...] ofereci uma foto a quem nos escrevesse. No dia seguinte, as cartas enchiam dez grandes cestos de roupa suja. [...] Não dava para responder a todas, e pedi desculpas no ar, mas ofereci uma foto autografada às pessoas que pedissem pelo telefone ao Hotel Pennsylvania. A mesa telefônica do hotel ficou tão sobrecarregada que, nos dois dias seguintes, gente que ligava para reservar quartos se cansava do sinal de ocupado.[119]

Em 1923, 550 mil aparelhos de rádio foram vendidos nos Estados Unidos; dois anos depois, 2 milhões. Em 1928, pesquisa realizada pela Radio Retailing para a Federal Radio Commission revelou que cerca de 12 milhões de aparelhos atendiam até 40 milhões de ouvintes.[120]

Do outro lado do Atlântico, a mão do Estado era mais pesada, retardando as inovações. A primeira estação de rádio europeia — a British Broadcasting Corporation — começou suas transmissões em 14 de novembro de 1922, e apenas 35 mil licenças foram concedidas naquele ano.* Mas na véspera da Segunda Guerra Mundial, cerca de três quartos dos domicílios britânicos dispunham de um aparelho, o que significava um público potencial total de 34 milhões de pessoas.[121] Progressos semelhantes ocorreram por toda a Europa,

---

* No Reino Unido, os domicílios pagam uma licença anual para financiar o sistema de rádio e TV públicos. (N. T.)

num gradiente oeste-leste e norte-sul que refletia os níveis de renda. Embora a direção do Estado trouxesse uma programação mais variada e menos populista, a música ficou com a parte do leão das transmissões em todos os lugares. Mesmo na Grã-Bretanha, onde o puritano sir John Reith (mais tarde lorde) estava no comando, bastante espaço foi encontrado para a música de dança, transmitida pela primeira vez já em 1923. Em 1928, a BBC formou uma orquestra de dança permanente sob a direção de Jack Payne.[122] Em 1939, a BBC era a maior empregadora de músicos no país, com quatrocentos instrumentistas com contratos regulares e outros milhares temporários.[123] Em meados da década de 1930, as transmissões de música representavam 69% da programação total da BBC.[124]

O controle da BBC sobre o que o público britânico deveria ou não ouvir foi erodido no final da década de 1930 com a criação na Europa continental de estações de rádio comerciais como a Radio Luxembourg e a Radio Normandie, com a clara intenção de oferecer ao público o que este queria ouvir. Reith pode ter reclamado em 1935 do "lixo monstruoso que Luxemburgo está disseminando", mas naquele mesmo ano pelo menos 60% dos ouvintes britânicos estavam sintonizando estações comerciais continentais, o que representava um público de cerca de 16 milhões. O *Advertisers' Weekly* afirmou, exultante:

> Uma transmissão dominical patrocinada vinda de Luxemburgo, Normandia e Lyon muitas vezes inclui mais astros do que as transmissões da BBC da semana inteira. Vejamos apenas as bandas de dança. Todos os domingos, é possível ouvir Billy Cotton, Ambrose, Marius B. Winter, Debroy Somers, Geraldo, Billy Reid, Billy Bissett, Sidney Lipton, Jack Payne, Lew Stone. Supere isso, BBC![125]

Em 1938 houve até uma experiência com um navio pirata transmitindo de águas internacionais. Mas tudo aquilo foi abortado com a irrupção da guerra no ano seguinte. Agora, em vez do *Kraft Cheese Show* com Billy Cotton e Sua Banda ou do *Feenamint Laxatives Show* com George Formby e sua guitarra havaiana, ouvia-se *Germany Calling* com Lord Haw-Haw, o colaborador germanófilo enforcado como traidor em 1946.

Em seus estágios iniciais, o rádio representou uma ameaça à indústria fonográfica, por oferecer qualidade de reprodução bem melhor a um custo menor. Mas, uma vez introduzidas as gravações elétricas, as duas mídias se mostraram auxiliares. Os discos forneciam música barata e fácil às estações de rádio, en-

Um gramofone é usado para as transmissões da estação KWCR em Cedar Rapids, Estados Unidos, em meados da década de 1920.

quanto as rádios faziam publicidade dos artistas (e das empresas fonográficas) que gravavam os discos. Christopher Stone, o primeiro *disc jockey* da BBC, afirmou em 1933: "A experiência mostrou que a transmissão criteriosa de discos de gramofone representa um estímulo direto à venda dos discos".[126] A simbiose era simbolizada por um móvel chamado radiograma, que combinava gramofone, rádio e alto-falantes num gabinete de madeira. O primeiro surgiu em 1929.[127]

O astro que melhor personificou a aliança entre discos e rádio foi Bing Crosby (1904-77). Ele desenvolveu uma técnica de usar o microfone não tanto para amplificar a voz, e sim para fazer que parecesse mais íntima, fazendo sua legião de fãs acreditar que estivesse cantando para cada um deles individualmente.[128] No decorrer de sua longa carreira, vendeu mais de 300 milhões de discos, incluindo "White Christmas", composta por Irving Berlin em 1942, que rapidamente se tornou o compacto simples mais vendido de todos os tempos, podendo até hoje ser ouvido em shopping centers mundo afora no mês de dezembro (ou antes).[129] Tão empreendedor quanto multitalentoso, Crosby abriu uma terceira frente, tornando-se astro em 61 filmes. Após cantar pela primeira vez "White Christmas" em seu programa de rádio em dezembro de 1941 — quando Pearl Harbor estava sendo atacada pelos japoneses e os Estados Unidos se envolviam em uma guerra longa e difícil —, Crosby deu a essa melodia nostálgica um grande impulso ao interpretá-la nas telas no ano seguinte no filme *Duas semanas de prazer*.[130]

À música em discos, no rádio e nos filmes logo se juntou a música na televisão. As transmissões começaram em vários países antes de 1939, mas aquela mídia ganhou força após o término da guerra. Em 1947, apenas 14 mil aparelhos haviam sido vendidos nos Estados Unidos, mas 4 milhões estavam em uso em 1950, cifra que cresceu rapidamente, até que o país inteiro estava envolvido, no fim da década seguinte.[131] Desde o princípio, os programadores da televisão favoreceram a música, pelas mesmas razões aplicáveis ao rádio. A música clássica se saiu particularmente bem. Além de ser parte importante de sua missão civilizadora, ao estilo de lorde Reith, as estações comerciais também viram a música clássica como meio econômico de tornar a nova mídia respeitável.

Mesmo para quem estava acostumado a ir aos concertos, a possibilidade de ver solistas e maestros em close-up representava uma nova e empolgante dimensão. As transmissões da NBC dos concertos famosos de Toscanini com a Filarmônica de Nova York em 1948 se mostraram reveladoras. O crítico musical do *New York Times*, Howard Taubman, escreveu que "a música jorrou com uma força que ele parecia não conseguir suportar, e dava para vê-lo sussurrando, cantando e quase rugindo. [...] Vê-lo na televisão dava a ilusão de que uma nova mídia havia sido descoberta para a nossa compreensão da música".[132] A grande maioria do público ouvinte devia estar menos empolgada, ou até ressentida, com as tentativas das redes de impingir alta cultura. Um resenhista da *Musical America* relatou sobre uma produção de TV da ópera *Carmen* em 1952: "A insistência da câmera em expor a obesidade e outros atributos físicos menos atraentes de alguns dos cantores despertou risos em meio aos espectadores mais simplórios, que eram em grande número".[133]

Para aqueles espectadores menos sofisticados, a televisão forneceu um farto cardápio de programas de entretenimento leve com bandas e cantores açucarados tocando e cantando *standards*. Nesse aspecto, pouco importava se o patrocinador era o Estado ou os executivos da publicidade. Ambos sabiam qual público importava mais: os assalariados de classe média e de meia-idade. Quem personificou essa cultura de nível mediano foi Lawrence Welk, cujo programa foi televisionado pela primeira vez localmente de Los Angeles em 1951. Ao ser transmitido em rede nacional em 1955, seu patrocinador (Dodge Motor Company) quis condimentá-lo com um comediante e um grupo de dançarinas. Welk vetou a proposta, alegando que as inovações criariam "uma atmosfera insalubre" e que "as mães que assistem ao nosso programa simplesmente não vão gostar".[134] Ele conseguiu o que quis e mostrou que estava certo: nas próximas três décadas, até sua aposentadoria em 1982, as miscelâneas de melodias fáceis de sua orquestra contribuíram para torná-lo o segundo homem mais rico de Hollywood (atrás de Bob Hope).[135]

Programas de televisão dedicados à música constituíam apenas a ponta do iceberg. Sons musicais permearam a nova mídia desde o princípio, e programas sem música eram poucos e raros. Seja em forma de jingles publicitários (nunca comi a margarina Vitalite, mas me lembro perfeitamente do anúncio de 1983, baseado na canção "Israelites", de Desmond Dekker), prefixos de chamada (David Dundas teria ganhado uma fortuna com as quatro notas que identificam o Channel 4), prefixos musicais (*Coronation Street* e *East Enders* são impensáveis sem eles), intensificação do clima (numa produção recente de *Jane Eyre* durante longos trechos a ação foi sustentada somente pela música), a música nunca está distante.

Como qualquer pai ou mãe sabe, a música nos programas infantis é particularmente invasiva. Um exemplo deve bastar: as crianças que queiram assistir ao vídeo *Yoko! Jakamoko! Toto!* terão primeiro que aturar nada menos que dez trailers de outros programas de TV, cada um com um estilo de música diferente: *The Rubbadubbers* (música adolescente); *Bob, o construtor* (rock'n' roll — a música foi a número um nas paradas do Reino Unido em 2000); *Angelina Ballerina* (música de balé de Tchaikóvski); *Bob, o construtor* de novo; *Barney* (música de marcha); *Pingu* (teatro de variedades); *Oswald* (idílio rural); *Kipper* (jazz); *Percy, o zelador do parque* (banda de música nostálgica); *The magic key* (uma versão juvenil de *S Club Seven*); e a própria *Yoko! Jakamoko! Toto!* (*world music*, contendo até flautas andinas).

Um ousado programa australiano chamado *Hi Five*, transmitido todas as manhãs das 6h50 às 7h20 no Reino Unido pelo Channel 5, tem tanta música (a maior parte no estilo do grupo Abba) que parece um musical, combinando canto, dança, figurinos e interpretação para criar uma Gesamtkunstwerk wagneriana (talvez com um pouco mais de humor). E se as músicas oferecidas por

Charli [sic], Kellie, Kathleen, Nathan e Tim dos Hi Five se mostrar refinada demais para as crianças, a alternativa é outro grupo australiano, The Wiggles (Greg, Murray, Jeff e Anthony), que oferece uma festa ininterrupta de genuíno rock'n' roll.[136]

A ELETRIFICAÇÃO DA CULTURA JOVEM

Na década de 1950, a tecnologia assegurara que o mundo desenvolvido estivesse envolto em música. Um indivíduo poderia até preferir o silêncio — embora cada vez mais difícil de achar —, mas era uma opção. Uma comunidade sem acesso ao som gravado ou rádio era uma comunidade vivendo num mundo pré-moderno. No entanto, uma revolução iminente faria tudo aquilo parecer minúsculo. Embora a tecnologia estivesse no seu núcleo, a força fundamental que transformaria a cultura do mundo no espaço de uma geração era social. Para ser mais preciso, era demográfica. O mundo pós-guerra era um mundo em que a população ficava mais jovem, e os jovens, mais ricos.[137] Além disso, esses adolescentes recém-enriquecidos gastavam a maior parte do dinheiro em lazer. As antenas sensíveis dos homens de negócios logo captaram a tendência. Já em 1947, um artigo da *Business Week* discutiu como explorar melhor o mercado jovem, comentando: "Ninguém sabe a melhor maneira de fazê-lo, mas existe um consenso crescente de que vale a pena".[138] Em 1957, a *Newsweek*, em artigo intitulado "O mercado adolescente dos sonhos: 'É legal gastar'", estimou que 17 milhões de adolescentes americanos dispunham de uma renda de 9 bilhões de dólares.[139]

Os adolescentes mais ricos, mais precoces, mais ociosos e mais liberados estavam nos Estados Unidos, e foi ali que surgiu o *jukebox* (uma máquina de tocar discos acionada por moedas). Dispositivos mecânicos para a reprodução de música existiam desde tempos imemoriais. Embora agora esquecidos, no fim do século XIX uma enxurrada de produtos ingressou no mercado, a maioria fabricada na Saxônia: o Symphonion, o Polyphon, o Ariston, o Mignon e o Orchestrion, entre outros. Alguns eram sofisticados e potentes, com destaque para o monstruoso aparelho construído pela Imhof and Mukle para o Jockey Club de Nova York, com 10,5 metros de largura e 5,34 metros de altura.[140] Todos ficaram obsoletos da noite para o dia quando o primeiro *jukebox*, fabricado pela

Jukebox *Wurlitzer*.

AMI de Grand Rapids, entrou em cena em 1927. Sua amplificação elétrica oferecia um som melhor, volume maior e mais opções. O progresso foi rápido. No decorrer da década de 1930, as três principais empresas envolvidas — Mills, Seeburg e Wurlitzer — produziram máquinas cada vez mais potentes e coloridas.

Por alguma razão, as primeiras máquinas não eram conhecidas pelo termo *jukebox*, sendo chamadas pelos fabricantes de autofones, audiofones, fonógrafos automáticos, fonógrafos acionados por moedas, e denominações semelhantes. Esses nomes tinham em mira o mesmo tipo de clientes dos fabricantes de gramofones, os quais, desde o início, nos materiais publicitários, tentaram retratar seus supostos consumidores como brancos de classe média e meia-idade. Um anúncio representativo anterior a 1914 de His Master's Voice (HMV) mostrava um grupo de ingleses de classe alta — os homens de fraque e gravata-borboleta, as mulheres em vestidos de baile — ouvindo um gramofone projetado para parecer uma mobília antiga. Duas gerações depois, os fabricantes de instrumentos musicais automáticos apresentavam seus clientes exatamente da mesma maneira.[141] Foram dispensados do traje a rigor, mas os homens usavam terno e gravata e as mulheres, chapéus e conjuntos — mesmo estando num restaurante de *fast-food*.

Um mercado tão respeitável assim talvez existisse. Mas os que transformaram o *jukebox* numa força musical potente foram os trabalhadores negros do sul dos Estados Unidos. Ainda que pudessem adquirir um aparelho de rádio, dificilmente encontrariam sua própria música transmitida pelos programadores quase todos brancos. Mas em suas próprias *juke houses* ou *jook joints* — locais públicos para se beber e dançar, geralmente com um bordel anexo — podiam instalar os discos que desejassem no que passou a ser conhecido como *jukebox*. Foi assim que "Good rockin' tonight", de Wynonie Harris, gravado em 28 de dezembro de 1947, anunciou "uma nova era na cultura popular americana".[142]

Ao se ver trocadas pela nova mídia, muitas estações de rádio reagiram, abandonando a programação pasteurizada oferecida pelas redes nacionais a favor de nichos mais locais e especializados. No final da década de 1940, estações locais que transmitiam "música negra" feita por músicos negros para a população negra atingiam um mercado em rápida expansão. Em 1952, 93% dos lares negros em Memphis tinham um rádio e 30%, dois.[143] A segregação do público não era perfeita, pois embora músicos negros pudessem ser barrados das rádios brancas, os ouvintes brancos não podiam ser impedidos de ouvir as rádios negras. Tampouco as rádios brancas locais podiam ser impedidas de responder às oportunidades do mercado. A mais importante foi a WLAC de Nashville, que com seu poderoso transmissor de 50 mil watts enviava música negra ao norte até o Canadá e ao sul até o Caribe.

Um dos primeiros *disc jockeys*, William "Hoss" Allen, escreveu sobre seu veterano colega Gene Nobles:

Propaganda de His Master's Voice (anterior a 1914).

[Ele] foi o primeiro sujeito no mundo a tocar música negra numa estação poderosa. E foi totalmente por acaso. Certa noite, em 1946, uns soldados negros que haviam retornado a Nashville para estudar na Fisk University, beneficiando-se da G. I. Bill,* apareceram na estação. Trouxeram alguns discos de música negra e pediram que ele tocasse. Ele atendeu ao pedido, só de onda. E houve uma reação. A estação começou a receber cartas de todo o sul. Isso levou, no fim de 1946, a um programa de música negra com alguns patrocinadores negros.[144]

---

* Lei de Reintegração de Pessoal do Serviço Ativo, de 1944, destinada a ex-combatentes da Segunda Guerra Mundial. (N. T.)

Anúncio do início da década de 1950. O jukebox é um Wurlitzer modelo 1015, o mais vendido de todos os tempos.

A tecnologia interveio então em três outras ocasiões para completar a revolução. A primeira foi a invenção de um tipo de disco de gramofone, feito de vinil em vez de goma-laca, o que reduzia substancialmente o ruído da superfície e, mais importante, permitia discos com sulcos bem menores, tocados a velocidade menor (33⅓ rotações por minuto em vez de 78), contendo portanto muito mais música. O álbum LP (LP é acrônimo de *long-playing*, de longa duração) foi apresentado pela primeira vez em junho de 1948 por Edward Wallerstein, da Columbia Records, de duas maneiras muito eficazes: contrastando visualmente uma pilha de 2,44 metros de discos de 78 rotações com uma coleção de LPs contendo a mesma quantidade de música, mas com apenas 38 centímetros de altura; e em termos auditivos, tocando uma sinfonia gravada em

Esta foto de adolescentes alemães em 1960 fornece uma imagem bem mais convincente dos clientes do jukebox *do que os anúncios do Wurlitzer.*

discos de 78 rotações, que tinham de ser trocados a cada quatro minutos, seguida pela reprodução ininterrupta da mesma obra num LP.[145]

No princípio, os gêneros que mais se beneficiaram com o surgimento do LP foram a música clássica e clássica ligeira, mas a música popular também recebeu um tremendo incentivo quando estourou a "batalha das velocidades". Em 1949, a RCA Victor reagiu às 33⅓ rotações por minuto com um disco de vinil de sete polegadas (17,8 centímetros) que girava 45 vezes por minuto. Embora o tamanho compacto do disco limitasse a quantidade de música a uma por lado, o formato se mostrou ideal para a música popular, especialmente para o *jukebox*. Assim, foi declarada uma trégua, com todas as empresas adotando o LP de doze polegadas (30,5 centímetros) para álbuns e o EP (Extended Play, também conhecido como 45 rotações) de sete polegadas para compactos. Os fabricantes de aparelhos fecharam o círculo desenvolvendo uma vitrola capaz de tocar os dois formatos — e de quebra os antigos 78 rotações.

A curto prazo, o resultado mais impressionante foi o aumento maciço da quantidade de música clássica disponível. Em 1954, ano em que o público americano comprador de discos gastou 70 milhões de dólares em gravações de música clássica, estavam disponíveis 21 versões diferentes da sinfonia *Eroica*, de Beethoven, e cinco versões completas da *Paixão segundo São Mateus*, de Bach. No fim do ano, as vendas da gravação de Toscanini da *Sinfonia coral* de Beethoven, lançada dois anos antes, totalizaram 148 993 discos. Roland Gelatt observou na época: há vinte anos, Toscanini se daria por satisfeito se vendesse quinhentas cópias, enquanto há quarenta anos nenhuma gravação da obra estava disponível.[146] Em termos quantitativos, porém, o futuro residia na música popular. O casamento do *jukebox* com os discos de vinil de 45 rotações por minuto aumentou a qualidade e as opções (essas máquinas podiam agora oferecer mais de cem músicas). Em meados da década de 1950, havia mais de meio milhão de *jukeboxes* nos Estados Unidos, consumindo cerca de 74 milhões de discos ao ano.[147] O mundo do *jukebox* anunciado como mídia para a classe média havia desaparecido — se é que alguma vez chegou a existir.

Jukeboxes em restaurantes de *fast-food*, clubes e cafés levaram os adolescentes para fora de casa, afastando-os do terrível bom gosto dos pais, que decidiam o que a família ouvia ou assistia à noite. O próximo passo na libertação tecnológica veio com o rádio transistor. Tratou-se de um processo longo e contínuo, com início em 1939, quando um cientista norte-americano que trabalhava na Bell Laboratories descobriu a junção P-N, o primeiro passo para uma forma de amplificação com menos consumo de energia e espaço que as enormes válvulas anteriormente usadas. No final de 1954, o primeiro rádio usando transistores foi posto à venda, e em 1957 o bem-sucedido Sony TR-63 transformou o mercado.

Os rádios a válvulas portáteis do passado haviam sido uns trambolhos caros e complicados. Tanto o preço como o tamanho da invenção permitiram que coubesse no bolso mais humilde. De peça de mobília, o rádio se tornou um acessório pessoal carregado para todo e qualquer lugar.[148] A ocorrência dessa proliferação na mesma época da revolução do rock'n' roll não foi mera coincidência. De início, os fabricantes acharam que a melhor aplicação do transistor seria em aparelhos de surdez menores. Mas as grandes oportunidades com a explosão do mercado musical nas décadas de 1950 e 1960 deram o incentivo para a aplicação do transistor às mídias de massa. Reciprocamente, o pronto acesso à programação oferecido pelo rádio transistor encorajou a proliferação das estações transmissoras de música. Todos os tipos de programas se beneficiaram, é claro, mas os de música em primeiro lugar. Uma pesquisa do Radio Information Centre em 1983 dos dez maiores e cem maiores mercados de rádio nos Estados Unidos mostrou com clareza o predomínio da música nas ondas de rádio.[149]

Mesmo com o grande número de estações de rádio, ao menos nos Estados Unidos os ouvintes de música tiveram que transpor mais uma barreira para alcançar a terra prometida. A barreira foi derrubada com o desenvolvimento pela Philips da fita cassete na década de 1960, e o subsequente lançamento do Sony Walkman em 1979. Agora os consumidores individuais tinham total controle da música que ouviam, a ponto de a experiência musical se tornar silenciosa. Apenas um zumbido discreto dos fones de ouvido (não menos irritante por ser fraco) era audível para o resto do mundo.[150] Desde o lançamento do gravador de fita cassete, os aparelhos se tornaram mais sofisticados e onipresentes, mas em essência nada mudou. Na primavera de 2007, iPods e MP3s ofereciam memória suficiente para que uma coleção de discos de tamanho normal pudesse ser armazenada e carregada no bolso das pessoas. Em abril daquele ano, a Apple celebrou a venda de 100 milhões de iPods, tendo vendido 10,5 milhões só a partir de janeiro.[151] No último trimestre de 2007, quase metade da população do mundo possuía um telefone celular, a maioria podendo tocar música.[152]

Ouvir música dessa maneira é tão diferente de ir a um concerto ao vivo que muitos musicólogos e teóricos da cultura se horrorizaram. Este comentário de Michael Chanan é representativo:

> Ocorreu uma mutação da comunicação musical, em que o espetáculo ao vivo se tornou mero acessório da experiência musical da maioria das pessoas, que agora chega de forma irresistível por alto-falantes ou mesmo fones de ouvido. [...] A música se tornou literalmente desencarnada, e toda a experiência musical foi lançada num estado crônico de fluxo. Nessas circunstâncias, em que a reprodução mecânica generalizada impele a música aos domínios da poluição sonora, muitas vezes parece inevitável que os valores musicais devam se tornar relativos.[153]

"Quando é que os valores musicais não foram relativos?", pode-se perguntar. Grande parte da música de vanguarda sobre a qual Chanan escreve com

Mercado	10 maiores (%)	100 maiores (%)
Rock	17,0	16,5
Adulto contemporâneo	13,9	16,9
Arena rock	7,2	9,1
Música clássica	2,8	1,7
Urbano contemporâneo	4,1	2,5
Negro/Rhythm and Blues	8,2	7,1
Country music	6,2	11,2
Notícias 24 horas	7,1	4,1
Hispano-americano	4,0	2,7
Nostalgia	6,2	6,9
Entrevistas e debates	9,4	6,9
Religião	2,0	1,6
Clássicos das décadas de 1950-60	2,0	1,6
Jazz	0,8	0,0 [sic]
Música suave contemporânea	1,3	1,4
Easy listening	8,4	9,7

Radio Information Centre

tanto entusiasmo pode também ser classificada como "poluição sonora", embora não a obra *4'33"*, de John Cage, que consiste em quatro minutos e 33 segundos de silêncio.

Agora é possível ouvir ruído ao mesmo tempo que se observa esse ruído sendo produzido. Embora assistir e ouvir sempre fosse possível com a televisão, no princípio os programadores de TV favoreciam o mesmo tipo de música pasteurizada que dominava as rádios. Seu conservadorismo se mostrou ainda mais restritivo porque, mesmo nos Estados Unidos, havia bem menos canais de TV do que estações de rádio, e o domínio das redes nacionais de televisão era bem maior. Ocasionalmente a música popular irrompia em cena, com destaque para as lendárias aparições de Elvis Presley no Ed Sullivan Show em 1956 (quando conquistou 82,6% da audiência da televisão americana) e dos Beatles em 1964 (quando foram vistos por 73 milhões de pessoas, então a maior audiência da história da televisão ou mesmo da história do mundo).[154]

Na Grã-Bretanha, um canal comercial (ITV) foi acrescentado às ofertas da BBC em 1955, mas não fez diferença em termos de música disponível. Dois anos depois, o ministro do governo responsável pela alocação do tempo de transmissão decidiu abolir a chamada "Toddlers' Truce" [trégua dos bebês], pausa compulsória na transmissão entre as seis e sete da noite para permitir que os pais pusessem seus filhos na cama. Pega de surpresa, a BBC saiu em busca de programas para preencher a hora vaga. Nos dias úteis recorria a um programa de variedades chamado *Tonight* visando os adultos que voltavam do trabalho, mas aos sábados oferecia ao público mais jovem um programa de música popular com o nome do horário: *The Six-Five Special*. A ITV logo reagiu com um programa mais descolado para o público adolescente, *Oh Boy!* (nome de um sucesso de Buddy Holly de 1957).[155] Nenhuma dessas incursões tíbias no território estranho da cultura jovem durou muito tempo. Mais duradouros foram o *Juke Box Jury* (BBC 1959-67), *Thank Your Lucky Stars* (ITV 1961-6), *Ready, Steady, Go* (ITV 1963-6), *Top of the Pops* (BBC 1964-2006) e *The Old Grey Whistle Test* (BBC2 1971-87). Todos perdiam a graça em comparação aos equivalentes norte-americanos, mais notadamente *American Bandstand*, que começou a ser transmitido em 1952.

De uma natureza bem diferente foi a aparição da MTV (Music TeleVision), que começou suas transmissões nos Estados Unidos em 1º de agosto de 1981 com esta apresentação contraditória: "Senhoras e senhores, rock'n' roll!".[156] Sua fórmula era tão simples quanto eficaz: videoclipes sem parar 24 horas por dia, sete dias na semana, 365 dias ao ano. Com uma ironia consciente, o primeiro vídeo exibido foi *Video killed the radio star* [O vídeo matou o astro do rádio], com The Buggles.[157] Claro que nada disso aconteceu, já que os DJs das rádios continuam atraindo audiências de milhões. Mas a MTV com certeza encontrou uma fórmula vitoriosa. O videoclipe demonstrou outra vez a incomum capacidade da música de absorver, adaptar e explorar uma nova mídia. O pop e o rock foram os beneficiários mais óbvios, pois as imagens em movimento desviavam a atenção da música tediosamente repetitiva, davam um significado espúrio a letras triviais e compensavam a dicção nada cristalina de muitos cantores. Nas mãos de um diretor habilidoso, um videoclipe podia se tornar mais do que a soma de suas partes e atingir a posição de um clássico — *Bohemian rhapsody*, do Queen (1975, possivelmente o primeiro videoclipe de verdade), *Thriller*, de Michael Jackson (1983), *Like a prayer*, de Madonna (1989), *Baby one more time*, de Britney Spears (1999), ou *Lose control*, de Missy Elliott (2003), são apenas alguns de uma grande galeria de videoclipes exibidos até hoje.

Para a MTV, o casamento entre as mídias auditiva e visual foi o paraíso, pois juntou fãs que queriam ver, e também ouvir, seus heróis com as empresas de discos que queriam divulgar seus produtos. Como facilitadora da união, a MTV beneficiou ambas as partes. O efeito sobre a indústria fonográfica foi imediato: "O videoclipe de rock é a solução genial que salvou a indústria fonográfica da estagnação", comentou um executivo agradecido em 1983.[158] Auxiliada pela rápida expansão da televisão a cabo e por satélite, em 2005 a MTV havia se tornado a rede de televisão com maior distribuição no mundo, atingindo 400 milhões de lares em 167 países, em 22 línguas diferentes.[159] Sabiamente, a MTV não tentou apenas exportar a versão norte-americana, mas adaptou o formato básico aos gostos locais à medida que instalava satélites ao redor do mundo — MTV Europa (1987), MTV América Latina (1993), MTV Mandarim (1995), MTV Índia (1996), MTV Austrália (1997), MTV Rússia (1998), MTV Japão (2001), e assim por diante.

Embora tenham surgido imitadores, a maior ameaça à MTV veio da inflexibilidade de seu formato. Se o videoclipe exibido não agrada, os espectadores não têm alternativa senão apertar o botão *mute* ou mudar de canal, pois não há avanço rápido. O diretor de um canal rival, o Channel U, lançado em 2003 só para transmitir "música urbana", especialmente hip-hop, afirmou: "A música está por toda parte agora e operadoras de nicho surgem quase todos os dias. A MTV é, na minha opinião, muito genérica, com coisa demais comprimida num espaço muito pequeno".[160] A reação da MTV foi a diversificação em estações exclusivas: VH1 (visando o público um pouco mais velho), MTV Dance, MTV Base, MTV Hits e MTV Classic.

O efeito cumulativo de *jukebox*, disco de vinil, rádio transistor, fita cassete, walkman, iPod e todos os demais dispositivos eletrônicos foi dissolver as fronteiras tradicionais entre ouvir música e a vida diária. Levando a tendência um passo à frente, em 9 de janeiro de 2007 Steve Jobs, diretor executivo da Apple, anunciou o lançamento do iPhone, um aparelho que faz download, armazena e toca música e videoclipes, além de lidar com chamadas telefônicas e e-mails. Para certo tipo de intelectual que acha que sabe do que o povo deveria gostar, esse processo de expansão é uma experiência deprimente. Theodor Adorno foi o precursor, em 1936, com seus ataques irados à música popular, especialmente o jazz, que desprezou como (entre outras coisas) "insensibilidade mecânica", "decadência licenciosa", "pseudodemocrático", "sadomasoquista", "banal", "depravado" e "fraqueza neurótica".[161] Mas, junto com o aparente autoisolamento ou mesmo narcisismo induzido pela mudança tecnológica, esses novos meios de disseminar a música também foram uma força emancipadora forte. Se a tecnologia possibilitou a audição solitária, também foi responsável por experiências musicais coletivas.

No núcleo desses dois fenômenos esteve a amplificação eletrônica — minúscula no caso do walkman, gigantesca no caso de shows em estádios. Os 70 mil watts gerados pelo equipamento de som do Led Zeppelin, os reis do rock de estádio nos anos 1970, pareciam fenomenais na época, mas atualmente os grandes grupos de alto-falantes instalados por empresas especializadas podem atingir 400 mil watts.[162] Uma ideia da complexidade do equipamento necessário pode ser obtida no guia prático de John Vasey para quem pretende organizar uma excursão de uma banda de rock. Só os requisitos de áudio para o sistema de sonorização já constituem uma longa lista.

Alto-falantes
 16 x Meyer MSL4
 4 x Meyer 650P *sub-bass*
 6 x Meyer MSL2
 4 x Meyer UPA-2C
Consoles
 1 x Yamaha PM 4000-44 Mono e oito canais estéreo
 1 x Yamaha PM 4000 ou 3000 com 32 canais
Processadores de efeito
 2 x Yamaha SPX 990
Inserts
 10 x compressores DBX 160X
 4 x gates Drawmer DS 2012
 1 x *delay* estéreo Klark Technic DN725
Outros processadores
 5 x Meyer CP-10 equalizador paramétrico
 1 x Klark Technic DN 360 equalizador gráfico
 1 x analisador de espectro Klark Technic DN 60
 4 x *delays* de entrada estéreo

Playback
1 x *CD player*
1 x *DAT player*
2 x gravadores de disco rígido Akai DR4 VR com caixa COP (*change over*).[163]

Diversas outras páginas se seguem, detalhando mais requisitos agrupados sob Monitores, Microfones, Vídeo, Extras de Áudio e Iluminação. Não admira que os palcos construídos para a excursão Bigger Band dos Rolling Stones, em 2006, tivessem que ser resistentes o suficiente para aguentar trezentas toneladas de equipamentos, incluindo 443 lâmpadas, uma tela de vídeo medindo quinze metros em cada lado e 470 "objetos pirotécnicos", o complexo inteiro ligado por 58 quilômetros de cabos e dois geradores com tamanho suficiente para suprir uma comunidade inteira.[164] A recompensa financeira, como já vimos, foi proporcional.

Num certo ponto entre o walkman e o estádio surgiu a discoteca. Dançar ao som do gramofone era tão antigo quanto o próprio aparelho, mas nos anos 1960 a qualidade da reprodução e amplificação do som tornou possível uma nova *espécie* de atividade musical comunitária. A disseminação da discoteca é um sinal de que esta satisfaz as necessidades de entretenimento de grande faixa da raça humana. Em 1976, só nos Estados Unidos existiam 10 mil discotecas.[165] Das *disco parties* de fim de semestre organizadas nas escolas primárias à decadência intencional do Studio 54 de Nova York (parodiado de forma memorável como Studio 69 no filme *O homem do membro de ouro*, com Mike Myers) e ruas cheias de discotecas na ilha espanhola de Ibiza — anunciada como a "capital europeia do *clubbing*" —, o movimento rítmico em contato com outras pessoas conquistou todas as partes do mundo com acesso à eletricidade. A combinação de álcool, drogas, sexo, moda, dança e, acima de tudo, música incessante e ensurdecedora tornou a discoteca o local representativo do hedonismo da cultura jovem do fim do século XX. Se a música derivada diretamente da discoteca (a chamada disco music) teve vida breve (ainda que muito lucrativa) na década de 1970, a mais genérica dance music nunca saiu de cena. De fato, auxiliado pela tecnologia (o compacto de doze polegadas, a picape dupla, a bateria eletrônica), o DJ de discoteca despontou como um artista criativo por mérito próprio. A diferença entre um *disc jockey* da velha escola como Alan "Fluff" Freeman (1927-2006) e Fatboy Slim (nome verdadeiro: Norman Cook) é grande demais para serem classificados sob a mesma designação.

Discoteca em Ibiza, capital europeia do clubbing.

As criações de Fatboy Slim seguem uma longa tradição de música sintética. Esta se tornou pela primeira vez possível com o desenvolvimento, pelos alemães, dos gravadores de fita antes e durante a Segunda Guerra Mundial. Capturados pelos americanos, esses aparelhos logo encontraram aplicação comercial. Entre os primeiros patrocinadores esteve Bing Crosby, que procurava um meio de gravar seus programas de rádio antecipadamente para não correr os riscos da transmissão ao vivo.[166] Outro destaque foi o guitarrista Les Paul, que em 1948 lançou um quarto cabeçote de gravação para permitir o acréscimo de trilhas ao material existente, uma prática que se tornou conhecida como gravação multicanal.[167] Outros avanços fizeram que o técnico de estúdio, um gravador passivo da execução do músico, se transformasse em criador ativo do produto final.[168] Em vez de chegarem no estúdio com o álbum completo já ensaiado e pronto para ser gravado, as bandas a partir dos anos 1960 passavam dias, semanas, até meses no estúdio testando combinações de sons gravados.

Um dos aspectos bem originais de *Sgt. Pepper's Lonely Hearts Club Band*, o álbum dos Beatles de 1966, foi o tempo de gravação: 129 dias.[169] Portanto a figura-chave não foi o líder da banda, mas o produtor. Glyn John, que produziu

Desperado para o Eagles em 1973, afirmou: "Assim, depois que todos voltaram para casa, você pega o que gravou e muda completamente".[170] Um pouco menos brutal foi a observação de Brian Eno, um dos produtores de discos britânicos mais imaginativos e bem-sucedidos, que não tocava nenhum instrumento quando passou a ser "consultor técnico" do Roxy Music, mas que rapidamente se tornou mestre do sintetizador:

> As tecnologias que usamos agora tendem a tornar as tarefas criativas acessíveis a muitas pessoas diferentes; as novas tecnologias tendem a substituir habilidades por julgamento — não importa o que conseguimos, mas o que *optamos* por fazer, e isso é um convite para qualquer um transpor limites.[171]

O próprio nome do instrumento escolhido por Eno exemplifica seu caráter artificial, fabricado. Inventado por Robert Moog em 1964, "o sintetizador é a única inovação comparável à guitarra elétrica como grande novo instrumento da era da eletricidade", como seus biógrafos com razão afirmaram.[172] No seu núcleo estiveram duas descobertas: que o tom de um oscilador pode ser variado pelo aumento ou diminuição da voltagem e que um instrumento elétrico pode ser criado juntando-se um número de módulos distintos (osciladores, amplificadores, geradores de envelope e filtros).[173] Assim começou um processo contínuo de inovação que colocou o sintetizador em todos os estúdios de gravação.

Embora seu primeiro sucesso popular fosse *Switched-on Bach*, de Wendy Carlos — o primeiro álbum clássico a vender mais de meio milhão de cópias —, o lançamento em 1970 de um Minimoog, uma versão portátil que podia ser tocada num teclado embutido, expandiu seu império para abranger a maioria dos grupos de rock e pop.[174] O que tanto agradou aos músicos não limitados pelas partituras clássicas foi a flexibilidade do sintetizador, cujo alcance só era limitado pela imaginação do usuário. O próprio Moog recordou a impressão que seu invento causou quando ele foi ao Columbia Studios em Nova York a fim de prepará-lo para Simon e Garfunkel, que estavam gravando o álbum *Bookends*: "Um som que lembro nitidamente foi de uma corda dedilhada, como um som de baixo. Aí dava uma queda brusca, algo que não dá para fazer com um baixo acústico ou elétrico. Alguns músicos de estúdio apareceram. Um sujeito carregando um baixo parou e ficou ouvindo. Ficou branco como um lençol".[175]

Mas se a sofisticação dos recursos dos estúdios concentraram o processo criativo nas mãos de produtores como Eno, outras mudanças tecnológicas atuam na direção oposta. Outra vez a face de Jano da inovação tecnológica se revelou. Por um lado, gramofones, rádio e televisão ajudaram a converter o intérprete ativo num ouvinte passivo. Por outro lado, desde a década de 1950 vem ocorrendo um aumento rápido e prolongado no número de pessoas que fazem música para si próprias à sua própria maneira. A guitarra elétrica foi fundamental para essa evolução.

O acréscimo de um captador sonoro a um instrumento acústico foi tentado pela primeira vez na década de 1930, mas com resultados ambíguos, pois o aumento de volume veio à custa de distorção e *feedback*: "Um violão acústico amplificado mal manejado podia subitamente começar a uivar como um coiote energizado", nas palavras de John Rockwell.[176] Nas mãos de intérpretes muito habilidosos como Eddie Durham e Charlie Christian, podia soar maravilhoso — como demonstram as gravações de Christian com o Sexteto Benny Goodman —, mas eles eram poucos e raros. A solução foi um instrumento maciço, que permitia ao captador sonoro amplificar somente a corda, e não as vibrações ambientes. Entre os vários candidatos à primeira guitarra elétrica, quem merece o título é a Log, criada por Les Paul em 1941.[177]

Onze anos decorreram, porém, até Paul conseguir persuadir a Gibson Guitar Corporation a lançar no mercado uma versão bem melhorada. Àquela altura, ele havia sido ultrapassado por outro pioneiro, Leo Fender. Após muitos anos de experimentação, Fender desenvolvera uma guitarra elétrica que era eficaz, simples, robusta, fácil de fabricar e, acima de tudo, fácil de tocar. Como ele explicou:

> Num violão elétrico, você tem uma corda tensionada sobre o topo de um diafragma, e esse topo não tem uma frequência específica. Se você toca uma nota, o topo responderá a esta e também a uma série de notas vizinhas, produzindo distorção, particularmente em níveis maiores de amplificação. Numa guitarra elétrica isso não ocorre, você lida com uma só nota de cada vez.[178]

Fender, o equivalente eletrônico a Theobald Boehm, foi ao mesmo tempo músico (embora seu instrumento preferido fosse o saxofone) e técnico (era

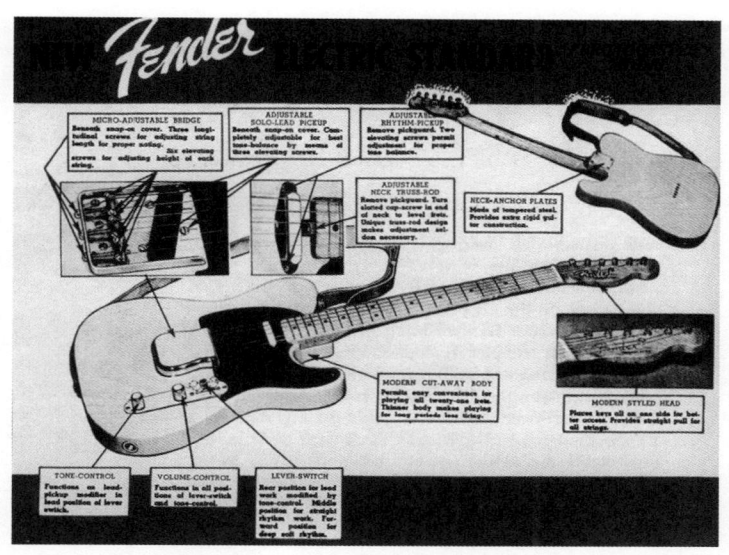

Anúncio de uma Fender Broadcaster de 1951. O nome foi logo mudado para Telecaster.

dono de uma oficina de rádios em Fullerton, Califórnia). Também sabia tudo sobre amplificadores. Este foi o segredo de seu sucesso — em vez de tomar o violão como ponto de partida, começou com amplificação.

Fender também teve o cuidado de fazer que seus protótipos fossem testados por músicos, baseando-se em seus comentários para adaptar forma, tamanho e peso. O resultado foi um instrumento, comercializado pela primeira vez em 1950, chamado Broadcaster, nome que logo teve que ser mudado para Telecaster quando um fabricante de tambores reclamou da coincidência de nomes. Em 1954, à Telecaster se juntou a Stratocaster, um modelo melhorado com três captadores sonoros e uma alavanca *tremolo* para efeitos de vibrato. Tornou-se a guitarra mais vendida de todos os tempos, merecedora do adjetivo "icônica". Tão perfeito foi o primeiro modelo que quase não mudou desde então. Seu quinquagésimo aniversário foi festejado com um show na Wembley Arena, em que sua prolongada supremacia foi demonstrada por entusiastas como Hank Marvin, Jeff Beck e Brian May.[179]

Outra característica atraente da Stratocaster foi a aparência: os dois "chifres" que a tornavam imediatamente reconhecível. Quando Phil Manzanera passou num teste para ingressar na banda Roxy Music em 1972, descobriu que teria de trocar de guitarra, e não por razões musicais:

Paraíso dos adolescentes: Jeff Beck, aos dezessete anos, toca com The Deltones no Downgate Hall, Tonbridge, em 1961. Todos os guitarristas estão tocando Fenders.

Eu tinha uma Gibson 335, e Bryan Ferry e [Brian] Eno disseram: "Não, ela não tem a cara certa!". Era necessário uma Stratocaster branca, portanto tive que pegar um empréstimo de cem libras num banco — dá para acreditar? — para comprar uma Strat branca e poder entrar no Roxy. Está na capa do primeiro álbum. Isso mostra o poder de um ícone: eles sacaram que minha 335 com cara de jazz não era aceitável como imagem.[180]

Manzanera se tornou um adepto, e agora fala da Stratocaster com carinho:

Ela tem climas definidos, o captador sonoro de cima é muito escuro e vai mudando para um som bem mais leve e agudo no captador sonoro inferior. Assim você pode facilmente se adaptar ao clima de uma canção individual. E os modelos mais antigos têm som melhor — são facílimos de tocar. É um pouco como um Stradivarius — as primeiras Fenders são como a fina flor, o som é muito bonito.[181]

Se a comparação parece exagerada, é confirmada pelo fato de que uma das Stratocasters de Eric Clapton, conhecida como Blackie, foi vendida num leilão em 2004 por 959 mil dólares.[182]

Quase tão importante como a Telecaster ou Stratocaster foi a invenção de Fender do baixo elétrico em 1953. Com os instrumentos *rhythm* e *lead* de seis cordas agora bem mais potentes, um baixo amplificado era essencial. O Fender Precision Bass, como foi (e ainda é) chamado, preencheu a lacuna e fez muito mais, possibilitando a batida vigorosa do baixo que permaneceu em todos os sentidos na raiz da música rock desde então. Estava aberto o caminho para o grupo de rock de quatro instrumentos — guitarras *lead* e *rhythm*, baixo e bateria — conquistar o mundo.

Com razão, Fender é chamado "o Henry Ford da guitarra elétrica". Como seus instrumentos podiam ser produzidos em massa, a economia em escala os tornou acessíveis à maioria dos aspirantes a músico. E, por serem fáceis de tocar, um mercado de massa surgiu tanto para os produtores como para os consumidores de música. Quem pretendesse imitar a música popular da era do suingue precisava de um alto grau de treinamento musical e instrumentos muito caros. Já na era pós-Fender, era possível formar uma banda com pouco dinheiro e menos know-how: bastavam três acordes para começar a tocar. Em 2007, uma guitarra elétrica e amplificador podiam ser comprados por menos de duzentas libras. Das multidões de aspirantes, pouquíssimos conseguem chegar ao estúdio de gravação, sem falar nas paradas de sucessos, mas tamanhas são as recompensas materiais e tão deslumbrante é o estilo de vida dos músicos de sucesso que jamais se deixou de tentar. Essas pessoas ajudaram a tornar Leo Fender um homem riquíssimo, que vendeu sua empresa à CBS em 1965 pela soma então colossal de 13 milhões de dólares.[183]

Em termos tecnológicos, a Stratocaster de 1954 é bem antiga, mas até hoje o avanço tecnológico tem o poder de ajudar a música. Em 17 de outubro de 2005, por exemplo, um conjunto de Sheffield chamado Arctic Monkeys lançou um *single* intitulado "I bet you look good on the dance-floor". Chegou ao primeiro lugar nas paradas de sucessos e foi incluído em seu primeiro álbum, *Whatever people say I am, that's what I'm not*, lançado em janeiro de 2006, que vendeu mais de 120 mil cópias no primeiro dia e 363 mil cópias (todas as disponíveis) na primeira semana.[184] Tal fenômeno não é incomum no mundo da música popular. O que tornou esse episódio especial foi a maneira como os Arctic Monkeys fizeram sua música e encontraram um público. Quando estavam prontos para gravar, não procuraram uma multinacional consagrada como a EMI ou a Warner, e sim uma empresa independente chamada Domino,

fundada por um casal num apartamento do sul de Londres em 1993. Em seguida, evitaram de propósito o caminho habitual do disco demo, empresário e
gravadora, a favor da internet. Os downloads de suas primeiras músicas eram
gratuitos, e seus fãs foram encorajados a compartilhar músicas. O que perderam
em direitos autorais foi mais do que compensado com a criação de um público
grande e fiel que acorria aos seus shows.[185]

Um uso ainda mais arrojado da internet foi feito por Sandi Thom, que por
vários anos tentara em vão se tornar cantora pelos meios convencionais. Em
fevereiro de 2006, lançou uma série nova de shows intitulada Twenty One
Nights from Tooting, a diferença sendo que o local era seu apartamento subsolo no subúrbio londrino de Tooting. Ela não teve plateia, e a mídia foi uma *web-
cam* conectada à internet. O que aconteceu depois é controvertido. A versão de
que o número de visitas ao seu site disparou de 643, em 24 de fevereiro, para
86325, em 4 de março, e continuou subindo para 150 mil, 200 mil foi desmen-
tida por alguns como sendo um golpe publicitário. Com certeza, os informes
jornalísticos geraram tanto interesse quanto os próprios espetáculos, e é possível que sua arte tenha sido realçada pelo artifício.

A estatística mostra, porém, que sua gravação seguinte, "I wish I was a punk
rocker (With flowers in my hair)", logo chegou ao primeiro lugar das paradas, o
mesmo acontecendo com seu primeiro álbum, *Smile... it confuses people*. Sua
capacidade de eliminar todos os intermediários e se conectar direto aos fãs também é inquestionável. O diretor da empresa que criou seu *webcast* comentou:

> Interessante mesmo é que o público vai migrando de um país para outro. Dá para
> perceber nas estatísticas de acesso. Tudo começou no Reino Unido, depois foi para
> os Estados Unidos, então começou a vir para a Europa, Escandinávia, e o maior
> público no momento está na Itália. O fenômeno é comentado nos blogs, e a notí-
> cia se espalhou por toda a internet. Aquilo se tornou a suprema campanha de
> marketing virtual.[186]

Ao mesmo tempo que Sandi conquistava seu público a partir de Tooting,
do outro lado do mundo, na Coreia do Sul, um guitarrista autodidata de 23
anos chamado Jeong-hyun Ling, de apelido Funtwo, usava o YouTube para demonstrar seu incrível virtuosismo tocando uma versão rock do *Cânon* de
Johann Pachelbel.[187] O YouTube foi criado no final de 2005, logo se tornou o

Sandi Thom transmite seu show para o mundo do seu apartamento subsolo em Tooting.

terceiro ou quarto site mais popular do mundo e foi vendido para o Google por 1,7 bilhão de dólares em novembro de 2006.[188]

Em apenas 170 anos, avançamos muito desde os dias em que *Le Ménestrel* sonhou com o gás musical. Cada vez que a morte da indústria musical é anunciada, a música dá a volta por cima e recomeça seu progresso inexorável. O download da internet, que antes parecia sinalizar o fim das gravadoras, revelou-se mais um caminho para o Eldorado. Rememorando 2006, quando as vendas de *singles* aumentaram 40%, Peter Jamieson, presidente da Associação Fonográfica Britânica, disse: "Há poucos anos, alguns analistas previram a morte do *single*. Estamos agora vendo um mercado que dobrou em três anos, graças aos downloads.[189] O surgimento do iPhone e de outros dispositivos semelhantes só pode acelerar a tendência. Felizmente, os historiadores não têm obrigação de fazer previsões. Mas o que se pode afirmar, com uma confiança baseada no conhecimento do que aconteceu nos últimos dois ou três séculos, é que, sejam quais forem os avanços tecnológicos do futuro, a música é a forma de arte que tende a se beneficiar mais.

5. Libertação
Nação, povo, sexo

Em 5 de dezembro de 1757, em Leuthen, na Silésia, Frederico, o Grande, e seu exército de 33 mil prussianos infligiram uma derrota avassaladora a um exército austríaco com o dobro do tamanho. Com três batalhões de voluntários, Frederico perseguiu o inimigo até Lisa, na estrada para Breslau, onde uma breve escaramuça se seguiu. Ao ouvir o canhoneiro, o exército prussiano principal veio ajudar. O que aconteceu então foi descrito em uma das passagens sonoras de Thomas Carlyle:

Escuridão total; silêncio, rompido por um granadeiro prussiano que, com voz solene de tenor, entoa uma música sacra: um hino da Igreja conhecido, do tipo familiar do Te Deum, a que 25 mil outras vozes, e todas as bandas regimentais, logo aderiram:

> *Agradeçam todos vós a Deus*
> *Com coração, mãos e vozes,*
> *Que coisas maravilhosas fez,*
> *Em quem o mundo exulta.*

O coral de Leuthen, *de Arthur Kampf (1887). Frederico, o Grande, pode ser visto em pé, à distância, na esquerda.*

E assim eles avançam; melodiosos, soando ao longe, pela noite vazia, outra vez de uma maneira extremamente notável. Um povo devoto, de estirpe alemã legítima, embora corpulento; e com exceção talvez do punhado de membros da cavalaria de de Oliver Cromwell, provavelmente os mais perfeitos soldados já vistos.[1]

Eles tinham ido lutar naquela manhã cantando hinos luteranos e, agora que a batalha terminara, agradeciam ao Todo-Poderoso também da maneira que melhor sabiam. Os historiadores prussianos gostavam de acrescentar que o hino foi oferecido menos como agradecimento a Deus do que como tributo ao seu carismático rei-guerreiro. Provavelmente foram as duas coisas. Podemos tentar imaginar o que o alvo de sua veneração sentiu quando ouviu seus solda-dos cantando. Com certeza não sentiu nenhum impulso em aderir. Ele próprio era conhecido por desprezar o cristianismo como "uma velha ficção metafísica, recheada de fábulas, contradições e absurdos [...] gerada pela imaginação febril dos orientais".[2] O próprio coral tampouco era de seu agrado. Ele sabia do que gostava: de *opera seria* cantada por italianos.

No entanto, aquele choque cultural não impediu "Nun danket alle Gott" de ser para sempre associado àquela efusão triunfalista. De fato, ficou conhecido como "o coral de Leuthen" e foi comemorado em palavras e imagens nos cem anos seguintes. Quando o império napoleônico caiu, o coral foi cantado em inúmeras ocasiões por toda a Alemanha.[3] Voltou a ser cantado após as vitórias sobre os franceses em Gravelotte e Sedan em 1870 e após a proclamação do Império Alemão no Salão dos Espelhos em Versalhes, em 18 de janeiro do ano seguinte.[4] Depois se revelou um arqui-inimigo musical, ao acompanhar o avanço impetuoso e arrogante do novo Estado rumo à guerra, derrota, democracia e ditadura. Foi cantado com vigor pela multidão defronte ao palácio real em Berlim em 1º de agosto de 1914, quando se anunciou a irrupção da guerra.[5] Foi cantado com igual entusiasmo em 21 de março de 1933 na Igreja da Guarnição em Potsdam, quando Hitler e Hindenburg depuseram coroas de flores nos túmulos de Frederico Guilherme I e seu filho Frederico, o Grande, como parte do grande Dia de Potsdam, que inaugurou o Terceiro Reich.[6] À semelhança de Frederico, o Grande, Hitler não acreditava de fato que era a Deus que se devia agradecer.

A associação entre música e artes marciais de um povo que elegeu a si mesmo é bem longa. Uma das primeiras foi o ataque a Jericó realizado por Josué e os israelitas ao conquistarem Canaã. Após uma agressão de sete dias aos tímpanos dos defensores por sete sacerdotes tocando sete trombetas de chifres de carneiro, a cidade capitulou sem resistência:

> O povo inteiro lançou, então, o grito de guerra, enquanto ressoavam as trombetas. Logo que o povo, ao ouvir a trombeta, deu seu grito, desabaram de repente as muralhas. Cada um entrou pelo lugar que estava à sua frente, e assim tomaram a cidade, matando tudo o que nela havia. Homens e mulheres, jovens e velhos, bois, ovelhas e jumentos, tudo foi passado ao fio da espada. (Josué 6: 20-1)

Claro que nem sempre as coisas foram tão fáceis assim. Mas mesmo quando o Todo-Poderoso fazia seus ungidos sofrerem baixas antes da vitória, acreditava-se na eficácia de uma invocação musical. Aquilo também elevava o moral dos combatentes. Após golpear os escoceses de forma implacável na batalha de Dunbar em 3 de setembro de 1650, Oliver Cromwell preparou sua cavalaria para a matança dos fugitivos encabeçando o canto do Salmo 117: "Aleluia! Povos todos, louvai o SENHOR, nações todas, dai-lhe glória...".[7]

Os protestantes tinham seus salmos e hinos, enquanto os católicos respondiam com Te Deums.[8] No século XVIII, quando a peçonha começou a escoar dos conflitos religiosos, os textos dos hinos bélicos assumiram uma forma mais secular. Conquanto o apoio divino continuasse sendo invocado por todos os lados, foi a nação que despontou como o principal legitimador da luta armada. Apesar de sua sofisticação e inteligência, nesse aspecto Frederico, o Grande, estava cada vez mais fora de sintonia com seus súditos. Ele encontrou sua própria fonte de autoridade no Estado, ficando famoso por se aclamar seu primeiro servidor, mas não na nação. Ainda que consciente das diferenças nacionais, sua identidade pessoal era cosmopolita e não alemã. Ainda na condição de príncipe herdeiro, escrevera para Voltaire que a Alemanha jamais chegaria a desenvolver uma cultura vernácula de algum valor. Admitiu que os alemães possuíam certas virtudes — não lhes faltava intelecto, tinham muito bom-senso (comparando-se aos ingleses nesse aspecto), eram diligentes e até profundos. Por outro lado, também eram tediosos, prolixos e maçantes.

Ele acreditava que o problema principal fosse linguístico: como a Alemanha estava dividida em uma infinidade de territórios, jamais seria possível alcançar um consenso sobre qual dos dialetos alemães se tornaria a forma padrão.[9] Essa aversão à língua alemã se tornou um tema recorrente em suas obras públicas e também na correspondência privada, como em: "Se ainda conservamos algum vestígio de nossa antiga liberdade republicana, consiste na oportunidade inútil de assassinar à vontade uma língua que é rude e ainda praticamente bárbara".[10] Ele confirmou seu próprio preconceito usando uma forma rudimentar de alemão, mal soletrada e gramaticalmente errada.[11] Sua língua preferida era, é claro, o francês.

Essa francofilia (que tem sido muito mal compreendida e exagerada) não se estendeu à música. A música francesa, ele afirmou, era "infantil", acrescentando: "Só os italianos sabem cantar e só os alemães sabem compor".[12] Referia-se à *opera seria* ao estilo italiano, mas composta por compositores como Johann Adolf Hasse e Carl Heinrich Graun, cuja origem alemã, para Frederico, os tornava capazes de acrescentar profundidade emocional e complexidade harmônica ao talento italiano para a melodia. Mas suas composições tinham de ser cantadas por italianos. Quando informado de uma soprano alemã maravilhosa chamada Gertrude Mara (nascida Schmeling), dizem que Frederico bufou com desdém: "Uma cantora alemã? Daqui a pouco vão querer que eu experimente prazer dos rinchos do meu cavalo".[13] Outra versão da mesma história diz que Frederico se recusou a ouvi-la, alegando que ela teria um "sotaque tudesco" e acrescentando: "Prefiro ouvir as árias de minhas óperas relinchadas por um cavalo a ouvir uma prima-dona alemã".[14] Na verdade, "latidas por um cão" teria sido uma metáfora mais apropriada, porque La Mara recordou que, quando enfim conseguiu se apresentar, encontrou Frederico sentado num sofá com o general Tauentzien e três galgos italianos que na mesma hora se puseram a uivar — como costumavam fazer quando viam uma mulher.[15]

O gosto musical de Frederico se cristalizara cedo. Na década de 1770, achava que a música, sendo criada pela geração mais nova, era "mero barulho, agredindo nossos ouvidos em vez de acariciá-los". Ele desprezava a música de Haydn como "um tumulto que esfola as orelhas"; de Mozart parece não ter tomado conhecimento.[16] Fazia todo o possível para ofender os compositores alemães contemporâneos, pedindo ao seu *Kapellmeister* Johann Friedrich Reichardt que "não compusesse óperas porque não sabia fazê-lo e errava tudo", acrescentando a sugestão insultuosa de que deveria mudar seu nome para Ricardetto ou Ricciardini. Segundo seu próprio relato, Reichardt respondeu: "Vossa Majestade! Orgulho-me de ser prussiano e não desejo italianizar meu nome alemão".[17]

Como indica essa resposta, Reichardt sentia dupla fidelidade: embora prussiano em termos políticos, culturalmente era alemão, assim como hoje muitas pessoas se sentem galesas sem desejar criar um Estado galês independente. Em outras palavras, existe mais de um tipo de nacionalismo. Reconhecer a possibilidade dessa dualidade é mais importante do que pode parecer, pois existe um grupo de historiadores grande e influente que acredita que o nacionalismo é na verdade um fenômeno moderno, que remonta no máximo à Revolução Francesa. Segundo eles, um verdadeiro nacionalista deve sempre almejar a coincidência entre as fronteiras culturais e políticas da comunidade. Não precisamos nos deter agora nas minúcias desse tipo de divergência historiográfica, embora, como observou Noël Malcolm, esse argumento "modernista" seja "essencialmente circular: primeiro define a nação em termos que só condizem com as condições políticas dos séculos XIX e XX e depois demonstra que as nações foram formadas nos séculos XIX e XX".[18]

A história da música demonstra que o nacionalismo era uma força poderosa bem antes de 1789. De fato, a "nação" foi um dos dois substantivos principais do discurso político do século XVIII. O outro foi o Estado, um conceito abstrato e sem vida que atraiu principalmente governantes e seus burocratas, deixando o grosso da população apático — quando não totalmente hostil — às suas pretensões. A nação, por outro lado, se mostrou um conceito pleno de força motivadora, pois desencadeava reações tanto positivas como negativas numa progressão dialética autogeradora. A cada virtude que um nacionalista atribuía ao seu próprio grupo nacional, correspondia um defeito a ser criticado no "outro" em relação ao qual se definia a identidade nacional. Claro que era um processo bidirecional, porque o nacionalista acreditava que o outro, além de negar a honra devida, não reconhecia as próprias falhas. Esse processo mutuamente exacerbador pode ser denominado "a dialética do nacionalismo".[19]

Para a maioria dos grupos nacionais, a França servia como o "outro", já que, durante o longo reinado de Luís XIV (1643-1715), alcançara um extraordinário grau de hegemonia cultural, que impunha com um triunfalismo estridente. Essa autoconfiança não se limitava ao monarca. Os músicos franceses gostavam de propagar o velho ditado de que "a Espanha soluça, a Itália lamenta, a Alemanha brame, Flandres uiva e só a França canta". Saint-Evrémond, que o repetiu em 1684, acrescentou que os italianos tinham a ópera francesa em baixa estima, preconceito que era animadamente retribuído.[20] Francesco Cavalli esforçou-se ao máximo para adaptar seu estilo ao gosto francês em sua ópera *Ercole amante* (*Hércules apaixonado*) em 1662, mas sem sucesso. Com uma exceção solitária, aquela foi a última ópera italiana apresentada na França por 67 anos.[21]

No início do século XVIII, a proeminência da música francesa parecia aos seus partidários nativos tão óbvia quanto o domínio militar de Luís XIV. Em 1704 (o ano em que a batalha de Blenheim pôs fim a esse domínio), um homem com o exuberante nome de Jean-Laurent Le Cerf de la Viéville publicou uma comparação entre as músicas italiana e francesa, privilegiando a última. Sua superioridade havia sido consumada pela genialidade de Lully — "um homem de talento incomparável, um homem cujo equivalente se procura em vão em qualquer dos dezesseis séculos que o precederam".[22] O fato incômodo de que Jean-Baptiste Lully recebera ao nascer em Florença o nome de Giovanni-Battista Lulli era contornado com a afirmação de que ele assimilara por completo a música do país adotado.[23]

Dez anos depois, esse tratado foi reeditado por Pierre Bourdelot e Pierre Bonnet como apêndice a uma história da música que celebrava a supremacia francesa em termos bem mais estridentes. Seu reconhecimento tático de que a música italiana não era totalmente destituída de mérito foi seguido por um ataque em que foi tachada de estranha, caprichosa e contrária a todas as regras, dependente de ornamentação excessiva, febril, vulgar e produzindo efeitos sem causas. A música italiana era como uma meretriz pintada, enquanto a música francesa era "uma mulher bonita, cujos encantos simples, naturais e espontâneos conquistam os corações de todos que ela encontra, que basta aparecer para dar prazer e que não tem nada a temer dos maneirismos afetados de uma coquete excêntrica".[24] Bourdelot e Bonnet teriam rejeitado sumariamente qualquer sugestão de que o nacionalismo era uma invenção moderna: segundo eles, a antipatia entre músicos italianos e franceses remontava a Carlos Magno. Cada nação tinha seu próprio caráter, eles afirmavam, derivado de seus gostos, costumes e prazeres peculiares. Assim, por que os franceses deveriam querer cantar e tocar como os italianos?[25]

Ao menos os comentaristas franceses tinham conhecimento de que se vinha criando música na Itália. O mesmo não se pode dizer de sua percepção da música alemã. Em meados do século XVIII, ainda foi possível para o abade Marc-Antoine Laugier escrever uma longa análise do cenário musical da Europa da época sem mencionar a música alemã sequer uma vez. Com toda a razão comentou que "o preconceito nacional às vezes nos cega para os méritos da música dos outros", dado que o livro de Laugier foi publicado seis anos após a morte de Johann Sebastian Bach.[26] Se um abade católico com formação jesuíta poderia ser perdoado por ignorar um herege resolutamente protestante, a enorme abundância de talento musical do outro lado do Reno torna a miopia do abade menos desculpável.

Embora a música sempre se beneficiasse do pluralismo do Sacro Império Romano-Germânico, durante a primeira metade do século XVIII a coincidência de numerosos compositores ilustres começou a criar uma tradição cultural especialmente forte. Uma lista dos compositores mais proeminentes nascidos antes de 1750 incluiria Leopoldo I (1640-1705), Heinrich Biber (1644-1704), Johann Joseph Fux (1660-1741), Johann Pachelbel (1653-1706), Georg Philipp Telemann (1681-1767), Johann Sebastian Bach (1685-1750), Georg Friedrich Händel (1685-1759), Johann Joachim Quantz (1697-1773), Johann Adolf Hasse (1699-1783), Carl Heinrich Graun (1703-59), Franz Benda (1709-86), Ignaz Holzbauer (1711-83), Frederico, o Grande (1712-86), Carl Philipp Emmanuel

Bach (1714-88), Johann Wenzel Anton Stamitz (1717-57), Johann Friedrich Agricola (1720-74), Georg Anton Benda (1722-95), Christian Cannabich (1731-98), Joseph Haydn (1732-1809), Johann Christian Bach (1735-82), Michael Haydn (1737-1806), Carl Stamitz (1745-1801).

Não é de admirar que em 1741 um periódico publicado em Brunswick intitulado *Der Musikalische Patriot* (*O patriota musical*) oferecesse a seguinte declaração triunfante da supremacia da música alemã:

> Não devem os italianos, que antes eram os preceptores dos alemães, agora invejar os estimáveis compositores da Alemanha e secretamente tentar aprender com eles? De fato, não devem os distintos e poderosos parisienses, que costumavam zombar do talento alemão como algo provinciano, agora ter aulas com Telemann de Hamburgo? Na verdade, acredito que nós, alemães, podemos continuar ensinando aos estrangeiros como a música pode ser ainda mais desenvolvida, da mesma forma como nossos compatriotas, sobretudo Leibniz e Wolff, demonstraram como as ciências filosóficas e matemáticas podem ser elevadas a um nível ainda maior de perfeição.[27]

A dialética do nacionalismo agiu com grande força também, pois esse orgulho pela música alemã foi intensificado pelo desdém pela música francesa e pelo entendimento de que aquela atitude era retribuída pelos "distintos e poderosos parisienses".

À medida que o século XVIII avançava, mesmo os melômanos franceses mais nacionalistas foram obrigados a perceber que o chão se movia sob seus pés, pois a rápida expansão da publicação de partituras tornou disponível muito mais música estrangeira. Na década de 1750, a questão assumiu uma importância mais que musical. Para o *beau monde* de Paris, a Ópera era a instituição cultural central, já que era grande a paixão pela música operística.[28] O sobrinho fictício de Rameau, de Diderot, pergunta ao cavaleiro de Turcaret: "Você gosta de música?". "Sim", é a resposta, "pior ainda, sou assinante da Opéra." "É a paixão dominante da boa sociedade", observa o sobrinho de Rameau. "Com certeza é a minha", concorda Turcaret.[29] Ir a Paris sem visitar a Opéra, escreveu o turista russo Nikolai Karamzin, era como ir a Roma e não ver o papa.[30] Assim, quando a trupe de *opera buffa* de Eustachio Bambini chegou a Paris em 1752, causou uma comoção que não se restringiu aos salões de chá.[31] Em suas confissões, Rousseau afirmou que o folheto que escreveu na ocasião, *Cartas sobre a música francesa*, "impediu uma revolução".[32] Isso é menos absurdo do que pode parecer.

A Guerra dos Bufões, como o caso ficou conhecido, alinhou, de um lado, os que achavam que a ópera francesa tradicional estava ultrapassada e, do outro, aqueles preparados para defender a superioridade da música francesa contra os novos astros. De modo significativo, as vozes mais eloquentes do primeiro grupo foram ambas estrangeiras. O alemão barão Grimm contou a seus correspondentes que o que os franceses gostavam de chamar de ópera era "uma coletânea de minuetos, gavotas, *rigaudons*, *tambourins* e contradanças, entremeados de algumas cenas de cantochão que pareciam vir direto do serviço religioso vespertino".[33] Muito mais provocador foi Jean-Jacques Rousseau, cidadão de Genebra, que com sua rudeza característica informou aos franceses em 1753 que eles não possuíam nenhuma música digna de nota:

> Acredito ter mostrado que não existe compasso nem melodia na música francesa, porque seu idioma não é capaz disso; que o canto francês é um constante grito, insuportável a um ouvido sem preconceitos; que sua harmonia é tosca e destituída de expressão, como se composta por amadores; que as "árias" francesas não são árias; que o recitativo francês não é recitativo. Daí concluo que os franceses não possuem música nem podem possuir; ou, se vierem a possuir, será pior para eles.[34]

O panfleto causou sensação, provocando um contra-ataque de grande intensidade e volume. O próprio Rousseau registrou: "Uma descrição do efeito incrível desse panfleto seria digna da pena de Tácito", acrescentando que o plano da orquestra da Ópera de assassiná-lo só fora impedido por uma escolta de mosqueteiros atenciosamente fornecida por um admirador militar.[35] Dos prelos fluiu uma torrente de panfletos defendendo a honra da música francesa, considerada de mais bom gosto, mais nobre, mais profunda, mais equilibrada, mais expressiva, mais harmoniosa, mais lúcida, mais sincera e, ao mesmo tempo, mais substancial e sutil.[36] Já a música italiana foi desprezada como superelaborada, tediosa, vulgar, volátil, superficial, trivial, formalista, frívola, pueril, superemocional, agradando aos instintos básicos e em constante busca de efeito à custa da substância — só para dar uma amostra das acusações lançadas.[37] Uma metáfora popular aplicada à música italiana era "coquete", uma dama paqueradora promíscua, frívola e agradável, mas essencialmente trivial e superficial, mais bem consumida, para aumentar a metáfora, como um *hors d'oeuvre* antes de se aventurar num cardápio francês mais substancial.[38]

Louis-Bertrand Castel repetiu sua própria versão de *solus Gallus cantat*:

> Há mais de duzentos anos se diz que "os espanhóis ladram, os alemães bramem, os ingleses assobiam, os italianos trinam e os franceses cantam". De todos esses atributos, apenas o dos franceses pode se aplicar à verdadeira música, pois cantar é música *per se*. Como é possível não termos nenhuma música própria atualmente — nós que tínhamos música numa época em que ninguém mais tinha, nós que temos a mesma música hoje que tínhamos então? Na verdade, o provérbio que acabei de citar às vezes reza: "*apenas* os franceses cantam".[39]

Com o tempo, a querela acabou desaparecendo, mas não antes de ter mostrado a importância que se atribuía a uma música nacional superior à de qualquer outra nação. Aquela foi de fato "uma briga entre nações", afirmou um panfleteiro, e "cabe a nós, como verdadeiros franceses, como verdadeiros patriotas, como verdadeiros súditos do rei, fazer que nossas vozes sejam ouvidas".[40] Ela também demonstrou uma percepção aguda do caráter nacional. As nações eram diferentes porque suas línguas eram diferentes, afirmou alguém, de modo que só os italianos podiam compor no verdadeiro estilo italiano.[41] Embora em teoria isso implicasse que as culturas nacionais eram diferentes mas iguais, o aumento da temperatura causado pela Guerra dos bufões excluiu o pluralismo. A música francesa não era apenas diferente, era superior. Nenhum compositor francês devia sequer tentar cometer uma traição cultural imitando os italianos, afirmava-se, pois o "gosto dominante da nação [italiana] e a inclinação natural de seu povo" sempre foram "os inimigos mortais dos verdadeiros sentimentos e da razão sensata".[42] Mais preocupante para o Antigo Regime, a querela indicou o surgimento de um objeto de lealdade distinto do monarca, e potencialmente hostil a ele. Tal objeto era a nação.

"RULE BRITANNIA"? "AUX ARMES, CITOYENS!"

"Toda moça deveria ter um marido, de preferência o seu próprio", observa um personagem do romance *No orchids for Miss Blandish* (1939), de James

Hadley Chase.[43] No decorrer dos séculos XVIII e XIX, cada nação passou a achar que deveria ter uma música, de preferência sua própria — e sua própria literatura e artes visuais também, por sinal. Mas a música conseguia exprimir as aspirações nacionais mais diretamente que as demais artes. Um bom exemplo foi proporcionado pela Inglaterra — por incrível que pareça, pois por muito tempo gozara da fama de "um país sem música".[44]

Revendo o século XVIII da perspectiva privilegiada de 1802, o maior periódico musical alemão, *Allgemeine Musikalische Zeitung*, de Leipzig, observou que não dava para entender como um país tão rico em poetas e dramaturgos era tão destituído de compositores de primeira linha: "Os ingleses não têm noção de música, respeito e muito menos amor por ela — tudo que têm é dinheiro para pagar músicos estrangeiros que sabem como adulá-los".[45] Três anos depois, um correspondente informou de Londres que se podia de fato ouvir música em quase todo lar próspero, mas tocada apenas por mulheres. A arte era aprendida no mesmo tipo de espírito do bordado, ele acrescentou, servindo sobretudo para proporcionar distanciamento social e passatempo.[46]

Embora procedesse em parte de considerações não musicais, uma delas sendo a inveja do poder econômico britânico, esse preconceito era difícil de refutar. A trágica morte do muito promissor Thomas Linley, num acidente de barco em 1776, aos 22 anos, pode ter privado a Inglaterra de seu Mozart, mas, mesmo com a maior boa vontade do mundo, não se podia atribuir nem a Thomas Arne, nem a John Marsh importância semelhante à dos músicos importados do continente, como Händel ou Haydn. Os comentaristas ingleses menos tacanhos reconheciam a deficiência. Em texto para o *Spectator* em 1711, Joseph Addison criticou a "prática monstruosa" de cantar óperas em italiano, mas também reconheceu que a Inglaterra era um país sem música:

> No momento, nossas noções de Música são tão incertas que não sabemos do que gostamos, só que em geral nos entusiasmamos com algo que não é inglês; portanto, se for de origem estrangeira, seja italiana, francesa ou alemã, é a mesma coisa. Em suma, nossa Música inglesa está totalmente desenraizada, e nada se plantou em seu lugar.[47]

Apenas vinte anos antes, Henry Purcell — universalmente reconhecido como compositor de primeira linha — escrevera a música para o drama musical que celebrou e promoveu a nacionalidade inglesa: *Rei Artur*, com libreto de um poeta da estatura de John Dryden e encenado pela primeira vez em 1691, logo após a Revolução Gloriosa que depusera Jaime II e trouxera Guilherme e Maria ao trono. Seu próprio formato indicava um traço nacional, pois continha muitos diálogos falados, incluía dois personagens principais que não cantavam, além de apresentar muitos efeitos especiais, bem na tradição das mascaradas que remontava à época elisabetana. A *opera seria* e a *tragédie lyrique* não combinavam com os gostos ingleses, porque nelas todas as palavras eram musicadas (a música era contínua e não repetitiva). O refugiado huguenote Peter Motteux observou: "A experiência nos ensinou que nosso gênio inglês não apreciará aquela cantoria perpétua [...]. Nossos cavalheiros ingleses, depois de satisfeitos os ouvidos, desejam que suas mentes sejam satisfeitas, e Música e Dança se mesclam habilmente com Comédia ou Tragédia".[48]

Também especificamente inglesa foi a natureza do patrocínio. *Rei Artur* não foi encomendado pelo rei ou mesmo por um grupo de nobres, mas foi composto para um teatro comercial — The Queen's Theatre no Dorset Garden de Londres, projetado por sir Christopher Wren e com capacidade para mais de mil espectadores sentados — e tinha fins lucrativos. Os patriotas ingleses apreciaram muito a fantástica história de como o lendário rei Artur derrotou as forças das trevas e os invasores saxões, pois apesar de seu cenário semimístico, aquele era um texto atual, além de pressentir repetidas vezes a história posterior. Após apresentar os "valorosos britânicos, que irão por mar e por terra repelir nossos inimigos", a Honra invoca o santo padroeiro, antevê a Revolução Gloriosa e atrai o Todo-Poderoso em auxílio do seu povo escolhido.[49]

O mago branco Merlim profetiza que chegará o dia quando ingleses e saxões se juntarão para formar uma só nação anglo-saxônica, conforme conta ao derrotado Osvaldo.[50] A "crença comum" que apregoa deve se referir ao protestantismo, embora estranhamente Dryden tivesse se convertido ao catolicismo em 1685, talvez para agradar Jaime II ("Tais aquisições não constituíam grande perda para a Igreja", foi o comentário contundente de John Evelyn).[51] Os anglo-saxões também podiam esperar os dois outros pés do tripé que resultaria em sua felicidade singular: liberdade e prosperidade. Nenhuma tragédia lírica encenada em Versalhes celebrava de modo tão explícito os benefícios do comércio.

Agora conquistada a vitória,
À pilhagem corremos:
Retornamos às nossas amadas como mercadores afortunados,
Triunfantes com despojos dos invasores vencidos.[52]

Também estavam em desacordo com o espírito representativo da cultura das cortes continentais o populismo ou mesmo crítica social das passagens escritas para coros de camponeses, sobretudo em seu ataque ao dízimo, uma taxa sobre a produção agrícola paga por todos os lavradores: "Nós enganamos o pároco, vamos enganá-lo de novo; pois por que uma besta deve ficar com um décimo?".[53] Esses mesmos camponeses, ao final da obra, celebram ruidosamente as virtudes especiais da Velha Inglaterra antes que Vênus apareça para fazer um panegírico mais sofisticado, que inclui o célebre verso começando por "*Fairest Isle, all Isles Excelling*" — A mais bela ilha, sobressaindo entre todas as ilhas.[54]

Consagrado por uma visita real, *Rei Artur* foi um sucesso na estreia e foi reencenado periodicamente no século XVIII.[55] Na época em que sua natureza híbrida saiu de moda, tinha dado uma importante contribuição ao mito de fundação que respaldava o nacionalismo inglês e britânico, demonstrando que a verdadeira religião, prosperidade e liberdade tinham raízes de mais de um milênio. Em uma de suas numerosas profecias, Merlim aclama Artur como o primeiro "de três notáveis cristãos".[56] Embora os outros dois não sejam citados, todo mundo na plateia teria sabido que o segundo era o rei Alfredo, o rei dos anglo-saxões no século IX que queimou os bolinhos e derrotou os dinamarqueses.* Ele seria objeto de outra mascarada ainda mais bem-sucedida, estreada em 1740, com um libreto de James Thomson e David Mallet e música de Thomas Arne.

A trama de *Rei Alfredo*, com todas as suas imperfeições, segue a recuperação do monarca, de fugitivo acossado a vencedor triunfante sobre os invasores dinamarqueses. Mas seu propósito foi puramente político, em dois sentidos. Mais obviamente, sendo encenado um ano após o início da guerra contra a

---

* Referência a uma lenda sobre o rei Alfredo, o Grande (849-899), que de tão concentrado em contra-atacar os dinamarqueses invasores teria deixado queimar os bolinhos que deveria vigiar a pedido da mulher que lhe dera abrigo. (N. T.)

The Queen's Theatre, no Dorset Garden, Londres, projetado por sir Christopher Wren, onde Rei Artur, *de Purcell e Dryden, foi pela primeira vez encenado. Esta gravura da época mostra bem o cenário comercial urbano.*

Espanha e com uma guerra não declarada contra a França em andamento, foi um chamado às armas. No terceiro ato, cena 3, por exemplo, um eremita inspira o pressionado Alfredo invocando espíritos do futuro, inclusive vencedores dos franceses como Eduardo III e o Príncipe Negro. O maior herói do futuro, porém, é Guilherme III, pois foi ele quem afugentou aquele monstro de duas cabeças, superstição e absolutismo (Jaime II), e sua companheira "vil servidão, que se agachou e beijou o açoite ante o qual ele tremeu". O eremita vê a Revolução Gloriosa como o divisor de águas da história inglesa:

> *A partir desta hora grandiosa*
> A Grã-Bretanha *datará a restauração de seus direitos e leis:*
> *E um grande propósito regerá seu coração soberano;*
> *Punir o orgulho da* França, *aquele inimigo declarado*
> *Da* Inglaterra *e da liberdade.*[57]

O que proporcionou a *Alfredo* sua imensa e duradoura força não foi a música nem o texto, mas a combinação dos dois no coro de encerramento, "Rule Britannia", que viria a se tornar talvez a cantiga mais emotiva e popular de toda a música inglesa, familiar a qualquer britânico:

Reina, Britânia, reina sobre as ondas!
Os britânicos jamais serão escravos![58]

Com uma economia impressionante, as seis estrofes de quatro versos conseguem cobrir todas as principais características do nacionalismo britânico do século XVIII: auxílio divino ("Quando a Grã-Bretanha no início por comando celeste,/ Ergueu-se do oceano azul-celeste"); uma vocação única para a liberdade ("As nações, não tão abençoadas quanto vós,/ Devem, uma por uma, cair nas mãos de tiranos:/ Enquanto vós florescereis grandiosa e livre,/ Temida e invejada por todas"); resistência desafiadora aos despotismos continentais ("Vossos tiranos arrogantes nunca subjugarão"); agricultura e comércio prósperos ("A vós pertence o domínio rural;/ Vossas cidades com comércio resplandecerão"); supremacia naval global ("Vosso será todo o súdito oceano,/ E cada litoral que ele circunda"); excelência cultural ("As musas ainda com liberdade encontradas;/ À vossa costa feliz acorrerão"); beleza natural ("Abençoada Ilha! Com uma beleza sem igual coroada"); e masculinidade viril ("E corações varonis para proteger a mulher formosa").

Menos óbvia à posteridade, mas facilmente acessível na época, foi a agenda política doméstica de *Alfredo*. Uma deixa é fornecida pelo filho de Alfredo, Eduardo, que canta imediatamente antes de "Rule Britannia" uma ária celebrando "liberdade, virtude e honra". O significado específico daquelas palavras foi realçado pelo local da estreia mundial: Cliveden, terra natal de Frederico, príncipe de Gales, filho mais velho de Jorge II, de quem divergia de forma implacável.[59] Tratava-se de um conflito familiar com componente ideológico. Contra um rei que se acreditava preferir Hanover à Grã-Bretanha e que confiava no notoriamente corrupto sir Robert Walpole para manipular o Parlamento por meios ilícitos, Frederico se apresentou como patriota britânico desprendido. Como parte da campanha para apregoar sua lealdade nacional e influenciar a opinião pública, instalou bustos do rei Alfredo e de Eduardo, o Príncipe Negro, no jardim de sua residência londrina, Carlton House.[60]

Em 1739, o príncipe Frederico visitou um dos seus principais partidários, o visconde de Cobham, em sua residência campestre em Stowe, onde encontrou um enorme parque e um jardim repleto de semiótica horticultural. Entre outras coisas havia um Templo dos Notáveis Britânicos erguido no ano anterior e abrigando os bustos de oito grandes patriotas de ação (rei Alfredo, Eduardo, o Príncipe Negro, rainha Elizabeth I, rei Guilherme III, sir Walter Raleigh, sir

Francis Drake, John Hampden e sir John Barnard) e oito homens das artes (Alexander Pope, sir Thomas Gresham, Inigo Jones, John Milton, William Shakespeare, John Locke, sir Isaac Newton e sir Francis Bacon). Todos tinham em comum uma dedicação à liberdade e à virtude, fundamentalmente em conflito com o despotismo e a corrupção que se acreditava prevalecer na Grã--Bretanha da época.[61]

Em suma, "Rule Britannia" era um hino de partido político, tanto quanto um hino de batalha. Os britânicos jamais se deixariam escravizar pelos supersticiosos déspotas católicos do continente — mas tampouco cairiam presas dos corruptos aspirantes a déspotas hanoverianos mais perto de casa. Embora o ataque ao rei fosse comunicado de forma fortemente cifrada, seus seguidores tiveram menos sorte. Walpole foi satirizado sem piedade, mais particularmente na *Ópera do mendigo*, de John Gay de 1728, uma ópera-balada tendo por cenário a Londres da época. Quando Peachum listou, entre os ladrões de quem ele era receptador, "*Robin* de *Bagshot*, vulgo *Gorgon*, vulgo *Bluff Bob*, vulgo *Carbuncle*, vulgo *Bob Booty* [...] ele passa a vida em meio às mulheres", todo mundo sabia que tinha o primeiro-ministro em mente.[62] Walpole acabou perdendo a paciência e fez que o Parlamento aprovasse o Licensing Act de 1737, que confinou a produção de peças na capital a dois "teatros privilegiados" e exigiu que todos os textos fossem submetidos à censura do lorde camareiro antes de serem encenados.

Contudo, se a música podia ser usada como arma para promover uma campanha doméstica de dissidência, sua principal função continuou sendo a afirmação da causa nacionalista. Nos gloriosos meados do século XVIII, quando os sinos que anunciavam vitórias ao redor do globo pareciam jamais parar de soar, uma série de peças musicais duradouras foram encontradas. Nas pegadas de "Rule Britannia" veio "God save the king". Embora sua origem seja controvertida, a versão mais fidedigna é a de Percy Scholes: a melodia é tradicional, tendo sido registrada pela primeira vez por John Bull em 1619, publicada pela primeira vez em 1744 e cantada pela primeira vez em público no ano seguinte após a derrota do exército real diante dos jacobitas, em Prestonpans, em 21 de setembro de 1745.[63] Assim, quando cantado no Drury Lane Theatre num arranjo de ninguém menos que Thomas Arne, a ocasião não foi uma celebração triunfalista, mas uma invocação do auxílio divino para que os rebeldes escoceses fossem contidos. Daí a sexta estrofe, compreensivelmente não mais cantada:

Que Deus permita que o marechal Wade
Possa, com auxílio todo-poderoso,
trazer a vitória.
Possa ele silenciar a sedição,
E como uma torrente varrer,
Os rebeldes escoceses até os esmagar.
Deus salve o rei!

Também saiu de moda uma estrofe adicional acrescentada no decorrer da rebelião:

Da França e do impostor
Defenda a Grã-Bretanha,
Que tombem os inimigos;
Da escravidão estrangeira,
Dos padres e suas velhacarias
E da quimera papista,
Deus salve todos nós.

A vitória sobre os jacobitas e a garantia final da sucessão hanoveriana protestante selaram o caráter nacional do hino. Dali em diante, passou a ser cantado nos teatros e outros locais públicos sempre que chegavam notícias de vitórias.

Em 1746, a "God save the king" se juntou à suprema canção triunfalista: "See the conquering hero come", que figurou originalmente no oratório *Judas Maccabeus* de Händel, dedicado ao duque de Cumberland — o herói de Culloden e o "martelo das Terras Altas".[64] Durante a Guerra dos Sete Anos (1756-63), uma série de vitórias navais inspiraram "Heart of oak", com letra de David Garrick e música de William Boyce. O carvalho (oak) era uma metáfora favorita para as qualidades britânicas, de crescimento lento mas muito dura-douro, um símbolo perfeito do casamento entre o madeirame de carvalho das naus de guerra britânicas e os corações valentes de seus marinheiros:

Venham se alegrar, meus jovens! É para a glória que rumamos,
Para acrescentar algo mais a este ano maravilhoso [1759];

À honra os convocamos, não os oprimimos qual escravos,
Pois quem é tão livre quanto os filhos das ondas?
Coro:
Coração de carvalho são nossos navios, coração de carvalho são nossos homens;
Estamos sempre a postos, firmes, rapazes, firmes!
Nós lutaremos e conquistaremos vezes sem conta.[65]

Essas canções eram certamente expressões de patriotismo popular, mas será que fizeram mais que isso? Inspiraram soldados e marinheiros a lutar com mais entusiasmo? Alguns observadores acharam que sim. Recapitulando a Guerra dos Sete Anos, a *London Magazine* afirmou: "*Heart of oak*, do sr. Garrick, aqueceu nossos marujos com o amor à glória, fez que encarassem os franceses como seres totalmente desprezíveis, e persuadiu-os de que eram todos voluntários, quando talvez metade da tripulação de muitos navios fora compelida".[66]

Do outro lado do canal da Mancha, os alvos do desprezo britânico cantavam com a mesma animação. Especialmente durante o glorioso reinado de Luís XIV (1643-1715), a quantidade de canções em celebração de seus últimos triunfos constitui uma história musical de suas campanhas, como revelam seus títulos autoexplicativos: "Sobre a segunda captura de Besançon durante os meses de abril e maio de 1674", "A captura de Mons", "Sobre a batalha de Steinkerque, em que muitos foram mortos", e assim por diante.[67] Algumas canções chegaram a criticar a condução da guerra. O duque de Luxemburgo não deve ter gostado de ouvir "Sobre Henrique de Montmorency-Luxembourg, que não se apressou o bastante para ajudar Philippsbourg em 1676", por exemplo.[68] A mais durável se mostrou "Marlborough vai à guerra", cantada com a melodia de "Ele é um bom companheiro", que festejava a suposta morte do general inglês na batalha de Malplaquet em 1709. Aquela na verdade foi uma vitória dos ingleses, conquanto uma vitória de Pirro. Melodia menos memorável, porém textualmente mais convincente tinha "A batalha de Fontenoy", de 1745, composta para marcar o maior feito bélico francês antes da Revolução.[69]

Na noite após a batalha, Luís XIV fez uma jornada triunfante de um regimento a outro, sendo aclamado como um grande rei-guerreiro. Foi o ponto alto de seu reinado — na verdade, o ponto alto da dinastia Bourbon no século XVIII. Dali em diante, a situação começou a piorar. O tratado de 1748 foi um desapontamento, e o conflito seguinte — a Guerra dos Sete Anos —, um desastre. Mesmo durante o longo período de paz subsequente, a França foi regularmente lembrada de como sua posição no mundo decaíra. Esses lembretes incluíram a primeira partilha da Polônia (1772), a paz de Teschen (1779) e a anexação da Crimeia pela Rússia (1783), eventos em que a França ficou de fora. Mesmo o prestígio obtido com a aliança com os revolucionários americanos, em sua Guerra da Independência, logo se desvaneceu quando ficou claro que a economia britânica se fortalecera, em vez de enfraquecer, com a perda de suas colônias. O colapso da França como uma grande potência não foi por acaso, a maioria dos contemporâneos concluiu. Pelo contrário, deveu-se às políticas equivocadas de Luís xv, especialmente a aliança firmada em 1756 com os Habsburgo austríacos. Sua morte em 1774 não trouxe nenhum alívio. Pelo contrário, em 1770 seu neto e sucessor, Luís xvi, se casara com a arquiduquesa Maria Antonieta, filha da imperatriz Maria Teresa. Assim, nunca houve perspectiva de união musical entre monarca e nação em um equivalente francês a "Rule Britannia".

O Antigo Regime não produziu nenhum hino nacional porque os reis franceses não enxergaram a necessidade de se enrolar na bandeira. Na verdade, a nação nem sequer tinha bandeira, apenas o símbolo da dinastia Bourbon, a flor-de-lis. Nenhum dos dois últimos Bourbon jamais hesitou em sua crença de que sua autoridade era pessoal e absoluta. Como Luís xv informou ao Parlamento recalcitrante em Paris em 1766, numa sessão apropriadamente conhecida como a *séance de la flagellation*: "A soberania reside tão somente na minha pessoa. [...] Só eu tenho o direito de legislar. Esse poder é indivisível. [...] A ordem pública emana exclusivamente de mim, e os direitos e interesses da nação, que alguns tiveram a audácia de separar do monarca, estão necessariamente unidos aos meus e repousam por completo em minhas mãos."[70] Àquela altura, porém, um número crescente de seus súditos passara a acreditar na existência de uma fonte de autoridade legítima diferente e superior ao rei, a saber, a nação. Os Parlamentos agora reivindicavam a posição de "tribunal da nação", "conselho da nação", "depositário do interesse nacional" e "templo inviolável das leis da nação".[71]

Nem Luís xv, nem Luís xvi ouviram o tique-taque do relógio. Com a meia-noite prestes a soar, o último continuava ignorando ou deixando escapar cada oportunidade de ouro de se pôr à frente da nação e se identificar com a causa nacional. A decisão foi retirada de suas mãos em 17 de junho de 1789 pelo

Um rabequista e cantor na Pont au Change.

Terceiro Estado, quando seus deputados (auxiliados e apoiados por um número de clérigos e nobres renegados do Primeiro e Segundo Estado, respectivamente) declararam que constituíam a Assembleia Nacional da França. Desse modo afirmaram o princípio da soberania nacional, mais tarde consagrado na Declaração dos Direitos do Homem e do Cidadão como "a soberania reside exclusivamente na nação" (artigo III). Fazer uma declaração de princípios era uma coisa — fazer que fosse observada eram outros quinhentos. Mesmo o obstinado Luís XIV podia agora perceber que não havia mais volta. Sua vontade foi enfim vencida não pela oratória dos deputados da Assembleia Nacional reunida em Versalhes, mas pela violência nas ruas de Paris. E foi ali que a música desempenhou um papel.

Paris tinha uma longa tradição de canções políticas cantadas nas ruas da capital, especialmente na Pont au Change. Mesmo quando a mão pesada da polícia do Antigo Regime constituía uma ameaça constante, podiam ser ouvidas canções obscenas sobre a suposta impotência do rei, a promiscuidade da rainha, e assim por diante. No verão de 1788, por exemplo, um cantor comparou Maria Antonieta com Messalina, afirmando ser literalmente uma bastarda, o "fruto odioso" da ligação adúltera da imperatriz Maria Teresa com o duque de Choiseul. O cantor a acusou de tentar exterminar a nação francesa e implorou ao Todo-Poderoso que enviasse um raio para destruir "esse monstro execrável e detestado".[72] Quando a censura foi totalmente abolida, as comportas se abriram. A ascensão e queda das canções políticas foi mapeada por Constantin Pierre, que observou que o total de cerca de 3 mil deve estar subestimado, pois muitas canções não sobreviveram.

As canções eram especialmente adequadas para exprimir mensagens simples. Na opinião confessadamente tendenciosa do cancionista revolucionário Thomas Rousseau, "o povo canta mais do que lê".[73] E como a maioria das canções novas só fazia acrescentar letras diferentes a melodias antigas, qualquer um capaz de compor versos com rimas podia se tornar um cancionista. Como as palavras cantadas são fáceis de memorizar, a canção também era uma mídia ideal para a transmissão de notícias, opiniões e boatos de uma rua para outra, de um bairro para outro, de uma cidade para outra, e da cidade para o campo.[74]

Embora a maioria das canções fosse efêmera, algumas captaram a imaginação popular. Nos primeiros dias da revolução, com certeza o maior sucesso foi "Ça ira" [Tudo bem], ouvido pela primeira vez em Paris na véspera do grande Festival da Federação realizado no Campo de Marte (onde hoje se localiza a Torre Eiffel) para celebrar o primeiro aniversário da queda da Bastilha. Em 9 de julho de 1790, o *Chronique de Paris* informou que todas as autoridades municipais da cidade estavam erguendo altares à pátria, que qualquer cerimônia de inauguração era marcada por música e que todos estavam cantando o que denominou *le carillon national*: "Ça ira".[75]

A primeira versão da letra, escrita por um prolífico cancionista conhecido como Ladré para uma melodia de Bécourt, violinista do Théâtre du Vaudeville, foi conciliatória: a nobreza e o clero tinham reconhecido seus erros, dizia em tom otimista, e tudo daria certo, "pois os franceses sempre saem vitoriosos".[76] Mas logo em seguida uma versão bem mais agressiva prometeu dar cabo dos nobres e sacerdotes, como indica este refrão sinistro:

> *Ah, tudo bem, tudo bem, tudo bem,*
> *Os aristocratas para a forca.*
> *Ah, tudo bem, tudo bem, tudo bem,*
> *Os aristocratas vamos enforcar.*[77]

Sébastien Mercier, um importante jornalista parisiense da época, não tinha em boa conta os cantores profissionais que se reuniam às margens do Sena para aliviar os passantes de seu dinheiro arduamente ganho, mas reconhecia uma força cultural ao vê-la. Comentou que "Ça ira" não era "uma obra-prima poética, mas dá um exemplo impressionante do poder da música, sendo constantemente cantado pelos trabalhadores do Campo de Marte, sempre provocando um entusiasmo universal".[78] Em abril de 1792, com a guerra no horizonte, o *Chronique de Paris* indagou com ênfase: quem pode duvidar do poder da música após ver o efeito de "Ça ira" sobre os franceses, acrescentando: "Pode-se esperar tudo dos franceses animados por essa canção quando entrarem na batalha contra os inimigos da liberdade".[79]

Nem sempre os cantores pró-revolução levavam a melhor. Os monarquistas também recorriam às canções para promover seu próprio programa. Isso nem sempre surtia o efeito desejado. Em 1º de outubro de 1789, o Regimento de Flandres chegou ao Palácio de Versalhes para reforçar a guarda real. No banquete oferecido naquela noite para saudar os soldados recém-chegados, o rei e a rainha compareceram pessoalmente, juntos com o delfim de quatro anos. Na

1789	116
1790	261
1791	308
1792	325
1793	590
1794	701
1795	137
1796	136
1797	147
1798	77
1799	90
1800	25

Constantin Pierre, *Les hymnes et chansons de la Révolution* (Paris, 1904), p. 34.

manhã seguinte, a imprensa parisiense radical informou, furiosa, que o caso degenerou em bebedeira, durante a qual o emblema revolucionário havia sido pisoteado por oficiais contrarrevolucionários.

Especialmente agressiva havia sido a música tocada: "Logo a festa [...] se transformou numa completa orgia. O vinho, despejado com uma liberalidade real, subiu às cabeças de todos; os músicos tocaram várias canções para exaltar ainda mais os ânimos, como '*Ô Richard, ô mon Roi, l'univers t'abandonne!*', cuja alusão pérfida não podia passar despercebida a ninguém naquele momento".[80] A canção em questão vinha da ópera de Grétry, de grande sucesso, *Ricardo Coração de Leão*, de 1784, em que o sempre fiel Blondel canta que será eternamente leal ao seu mestre real, ainda que o resto do mundo o tenha abandonado. Aquela se tornaria a grande canção monarquista da revolução. A curto prazo, porém, ajudou a elevar a opinião parisiense acima do ponto de ebulição. Em 5 de outubro, uma turba constituída sobretudo de mulheres marchou de Paris até Versalhes, tentou sem sucesso linchar a rainha e depois trouxe a família real para Paris praticamente como prisioneira.

Logo em seguida surgiu a Assembleia Nacional. O que até então havia sido uma revolução com dois centros agora se concentrava num único ponto: a cidade de Paris. O resultado mais importante daquele deslocamento foi que os legisladores agora estavam sujeitos a todas as influências da capital, em especial sua vibrante, para não dizer violenta, cultura política democrática. Agora reunida na cavernosa Manège — a antiga escola de equitação do Palácio das Tulherias, onde a família real residia —, a Assembleia Nacional deixou de ser uma câmara de debates no estilo do Parlamento Britânico ou do Congresso Americano da época para se tornar um comício político contínuo.[81]

Os deputados viviam agora sob forte pressão do público, ocupando as galerias que se estendiam por três paredes, bem como das delegações que surgiam na tribuna da casa para apresentar petições e fazer ouvir suas vozes. Para provar suas credenciais patrióticas — bem como intimidar os deputados —, aqueles intrusos-cidadãos com frequência se punham a cantar. Em 5 de julho de 1793, por exemplo, numa época particularmente tensa para os rumos da Revolução, "uma imensa multidão" apareceu diante da agora denominada Convenção Nacional exigindo seu ingresso. Admitidos em grande número, alternaram as canções "Hino à liberdade", "Ça ira" e o mais poderoso hino revolucionário daquela ou de qualquer outra época: "A Marselhesa".

Àquela altura, ela era oficialmente conhecida simplesmente como "A Marselhesa", mas começara a vida como o "Hino de batalha para o Exército do Reno". Os eventos em torno de sua criação são conhecidos e incontestados, algo incomum no controvertido mundo da música revolucionária. Em 20 de abril de 1792, a Assembleia Nacional declarou guerra contra a monarquia dos Habsburgo. Cinco dias depois, a notícia chegou a Estrasburgo, na extremidade leste do país e, portanto, bem na linha de frente. Naquela noite, foi oferecido um jantar pelo prefeito da cidade, Philippe Frédéric de Dietrich, um abastado fabricante de ferro. O grupo incluía o marechal Luckner, comandante do Exército do Reno; general Victor de Broglie, ex-príncipe; general Achille du Châtelet; general Armand d'Aiguillon, ex-duque; tenente-coronel Jean-Baptiste Kléber; general Louis-Charles-Antoine Desaix, que viria a ser a salvação de Napoleão na batalha de Marengo; e um capitão de engenheiros de 32 anos chamado Claude-Joseph Rouget de l'Isle.[82]

No decorrer de uma discussão sobre a guerra, Dietrich lamentou a falta de bons hinos de batalha e exigiu algo melhor que "Ça ira" ou "Carmagnole". Uma competição pública foi descartada porque levaria tempo demais, de modo que Dietrich recorreu a Rouget d'Isle, conhecido como poeta e músico. Embora — ou talvez por isso mesmo — tivesse bebido uma grande quantidade de vinho, Rouget d'Isle concordou. Retornou à sua moradia na rue de la Mésange e trabalhou com tal intensidade que, na manhã de 26 de abril, texto e música estavam prontos. O mesmo grupo voltou a se reunir naquela noite para ouvir a primeira apresentação da obra pelo Prefeito Dietrich, acompanhado ao cravo pela sobrinha Louise.[83]

Dificilmente um habitante do mundo desenvolvido não ouviu alguma vez "A Marselhesa"; portanto, não é preciso dizer muita coisa para explicar seu impacto imediato e duradouro. No tocante às palavras, seu autor escreveu que, uma vez tendo lhe ocorrido a primeira (*"Allons"*), todas as demais se encadearam sem dificuldade. Parece provável que ao menos algumas das expressões vieram do cenário político da época em Estrasburgo. Por exemplo, a convocação do coro, "*Aux armes!*" (Às armas!), já figurara num discurso do clube jacobino local publicado quando a declaração de guerra se tornou conhecida.[84] A expressão "*enfants de la patrie*", que vem logo depois do "*Allons*" inicial, era o nome dado aos batalhões de voluntários, incluindo aquele de Estrasburgo comandado pelo filho de Dietrich.[85] Um pouco mais remotamente, o notório comando "que um sangue impuro embeba o nosso solo" apareceu originalmente num panfleto antibritânico publicado durante a Guerra dos Sete Anos.[86] Quanto à música, apesar das reivindicações deste ou daquele antecessor, ninguém conseguiu provar que não tenha sido composta pelo próprio Rouget d'Isle.[87]

A primeira apresentação pública foi no domingo após a composição, 29 de abril, quando a banda da Guarda Nacional de Estrasburgo a tocou na Place d'Armes, enquanto oito batalhões de seus colegas eram passados em revista antes de marchar para a guerra. A intenção da execução da canção foi encorajar as tropas e recrutar mais voluntários.[88] Àquela altura, cópias já haviam sido enviadas à capital, e entre os destinatários estava Grétry, amigo e preceptor de Rouget d'Isle. Mas foi no sul que a canção deslanchou. Como ela atingiu Marselha permanece um mistério. O que se sabe é que, em 22 de junho, os jacobinos de Marselha organizaram um banquete em homenagem a visitantes da seção de Montpellier. Durante a cantoria que encerrou a noite, um jacobino chamado Étienne François Mireur cantou o "Hino de batalha para o Exército do Reno" com um efeito "eletrizante". Os jacobinos decidiram iniciar e encerrar cada uma de suas sessões com o hino, que também foi adotado pela Guarda Nacional.

Quando quatrocentos e poucos voluntários partiram rumo a Paris para dar apoio aos colegas radicais no que se tornaria a luta terminal contra a monarquia, também cantaram o "Hino de batalha" antes de partir. Ao marcharem através da França, voltaram a cantá-lo várias vezes, e continuavam cantando ao atingir Paris, onde não perderam nenhuma oportunidade de apregoar sua maravilhosa capacidade de mobilizar o ardor revolucionário.[89] Chegaram em 30 de julho, na hora certa para aderir ao ataque ao Palácio das Tulherias em 10 de agosto. Um dos atacantes rumou até o quarto de Maria Antonieta, onde encontrou seus companheiros de armas destruindo o quarto e atirando qualquer objeto portátil para fora da janela. A fim de evitar que destruíssem o cravo real — um objeto sofisticado belamente decorado com pinturas — sentou-se ao

Claude-Joseph Rouget d'Isle canta seu "Hino de batalha para o Exército do Reno" em Estrasburgo na noite de 26 de abril de 1792. Na verdade, foi o prefeito de Estrasburgo, Dietrich, quem o cantou primeiro. Embora seja a representação mais famosa, essa pintura de Isidore Pils data de 1849.

teclado e tocou o que então se tornava conhecido como "A Marselhesa". Todos aderiram à cantoria, e o instrumento se salvou. Não se sabe o que aconteceu com ele após aquela execução musical.[90]

Como sintoma da capacidade fatal francesa de autodilaceração, a primeira realização de "A Marselhesa" foi incitar ataques contra compatriotas franceses. Entretanto, a canção também cumpriu seu propósito original de fornecer um hino de batalha para os exércitos. Estes bem que precisavam. As previsões de que a guerra contra as potências alemãs seria rápida e fácil foram quase de imediato desmentidas. Quando os invasores franceses da Holanda austríaca toparam com o inimigo, longe de se mostrarem os invencíveis guerreiros da liberdade que se tinham imaginado, deram meia-volta e fugiram, ainda por cima assassinando seu próprio general. No final do verão de 1792, os prussianos iniciaram uma lenta, cautelosa mas aparentemente irresistível invasão por Champagne e, em 20 de setembro, um exército francês os enfrentou em Valmy. Após uma troca de artilharia inconclusiva, o comandante prussiano, o duque de Brunswick, ordenou a retirada.

Não se sabe até que ponto as canções "Ça ira" e "A Marselhesa" inspiraram o moral dos soldados revolucionários. Mas na época se acreditou que a influência foi muito grande. Quando o general Kellermann solicitou ao governo de Paris permissão para cantarem o Te Deum, foi informado de que "o Te Deum da República é nosso hino nacional conhecido como 'A Marselhesa': essa é a canção mais digna de alcançar os ouvidos de um francês livre!".[91] Como escreveu Mona Ozouf, a canção era agora inseparável da revolução, "espontaneamente escolhida por um povo inteiro que, ao fazê-lo, mais parecia tê-la criado que adotado".[92] Dois meses depois, em 16 de novembro de 1792, na batalha de Jemappes na Holanda austríaca, o novo hino nacional cantado pelos soldados franceses pressionados teria sido responsável pela virada da maré em três ocasiões distintas.

A mais crucial foi quando o general Dumouriez arregimentou suas tropas bradando: "Avante, meus filhos! Ali está Jemappes! Ali está o inimigo! Usem aço frio! Usem a baioneta! Este é o caminho para esmagá-los, este é o caminho da vitória!". Dito isto, colocou o chapéu na ponta do sabre, agitou-o no ar e pôs-se a cantar "A Marselhesa".[93] Os austríacos sucumbiram devidamente. Quatro meses depois, estavam de volta, reforçados e levando a guerra mais a sério. De novo Dumouriez invocou o auxílio vocal: "Se o inimigo cruzar o Meuse, cerrem fileiras, armem as baionetas, cantem 'A Marselhesa' e vocês sairão vitoriosos".[94] Dessa feita, aquilo infelizmente não foi suficiente: o exército revolucionário foi derrotado em Neerwinden em 18 de março de 1793 e Dumouriez se bandeou para o lado inimigo.

Mesmo assim, ele não foi o único comandante revolucionário a acreditar na força da música. Em Cambrai em 7 de julho de 1793, o general no comando leu a nova constituição para as fileiras compactas do Exército do Norte e depois "no ato comecei a cantar 'A Marselhesa'; não me ocorre nada que se compare à rapidez com que a canção pôde ser ouvida por todos os lados, com um efeito inspirador. Todas as canções, todas as árias patrióticas, vieram em seguida; e somente após duas horas de júbilo republicano o entusiasmo das tropas cedeu".[95] Todos os relatos de testemunhas oculares coincidem: os soldados franceses estavam sempre cantando — no acampamento, em marcha e em batalha, auxiliados por centenas de milhares de coletâneas de canções revolucionárias despachadas de Paris.[96] De toda a zona de guerra vieram homenagens como "Sem 'A Marselhesa' eu lutarei ainda que em inferioridade de dois para um, mas com 'A Marselhesa' aceitarei uma inferioridade de quatro para um"; "'A Marselhesa' ilumina, inspira e anima ao mesmo tempo; seria suficiente para subjugar a juventude inteira de Brabante"; "Enviem-me mil homens ou uma cópia de 'A Marselhesa'"; "Venci uma batalha porque 'A Marselhesa' comandou comigo"; "A Marselhesa vale 100 mil soldados extras".[97] A última observação foi feita por Lazare Carnot, "o organizador da vitória" em 1794. Ainda mais fidedigna foi a opinião do general Bonaparte, o qual em 1797 informou ao Conservatório de Paris que, sendo a música que exercia mais influência sobre as paixões, o governo deveria fazer todo o possível para promovê-la. Entretanto, quando ele próprio arrebatou o poder em 1799, as canções revolucionárias do passado já não estavam em voga.

Os revolucionários cantavam não apenas no campo de batalha, mas nas ruas, nos bares e nos clubes, na Convenção Nacional, e nos inúmeros festivais revolucionários. Em 24 de novembro de 1793, a Convenção Nacional ordenou que "A Marselhesa" fosse cantada em todos os espetáculos republicanos (que eram bem numerosos), no *décadi* (o dia designado para descanso no fim da semana revolucionária de dez dias) e "sempre que as pessoas exigissem".[98] Cantavam-na à volta da guilhotina enquanto as cabeças cortadas caíam na cesta, chegavam a cantá-la a caminho da guilhotina. Em 31 de outubro de 1793, por exemplo, um grupo de girondinos proeminentes, incluindo Brissot, Gensonné e Vergniaud, cantou "A Marselhesa" com animação enquanto um comboio de carroças os conduzia à Place de la Révolution (mais tarde renomeada Place de la Concorde), o local da execução.[99]

Como sugere esse intercâmbio musical, as facções combatentes estavam empenhadas numa competição mortal para se apresentar como representantes da vontade popular. Sua incapacidade de ter em vista um regime pluralista em que a simples divergência pudesse prosperar criou um mundo maniqueísta onde o bem absoluto combatia o mal absoluto. Desse modo, cada símbolo revolucionário, fosse conceitual (liberdade, igualdade e fraternidade), visual (emblema tricolor, o capuz da liberdade, a árvore da liberdade) ou auditivo ("Ça ira", "A Marselhesa"), sofria feroz contestação. Muitos revolucionários acreditavam que bem mais perigosa que os inimigos austríacos, prussianos ou britânicos fora da França era a quinta-coluna dentro do país. Bem mais subversivos que os oponentes declarados da revolução, como Maria Antonieta, aqueles falsos amigos ostentavam a retórica da revolução, enquanto em segredo tramavam sua derrota. Segundo essa visão, se não fossem eliminados, um Armagedom contrarrevolucionário seria inevitável.

A linguagem de "A Marselhesa" era perfeitamente adequada a uma cultura política que combinava um senso de retidão absoluta com paranoia violenta. Trata-se sem dúvida do hino nacional mais sanguinário já composto.

> *Avante, filhos da Pátria,*
> *O dia da Glória chegou.*
> *Contra nós, da tirania*
> *O estandarte ensanguentado se ergueu.*
> *O estandarte ensanguentado se ergueu.*
> *Ouvis nos campos*
> *Rugirem esses ferozes soldados?*
> *Vêm eles até os nossos braços*
> *Degolar nossos filhos, nossas mulheres.*

Cada estrofe é seguida por um coro, cujos dois últimos versos exigem:

> *Que um sangue impuro*
> *Embeba o nosso solo.*

Entre os inimigos da revolução, o pior destino não aguarda a "horda de escravos" que se prepara para invadir. Pelo contrário, a generosidade é recomendada a essas "tristes vítimas que a contragosto se armam contra nós". Mas os traidores parricidas *dentro* da França — "esses déspotas sanguinários, esses cúmplices de Bouillé, todos os tigres que, sem piedade, rasgam o seio de suas mães! — não receberiam nenhuma misericórdia".[100] É seu sangue impuro que estará embebendo o solo francês.

Ao contrário do que se pode supor, o autor de "A Marselhesa" não foi um *sans-culotte* extremista, mas um monarquista constitucional moderado que ficou abismado com a radicalização subsequente da revolução. Preso durante o

Terror, por pouco não perdeu a vida. Os outros que compareceram à primeira apresentação de "A Marselhesa", em 26 de abril de 1792 — Dietrich, Luckner e Broglie —, foram todos guilhotinados.[101]

Quando o regime terrorista de Robespierre se encerrou em 27 de julho de 1794, o pêndulo oscilou abruptamente para a direita. Uma vez revogada a repressão, ao menos temporariamente, tornou-se aparente o efeito polarizador dos dois últimos anos terríveis. Com o Terror jacobino desacreditado devido à violência exagerada, sucedeu uma forte reação da direita. Esta encontrou uma voz com a canção "Le réveil du peuple contre les terroristes" ("O despertar do povo contra os terroristas"), cantada pela primeira vez em janeiro de 1795. Nem a letra nem a música são especialmente memoráveis, mas foram transformadas num símbolo possante do contraterror, se não da contrarrevolução, pelo esforço vigoroso por parte de ativistas de direita, especialmente os jovens homens conhecidos coletivamente como a *jeunesse dorée* (juventude dourada).[102]

Uma tática favorita era forçar atores e cantores que haviam notoriamente apoiado os jacobinos a interromper suas representações para cantar a canção.[103] Em 11 de julho de 1795, uma multidão na Place du Carrousel interceptou o general Menou e um destacamento de soldados a caminho da troca da guarda no Louvre. A tentativa da banda militar de tocar "A Marselhesa" foi abortada por ameaças de destruir seus instrumentos se não tocassem "Le réveil du peuple" em seu lugar. Durante um longo impasse em que Menou tentou em vão se aconselhar com a Convenção Nacional (recomendaram que seguisse seu próprio discernimento), acabou cedendo às massas. "Le réveil du peuple" foi tocado sob aplausos tumultuosos e gritos de "Longa vida à nação! Longa vida ao general Menou! Abaixo 'A Marselhesa'. Abaixo os jacobinos!".[104] Esse tipo de manifestação contrarrevolucionária chegou a um final abrupto em 5 de outubro de 1795, quando uma tentativa de *coup d'état* monarquista foi esmagada pelo "cheiro de metralha" do general Bonaparte. Antes do final do ano, o novo Executivo — o Diretório — havia proibido que se tocasse "Le réveil du peuple" e ordenou que em toda apresentação teatral "Ça ira" ou "A Marselhesa" fosse cantada pelo grupo reunido.[105]

Uma característica de "A Marselhesa" revelada pela sexta e última estrofe precisa ser observada. Esta costuma ser cantada de forma lenta e suave, em parte para preparar um fortíssimo final do coro e em parte para enfatizar a natureza especialmente solene das palavras:

Amor sagrado pela pátria
Conduz, sustenta nossos bravos vingadores.
Liberdade, cara liberdade,
Combate com os teus defensores!
Combate com os teus defensores!
Sob as nossas bandeiras, que a vitória
Acorra aos teus brados viris!
Que teus inimigos agonizantes
Vejam teu triunfo, e nós a nossa glória.

Este é um dos primeiros exemplos do que viria a se tornar um fenômeno muito comum no século seguinte: a sacralização da nação. A Revolução havia abandonado todo o sistema de crenças do Antigo Regime, mais particularmente o monarquismo e o catolicismo, e precisava encontrar uma fonte alternativa de legitimidade e lealdade. Dos candidatos possíveis, o "Estado" era por demais abstrato e "povo", vago demais. "*Patrie*" tinha melhores credenciais, sendo certamente popular após 1789, mas era um tanto passiva e elitista. Foi a "nação" que se tornou o conceito dominante. Depois que irrompeu a Revolução, tudo passou a ser "nacional", como Assembleia Nacional, Gendarmaria Nacional, Guarda Nacional, educação nacional, emblema nacional, bandeira nacional. O grito de guerra universal era "*Vive la nation!*".[106]

Enquanto a França liderava, o resto da Europa seguia, embora em muitos casos bem lentamente. Os britânicos já tinham dado vários passos na direção da sacralização da nação — adotando uma bandeira nacional, um símbolo nacional (Britânia) e um hino nacional. Mas na Grã-Bretanha duas outras instituições poderosas eram objeto de fidelidade: o rei e a Igreja. Um dos segredos do sucesso popular de Jorge III foi ter alinhado a monarquia e a Igreja com o interesse nacional para formar um tripé de imensa estabilidade. A nação era sacralizada na Grã-Bretanha também, mas ali teve de compartilhar o altar com seus dois parceiros mais antigos.

Nas paisagens mais instáveis e politicamente cambiantes do continente europeu, a sacralização da nação copiou mais de perto o exemplo francês. No país onde surgiu, o hino nacional revolucionário teve uma história plena de altos e baixos. Ignorada por Napoleão, "A Marselhesa" foi cantada quando os aliados invadiram a França em 1814 e de novo durante os "Cem Dias" de governo de Napoleão, após seu retorno do exílio em Elba no ano seguinte. Proibida outra vez com o retorno dos Bourbon em 1815, reapareceu sempre que a França experimentou um de seus periódicos surtos de instabilidade, mais audivelmente durante a Revolução de Julho de 1830.

Ninguém menos que Hector Berlioz deixou um relato vigoroso de seu claro poder de emocionar uma multidão. Preso em meio a uma multidão de manifestantes na Galerie Colbert, ele formou um coro improvisado para cantar "A Marselhesa" da sacada do primeiro andar de uma barbearia: "Quase de imediato, a massa agitada aos nossos pés foi dominada por uma quietude sagrada. Foi como o silêncio na praça de São Pedro quando o papa dá a bênção *urbi et orbi* da sacada pontifícia". Mas a multidão continuou em silêncio quando chegou o refrão, até que Berlioz incitou: "Com os diabos! Cantem!". O resultado foi comovente quando 4 mil a 5 mil pessoas no espaço confinado formado pela arcada bradaram "*Aux armes, citoyens!*". Berlioz recordou: "Eu literalmente caí no chão, enquanto nossa pequena banda, chocada com a explosão que provocara, quedou-se muda, silente como pássaros após um trovão".[107]

Durante o susto da guerra de 1840, o hino voltou a se fazer ouvir nas ruas de Paris, enquanto multidões se reuniam para exigir que o governo vingasse a humilhação sofrida nas mãos dos britânicos no Oriente Médio. Em 28 de julho, o rei Luís Filipe e seu governo sensatamente se mantiveram afastados da cerimônia de inauguração da coluna erguida em memória das vítimas das lutas de rua da Revolução de Julho, dez anos antes. Sua ausência não impediu que 80 mil integrantes da Guarda Nacional marchassem pelas Tulherias, entoando no percurso "A Marselhesa", pontilhada de xingamentos contra britânicos e prussianos. Ao chegar ao palácio real, obrigaram o rei a aparecer na sacada e a banda a tocar "A Marselhesa" outra vez.[108] O poder duradouro da canção de mexer com as emoções recebeu uma representação visual do artista Nicolas Toussaint Charlet, cuja litografia *La Marseillaise* mostrava um soldado sentado nos ombros de um trabalhador robusto, arrancando um cartaz com as palavras "Tratados de 1815", enquanto outro soldado aponta para as palavras "Nossas velhas fronteiras da morte" rabiscadas na parede.[109]

Até que a Internacional Socialista se tornasse popular no fim do século XIX, "A Marselhesa" não conheceu rival como hino revolucionário. Onde quer que

La Marseillaise, *de Nicolas Toussaint Charlet* (*1840*).

irrompesse a insurreição, os brados de "*Aux armes citoyens!*" eram ouvidos. O exemplo seguinte desse poder é especialmente eloquente, pois procede de um notório francófobo. Richard Wagner passou a noite de sábado para domingo de 5-6 de maio de 1849 como sentinela no alto da torre da Igreja da Cruz (Kreuzkirche) no Velho Mercado em Dresden. Sua tarefa: ficar de olho nos movimentos das tropas prussianas, que tentavam suprimir o levante começado três dias antes, e restaurar o controle do rei da Saxônia. Wagner se distraiu discutindo os méritos relativos das visões de mundo gregas e cristãs clássicas, "acompanhado pelas balas prussianas que salpicavam as paredes da torre". No final, os prussianos pararam de atirar e Wagner parou de conversar. Em sua autobiografia, recordou:

Domingo, 6 de maio, foi um dos dias mais bonitos daquele ano. Fui despertado pela canção de um rouxinol que se elevava do jardim Schütze bem abaixo de nós; uma calma e tranquilidade sagradas pairavam sobre a cidade, e do meu posto de observação se via a grande extensão de seus arredores. Perto da alvorada, uma leve bruma caiu sobre a periferia. Ao penetrá-la ouvimos subitamente, da área da estrada Tharandt, a música de "A Marselhesa" clara e distinta. À medida que a origem do som se aproximava, a bruma se dispersou e o sol nascente vermelho-sangue brilhou sobre as armas de uma longa coluna marchando cidade adentro. Impossível resistir à impressão daquela visão que se desdobrava [...] tratava-se de nada menos que alguns milhares de homens bem armados e organizados dos Erzgebirge [montes metalíferos], na maioria mineiros, que haviam chegado para ajudar na defesa de Dresden. Logo os vimos marchando para a praça do antigo mercado, diante da prefeitura, e, após uma recepção jubilosa pelo povo, acampando ali para descansar após a marcha.[110]

Infelizmente os prussianos não se impressionaram. Na noite de terça-feira, haviam recuperado o controle de Dresden, e na quarta-feira Wagner escapou da cidade, com o anarquista russo Mikhail Bakunin. Com a ajuda do amigo Franz Liszt, fugiu então para o exílio na Suíça, só retornando à Alemanha onze anos depois.[111]

No século XX, "A Marselhesa" atingiu um público maior do que em qualquer outra época, graças à sua aparição em vários filmes populares. O mais militante foi *La Marseillaise*, de 1938, produzido, dirigido e roteirizado por Jean Renoir. Dedicado à Frente Popular, apresentou um relato da queda do Antigo Regime vista pelos olhos dos homens de Marselha que marcharam para Paris a fim de destruir a monarquia, cantando sua canção enquanto atravessavam a França. Em parte financiado pela organização sindical comunista CGT (Confédération Général du Travail), o filme era bastante engajado, mas permitiu que os partidários da monarquia cantassem "Richard ô mon roi" ao se preparar para morrer em defesa do seu rei.[112]

A execução de "A Marselhesa" mais ouvida provavelmente foi cantada num dos filmes mais icônicos do século XX, *Casablanca* (1942). No Rick's Café, um grupo de oficiais alemães bêbados canta "A Guarda no Reno" com uma brutalidade ruidosa. Victor Laszlo (interpretado por Paul Henreid), o combatente da resistência tcheca que fugiu de um campo de concentração, pede que a banda revide tocando "A Marselhesa". Rick (Humphrey Bogart) faz um gesto de concordância, e logo o café inteiro está de pé, abafando os alemães. Os franceses podem ter perdido a guerra vergonhosamente, mas sua vitória musical foi completa.

LIBERTAÇÃO NA ITÁLIA

Ao som de "A Marselhesa", a Revolução Francesa havia abalado tanto o Antigo Regime que seu poder diminuiu e, em alguns casos, desapareceu. A restauração imposta pelo Congresso de Viena em 1815 nada mais fez do que estender uma fina camada de retórica tradicional por um continente profundamente dilacerado. Tão intensa foi a falta de legitimidade que, mais cedo ou mais tarde, a fragmentação foi inevitável. As maiores fissuras foram verticais, entre uma nação e outra. Por seu próprio nacionalismo agressivo e exploração implacável dos países que alegavam estar libertando, os revolucionários franceses deram um enorme impulso aos contranacionalismos. Por outro lado, o poder, o encanto e a empolgação do exemplo francês provocaram uma reação de inveja e até admiração mescladas ao ódio — uma poção mágica de ambivalência.

Em nenhum lugar a música desempenhou um papel tão importante nesse processo do que na Itália, pois sua cultura estava embebida dela: "Canta-se nas praças, nas ruas e nos canais. Os mercadores cantam ao vender suas mercadorias, os trabalhadores cantam ao deixar seu trabalho, os gondoleiros cantam enquanto aguardam os patrões", afirmou o libretista e dramaturgo veneziano Carlo Goldoni.[113] No centro da vida social se erguia o teatro lírico, "a construção simbólica focal no núcleo de todas as cidades italianas", de acordo com David Kimbell.[114] Costumava incluir não apenas um palco e auditório, mas também cafés, restaurantes, cassinos e espaços públicos onde as pessoas podiam se encontrar e conversar. Muita gente o frequentava quatro ou cinco vezes por semana.[115] Em nenhum outro local da Europa e em nenhuma outra época da história europeia encenou-se tanta ópera como na Itália entre 1815 e 1860. Em Milão havia seis teatros onde óperas eram encenadas regularmente; em Nápoles havia cinco, além de outro local ocasional.[116]

Em 1869 alguém, rememorando o passado, observou:

Ninguém que não tenha vivido na Itália antes de 1848 pode imaginar o que o teatro lírico significou naquela época. Era o único escoadouro da vida pública, e todos tomavam parte. O sucesso de uma nova ópera constituía um acontecimento capital que mexia profundamente com a cidade que teve a sorte de testemunhá-la, e notícias dela percorriam toda a Itália.[117]

Os comentaristas modernos têm alternadamente comparado o papel da ópera na sociedade italiana daquela época ao futebol e à televisão atuais.[118] A partir do teatro lírico, a música transbordava para a esfera pública, à medida que a melodia mais recente era tocada por realejos nas ruas e bandas militares nos parques, por pianos em casa e até por órgãos nas igrejas. Num casamento no lago Maggiore, a ária da entrada de Figaro em *O barbeiro de Sevilha* de Rossini foi tocada na elevação da hóstia.[119]

Em 1815 os pacificadores redesenharam o mapa da Itália sem nenhuma preocupação com seus habitantes. A rigor, o sul foi dominado pelos Bourbon de Nápoles e Sicília ("O Reino das Duas Sicílias"), o centro pelo papa, o noroeste pelo rei da Sardenha e o resto pelos Habsburgo austríacos. Na realidade, os austríacos controlaram a península inteira, como demonstraram convincentemente em 1820-1 ao intervir para esmagar insurreições em Nápoles e no Piemonte. Considerando a Itália como mera " expressão geográfica" e julgando que "os assuntos italianos não existem", o todo-poderoso chanceler austríaco príncipe Metternich tentou "extinguir o espírito da unidade italiana e ideias sobre constituições".[120] Embora inteligentíssimo, ele não entendeu o poder do nacionalismo italiano. O general Heinrich, conde de Bellegarde, que liderara a vitória austríaca sobre os franceses na Itália em 1813-5, sabia das coisas. Em 1815, informou Metternich de que "os homens de espírito e letras estão tentando escrever com um propósito comum, que sob uma forma acadêmica oculta o objetivo político de tornar a Itália seu próprio senhor, uma ideia perturbadora mesmo como utopia".[121]

Bellegarde estava se referindo à palavra escrita, mas os patriotas italianos sabiam que a música também importava. Giuseppe Mazzini, o mais influente de todos (com a possível exceção de Garibaldi), atribuiu "uma missão sagrada" aos compositores, informando-lhes que "a arte que vos é confiada está inteiramente ligada ao progresso da civilização, e pode ser seu espírito, sua alma, seu perfume sagrado".[122] A reação veio tanto dos músicos como dos públicos. Em

1828, o radical alemão Heinrich Heine visitou o principal teatro lírico de Milão, La Scala, onde por acaso ouviu um inglês comentando com um italiano que seus compatriotas italianos pareciam "mortos para tudo exceto música; é a única coisa capaz de empolgá-los". O italiano rejeitou a repreensão:

> Ah, a Itália repousa em meio a suas ruínas, sonhando elegiacamente, e se às vezes, ao recordar certa canção, desperta de súbito e salta feito louca, tal entusiasmo não é apenas pela canção, e sim por antigas lembranças e emoções despertadas pela canção, que a Itália carrega em seu coração e que agora emanam em uma torrente — e esse é o significado do alvoroço que você ouviu na Scala.[123]

Sua percepção foi confirmada por outro visitante estrangeiro de grande inteligência, Stendhal, que também observou a dialética do nacionalismo em ação. Por um lado, os italianos consideravam a música dos alemães (entre os quais incluíam os austríacos, referindo-se a eles, de modo significativo, não como *austriaci*, e sim como *tedeschi*) acadêmica, pedante, maçante e destituída da essência da música, que é a melodia. "Música alemã" (música tedesca) era um xingamento, sinônimo da incapacidade de compor direito para a voz humana.[124] Por não saberem compor melodias, os alemães exageravam na harmonia e no contraponto.[125] Paisiello observou que, como os alemães eram maus cantores, dependiam da harmonia para criar seus efeitos musicais, enquanto os italianos eram bons cantores e podiam contar com a melodia para conseguir tudo que queriam.[126] De acordo com Stendhal, até Mozart era considerado pelos italianos como "um rude bárbaro, um vândalo pronto para a invasão através das fronteiras sagradas da arte clássica".[127] Tal preconceito fazia parte de uma aversão mais ampla: "Os italianos estão quase sempre debochando dos alemães; consideram-nos estúpidos, e nunca se cansam de inventar piadas sobre eles".[128] Por outro lado, essa sensação de superioridade cultural era exacerbada pela lembrança diária de que estavam politicamente escravizados por germanófonos, uma humilhação intensificada pelo conhecimento de que seus dominadores não tinham uma boa opinião sobre a Itália: "A terra dos vagabundos, bufões, parasitas, ladrões, bandidos, dândis e eunucos".[129]

Ironicamente, o primeiro grande compositor a personificar a causa italiana foi um admirador da música alemã. Trata-se do carismático Rossini. Longe de considerar Mozart um "bárbaro", pagou-lhe o seguinte tributo criterioso:

Os alemães sempre foram, em todas as épocas, os maiores harmonistas, e os italianos, os maiores melodistas. Mas desde o momento em que o norte produziu um Mozart, nós do sul fomos derrotados em nosso próprio terreno, porque esse homem se eleva acima de ambas as nações, unindo em si todos os encantos da melodia italiana e toda a profundidade da harmonia alemã.[130]

Ao unir primeiro a Itália e depois toda a Europa na admiração unânime à sua própria música, Rossini proporcionou aos compatriotas um ícone cultural que podiam exibir como prova de seu domínio contínuo da música. Edward Dent exprimiu bem esse fato em seu estudo clássico da ascensão da ópera romântica ao escrever que antes de Rossini a música italiana era regional (napolitana ou veneziana), mas depois dele se tornou nacional.[131] Ao se mudar para Paris por longos períodos, acumular uma vasta fortuna, aposentar-se cedo e tornar-se conservador, Rossini perdeu a sintonia com o movimento nacionalista italiano. Mas não antes de dar ao mundo um exemplo do que Stendhal denominou "idealismo nacional moderno". *A italiana na Argélia* foi composta em 1813 quando Rossini tinha apenas 21 anos e continua até hoje no repertório operístico. No segundo ato, Isabella canta para os escravos italianos que está tentando salvar:

> *Se as palavras sagradas "pátria, dever*
> *E honra" falam aos seus corações*
> *Aprendam com outrem*
> *Como se mostrar um verdadeiro italiano;*
> *[...]*
> *Pensem em sua pátria, e ousadamente*
> *Cumpram com seu dever:*
> *Vejam! Por toda a Itália*
> *Exemplos de ousadia e coragem*
> *Voltam a renascer.*

À medida que o movimento nacionalista italiano se tornou mais militante, o mesmo aconteceu com a música que o acompanhava. Em 25 de julho de 1844, nove sobreviventes de uma fracassada invasão de Nápoles foram conduzidos ao local de execução fora da cidade de Cosenza. Ao alcançarem o vale, cujos lados estavam lotados de uma multidão silenciosa, os prisioneiros rebeldes entoaram um coro da ópera *Donna Caritea*, de Saverio Mercadante:

Quem morre pela pátria
Viveu o suficiente.
A coroa de louros
Nunca desbotará.
Em vez de penar
Sob a tirania
Melhor morrer
Na flor da idade.[132]

Recitadas, essas palavras teriam sido comoventes; quando cantadas, seu efeito era estimulante. Mercadante comunicou o sentimento de autossacrifício com tanta força que o coro se tornou uma peça consagrada do repertório patriótico. Durante o cerco de Veneza cinco anos depois, um soldado cujo braço estilhaçado estava sendo amputado a cantou como um anestésico auditivo.[133]

Após 1815, como de fato em qualquer época na Itália do passado, a pena pesada do censor pairava sobre cada libretista, à espreita de alguma provocação. Uma técnica popular de evasão era ambientar a ópera num período ou região remota, evitando assim qualquer referência atual, mas deixando que o público fizesse a devida associação. Um bom exemplo em todos os sentidos foi a ópera *Norma*, de Vincenzo Bellini, que estreou na Scala em 1831 com a lendária Giuditta Pasta no papel principal. Sua ária de abertura, "Casta diva", logo se tornou uma das mais populares para soprano. Embora a trama esteja centrada no eterno e conhecido triângulo — Norma ama Pollione, mas Pollione ama Adalgisa —, a ação transcorre na Gália romana e lança os druidas nativos contra as forças de ocupação. Não foram precisos muitos ajustes para interpretar estas últimas como os austríacos e os primeiros como os italianos oprimidos, especialmente quando Norma convoca os gauleses para se livrar do jugo estrangeiro com um apelo fervoroso começando por "Guerra! Guerra!".

Como qualquer pessoa que tenha ouvido um bom coro de ópera dando o melhor de si nessa passagem poderá confirmar, o efeito é sensacional.[134] Quando, por exemplo, os revolucionários expulsaram as tropas dos Bourbon da Sicília, no final de janeiro de 1848, na cerimônia de ação de graças celebrada na Catedral de Palermo, as bandeiras tricolores foram abençoadas ao som de "Guerra! Guerra!" e carregadas nave acima até o altar-mor, acompanhadas por uma passagem de *I puritani*. Além disso, *I puritani* era de Bellini, um jovem local nascido na Catânia. Quando ele morreu, em Paris, em 1835 aos 33 anos, o clamor público foi intenso e teve forte viés político: "O delicado Bellini se tornou um brado de batalha contra os Bourbon, quase como se estes o tivessem assassinado".[135] Outro fervoroso patriota italiano de origem siciliana, Giuseppe La Farina, proferiu uma elegia em que retratou as obras de Bellini como lamentos de um povo oprimido por um poder implacável e um apelo à unidade.[136]

No ano da revolução, 1848, o poder da música italiana foi testado e se mostrou insatisfatório, embora sua capacidade de inspirar entusiasmo nunca tenha sido posta em dúvida. Em fevereiro de 1848, durante uma apresentação em Parma de *Orazi e Curiazi*, com música de Marcadante e libreto de Salvadore Cammarano, irrompeu um tumulto quando os versos "Juremos triunfar pela pátria ou morrer no ataque" foram cantados, com o público saindo às ruas para protestar.[137] O duque de Parma fugiu para o exílio. Mais tarde naquele ano, com as revoluções de fato avançando, Cammarano escreveu para o compositor de ópera italiano mais popular do momento, Giuseppe Verdi: "Se arde em você como em mim o desejo de tratar da época mais gloriosa da história italiana, da Liga Lombarda, nada mais fácil do que conceber em torno da batalha de Legnano a mesma estrutura dramática oferecida pelo drama de Méry *La battaglia di Tolosa*".[138] O episódio ao qual Cammarano se referia — a batalha de Legnano — tinha um significado especial na época. Em 1176, as forças unidas das cidades do norte italiano que formavam a Liga Lombarda infligiram uma derrota decisiva a um dos maiores imperadores alemães, Frederico I (Barbarossa), pondo assim termo às suas tentativas de estender seu controle ao sul dos Alpes. Como um mito de fundação nacional, era bem atraente: a unidade criada a partir da diversidade vencendo o detestado invasor bárbaro do norte.

Verdi estava num estado de espírito receptivo quando a carta de Cammarano chegou. Homem tipicamente de esquerda, frequentava os círculos liberais e nacionalistas desde que chegara a Milão em 1839, aos 25 anos. Entre outros sinais de sua posição política estava a barba no estilo de Mazzini; ele também batizou sua primeira filha de Virginia, heroína do drama republicano homônimo de Alfieri.[139] O primeiro grande sucesso de Verdi foi *Nabucco*, estreada na Scala em 1842. Descrevendo a libertação dos israelitas do cativeiro na Babilônia, estava repleta de referências patrióticas, especialmente o "Coro dos escravos hebreus" ("*Va, pensiero, sull'ali dorati*"), que logo se consagrou como um dos mais populares coros operísticos. Quando Verdi foi enterrado, em 27 de fevereiro de 1901, foi cantado no cemitério por um coro de 820 vozes regidas por Toscanini.[140] Continua sendo tratado pelos italianos "com aquela mescla de complacência e respeito gutural que marca um elemento verdadeiramente nacional", nas palavras de Roger Parker.[141]

O prolongado debate entre historiadores sobre até que ponto os públicos da época estavam conscientes dessas referências jamais chegará ao fim. O fato de que os censores permitiram as representações de *Nabucco* e outras óperas com mensagens políticas ligeiramente cifradas não prova que tais mensagens não existissem e não fossem captadas por seus alvos. O que mostra é que os relativamente cordatos austríacos — que também gostavam de ir à ópera — concluíram que teriam mais a perder proibindo do que permitindo a apresentação. Tudo que exigiam era certo grau de discernimento. Em 1847, por exemplo, o comissário de polícia de Milão repreendeu o maestro Angelo Mariani após a apresentação de *Nabucco*, "por ter dado à música de Verdi uma evidente expressão rebelde e hostil ao Governo Imperial".[142]

Em 1848 a censura foi abandonada, e Verdi e seu libretista Cammarano não precisaram mais dissimular. O resultado foi *La battaglia di Legnano*, que estreou no Teatro Argentina, em Roma, em 27 de janeiro de 1849. A atmosfera política não poderia estar mais politicamente carregada. O papa havia fugido da cidade no fim de novembro anterior, deixando uma situação anárquica da qual, aos trancos e barrancos, se formou uma república. Apenas seis dias antes da estreia, foram realizadas eleições para criar uma convenção constitucional. Em quase todas as outras partes da Itália, a contrarrevolução parecia ter triunfado, fazendo da ópera um ato de desafio político tanto quanto um evento cultural. Segundo a opinião geral, a recepção foi calorosa desde os versos iniciais: enquanto contingentes de todo o norte da Itália se reúnem em Milão para resistir aos invasores alemães, o coro canta:

> *Vida longa à Itália! Um pacto sagrado*
> *Une todos os seus filhos:*
> *Enfim transformou tanta gente*
> *Num só povo de heróis!*

Repetidamente interrompida por aplausos, a obra levou muito tempo para ser representada, até porque *o último ato inteiro* foi bisado (uma honra que com certeza não costuma ser concedida a muitas óperas novas hoje).

O libreto de Cammarano, escrito em estreito contato com Verdi, mostrou que todas as lições da Revolução Francesa de como mobilizar uma multidão haviam sido aprendidas. Ele realçou as atrocidades do inimigo ("As mulheres e crianças assassinadas pelo inimigo perverso"), a defesa do solo nativo ("Expulse-mos esses selvagens de volta ao seu vale danubiano"), uma determinação em acabar com a opressão estrangeira e obter a libertação nacional ("Juramos pôr fim às injustiças da Itália/ Que nossas cidades sejam livres e nossas novamente"), um ódio fanático ao inimigo e uma determinação em conquistar ou morrer ("Tal ódio rubro de sangue ferve [...] De preferência a recuar ou aceitar a derrota/ Juramos tombar mortos em batalha"). Menos francesa foi a invocação ao Deus da Batalha para vir em auxílio de seu povo escolhido ("Oh, meu Deus, tornai-os como uma roda/ E como o restolho diante do vento"). Destaca-se por toda a obra a sacralização da nação, culminando na morte do herói-mártir, mas não antes de ter assegurado a vitória para os italianos. Ele expira agarrando a bandeira italiana com as palavras "A Itália está salva!".

Claro que seria ingênuo supor que a Itália foi unificada pela música. Com todo o entusiasmo gerado por *La battaglia di Legnano*, a República Romana teve breve duração. Ao final de junho de 1849, tropas francesas haviam restaurado o governo do papa Pio IX. Mas no mínimo se pode dizer que a Itália só foi unificada porque um número suficiente de italianos conseguiram imaginar um país criado a partir de uma história e cultura comuns. Isso explica a diferença entre a história da Itália e a história dos Bálcãs. Sem uma música comum, a Itália poderia perfeitamente ter permanecido uma "expressão geográfica", em vez de se tornar uma nação. Os italianos que rabiscavam o grafite "VERDI" nos muros estavam fazendo duas coisas: celebrando o compositor como ícone nacional e usando seu nome como um acrônimo para associá-lo ao único soberano nativo capaz de expulsar os *tedeschi*:

Vitório
Emanuel
Rei
D'
Itália

Acabou chegando o dia de Vitório Emanuel, rei da Sardenha, cumprir sua missão. Quando seu primeiro-ministro, Cavour, ficou sabendo que os austríacos haviam mordido a isca e declarado guerra, acorreu à janela de seu escritório e entoou a grande ária de Manrico de *Il trovatore*, de Verdi: "Di quella pira".[143]

"DEUTSCHLAND, DEUTSCHLAND ÜBER ALLES"

Ao norte dos Alpes, os "bárbaros" também sonhavam com a unidade nacional. Na vanguarda desse exercício estavam os músicos. Se o orgulho pela música alemã remontava ao século XVIII, maior ainda seria após Haydn, Mozart e Beethoven deixarem suas marcas. No primeiro ano do século XIX, o principal periódico musical da época, *Allgemeine Musikalische Zeitung*, de Leipzig, aclamou sua característica especial: profundidade. Enquanto franceses e italianos se contentavam com os prazeres superficiais proporcionados por melodia e ritmo, os alemães se concentravam na harmonia, pois a harmonia está para a música assim como a lógica para a filosofia, a arte do desenho para a pintura e a matemática para a arquitetura. Claro que o maior mestre da harmonia e do contraponto de todos os tempos foi Johann Sebastian Bach, "o Homero da música".[144]

O orgulho pela música alemã e uma tendência correspondente a depreciar a das outras nações não se restringiu aos jornalistas. Ninguém menos que Mozart, muitas vezes apresentado como modelo de cosmopolitismo esclarecido, exibiu as duas coisas. Em Paris, na primavera de 1778, ele constatou que o gosto dos franceses havia melhorado um pouco desde sua última visita, porque agora ao menos conseguiam ouvir música boa além da ruim, mas "esperar que percebam que sua própria música é ruim ou que vejam ao menos a diferença — que o céu nos proteja! E seu canto! Meu Deus! Espero jamais ouvir uma francesa cantando árias italianas. Posso perdoá-la se berrar o lixo francês, mas não se ela arruinar a boa música! É simplesmente insuportável". Ele concluiu que, quando se tratava de música, "os franceses são e sempre serão ignorantes, e como não conseguem fazer nada por si mesmos, são obrigados a recorrer aos estrangeiros". Ainda mais assustador foi o juramento que fez diante da perspectiva da encomenda de uma ópera por aqueles "franceses estúpidos": "Tremo da cabeça aos pés de vontade de ensinar aos franceses a conhecer, apreciar e temer profundamente os alemães".[145]

A francofobia de Mozart se tornou intensa. Ele reclamou da forma negligente como foi tratado pelos aristocratas que o mantiveram esperando numa sala gelada e depois nem prestaram atenção quando o obrigaram a tocar num "piano-forte ordinário, miserável". Queixou-se também da rudeza mostrada pelos parisienses "detestavelmente convencidos", acrescentando: "Se houvesse um lugar onde as pessoas tivessem ouvidos para ouvir, corações para sentir e certa medida de compreensão musical e gosto pela música, essas coisas só me fariam dar gargalhadas; mas nas atuais circunstâncias (no tocante à música), estou cercado por meras bestas brutais". Numa passagem particularmente reveladora em carta ao pai, ele apelou à nação, a Deus e à família: "Rogo a Deus todo dia que me dê paciência para resistir aqui com firmeza honrando a mim mesmo e toda a nação alemã de modo a resultar em Sua maior honra e glória; e que Ele me permita prosperar e ganhar um monte de dinheiro, para que eu possa ajudar você a superar as atuais dificuldades".[146]

Mozart não viveu para testemunhar a conquista militar das terras de língua alemã pelos exércitos da Revolução Francesa e de Napoleão. Ele não teria gostado do imperialismo cultural que acompanhou seu domínio político. Os revolucionários não criaram o nacionalismo alemão, mas sua afirmação estridente da superioridade francesa em todos os departamentos com certeza deu um enorme impulso a esse nacionalismo. Apesar dos princípios cosmopolitas, os franceses imprimiram à sua Revolução e expansão militar um sabor nacional tão pronunciado a ponto de despertar uma oposição baseada em uma noção de nacionalidade separada — e oposta. Sintomático dessa sensação de superioridade era a atitude de desdém pelas línguas estrangeiras: "O italiano se ajustava aos prazeres efeminados, o alemão era o órgão do militarismo e do feudalismo, o espanhol era o jargão da Inquisição, o inglês outrora glorioso e livre agora era o calão do despotismo e da Bolsa de Valores".[147]

Esse chauvinismo linguístico dos franceses vinha acompanhado de um desprezo devastador pelo caráter e a cultura dos estrangeiros cujo território anexavam ou ocupavam. Um emissário francês desapontado informou sobre o oeste alemão, em dezembro de 1792: "Os franceses não são populares aqui, ao contrário do que nos gabamos. Alguns indivíduos e algumas comunidades podem desejar a liberdade, mas a massa do país, sempre reacionária e supersticiosa, encara os que a dominam como seres privilegiados. Parecem gostar do jugo que degrada seu espírito".[148] À medida que o fardo da ocupação militar se intensificou e, com ele, a resistência alemã, aumentou também a sensação mutuamente reforçadora da superioridade da França e da inferioridade dos estrangeiros. Como Robespierre informou à Convenção Nacional com uma pretensão majestosa: "Os franceses parecem ter avançado dois milênios à frente do resto da raça humana; somos tentados a encará-los como uma espécie diferente".[149]

Quando Robespierre fez essa afirmação em maio de 1794, a França vivia os espasmos do Terror, um episódio que convenceu a maioria dos demais europeus de que o que de fato distinguia aquela "espécie diferente" era a barbárie. Duas outras décadas de derramamento de sangue em nada contribuíram para melhorar a imagem francesa. Na verdade, a poderosa contribuição alemã à derrota final de Napoleão em 1813-5 acrescentou autoconfiança militar ao que já era uma sensação bem desenvolvida de superioridade cultural.

O domínio francês na Alemanha desmoronou ao som de muitas músicas triunfalistas. As melhores foram compostas por Carl Maria von Weber, que — como muitos outros compositores do período — achou os versos patrióticos de Theodor Körner particularmente apropriados. A atração daqueles versos se devia tanto às qualidades literárias quanto às circunstâncias da morte do poeta. Körner fora morto em ação como integrante da Lützow Freikorps, a mais charmosa das unidades de voluntários criadas para combater os franceses na "guerra da libertação" de 1813. No ano anterior à sua morte, ele compusera uma série de poemas patrióticos, publicados postumamente como *Lira e espada* e provavelmente a mais popular coletânea individual do século XIX, com inúmeras reedições. Auxiliado pelo arranjo musical de Weber, um dos poemas — "A caçada selvagem de Lützow" — conquistou aceitação universal, sendo ouvido em lugares tão distantes quanto a China (ao menos na versão de Weber).[150]

Após 1815, e especialmente após os Decretos de Karlsbad de 1819, as autoridades em todos os Estados alemães procuraram sufocar a expressão da opinião nacionalista. Cometeram o erro compreensível, mas grave, de supor que liberalismo e nacionalismo fossem dois lados, igualmente subversivos, da mesma moeda. Negada a oportunidade de afirmarem sua causa por meio da política, os nacionalistas alemães voltaram-se para a cultura. De novo, a dialética do nacionalismo se manifestou, agora de forma ainda mais virulenta. Na posição principal de "o outro" claro que estava a França, agora considerada o "inimigo hereditário" (*Erbfeind*). Dois exemplos de meados da década de 1830 darão uma ideia do discurso francófobo.

No posto avançado, *de Georg Friedrich Kersting* (1814). *Kersting proporciona um memorial de guerra aos três amigos, todos mortos combatendo os franceses em 1813. O poeta Theodor Körner está sentado com as costas apoiadas no carvalho. As cores do Lützow Freikorps — preto, vermelho, dourado — se tornaram um símbolo da libertação nacional e mais à frente as cores da bandeira alemã.*

Um autor anônimo na revista *Museum der Eleganten Welt*, após um longo ataque à insuportável arrogância dos franceses e sua constante conversa oca sobre a superioridade de sua música, ofereceu a seguinte metáfora típica: "Ainda que se tenha de admitir que os franceses possuem talento, até mesmo bastante talento, o caso é que continuam sendo franceses: impulsivos, voláteis, tão efervescentes quanto o champanhe — e igualmente propensos a perder o gás, sem nenhum conteúdo real além do charme excitante".[151] Outra metáfora gastronômica foi fornecida mais ou menos na mesma época por Johannes Fesky na proeminente revista *Cäcilia*:

> A música francesa, quando tenta ser séria, fica a meio caminho entre a alemã e a italiana. Emoções profundas lhe são estranhas. Ela não é quente nem fria; sua natureza é como a do sapo. É incapaz de descrever mesmo as emoções comuns: ódio e amor. Faz uso da forma dos italianos, sem sua elegância. [...] É mais como uma conversa agradável, girando apenas em torno de pensamentos e sentimentos superficiais, o que fornece um entretenimento agradável após um lauto jantar ou um exercício intelectual intenso, e ajuda a digestão.[152]

Ao insultar a cultura francesa, os alemães costumavam empregar o adjetivo *wälsch*, uma palavra intraduzível que tem a vantagem de estender a área de fogo aos italianos também, pois denotava a cultura latina. Por um longo tempo, porém, os italianos foram apenas um alvo subsidiário, pela boa razão de serem vistos como uma ameaça bem menor. Vez ou outra, jornalistas alemães satisfaziam seu incorrigível masoquismo relatando, com um prazer sombrio, incidentes e episódios provocados pela malícia ou ignorância italiana: o aristocrata romano, por exemplo, que perguntou a um eminente músico visitante, a serviço do eleitor do Palatinado, se seu senhor possuía uma carruagem; a dama napolitana que observou, após conhecer vários alemães ricos e cultos, que a Alemanha devia ser uma cidade grande; o crítico musical milanês que atribuiu à Itália o mérito por Mozart, Haydn e Gluck porque tiveram professores italianos; e assim por diante.[153]

Esse tipo de atitude não exigiu uma reação forte enquanto a música italiana foi manifestamente inferior e menos popular. Mas quando o cenário musical alemão foi conquistado pela ópera italiana, na segunda década do século XIX, as coisas mudaram de figura. Justamente quando Beethoven parecia estar apondo sua chancela à supremacia alemã, o sucesso fenomenal, tão rápido quanto completo, de Bellini, Donizetti e, acima de todos, Rossini provocou uma intensa crise de confiança no seio da intelectualidade alemã. Como na Itália, a ópera não estava confinada a uma pequena elite. Em toda cidade alemã de qualquer tamanho, o teatro lírico constituía um centro social e cultural, englobando uma proporção substancial da população.[154]

Portanto, quando a popularidade dos italianos expulsou os produtos nacionais dos palcos, os intelectuais alemães se indignaram. Em 1828, rememorando os mais de dez anos de dominação italiana, o crítico bávaro Franz Stoepel lamentou: "Será que nós, alemães, precisamos sucumbir à influência estrangeira? Tão logo nos livramos dos grilhões da literatura francesa, eis que os compositores italianos nos fixam grilhões ainda mais pesados, contestam nossa identidade nacional em nosso próprio solo, roubam o que nos é próprio e nos impõem o que devemos apreciar".[155] O contra-ataque não se limitou a elogiar a música alemã às custas da italiana. Um grande prazer foi derivado da ridicularização das melodias banais e dos ritmos ra-tim-bum da "ópera de sorvete". Uma das paródias mais benévolas foi oferecida por Carl Maria von Weber em seu romance autobiográfico *Tonkünstlers Leben* [Vida de músico], em que ele imaginou os instrumentos da orquestra batendo papo e reclamando da perspectiva de tocarem outra sinfonia de Beethoven, o que os deixava exaustos, implorando uma ópera italiana em seu lugar, durante a qual podiam dar um cochilo ocasional.[156]

Outros críticos foram menos caridosos. Eis como um colaborador da revista *Cäcilia* contestou a alegação de um italiano de que seu país havia inventado a música:

> Você diz que a música italiana é a mãe de toda a música. Pode até ser. Mas uma mãe costuma ser uma mulher, estando portanto sujeita ao destino desse sexo, que, como todos sabem, propaga seu talento e beleza apenas até certa idade, para depois enriquecer em rugas e empobrecer no espírito. [...] A música existente na Alemanha é do sexo masculino, tem uma natureza séria, está um tanto imbuída do protestantismo e, portanto, gosta de fazer a pergunta — por quê? — e, ao criar, pensa mais no certo que no belo. [...] Por essa razão, os alemães merecem o lugar de honra.[157]

Ainda menos agradável foi a tendência rotineira de estender a desaprovação da música italiana ao desprezo pelo caráter nacional italiano. Um bom exemplo foi proporcionado pelo crítico prussiano Adolph Bernhard Marx em sua resenha da nova e bem-sucedida produção da ópera *Konradino*, de Rossini, em Berlim, em 1827. Rossini agora triunfou sobre todos, ele informou; ele ancorou metade do mundo à sua causa; ele é o orgulho de sua nação, a alegria do público — e o mestre das profundezas inferiores da sensualidade estúpida. Mas não se deve atribuir a ele toda a culpa, Marx acrescentou, já que Rossini apenas expressava os pecados de seu povo praticamente sem Estado, dependente e intelectualmente subserviente, que agora sucumbiu por completo ao egoísmo e à sensualidade.[158]

Esse era um tema constante dos críticos alemães, obrigados a se deslocar até os teatros líricos para assistir a mais uma estreia triunfante de Rossini. Será que, mesmo contrariados, acompanhavam o ritmo com os pés? Três anos antes, em 1824, Marx aproveitara uma apresentação de *O barbeiro de Sevilha* para lançar um ataque geral à cultura italiana. Os italianos já não tinham vida pública, ele escreveu; irremediavelmente decadentes e egoístas, buscavam apenas entretenimento e prazer, precisando até de balés entre os atos de uma ópera para manter-se distraídos. De qualquer modo, mal prestavam atenção ao que acontecia no palco, concentrando a débil energia que lhes restava em fofocar, apostar, beber chocolate e fazer amor, só interrompendo essas atividades uma vez ou outra para aplaudir alguma pequena ária banal berrada pela prima-dona do momento.[159]

Por desrespeitarem mais a cultura alemã, franceses e italianos atraíam a maioria dos insultos e serviam com mais frequência como caixas de ressonância para a identificação daquelas virtudes alemãs especiais: seriedade e profundidade. Mas, com insistência crescente depois de 1815, um novo alvo surgiu no horizonte na figura dos britânicos. Antes saudados como modelo alternativo à França, especialmente na pessoa de Shakespeare, os britânicos passaram a ser alvo de ressentimento devido à sua riqueza. Hoje em dia mal dá para imaginar uma época em que os alemães se sentiam obrigados a desculpar sua pobreza material em relação aos britânicos apregoando sua superioridade cultural, mas foi o que aconteceu.

De novo, e não sem razão, os intelectuais alemães acreditavam que os britânicos ignoravam ou desprezavam os estrangeiros em geral e os alemães em particular. Em 1775, o poeta alemão Christian Schubart havia observado, furioso, que embora os hanoverianos tivessem desde cedo estendido seus braços receptivos a Jorge III, os orgulhosos britânicos — que se consideravam uma espécie superior — não permitiam que seu soberano viajasse em meio a um povo que consideravam sub-humano.[160] Com certa lógica os alemães atribuíram a falta de música britânica nativa à pobreza cultural.[161] Eles se perguntavam repetidamente por que um país tão próspero era tão destituído de singularidades culturais. É por causa do clima, argumentou um crítico imaginativo em 1839, porque a maioria possui pele clara, porque comem excelentes pernis de carneiro e, acima de tudo, porque têm recursos para comprar a música de outros povos. Ele concluiu com um tríplice insulto: "Os alemães inventam a música, os italianos a vulgarizam, os franceses a plagiam e os ingleses pagam por ela".[162] Essa ênfase no materialismo e filistinismo britânico reaparecia sempre que a cultura britânica estava em discussão.

Um bom exemplo do humor arrogante que ela inspirava é uma carta satírica supostamente escrita ao editor da *Berliner Allgemeine Musikalische Zeitung* por um inglês em janeiro de 1824:

> Prezado senhor, nada entendo de música porque, dada a nossa constituição política e comercial, eu não saberia por onde me familiarizar. Mas para que meus compatriotas não sejam privados da honra de participar de sua publicação, seguem seiscentas libras para que possa me enviar um lote de músicos a serem naturalizados. Também aproveito a oportunidade para informar que criei uma competição com prêmios para a melhor invenção de uma orquestra movida a vapor, de modo que nossos músicos possam voltar ao serviço na frota e aos escritórios de contabilidade.[163]

A estridente insistência dos alemães na superioridade de sua cultura pode perfeitamente ter se originado da preocupação torturante de quem no fundo está contando vantagem. A fragmentação política, divisões religiosas e particularismos violentos das diferentes regiões se combinavam para alimentar dúvidas se a Alemanha era afinal uma nação. A popularidade duradoura da ópera italiana entre o público em geral foi particularmente deprimente para eles. Na resenha da ópera de Mozart *O rapto do serralho*, de 1784, Carl Friedrich Cramer lamentou: "Nunca seremos de fato alemães e jamais passaremos de eternos imitadores de outras nações, eternos alvos das críticas e gozações dos estrangeiros".[164] No entanto, poucos meses antes, ele havia elogiado a grandeza especial da música alemã em artigo sobre Joseph Haydn.[165] Essa atitude esquizofrênica persistiu enquanto a Alemanha permaneceu desunida politicamente (e até depois). No mesmo artigo em que ostentava a profundidade da música alemã, um colaborador anônimo do *Allgemeine Musikalische Zeitung* admitiu que a Alemanha não passava de um "agregado de povos", com o resultado de que não poderia haver uma identidade cultural nacional como a encontrada na França ou na Inglaterra.[166]

Essas palavras foram escritas em 1801. No meio século seguinte, um crescente número de alemães procurou ativamente definir, expressar e afirmar uma identidade nacional. O veículo preferido foram as associações voluntárias que proliferaram como parte da esfera pública em constante expansão. Ao descrever um festival coral promovido em Mainz, em agosto de 1835, a revista *Cäcilia* exclamou: "Atualmente vivemos na era das associações!".[167] Devido à mão de ferro da reação nos Estados alemães, nenhuma delas era abertamente política. Mas quando os cientistas da natureza, médicos, filólogos, historiadores, linguistas, ornitólogos, se organizavam em associações e promoviam conferências nacionais, estavam fazendo uma declaração política.[168] As mais ruidosas, em todos os sentidos, foram as associações de canto que proliferaram após 1815.

Embora o Estado às vezes oferecesse um auxílio modesto, permitindo que se reunissem em igrejas e outros prédios públicos, essas organizações vocais resultavam essencialmente da iniciativa privada. Variavam em tamanho e ambição: de grupos de aldeões reunidos para cantar canções folclóricas a sociedades metropolitanas ostentando sua própria orquestra, instalações e concertos. Típica de um empreendimento de tamanho médio foi a associação de Mannheim, formada em 1829 pela fusão de dois grupos informais de amigos. No decorrer da década seguinte, decuplicou seu tamanho para mais de quatrocentos membros, ao mesmo tempo que criou uma biblioteca de partituras, distribuiu instrumentos musicais, promoveu concertos regulares e até fundou uma escola de canto para meninos e meninas.[169]

Em pouco tempo as associações individuais se reuniram para organizar festivais regionais. O primeiro se realizou em 1815 na cidadezinha de Frankenhausen, no minúsculo principado de Schwarzburg-Rudolstadt. A insignificância do local não impediu que os organizadores pensassem grande, pois nomearam como seu diretor Louis Spohr, um dos maiores nomes do mundo musical alemão da época, considerado por muitos equiparável a Beethoven. Sua confiança se mostrou justificada quando 101 cantores e 106 instrumentistas foram atraídos da Turíngia, encorajando a promoção do festival como evento regular.[170] Ou seja, desde o princípio, aqueles festivais não se confinaram a um único principado. Típico foi o Festival da Canção Suábio, promovido em Biberach em julho de 1839, que reuniu mais de mil cantores de 34 diferentes associações da Baviera e Württemberg.[171] Com a rápida expansão da rede ferroviária na década de 1840 até cobrir todo o país, ficou mais fácil organizar encontros transregionais e até nacionais: e não apenas nacionais, mas também nacional*istas*. O festival realizado em Frankenhausen em 1815 foi transformado em uma celebração da vitória sobre os franceses, com a apresentação de *Alemanha libertada*, de Spohr, e do *Te Deum*, de Gottfried Weber.[172]

Depois que o nacionalismo e o liberalismo foram enquadrados como subversivos em 1815, apelos abertos à unidade alemã não foram mais permitidos. Isso não impediu os fogos musicais de arderem ainda mais espetacularmente com a grande conflagração desencadeada pela denominada crise do Reno de 1840. Tentando compensar uma humilhação diplomática sofrida nas mãos dos britânicos no Oriente Médio, os franceses se envolveram em algumas exibições de força mais perto de casa, incluindo a reivindicação da margem ocidental do Reno. Durante uma geração, a opinião pública alemã havia sido tão reprimida que pouco se sabia de seu estado atual. Quando as cortinas foram descerradas em 1840, uma massa tempestuosa de nacionalismo francófobo foi revelada.[173]

A mão mais ativa pertencia a Johann Nikolaus Becker, um funcionário da corte de baixo escalão, que em 18 de setembro de 1840 publicou em um jornal de Trier um poema intitulado "O Reno alemão":

Eles nunca terão
Nosso livre Reno alemão
Ainda que, qual corvos vorazes,
Bradem: "É meu! É meu!".

Eles nunca terão
Nosso livre Reno alemão
Até que sua enxurrada tenha soterrado
Os membros de nosso último homem! [174]

Mesmo no original alemão, não é um poema notável, mas empolgou tanto a opinião pública que quando musicado se tornou uma sensação. O compositor Ferdinand Simon Gasser exclamou, no início de 1841: "'Eles não o terão' — Haverá uma cidade ou aldeia na Alemanha onde essa canção famosa não tenha sido cantada?".[175] Em março de 1841, o *Allgemeine Musikalische Zeitung* corroborou sua afirmação de que a canção de Becker se mostrara uma sensação ao listar 79 versões musicais diferentes.[176]

Os públicos de concertos e festivais por toda parte exigiam que fosse tocada. Em Oldenburg, em fevereiro de 1841, por exemplo, notícias de que seria incluída no programa fizeram que a sala de concertos lotasse:

Enfim foi tocada e recebida com aplausos entusiásticos e pedidos unânimes de bis. E quando foi tocada de novo, algo inédito aconteceu: o público inteiro aderiu, como que guiado por um poder invisível. [...] A canção do Reno de Becker inflamou um milhão de corações alemães como um raio. No norte e no sul, no Reno e no Oder, a chama nacional da emoção patriótica alemã se espalhou. [...] A consciência da unidade dos alemães experimentou um redespertar poderoso. Essa pequena canção se transformou num grande protesto contra vocês, franceses; portanto, fiquem alertas: ela se tornou uma avalanche poderosa que os esmagará! [...] A canção é mais que um poema, é uma *ação*; uma ação compartilhada por todos os alemães.[177]

A avalanche foi protelada trinta anos porque os franceses recuaram. Ironicamente, àquela altura a canção do Reno de Becker havia sido substituída por duas outras canções compostas ao mesmo tempo: "A guarda no Reno", de Max Schneckenburger, e "A canção dos alemães", de August Heinrich Hoffmann von Fallersleben, mais conhecida como "Deutschland, Deutschland über Alles". Esta tinha a vantagem de ser cantada com uma melodia de Haydn originalmente tema do movimento lento de seu Quarteto para Cordas em dó maior opus 76, nº 2 (*O imperador*).[178]

Para aqueles com olhos para ver e ouvidos para ouvir, a crise do Reno revelou que o nacionalismo era poderosíssimo e facilmente separável de sua aparente alma gêmea: o liberalismo. O episódio em geral e a canção de Becker em particular representaram uma virada decisiva dos liberais alemães, trocando o Iluminismo francês e seus valores cosmopolitas por uma ideologia nacionalista que priorizava a unidade.[179]

Sinais de fervor nacionalista nas cabeças estúpidas dos príncipes alemães foram revelados nas tentativas, após 1840, de se associarem ao poema de Becker. Frederico Guilherme IV da Prússia lhe concedeu mil táleres e uma pensão anual de trezentos táleres, enquanto Luís I da Baviera enviou-lhe um troféu.[180] Mas aquele foi o limite. A repressão constante apenas reforçou a crença do público de que os festivais de música estavam expressando um espírito nacional irresistível. Em 1842, por exemplo, Julius Becker observou que a música havia se tornado o "espírito animador central da vida social" nas esferas privada e pública. A participação em massa em festivais musicais, a seu ver, dava a esperança reconfortante de que o espírito nacional alemão continuaria crescendo.[181] Gassner concordou, anunciando o grande festival em Colônia no ano anterior como "um festival verdadeiramente nacional": "Porque é a própria Alemanha que ouvimos clamar. É o espírito da Alemanha que contempla das sinfonias de Beethoven".[182] Aqueles apelos disfarçados por liberdade e unidade eram o máximo que os censores permitiram.

Os observadores estrangeiros, porém, não sofriam nenhuma limitação quando se tratava de destacar a natureza política das associações corais e musicais. Em 1841, um visitante francês informou que toda cidade na Alemanha contava com uma associação de canto. Ele havia visto até que ponto podiam se tornar políticas em Frankfurt am Main, onde o grandioso banquete de encerramento do festival logo se tornou um protesto político, encorajado pela grande ingestão de álcool. Ergueram-se brindes pela liberdade e unidade alemã, tiranos foram atacados em canções, e o poema nacionalista de Ernst Moritz Arndt, "O que é a pátria alemã?", musicado por Wilhelm Speyer, foi cantado com entusiasmo e repetido duas vezes aos brados de "Vida longa à Alemanha!":

O que é a pátria alemã?
É a terra prussiana? É a terra suábia?
É onde no Reno a videira floresce?
É onde no Belt a gaivota passa?
Oh, não! Não! Não!
Sua pátria tem que ser maior!

O que é a pátria alemã?
Diga-me que é o país inteiro!

Até onde a língua alemã soa
E Deus no céu canta canções,
É assim que tem que ser!
Isto, bom alemão, considera como teu!

A Alemanha inteira deve ser!
Oh, Deus do céu, faça-a assim,
E dê-nos a coragem alemã apropriada,
Para que a amemos de verdade.
É assim que tem que ser!
A Alemanha inteira deve ser![183]

Após as revoluções de 1848, um jornalista alemão confirmou que muitas das associações de canto da década de 1840 serviram de fachada para a agitação política, sobretudo no notoriamente radical grão-ducado de Baden, onde praticamente cada aldeia tinha sua organização.[184]

Com o aumento da desavença em relação ao *establishment* durante aquela década, as vozes alemãs se tornaram mais estridentes. Mais de 2300 cantores de todo o país se reuniram em Colônia em 1846, tendo a viagem facilitada por passagens gratuitas de vapor e trem distribuídas por patrocinadores ricos. Sua principal tarefa autodesignada era cantar canções patrióticas afirmando seu "dever sagrado" de lutar pela unidade e bem-estar da pátria alemã.[185] Dois anos depois, pareciam ter atingido seu objetivo, quando revoluções irromperam por todo o país, o odiado chanceler austríaco Metternich fugiu para o exílio e governos liberais foram empossados em um Estado após o outro. Embora seja absurdo afirmar que, com suas canções, os revolucionários abriram caminho à vitória, seria igualmente um erro subestimar o poder da música. Aquela era a forma de arte capaz de atingir todos os cantos da nação, além de ser a mais dificilmente controlável.

Numa coletânea de canções publicada em 1848, Friedrich Hecker, um radical de Baden, afirmou: "A canção política é a propriedade indestrutível do indivíduo. Alguém aprende uma canção pela primeira vez, canta-a com o júbilo tonitruante e empolgação do momento, mas nas horas calmas, quando reflete e devaneia, e durante caminhadas e excursões, a canção política soa suavemente no coração [...] uma pessoa se torna política".[186] Essa observação deve ser associada à percepção de Benedict Anderson de que as nações não podem existir até serem imaginadas. Como apenas um número limitado de pessoas chegam a se conhecer face a face, elas precisam de um meio de se conceber como pertencentes à mesma comunidade nacional.[187] Nesse ato fundamental da imaginação, a música desempenhou um papel importantíssimo.

DOS BOSQUES E CAMPOS DA BOÊMIA

Em 1875, o compositor tcheco Bedřich Smetana publicou a partitura orquestral de seu poema sinfônico "Dos bosques e campos da Boêmia". A capa não poderia ter sido mais bilíngue: tcheco à esquerda, alemão à direita. As únicas palavras não traduzidas foram os nomes do compositor e do editor. Grande parte da página mostrava um cenário rural idílico: montanhas, vales e florestas, bem como os bosques e campos do título. Um homem está sentado em primeiro plano, retratando as glórias da natureza exibidas à sua frente — uma cena que pessoas de ambos os grupos linguísticos podiam compartilhar. Entretanto, nem tudo era perfeito naquele jardim do Éden, pois se encarando através do vale estão duas grandes fortalezas em penhascos rochosos. As circunstâncias em torno da escolha da imagem não são conhecidas, mas não podia haver representação melhor das ambiguidades da cultura e da política boêmias.

O próprio Smetana nasceu em 1824 numa família de origem tcheca que falava alemão. Seu pai, František, quase certamente sabia tcheco, mas usava o alemão para administrar sua cervejaria. Desse modo, quando o adolescente Bedřich começou a escrever um diário, o fez em alemão. Embora uma crescente consciência de sua nacionalidade o deixasse envergonhado por usar uma língua estrangeira, aprender tcheco não foi fácil. Aos 34 anos, ele ainda pôde escrever ao amigo Ludevít Procházka:

> Peço que desculpe meus erros de grafia e gramática, dos quais você decerto verá muitos, pois até o momento não tive a sorte de me aperfeiçoar na língua natal. Educado desde a juventude em alemão, tanto na escola como na sociedade, não me empenhei [...] e para minha vergonha devo confessar que não sei me expressar bem ou escrever de modo correto em tcheco. [...] Mas sou tcheco, de corpo e alma, e não me envergonho de assegurá-lo a você, embora imperfeitamente em minha

A página de título bilíngue do poema sinfônico de Smetana "Dos bosques e campos da Boêmia" (1875).

língua natal, pois me orgulho de mostrar que minha pátria significa para mim mais do que qualquer outra coisa.[188]

Smetana deu o título de *Minha pátria* (*Ma vlast*) à coletânea de poemas sinfônicos que lançou, que incluía "Dos bosques e campos da Boêmia" como quarto poema. Não admira que a obra completa tenha sido um sucesso imediato, incrível e duradouro, pois percorreu todo o espectro semiótico: geográfico (a grande rocha de Vyšehrad), natural (o rio Vltava, os bosques e campos da Boêmia), lendário (a virgem amazona Šarka), histórico (Tábor, o baluarte hussita) e profético (Blaník, a montanha onde os guerreiros hussitas jazem dormindo, aguardando o chamado para se levantar e expulsar os invasores alemães). A primeira execução completa, em 5 de novembro de 1882, se tornou um grande protesto nacional, como registrou com eloquência uma testemunha:

> Desde a inauguração do Teatro Nacional, os ânimos nunca estiveram tão exaltados em qualquer reunião de tchecos. Os acordes solenes de *Vyšehrad* [...] nos alçaram a tal grau de entusiasmo que, imediatamente após sua comovente conclusão, o brado de "Smetana" soou das centenas de pessoas que lá estavam. Após *Vltava* (Moldávia), um furacão de aplausos irrompeu, e seu nome ressoou por toda parte em meio às aclamações. [...] Todos se levantaram, e a mesma tempestade incessante de aplausos se repetiu após cada uma das seis partes. [...] Ao final de *Blaník* o público estava fora de si e as pessoas não conseguiam se despedir do compositor.[189]

A inauguração do Teatro Nacional no ano anterior havia sido uma expressão institucional e arquitetônica da íntima associação entre música e nacionalidade na Boêmia, marcando o clímax de um século exato de desenvolvimento. Em 1781, o conde Franz Anton von Nostitz-Rhineck financiou a construção de um teatro a que deu o nome contraditório de Teatro Nacional Conde Nostitz, com a dedicatória *"Patriae et musis"* (À pátria e às musas) acima do pórtico. Nostitz era apenas um dos muitos nobres boêmios que buscavam recuperar a identidade cultural do reino através de instituições como a Sociedade Real da Boêmia (1784), a Sociedade Patriótico-Econômica do Reino Tcheco (1788), a Sociedade dos Amigos Patrióticos da Arte (1796) e o Conservatório Musical de Praga (1811).[190] Depois que os dissidentes protestantes foram derrotados pelo imperador Habsburgo Fernando II na batalha da Montanha Branca, em 1620, a Boêmia se transformara num exemplo de cultura católica, contrarreformista e barroca. A Praga dos palácios, mosteiros e igrejas tão admirada hoje nasceu desse processo. Só no final do século XVIII a crescente prosperidade, urbanização, esclarecimento e oposição às políticas centralizadoras de José II encorajaram um desafio aos seus axiomas centrais. Entre eles estava a hegemonia da língua alemã. Após 1620, *qualquer coisa* escrita na língua tcheca era suspeita de heresia; apenas o latim e o alemão eram considerados adequados à comunicação ortodoxa. Como resultado, após um século o tcheco havia praticamente desaparecido como língua culta, sendo ouvida apenas entre artesãos, criados e camponeses.[191]

Essa era a situação que nobres intelectuais como o conde Nostitz resolveram mudar. Seu patriotismo era boêmio — ou seja, direcionava-se para o reino com aquele nome como entidade geográfica, histórica e cultural. Como tal, tinha um sabor nitidamente, mas não exclusivamente, tcheco. O conde František Kinský, um dos fundadores da Sociedade Real, publicou uma defesa da língua tcheca em que declarava: "Como bom descendente dos eslavos, herdei o preconceito de que, se a língua mãe de um francês é o francês, e de um alemão, o alemão, então para um tcheco a língua mãe tem que ser também o tcheco". Mas seu livro foi publicado em alemão, assim como a *História da língua e da literatura boêmias*, de Josef Dobrovský, publicada em 1792.[192] Aos poucos, porém, o renascimento tcheco atingiu o ponto de virada. Um momento pleno de simbolismo foi a criação do Museu Nacional pelo conde František Kolovrat em 1818. Seu manifesto, escrito em alemão, se referia à nova instituição como Museu Patriótico (Vaterländisches Museum), mas quando Josef Jungmann traduziu aquilo para o tcheco, ela se tornou o Museu *Tcheco* Nacional (Národní České Muzeum).[193]

Nos cem anos seguintes, a luta entre tchecos e alemães se tornou cada vez mais acirrada, culminando com a criação de um Estado tcheco(slovaco) após a Primeira Guerra Mundial e a limpeza étnica dos alemães após a Segunda. A música cumpriu uma importante função nesses acontecimentos, até porque a vida musical da Boêmia era especialmente rica. Já no século XVIII, observadores estrangeiros invejosos registraram que o reino exportava mais músicos do que qualquer outra parte da Europa, incluindo até a Itália. Eles explicaram esse fenômeno referindo-se à riqueza da Igreja, ao patrocínio da nobreza, à excelência da educação vocal e instrumental disponível e a uma "tendência natural".[194] No século XIX, os músicos deram aos tchecos aquela capacidade crucial de se imaginar uma nação e a autoconfiança cultural para transformar sonhos em ação. Pouquíssimos não tchecos sabiam o nome de algum poeta, romancista, pintor (com a possível exceção de Alfons Mucha) ou arquiteto tcheco nascido antes de 1900, mas a maioria das pessoas instruídas ouvira falar de Smetana (nascido em 1824), Dvořák (nascido em 1841) e Janáček (nascido em 1854).

Ainda que não fosse o maior compositor, o mais importante dos três para o nacionalismo tcheco foi Smetana, cuja integridade férrea em servir à causa nacional o transformou em modelo mesmo para os que não gostavam de sua política radical dos Jovens Tchecos. Em 1861, outro aristocrata boêmio liberal, o conde Jan Harrach, anunciou que estava criando duas competições, para encontrar a melhor ópera sobre um tema histórico tcheco e a melhor ópera sobre um tema popular "extraído da vida nacional do povo". Apenas tchecos nativos poderiam concorrer: "Convido meus caros compatriotas, onde quer que estejam, a participar com entusiasmo desse empreendimento tcheco — a produzir uma obra realmente nacional que glorificará os tchecos!".[195] A postos estava Smetana, que naquele mesmo ano retornara de cinco anos na Suécia com uma sensação de missão patriótica: "Minha pátria se enraizou no meu coração a ponto de somente ali eu encontrar satisfação verdadeira. É a ela que me sacrificarei".[196]

O resultado foi sua primeira ópera, *Os brandeburgueses na Boêmia*, com um libreto do jornalista Karel Sabina. Ambientada no fim do século XIII, trata-se de um ataque ligeiramente disfarçado à ocupação e à exploração estrangeiras. O trecho inicial, cantado por Oldřich Rokycanský (descrito no *dramatis personae* como "um cavaleiro e patriota belicoso"), deu o tom, convocando seus compatriotas a se rebelar e expulsar as tropas estrangeiras.[197] A trama a seguir é confusa, para não dizer incoerente, mas a mensagem nacionalista ressoa em alto e bom som, sobretudo no coro final, que promete que "bons tempos retornarão para nós e glória à nossa pátria tcheca". Certamente o público ficou empolgadíssimo na estreia, em 5 de janeiro de 1866, chamando Smetana ao palco nove vezes no decorrer do espetáculo.[198]

Mas o público não foi muito numeroso, porque a ópera foi exibida no Teatro Provisório Provincial Real de Praga, construído em 1862 com apenas 362 assentos. Daí ter sido apelidado de caixa de fósforos.[199] O teatro foi chamado de provisório porque deveria funcionar apenas até que se arrecadasse dinheiro suficiente numa subscrição pública para construir um teatro nacional adequado. Como costuma acontecer, a construção do novo teatro durou mais do que se esperava. Em 16 de maio de 1868, a pedra fundamental foi lançada por Smetana com as palavras: "Na música está a vida dos tchecos". Era o dia do santo padroeiro da Boêmia, João Nepomuceno, e o clímax de um festival de três dias, a maior celebração nacional dos tchecos entre a revolução de 1848 e sua independência em 1918.[200] Trens especiais foram organizados para trazer 60 mil visitantes a Praga, incluindo os integrantes de 148 sociedades corais. O destaque musical foi a estreia de *Dalibor*, outra ópera com um tema histórico tcheco e música de Smetana. No final, ao morrer apunhalado, o herói Dalibor canta: "Abram para mim os portões da liberdade! Estou indo para outro país!".[201]

A sacralização da nação em forma arquitetônica acabou se concretizando catorze anos depois, em 11 de junho de 1882, com a inauguração do teatro novo

O Teatro Provisório Provincial Real de Praga.

com — é claro — outra ópera patriótica de Smetana. Chamava-se *Libuše* e era menos uma ópera que uma representação do mito de fundação tcheco do século IX. A heroína encontra um marido no robusto camponês Přemysl, fundando assim a grande dinastia tcheca que governaria as terras boêmias nos quatro séculos seguintes. Na cena final, Libuše conta uma série de visões em que o glorioso, embora atribulado, futuro dos tchecos é revelado. Quando ela atinge a época das perseguições aos hussitas, névoas começam a subir, e seus olhos se turvam, mas ela conclui: "Tudo isso eu sinto e sei nas profundezas do meu coração: meu querido povo tcheco jamais perecerá, sendo capaz de resistir a todos os horrores do inferno!" — "incluindo os alemães e seus senhores Habsburgo austríacos", pode ter pensado cada espectador ao levantar para demonstrar seu entusiasmo.

O "outro" alemão constituiu uma presença constante no desenvolvimento do nacionalismo tcheco e da música tcheca. Por uma sutil ironia, o pobre Smetana, que mais do que ninguém promoveu esta última, entrou em conflito com seus compatriotas "Velhos Tchecos", que o acusaram de ser influenciado demais por Wagner. Na verdade, quando diretor do repertório do Teatro

František Palacký faz o discurso no lançamento da pedra fundamental do Teatro Nacional de Praga em 16 de maio de 1868. Smetana é o segundo à direita do grupo de pé à esquerda de Palacký.

Nacional entre 1866 e 1872, Smetana deliberadamente evitou encenar qualquer obra de Wagner, apesar de sua popularidade, porque as considerava "estranhas em seu total germanismo" e portanto "completamente inaceitáveis para uma nação cantante como os tchecos".[202]

Embora Dvořák, admirador e amigo de Brahms, fosse bem menos propenso à germanofobia, Janáček era temperamental e musicalmente de uma espécie bem diferente. Nascido e criado em Brünn (Brno), desenvolveu sua própria voz característica por um processo de adoção da música folclórica morávia, ao mesmo tempo que rejeitava tudo que fosse alemão. Embora bilíngue por ter frequentado uma escola secundária alemã (a única disponível), insistia em empregar a língua tcheca sempre que possível, escrevendo ao seu tio em 1869: "Escrevi uma ou duas vezes — e depois queimei as cartas, pois não sei se és um verdadeiro tcheco ou um verdadeiro alemão, ou meio a meio. Oh, querido tio, não imaginas como adoro os tchecos, e não acreditarias como odeio os alemães".[203] Um sinal do efeito distorcivo de seus preconceitos nacionais era sua crença de que a Rússia tsarista era um país mais livre que o Império Austro--Húngaro.[204]

Até que a atividade política direta fosse permitida, no fim do século XIX, a cultura e especialmente a música proporcionaram aos tchecos um veículo de definição, orgulho e afirmação nacional. Não foi o único — o movimento de ginástica Sokol foi muito influente, por exemplo —, mas legou os marcos mais importantes e duradouros. *Libuše* pode não ter chegado ao repertório internacional, mas *A noiva vendida* (Smetana), *Rusalka* (Dvořák) e *Jenůfa* (Janáček), só para mencionar três obras de uma longa lista de candidatas, tornaram a voz tcheca ouvida através do mundo. Juntos com outros compositores importantes (Bendl, Foerster, Kàan, Kovařovic, Fibich, por exemplo), os três grandes exemplificaram o poder da música para expressar aspirações nacionalistas e o poder do nacionalismo para influenciar composições musicais. Mesmo o mais cosmopolita entre eles, Dvořák, afirmou: "Tudo que compus nos Estados Unidos, na Inglaterra ou outras partes é, e sempre será, música tcheca".[205]

UMA VIDA PELO TSAR

Ao menos os falantes de tcheco na Boêmia podiam se orgulhar de uma longa tradição de composição musical sofisticada, ainda que tivessem que se habituar a ver seus músicos mais talentosos germanizando seus nomes e emigrando (como quando Jan Václav Stamič se tornou Johann Wenzel Stamitz e mudou-se para o Palatinado). Mais para o leste, na Rússia, a música artística de qualquer espécie tinha origem bem recente. A Igreja Ortodoxa proibira a música instrumental porque adotara uma interpretação exclusiva e literal do último versículo do Salmo 150: "Todo ser vivo louve o Senhor". O dr. Samuel Collins, que serviu como médico do tsar Aleixo na década de 1660, descreveu as implicações:

> Se você quiser agradar um russo com música, arranje um conjunto de rouxinóis, acrescidos de um bando de mochos, um ninho de gralhas, uma alcateia de lobos famintos, sete porcos num dia ventoso e o máximo de gatos com seus rivais, e os faça cantar *Lacrymae*. Isso cativará um casal de russos mais do que toda a música da *Itália*, árias ligeiras da França, marchas da Inglaterra e gigas da Escócia.[206]

Na Rússia, a música se restringia ao canto coral sem acompanhamento nas igrejas e música folclórica fora delas. O primeiro concerto orquestral foi dado por doze músicos alemães que acompanhavam o duque de Holstein em uma visita feita em 1721-2.[207] Aquela nova forma de recreação foi então copiada pelos nobres nativos como parte de sua experiência ocidentalizante. O recrutamento pela tsarina Ana de instrumentistas italianos para formar uma orquestra da corte na década de 1730 encorajou a tendência. Ana também importou a primeira companhia de ópera, de Leipzig.[208] Dali, a cultura se disseminou, embora apenas nas camadas superiores da sociedade russa. Em meados da década de 1740, a *Gazeta de São Petersburgo* publicava anúncios de concertos organizados por nobres nativos. Em 1748, por exemplo, o príncipe Gagárin anunciou que o público seria admitido a um concerto "à maneira italiana, inglesa e holandesa" a ser realizado no seu palácio. Seriam cantadas canções em italiano, russo, inglês e alemão, cada ingresso custaria um rublo e qualquer pessoa decentemente trajada seria admitida, com exclusão apenas de "bêbados, criados e mulheres devassas".[209] Aquelas "quartas-feiras musicais" do príncipe Gagárin se tornaram parte regular do cenário musical da capital.

A cultura de concertos russa mantinha certas peculiaridades já em pleno século xix. A mais impressionante talvez fosse a popularidade de orquestras compostas de servos. Mesmo proprietários de terras modestos treinavam seus servos como músicos, pondo-os para trabalhar nos campos ou em casa durante o dia. Tratava-se de um bom investimento, pois os servos-músicos, além de poderem entreter a família à noite, também representavam um ativo vendável se necessário. Em torno de 1800, podiam ser encontrados teatros em 173 propriedades de nobres e mais de trezentas orquestras de servos.[210] Mas, por maior que fosse sua habilidade e fama resultante, os músicos permaneciam à disposição de seus senhores. Talvez atípico, mas certamente simbólico, foi o grande chicote que o conde Kamiénski pendurou nos bastidores de seu teatro particular, para espancar os músicos no intervalo se não tivessem correspondido às suas expectativas.[211] Por outro lado, servos afortunados podiam ser encorajados por seus senhores melômanos. O proprietário de Mikhail Matínski, o conde Iagujínski, por exemplo, o enviou à Itália para estudar música.[212]

Não surpreende que os compositores nativos tivessem dificuldade em obter o merecido reconhecimento nesse tipo de sistema. Sem dúvida, entre todas as óperas compostas por russos antes de 1800, a mais bem-sucedida foi *O mo-*

leiro, o feiticeiro, o enganador e o casamenteiro, com música de Mikhail Matvéievitch Sokolóvski e libreto de Aleksandr Oníssimovitch Ablesimov. Encenada pela primeira vez em Moscou em 1779, tornou-se um sucesso imediato e permaneceu no repertório durante todo o século seguinte.[213] No entanto, sabe-se muito pouco sobre Sokolóvski. O ano de sua morte é desconhecido, e sua música foi atribuída pela posteridade a Ievstignéi Ipátievitch Fomin (1761-1800).[214] O aumento de um público russo para a música de estilo ocidental se mostrou lento. Quando o Teatro Bolchoi foi equipado, a um grande custo, na véspera da guerra de 1812, o governador de Moscou, conde Rostoptchin, comentou contrariado que tudo de que precisava agora era dinheiro para comprar 2 mil servos para servir de público.[215]

Não era incomum que os soberanos tomassem a iniciativa na inovação musical. Extraordinário, se não singular, na Rússia era a estreita associação entre soberano e nação. Catarina, a Grande, sabia muito bem que suas origens alemãs — era princesa de Anhalt-Zerbst — a tornavam suspeita aos olhos da fortemente xenófoba nobreza russa. Seu marido e predecessor, Pedro III, que era meio alemão, filho do duque de Holstein Gottorp e da filha de Pedro, o Grande, havia sido deposto e assassinado em parte pelo entusiasmo por tudo que fosse prussiano e desprezo por tudo que fosse russo.[216] Por isso Catarina fez o maior esforço para se mostrar nacionalista: "Seu reinado [...] foi marcado pelo surgimento do que se pode chamar 'nacionalismo oficial', a identificação consciente das medidas e objetivos governamentais com aspirações consideradas genuinamente nacionalistas", nas palavras de Hans Rogger.[217] Uma das formas que encontrou para enfatizar a identificação com seu país de adoção foi a composição de libretos em língua russa, baseados em tradições folclóricas.[218]

A experiência da Rússia durante as Guerras Napoleônicas completou a reversão do projeto de ocidentalização iniciado por Pedro, o Grande, no fim do século XVII. Tão traumática foi a invasão de 1812 que a França se tornou a epítome de tudo que havia de repulsivo na cultura ocidental. Aquela era a "terra do embuste e da falsidade" (Víazemski), enquanto Paris era "a capital do esplendor e encantamento superficial" (Karamzin) e "uma cidade de maquinação e egoísmo" (Glinka), possuindo "apenas um brilho de superfície que oculta o abismo da fraude e ganância" (Gógol) e caracterizada pela "vaidade, vaidade, vaidade" (Glinka novamente).[219] Contra a tríade liberdade, igualdade e fraternidade da Revolução Francesa, o ministro da Educação do tsar Nicolau I, Serguei Uvárov, defendeu a ortodoxia, a autocracia e a nacionalidade. Em 1833, informou ao tsar que, numa época em que a ordem vinha desmoronando por toda a Europa, "era necessário encontrar os princípios que formam o caráter especial da Rússia, e que pertencem somente à Rússia [...] reunir num todo os remanescentes sagrados da nacionalidade russa e prendê-los à âncora de nossa salvação".[220]

A cultura russa no século XIX estava imbuída da ideia de sua singularidade, porque a Rússia recebera seu cristianismo das fontes não poluídas de Bizâncio, tendo assim a missão de regenerar o resto do mundo. Entre os muitos exemplos que poderiam ser citados, talvez o mais eloquente tenha sido fornecido por Dostoiévski em *Os demônios*:

> — Você sabe — começou [Chatov] com tom quase ameaçador, projetando-se para a frente na cadeira, com um brilho no olhar e o dedo da mão direita em riste (pelo visto sem o notar) — você sabe que hoje, em toda a face da terra, o único povo "teóforo", que vai renovar e salvar o mundo em nome de um novo Deus, o único a quem foi dada a chave da vida e da nova palavra... você sabe quem é esse povo e qual é o seu nome?
>
> — Pelo jeito como você fala, sou levado a concluir e, parece, o mais rápido possível, que é o nosso povo russo...
>
> — E você já está rindo, ô raça! — Chatov fez menção de levantar-se de um salto.[221]

À lista surpreendente de escritores russos no século XIX — Púchkin, Liérmontov, Hérzen, Gógol, Dostoiévski, Tolstói, Turguêniev, Tchékhov — correspondeu uma explosão simultânea de talento musical — Glinka, Kiuí, Rímski-Kórsakov, Mussórgski, Balákirev, Borodin, Tchaikóvski, Rakhmáninov. De início, esses músicos mantinham uma aliança estreita com o regime. O tsar Nicolau I, sua família e sua corte compareceram à estreia da ópera de Mikhail Ivánovitch Glinka *Uma vida pelo tsar* (a primeira ópera russa, na opinião de Richard Taruskin) em São Petersburgo, em 27 de novembro de 1836.[222] Segundo todos os relatos, a natureza memorável do espetáculo foi reconhecida. A *Gazeta de São Petersburgo* informou: "Todos ficaram fascinados com os sons da música nacional russa nativa. Houve concordância geral na expressão do entusiasmo que o teor patriótico da ópera despertou. [...] Na conclusão da ópera, o compositor foi unanimemente chamado ao palco".[223]

Glinka conseguira fazer pela Rússia o que Weber fizera pela Alemanha em *Der Freischütz*: combinou a ingenuidade da música folclórica com a sofisticação da tradição clássica para criar uma obra verdadeiramente nacional. Foi o que o compositor e crítico musical Aleksandr Nikoláievitch Serov tentava expressar ao escrever: "Senti a semelhança estilística da música com nossas canções folclóricas desde os primeiros acordes, mas fiquei um tanto perplexo. A música ao mesmo tempo soava e não soava folclórica. Dava para discernir formas bem cultas e complexas".[224] O príncipe Odóievski, em texto para *Siévernaia Pchelá* (Abelha do Norte), estava convicto de que a ópera marcou um divisor de águas na história musical russa:

> Como expressar a surpresa dos verdadeiros amantes da música quando, desde o primeiro ato, perceberam que essa ópera respondeu a uma questão tão importante à arte em geral e à arte russa em particular, uma questão, em outras palavras, sobre a existência da ópera russa, música *russa*, e finalmente sobre a existência em geral da música *folclórica*. [...] A ópera de Glinka representa o que os europeus procuraram por muito tempo e não encontraram: *um elemento novo em arte*. Com sua história, uma nova era tem início, *a era da música russa*.[225]

Não é difícil entender por que essa ópera agradou tanto ao tsar. O tema havia sido sugerido a Glinka por Vassíli Andréievitch Jukóvski, um censor oficial e preceptor do príncipe herdeiro (o futuro Alexandre II).[226] Ambientada em 1613 durante uma guerra entre Polônia e Rússia, conta como um camponês, Ivan Susánin, dá sua vida pelo jovem tsar Mikhail, o primeiro da dinastia Románov, atraindo um esquadrão da morte polonês floresta adentro, para longe do esconderijo visado da vítima. Quando os poloneses percebem que foram enganados, torturam Susánin para que os conduza a um local seguro e, ante sua recusa, o matam. Mas o sabor nacional está tanto na música quanto no libreto. Assim como basta ouvir um ou dois acordes de *Der Freischütz*, de Weber, para perceber que se está ouvindo música alemã, também o caráter russo de *Uma vida pelo tsar* é definido desde a primeira passagem cantada, um diálogo sem acompanhamento entre o solista tenor e o coro de camponeses que parece saído diretamente da liturgia ortodoxa.

Ivan Susánin completa a associação entre soberano e nação suspirando "Oh, meu tsar!" ao morrer. E como se isso não bastasse, Glinka e seus quatro libretistas acrescentaram um epílogo com o seguinte início: "Glória, glória a vós, nosso César russo, Nosso soberano concedido por Deus! Que a linhagem real seja imortal! Que o povo russo prospere por seu intermédio!". Glinka também identificou claramente o "outro" que servia de caixa de ressonância para as virtudes russas, usando música de dança, *polonaises* e mazurcas para retratar o inimigo polonês. Devido ao longo domínio dos russos sobre os poloneses, costumamos esquecer que, no final do período medieval e início do período moderno, o relacionamento era invertido.[227]

A íntima relação entre o tsar e os músicos exemplificada por *Uma vida pelo tsar* não poderia perdurar. O rompimento decorreu menos da sufocante repressão imposta pelo regime — aquilo não era novidade — que do fato de que o despotismo se mostrou ineficiente. Quando os exércitos russos estavam expulsando os invasores franceses em 1812, derrotando Napoleão em Leipzig em 1813 e realizando uma parada da vitória em Paris em 1814, ficava fácil acreditar na missão especial da Sagrada Rússia e seu tsar. Mas quando os ocidentais desprezados derrotaram os exércitos russos na Guerra da Crimeia meio século depois, o resultado foi uma grave crise de confiança. O prolongado período de reforma que se seguiu rompeu ainda mais o elo entre Estado e sociedade. Dessa crise surgiu uma intelectualidade profundamente e cada vez mais indisposta em relação ao regime.[228]

Não cabe aqui acompanharmos o processo até a catástrofe de 1917, mas uma ilustração musical merece ser ouvida. Trata-se de *Boris Godunov*, de Modest Mussórgski, considerado pelos críticos e pelo público ouvinte a maior ópera russa. De forma confusa mas reveladora, existem diversas versões diferentes. A primeira, concluída em 1869, foi rejeitada pelo comitê de seleção do Diretório dos Teatros Imperiais em fevereiro de 1871, o que significava uma proibição total de sua exibição, já que o teatro era monopólio estatal.[229] A objeção não foi a nenhuma transgressão política, mas à falta de um papel para primeiro soprano. Embora pudesse ter solucionado esse problema rápida e facilmente, Mussórgski preferiu se dedicar a uma grande reformulação, desapontado com a reação à sua obra de amigos e colegas músicos que admirava e em quem confiava. Sua segunda versão não foi um acomodamento ou concessão aos censores; foi uma verdadeira revisão.[230]

A ópera abordava também o declínio e a queda do tsar, destruído pela culpa pela cumplicidade no assassinato do menino tsarévitche Dmítri, mas a identidade de seu punidor é bastante alterada. Na versão original, e também na peça de Púchkin em que se baseou parcialmente, Boris Godunov lutou com sua consciência e a personificação dela, o Fingidor (o "Falso Dmítri"). Na versão revisada, seu punidor é o povo russo. De passivo e resignado se torna ativamente hostil — revolucionário até.[231] Em seu grande solilóquio no segundo ato, Boris reconhece a ira do povo:

Com uma prece fervorosa aos santos de Deus
Esperei abafar os sofrimentos de minh'alma...
Na grandeza e no brilho do poder absoluto
Eu, o soberano da Rússia, implorei por lágrimas para me consolar...
Mas, então, denúncias:
Conspirações dos boiardos, intrigas na Lituânia,
Maquinações secretas,
Fome e peste, e medo e devastação...
Qual feras selvagens as pessoas perambulam, atingidas pela doença:
E a Rússia geme de fome e pobreza...
Nessa aflição terrível, enviada por Deus
Como punição por todos os meus graves pecados
Eles me consideram a causa de todas essas coisas ruins.
E amaldiçoam o nome de Boris por toda parte![232]

As palavras cantadas aqui por Boris poderiam ter vindo dos lábios de Carlos I da Inglaterra em 1649, Luís XVI da França em 1793 e Nicolau II da Rússia em 1918, enquanto aguardavam os seus carrascos. Quando a ópera foi encenada pela primeira vez sob aplausos entusiásticos no Teatro Mariínski, em São Petersburgo, em 1874, esse aspecto não passou despercebido. O crítico proeminente Nikolai Nikoláievitch Strákhov, por exemplo, escreveu: "Em Púchkin o pano de fundo geral é nossa antiga Rússia e toda a base que a sustentava: religiosidade profunda, vida familiar e monástica, lealdade ao governo, o ideal do tsar, fidelidade à dinastia. [...] Mas o que serve de pano de fundo para o sr. Mussórgski?".[233] Mussórgski morreu de alcoolismo em 1882, ano posterior ao do assassinato do tsar Alexandre II.

Com o crescimento do nacionalismo no século XIX, a música serviu de espelho e fonte de luz: refletiu o desenvolvimento das nações e iluminou e aqueceu aquele desenvolvimento por dentro. Muitos outros exemplos poderiam ser escolhidos: o papel de Chopin para a Polônia, Grieg para a Noruega, Nielsen para a Dinamarca, Bartók e Kodály para a Hungria, Sibelius para a Finlândia ou Charles Ives para os Estados Unidos, para citar apenas seis. Um capítulo inteiro poderia ser escrito sobre óperas nacionais: *Halka*, de Stanisław Moniuszko (Polônia), ou *Hunyadi Laszló*, de Ferenc Erkel, por exemplo. Embora limitações de espaço impeçam essas explorações, a incrível multiplicação de músicos de origem judaica — Moscheles, Mendelssohn, Halévy, Meyerbeer, Goldmark, Offenbach, Joachim, Bruch, Mahler, Zemlinsky, Schoenberg — merece ser abordada no encerramento desta seção, por representar uma explosão de talento ainda mais impressionante do que aquela alcançada pela Rússia. Fez parte de um renascimento judaico mais amplo que incluiu três dos gênios mais influentes do mundo moderno: Marx, Einstein e Freud.

A partir da concessão de igualdade civil pela Assembleia Nacional na França em 1791, os judeus começaram a escapar dos guetos das cidades europeias, e sua emancipação avançou de forma intermitente nos cem anos seguintes.[234] Mas provavelmente de mesma importância foi a gradual dissolução das barreiras internas que os confinavam à sua própria cultura religiosa fechada. Representativa da libertação judaica foi a carreira de Fromental Halévy (1799-1862), cujo pai se mudou de Fürth, perto de Nuremberg, para Paris a fim de aproveitar os decretos de emancipação da Revolução. Em nenhuma outra parte da Europa o menino prodígio Halévy poderia ter encontrado um conservatório tão excelente preparado para admitir um judeu, particularmente na idade tenra de onze anos. Estudando com Cherubini, Berton e Méhul, tornou-se um dos compositores de ópera mais bem-sucedidos do período.[235]

A música no século XX, auxiliada por uma série de mudanças tecnológicas, continuou sendo uma poderosa arma dos ativistas. Amplificada, gravada e reproduzida, podia agora animar multidões de 100 mil pessoas e alcançar milhões de lares. A "Internacional" à esquerda e "Horst Wessel Lied" (e outros hinos de batalha fascistas) à direita repetiram o sucesso de "A Marselhesa". No século XXI, a música continua cumprindo um importante papel na afirmação da identidade nacional. No verão de 2003, a batalha de Beirute mostrou que seu poder mobilizador não foi nem um pouco diminuído. Como se aquela azarada cidade já não tivesse conflitos suficientes, em 11 de agosto a notícia de que o herói local Melhem Zein havia sido eliminado da competição musical Superstars Árabes provocou um protesto tão violento que o exército libanês teve que ser chamado: "A intifada irrompe no estúdio enquanto a raiva transborda para as ruas", informou um jornal local.[236] Circularam teorias conspiratórias, inclusive o boato de que o rei Abdullah, da Jordânia, havia ordenado que seu exército inteiro votasse na concorrente jordaniana Diana Karzon.

Àquela altura, o concurso já durava quatro meses, com milhares de cantores de todo o Oriente Médio sendo reduzidos gradualmente a apenas doze da Argélia, Egito, Jordânia, Líbano, Síria, Emirados Árabes Unidos e Palestina. Na competição final, realizada em 18 de agosto, Diana Karzon enfrentou uma rival síria, Rowaida Attiyeh, mas conseguiu vencer com 52% de um total de 4,8 milhões de votos.[237] O confronto foi precedido por intensas campanhas nos dois países, com ênfase no aspecto nacionalista. Uma empresa síria de telefones celulares, por exemplo, afixou cartazes nas ruas de Damasco solicitando às pessoas: "Vote em Rowaida Attiyeh. Dê seu voto à Síria". O apelo foi atendido, entre outros, pelo comerciante Subhan Elewi, que declarou ter votado em Attiyeh, "primeiro porque ela é síria e segundo porque tem uma voz bonita". Por outro lado, em Amã, Tala Qassir contou ao seu entrevistador: "Sem dúvida alguma, estou votando em Diana porque ela é jordaniana e eu apoio meu país. Além disso, ela tem uma voz bonita e merece vencer".[238] O Festival Eurovisão da Canção, promovido anualmente desde 1956, também costuma ser desfigurado por preconceitos nacionalistas.

RAÇA E REBELIÃO

Depois de ter abordado os conflitos nacionalistas, este capítulo será encerrado com um breve exame de três casos em que a música teve um papel central no processo de libertação. O primeiro é o movimento de direitos civis nos Estados Unidos.

Se os líderes do movimento dos direitos civis não alcançaram todos os seus objetivos, deixando os negros norte-americanos sujeitos a muitos tipos de discriminação informal, uma revolução com certeza ocorreu nas relações raciais durante a segunda metade do século XX. A música esteve presente desde o princípio, pois foi através dela que a comunidade negra encontrou uma voz e foi na música que os afro-americanos se destacaram. Ainda que muitos brancos estivessem envolvidos no jazz, esse gênero sempre foi percebido — por amigos e inimigos — como criação essencialmente negra. Desde os primórdios do jazz, os ouvintes entenderam que era muito mais do que a música dos bordéis de Nova Orleans ou dos salões de dança de Chicago.

Em 1931, Duke Ellington escreveu:

A música de minha raça é algo mais do que o "estilo americano". É o resultado de nossa transplantação ao solo americano, e foi nossa reação à tirania que suportamos na época das plantações. O que não podíamos dizer abertamente expressávamos na música, e o que conhecemos como "jazz" é algo mais do que mera música dançante. [...] Acho que a música de minha raça é algo que irá sobreviver, algo que a posteridade respeitará como mais do que apenas a música dos salões de baile de hoje.[239]

Dez anos depois, quando sua orquestra havia acumulado um catálogo de grandes gravações, ele foi mais enfático: "Afirmo que o negro é a voz criativa dos Estados Unidos, é a própria criatividade americana, e foi um dia feliz nos Estados Unidos quando o primeiro escravo infeliz foi desembarcado em sua costa. [...] Foi nossa voz que cantou 'Estados Unidos' quando os Estados Unidos ficaram preguiçosos, satisfeitos e confiantes demais para cantar".[240]

Embora Ellington não fosse único em seus dons musicais, foi excepcionalmente desembaraçado, esclarecido e autoconfiante, em parte como resultado de uma criação privilegiada. Seus dons musicais e sociais o qualificaram para tornar o jazz aceitável mesmo aos maniqueístas musicais que dividiam a música em boa (a tradição clássica) e ruim (o resto). Para o compositor inglês Constant Lambert, por exemplo, mesmo uma gravação de Louis Armstrong produzia apenas "exasperação e enfado" depois de tocada algumas vezes, enquanto Ellington era "um verdadeiro compositor, o primeiro compositor de jazz de destaque, e o primeiro compositor negro de destaque".[241] Outros músicos clássicos haviam sido mais rápidos em reconhecer o potencial do jazz — o maestro suíço Ernest Ansermet, por exemplo, que saudou Sidney Bechet como "artista genial" ao ouvi-lo tocar na Southern Syncopated Orchestra em 1919, acrescentando:

Que coisa comovente conhecer este rapaz tão negro e gorducho de dentes brancos e testa estreita, que fica muito contente quando as pessoas gostam do que ele faz, mas que não sabe dizer nada sobre sua arte, exceto que ele segue seu "próprio caminho". [...] Seu "próprio caminho" talvez seja a estrada que o mundo inteiro percorrerá, gingando, no futuro.[242]

Cinco anos depois, Leopold Stokowski reconheceu que o jazz viera para ficar, e saudou "os músicos negros dos Estados Unidos" como "desbravadores de domínios novos".[243]

Esse tipo de comentário (dos quais poderíamos dar uma série de exemplos) é mais importante do que pode parecer. Como os afro-americanos constituíam apenas uma minoria da população norte-americana e, além disso, costumavam ser de alguma maneira excluídos das eleições e outras atividades políticas, só podiam progredir com a ajuda dos brancos. Através de uma contribuição tão poderosa à cultura americana, os músicos de jazz também estavam reivindicando a igualdade legal e política. E havia outro lado: como em relação aos tchecos (e qualquer outra nacionalidade oprimida), a música ajudou os afro-americanos a encontrar uma voz própria, forjar sua própria identidade e gerar orgulho e autoconfiança para exigir seu lugar ao sol. No processo, receberam uma mãozinha de alguns músicos brancos. Quando o *bandleader* mais popular dos Estados Unidos, Benny Goodman, contratou Teddy Wilson, em 1935, e Lionel Hampton, em 1936, para formar com ele e Gene Krupa primeiro um trio e depois um quarteto, mostrou que de um pequeno conjunto racialmente misto podiam resultar peças de jazz da melhor qualidade. Wilson afirmou mais tarde: "Foi um tremendo sucesso. Na verdade, a mistura racial foi uma vantagem. O interesse nos Estados Unidos foi tremendo, e o público ficou tão encantado que jamais ouvimos uma voz negativa em qualquer plateia. Só um tremendo entusiasmo. Essa coisa inter-racial foi simplesmente maravilhosa".[244]

É quase certo que Wilson tenha romantizado um pouco. Ele próprio concordou que, após um concerto, Goodman e Krupa foram para um hotel e ele e Hampton, para outro, acrescentando: "Seguimos a direção da corrente porque já tínhamos aberto uma porta, uma gigantesca fenda, e não havia necessidade de fazer um alvoroço".[245] Embora muitos outros tivessem que forçar aquela fenda até que a porta se escancarasse, aquele foi um começo. Um tanto tardiamente, no fim da década de 1930, a Associação Nacional para o Progresso das Pessoas de Cor (fundada em 1909) começou a despertar para o potencial do jazz e de seus músicos. A jornada permaneceu bem lenta, com apenas uma iniciativa individual ocasional para indicar que a mudança era possível. Don Redman em 1944 e Earl Hines em 1945, por exemplo, se recusaram a excursionar pelos estados sulinos alegando que seriam obrigados a tocar para públicos segregados.[246]

Naquele ritmo, séculos, ou mesmo milênios, teriam de transcorrer até que as barreiras caíssem. Mas, ao que se constatou, o processo foi fortemente acelerado pelas forças que iriam convergir na explosão da cultura jovem, sobretudo a Segunda Guerra Mundial, o consumismo e as mudanças demográficas. O poder dos consumidores jovens, tanto negros quanto brancos, começou a se manifestar no fim da década de 1940. Uma consequência musical foi o crescimento dos "*crossovers*" entre as raças, muito encorajado por dois tipos de convergência. Por um lado, o blues — a forma musical quintessencialmente afro--americana — evoluiu para algo bem mais palatável ao gosto branco, ao sair do delta do Mississippi como parte da diáspora negra rumo ao norte industrial. Ao acrescentar uma seção rítmica e amplificar suas gaitas e guitarras, cantores de blues como Big Bill Broonzy, Sonny Boy Williamson, Muddy Waters, John Lee Hooker e Howlin' Wolf tornaram sua música mais dançável e mais apta a expressar a angústia especial da cidade grande e as aspirações de sua população negra.[247] Isaac Hayes, que viria a ganhar um Oscar em 1972 por sua música para o filme *Shaft* (o primeiro negro americano a vencer um Oscar numa categoria que não de interpretação), recordou como o blues se tornara aceitável: "Quando menino nos anos 1950, fui ensinado a me *envergonhar* do blues. Era visto como coisa de negros das plantações. E aquilo estava a quilômetros de distância de onde *nós* queríamos estar".[248]

Um segundo tipo de convergência veio do outro lado, dos brancos jovens que acharam o blues urbano eletrificado ritmicamente mais empolgante e mais autêntico emocionalmente do que a música popular insípida produzida por Tin Pan Alley. Bem mais tarde, Van Morrisson ignorou as implicações filosóficas, mas também resumiu uma atitude comum ao dizer a um entrevistador: "Uma palavra sintetiza a essência do blues: verdade".[249] Como as ondas aéreas formavam um espaço que não podia ser segregado, o rhythm and blues negro (termo cunhado por Jerry Wexler em 1945) logo estava transpondo a barreira racial. O DJ negro Shelley Stewart afirmou: "A música de fato começou a derrubar as barreiras bem antes que a política nos Estados Unidos começasse a tratar do assunto. [As raças] começaram a se comunicar [...] por causa da música [...]

a rádio negra da comunidade negra sendo aceita e curtida [...] pela comunidade branca".[250]

Ao se unir à música country branca, o rhythm and blues deu origem ao rock'n'roll. O grande catalisador foi sem dúvida Elvis Presley, cuja primeira gravação, "That's all right", levou muitos ouvintes a acharem que fosse um músico negro. Ele fora pela primeira vez à Sun Records em Memphis, Tennessee, no verão de 1953, para gravar duas canções como presente à mãe. O proprietário, Sam Phillips, estava ausente, mas sua secretária executiva, Marion Keisker, ficou tão impressionada com o que ouviu que fez uma cópia adicional: "Lembro-me de Sam várias vezes dizendo: 'Se eu conseguisse encontrar um branco com um som negro e o toque negro, poderia ganhar um bilhão de dólares".[251] Elvis Presley por certo gerou 1 bilhão de dólares e até mais, mas infelizmente não para Sam Phillips, que vendeu o contrato para a RCA por 35 mil dólares em 1955.

Segundo a opinião gabaritada de Berry Gordy, fundador da Motown, a mais bem-sucedida gravadora negra: "No setor musical, por muito tempo havia uma distinção entre música negra e branca, o pressuposto sendo que *R&B* era negro e pop era branco. Mas com o rock'n' roll e a explosão de Elvis essas distinções claras começaram a ficar imprecisas".[252] O tráfego não era só numa direção. Músicos negros também podiam ter forte influência da música country predominantemente branca: Chuck Berry, por exemplo. Não obstante, os músicos de rock'n' roll negros detinham a supremacia, e a maioria de seus colegas brancos estava preparada para admitir o fato. Quando a mãe de Buddy Holly perguntou como ele se sentia cercado de negros o tempo todo, ele respondeu: "Oh, somos negros também! Temos a sensação de que é isso que somos".[253] Quando ele tocou num show no Apollo Theatre em Nova York em agosto de 1957, a plateia imaginava que fosse negro, porque só o conhecia através dos discos. Assim ele criou uma sensação simplesmente aparecendo no palco.[254] Nesse mesmo espírito, Frank Zappa cantou em "Trouble comin' every day" que, embora não fosse negro, muitas vezes desejou poder dizer que não era branco.[255]

Em certas ocasiões, as integrações musical e social andaram de mãos dadas. Harry Weinger, do Platters, grupo negro muito popular e influente do fim da década de 1950, afirmou que a música

derrubou uma série de barreiras estereotipadas. A música teve o mérito de abrir muitos olhos, ouvidos e portas para uma compreensão melhor. [...] Graças à nossa música, garotos brancos se aventuraram em áreas negras. Tiveram uma noção de justiça bem antes dos movimentos pelos direitos civis. Fomos convidados para muitas casas de garotos cujos pais olhavam para nós como se fôssemos roubar a maldita geladeira.[256]

O produtor de discos Ralph Bass, que era branco, descreveu as danças a que compareceu no Sul:

Eles estendiam uma corda no meio do salão. Os negros ficavam de um lado, os brancos do outro, observando como os negros estavam dançando e copiando-os. Até que o raio da corda caísse e todos dançassem juntos. E a gente sabia que era uma revolução. Foi a música que fez. A nossa música contribuiu, tanto quanto as leis dos direitos civis e todas as marchas de protesto, para derrubar o racismo.[257]

Um beneficiário do entusiasmo dos brancos pela música negra foi o DJ negro Shelley Stewart. Em julho de 1960, ao chegar a Don's Teen Town, perto de Birmingham, Alabama, para sua sessão de gravação semanal só para brancos, foi alertado pelo proprietário de que um bando grande de membros da Ku Klux Klan estava aguardando lá fora, pronta para atacar tão logo ele começasse seu número. A reação do público à notícia, recordou Stewart, foi imediata: "Aqueles oitocentos jovens brancos [...] saíram porta afora e se lançaram contra a KKK [...] lutando por mim".[258]

O poder integrador da música foi impressionante, especialmente comparado com o que acontecia antes, mas também era limitado. No mínimo, o rock 'n' roll intensificou as ansiedades dos brancos com seu tom agressivamente sexual. Chuck Berry adorava ser "um homem bonito de olhos castanhos" (título de uma de suas canções) e agarrou com unhas e dentes as vantagens resultantes, mas sua exuberância custou caro. Após abrir seu Club Bandstand racialmente integrado em St. Louis em 1959, foi preso por atravessar uma fronteira interestadual com uma menor e condenado a uma multa de 5 mil dólares e cinco anos de prisão. Embora as observações abertamente racistas do juiz levassem a um novo julgamento, acabou passando dois anos na prisão e pagando uma multa de 10 mil dólares.[259]

Mesmo um artista sofisticado e discreto como Nat King Cole não esteve imune a esse tipo de ressentimento. Em um show só para brancos em

Chuck Berry (à direita) e fãs. À esquerda está Bo Diddley.

Birmingham, Alabama, em 1956, quando começou a cantar "Little girl", a plateia foi invadida por um grupo de homens berrando "Vamos lá pegar esse crioulo!". Ele estava acompanhado de uma banda inglesa liderada por Ted Heath (infelizmente sem nenhum parentesco com o político conservador de mesmo nome), que tentou acalmar os ânimos com "God save the queen". Em vão.[260] Para os defensores da supremacia branca, *qualquer* música negra era farinha do mesmo saco. Asa Carter, do Conselho de Cidadãos de North Alabama, afirmou que havia apenas "uma pequena distância [...] entre a vulgaridade técnica dissimulada de *night club* de Cole e a obscenidade abertamente animalesca da horda de rock'n' rollers negros". Ele também acreditava que a Associação Nacional para o Avanço das Pessoas Negras tinha um plano ardiloso de promover a integração sexual através do afrodisíaco rock'n' roll, pois "este apela para a parte inferior do homem, revela o animalesco e o vulgar", encorajando assim a miscigenação.[261]

Àquela altura, o Alabama estava no centro do movimento pelos direitos civis. Em 1º de dezembro de 1955, Rosa Parks, uma mulher negra de Montgomery, foi presa após se recusar a ceder seu assento no ônibus a um homem branco quando solicitada pelo motorista. O incidente levou a um boicote dos negros aos ônibus da cidade, que triunfou um ano depois com a declaração pela Suprema Corte da inconstitucionalidade da segregação nos ônibus. Isso exemplificou o segredo do sucesso: uma combinação de protesto social vindo de baixo com intervenção judicial e legislativa pelo governo federal. Quase certamente, esta última não teria funcionado sem o primeiro; daí a importância da luta por legitimidade na esfera pública. Como escreveu o historiador Tony Badger: "O movimento pelos direitos civis venceu os oponentes não apenas pelas músicas e orações, mas pelo pensamento".[262]

Os músicos estiveram à frente da luta desde o princípio. Em 1939, a diva negra Marian Anderson não recebeu permissão das Filhas da Revolução Americana para cantar no Salão da Constituição de Washington, D.C., indo então para as escadarias do Lincoln Memorial para dar um show ao ar livre. Com numerosas figuras políticas no público, incluindo a primeira-dama, Eleanor Roosevelt, ela começou com a canção patriótica tradicional "My country 'tis of thee".[263] Vinte e quatro horas depois, em 28 de agosto de 1963, ela estava de volta, dessa vez cantando "He's got the whole world in his hand" como parte do comício que marcou o clímax da grande Marcha sobre Washington por Empregos e Liberdade.[264] O dia havia começado com um show junto ao Monumento de Washington com músicos negros e brancos, incluindo Odetta, Josh White, os Albany Freedom Singers, Bob Dylan e o grupo de música folk Peter, Paul and Mary, cuja versão da canção de Dylan "Blowin' in the wind", espécie de hino do movimento dos direitos civis, estava então em segundo lugar nas paradas.[265]

A multidão de cerca de 250 mil pessoas para o evento principal no Lincoln Memorial foi animada por Mahalia Jackson com o clássico gospel "I've been 'buked and I've been scorned". Segundo a opinião geral, o impacto sobre o público foi tremendo: "Os homens formais na frente e as mulheres idosas atrás ficaram de pé gritando e berrando. Eles não sabiam que aquele sentimento estava dentro deles aguardando ser despertado. De diferentes lugares e por diferentes meios, com sonhos diferentes, eles haviam vindo, e agora, ouvindo aquela canção, eram um só".[266] Martin Luther King Jr. então veio à frente para fazer um discurso que deveria ser curto. Quando estava quase terminando, Mahalia Jackson gritou para ele: "Conte-lhes sobre seu sonho, Martin! Conte-lhes sobre o sonho!". Ele então declamou uma passagem visionária ainda mais eficaz por

Em 28 de agosto de 1963, o dr. Martin Luther King Jr. ouve Mahalia Jackson cantar para uma multidão de cerca de 250 mil pessoas diante do Lincoln Memorial, pouco antes de ele fazer seu discurso "Eu tenho um sonho".

ser improvisada, que começava assim: "Celebraremos estas verdades que serão claras para todos, de que os homens são criados da mesma forma".[267]

Como comentou Craig Werner: "Se King deu ao movimento uma visão, Mahalia Jackson lhe deu uma voz".[268] A sua própria voz era sem dúvida religiosa — ela se recusava a cantar qualquer coisa além de música gospel, apesar de muitas ofertas tentadoras —, mas a música da igreja negra foi transposta ao domínio secular por meio da soul music. A letra da inovadora "I've got a woman", de 1954, é tão carnal quanto qualquer canção de Chuck Berry, mas a música veio direto da igreja. Não apenas todos os principais artistas soul — Wilson Pickett, Percy Sledge, Otis Redding, Aretha Franklin, Marvin Gaye, Gladys Knight — eram negros, como seu som era conscientemente negro também. No entanto, muitos dos músicos do estúdio Stax em Memphis — e todos aqueles do estúdio Muscle Shoals, no Alabama, usado pela Atlantic, a outra grande gravadora de soul — eram brancos.[269]

Aquilo não impediu que a soul music se tornasse um poderoso porta-voz dos direitos civis, à medida que o movimento se tornou mais militante durante os anos 1960. "Respect" (1967) por Aretha Franklin, a Rainha do Soul, pode ser uma canção sobre um relacionamento pessoal, mas "R-E-S-P-E-C-T" para milhões exprimiu a exigência de toda uma raça. Mais assertivo ainda foi o importante cantor de soul James Brown. Seu "Say it loud — I'm black and I'm proud" ("Diga em voz alta: sou negro e me orgulho disso") imediatamente se tornou um hino do movimento Black Power. A repetição enfática das exigências do título culmina com o protesto: "Antes morrermos de pé a vivermos ajoelhados". Brown foi mobilizado pelo fundador da Associação Afro-Americana, Donald Warden, que comentou: "Eu sempre disse que a única coisa que une a nossa raça é a música". Quando Martin Luther King Jr. aparecia na televisão, Warden comentou com Brown, o público visado era branco, mas o que o movimento mais precisava era de alguém que soubesse como conversar com os jovens negros.[270]

O apoio musical ao movimento pelos direitos civis não se limitou ao rhythm and blues ou soul. Os músicos de jazz também acrescentaram sua voz. Embora desprezado por muitos como um Pai Tomás que se vendera à indústria do entretenimento, em 1957 Louis Armstrong rejeitou uma excursão à União Soviética pelo Programa de Intercâmbio Cultural do Departamento de Estado, alegando que a resistência dos brancos à integração racial nas escolas de Little Rocks, Arkansas, tornaria impossível para ele responder às perguntas inevitáveis sobre o estado dos direitos civis nos Estados Unidos. Ele também fez uma veemente denúncia do governador Faubus, que chamara a Guarda Nacional do Arkansas para impedir que nove estudantes negros entrassem na Central High School, e elogiou o presidente Eisenhower, que após certa hesitação inicial enviou tropas federais para fazer cumprir a ordem judicial e proteger os estudantes.[271]

Protestos musicais foram feitos por, entre outros, Charles Mingus ("Fables of Faubus"), Sonny Rollins ("Freedom suite"), John Coltrane ("Alabama") e Max Roach ("We insist! The freedom now suite"). Mas o preço pago por apoiar a causa dos direitos civis podia ser alto. O cantor negro Harry Belafonte se viu banido de Hollywood e excluído da televisão por mais de uma década, mas não esmoreceu: "Não havia outra saída. Não havia nenhum outro exército ao qual aderir. Nenhum outro país aonde ir. Nenhum outro chefe de Estado a quem apelar. Foi isso aí. Estava na hora. Senti que não havia outro lugar no mundo para estar senão aqui".[272]

É óbvio que a contribuição da música à libertação dos afro-americanos não pode ser quantificada. Mas só mesmo um determinista empedernido, que vê a integração como o resultado inevitável de forças econômicas inexoráveis, poderia negar a importância do seu papel. A palavra final pode ser deixada a Martin Luther King Jr., que em 1967 disse aos DJs negros reunidos em Atlanta para a convenção da Associação Nacional de Anunciantes da Televisão e Rádio:

> Vocês abriram o caminho para a mudança social e política, criando uma ponte cultural poderosa entre negros e brancos. A integração escolar ficou bem mais fácil agora que todos têm uma música comum, uma linguagem comum e curtem as mesmas danças. Vocês apresentaram a juventude a essa música, criaram uma linguagem da alma e promoveram as danças que agora unificam as raças, as classes e a nação.[273]

Mas tempos difíceis estavam chegando. Luther King foi assassinado em 1968, e nas décadas de 1970 e 1980 as limitações das vitórias legais obtidas pelo movimento dos direitos civis se tornaram dolorosamente aparentes.[274] À medida que os brancos (e negros) da classe média fugiram dos centros das cidades para enclaves suburbanos exclusivos, muitos membros da classe dos negros urbanos destituídos mergulharam ainda mais na pobreza, enquanto as taxas de criminalidade e toxicomania dispararam.[275] A música chegou na hora certa. O hip-hop e seu parente próximo, o rap, expressaram o imenso afastamento experimentado pelos jovens negros nas áreas urbanas pobres. O rap surgiu na Jamaica quando DJs começaram a improvisar seus próprios versos rimados acompanhando os discos que vinham tocando.[276] Trazido para os cortiços de South Bronx, Nova York, por imigrantes caribenhos no fim dos anos 1970, teve um desenvolvimento rápido e se espalhou pelos Estados Unidos. Drogas, sexo, crime e violência em diferentes combinações proporcionaram a matéria-prima da maioria das canções de rap, que previsivelmente causaram indignação nas gerações mais velhas, tanto negras quanto brancas.

Representativa das preocupações do rap é a letra de "Straight outta Compton" (Compton é um subúrbio de Los Angeles com alto nível de criminalidade e desemprego), do grupo Niggaz with Attitude. Esse grupo reuniu seis dos rappers mais influentes do fim dos anos 1980: Eazy-E, Dr. Dre, Ice Cube, MC Ren, Arabian Prince e DJ Yellah. Essa canção se diverte com sua imagem coletiva de "filhos da puta" com uma fama merecida de violência ("Quanto mais punks eu derroto, melhor minha reputação"), sexo a qualquer hora e lugar ("Se acho uma boa boceta, vou logo metendo") e misoginia ("Vou chamar você de safada ou puta de bunda suja"). O álbum de mesmo título ficou em 144º lugar na lista da revista *Rolling Stone* dos quinhentos melhores álbuns de todos os tempos. Niggaz with Attitude ficou em 83º lugar entre "Os Imortais", os cem "maiores artistas [musicais] de todos os tempos" identificados pela mesma revista como parte das celebrações organizadas em 2004 para marcar os cinquenta anos do rock 'n' roll. Parte do elogio dizia: "Rock & Roll tem mais a ver com rebelião do que com guitarras. *Straight outta Compton*, dos Niggaz with Attitude, oficialmente tirou aquele bastão do rock: é o álbum que transformou o hip-hop no novo rock 'n' roll".[277]

SEXO

Seja qual for nossa opinião sobre as letras e músicas dos rappers, a capacidade deles de sensibilizar seu público é inegável. Seria tentador considerar isso o ápice do papel da música de fomentar a rebelião e a libertação e parar por aqui, mas um aspecto final merece ser abordado, ainda que sucintamente: o sexo.

Claro que a estreita associação entre música e sexo é tão velha quanto o tempo. Entre vários outros marcos ao longo do caminho, uma das primeiras óperas de todos os tempos — *L'incoronazione di Poppea*, de Monteverdi (1642) — é uma obra extremamente erótica. O mesmo ocorre com as óperas de Mozart, embora poucos diretores modernos pareçam perceber isso. Tanto o texto como a música de *As bodas de Fígaro*, por exemplo, deixam claro que "o dia maluco" se encerrará com várias cópulas: Fígaro e Susana, Querubim e Barbarina, o conde e a condessa, até Bártolo e Marcelina. No século XIX, o romantismo, com sua ênfase nas emoções, no subconsciente e na noite, juntou as duas coisas mais do que nunca. Um clímax musical múltiplo em todos os sentidos da palavra é atingido no segundo ato de *Tristão e Isolda*, de Wagner, sem faltar a depressão pós-coito. Ainda mais ousadamente, o primeiro ato de *As valquírias* (a segunda parte da tetralogia do *Anel*) se encerra com Siegmund e Sieglinde, irmão e irmã, prestes a fazer sexo. As instruções de encenação de Wagner prescrevem: "Ele a puxa com paixão furiosa, ela afunda no seu peito com um grito", acrescentando: "a cortina cai rapidamente". ("Também já estava na hora!", escreveu Arthur Schopenhauer, revoltado, na margem do exemplar que Wagner lhe enviou.)[278] A associação prosseguiu então nas operetas, comédias musicais e, acima de tudo, no cinema. Quantos filmes já foram feitos sem uma "atração amorosa"? E quantas cenas de amor transcorreram sem o acompanhamento da música? O beijo necessariamente silencia os namorados, suas emoções tendo de ser expressas com música instrumental.

A música popular sempre teve no amor jovem e suas tribulações um tema importante, mas a irrupção de uma cultura jovem específica, na segunda metade do século XX, trouxe uma mudança revolucionária em sua apresentação. A verdade nua e crua é que o romance deu lugar ao sexo. À semelhança dos astros do cinema, os cantores sempre atraíram fãs, mas o rock'n' roll inspirou um comportamento que fez até as *bobby-soxers* (fãs adolescentes) de Frank Sinatra parecerem comportadinhas. O próprio nome rock 'n' roll tinha uma conotação sexual explícita. A cantora de blues Trixie Smith cantou em uma gravação de 1922 "My man rocks me with one steady roll", enquanto Ferdinand Morton (1885-1941) se autoapelidou Jelly Roll (um doce cilíndrico e comprido que na gíria do blues designava o pênis) para apregoar sua destreza sexual.[279]

O que por muito tempo havia sido lugar-comum na música negra explodiu no mundo dos brancos em março de 1955, quando foi lançado o filme

Sementes da violência, dirigido por Richard Brooks. Enquanto os créditos de abertura passam pela tela, um novo professor (interpretado por Glenn Ford) chega à Escola North Manual High, abrindo caminho até a entrada por entre grupos de adolescentes hostis, grosseiros e desleixados. A trilha sonora é proporcionada por Bill Haley cantando "Rock around the clock" em alto volume. Como escreveu James Miller: "Nos dois minutos e dez segundos que durou na tela, essa combinação de imagem e canção definiu a essência cultural do [rock'n' roll]. Tudo giraria em torno da desordem, agressão e sexo: uma fantasia da natureza humana correndo solta em ritmo selvagem".[280] Talvez ajudado pela acusação da revista *Time* de que estava fazendo o jogo dos críticos comunistas do "*american way of life*", o filme foi um sucesso colossal, e o disco de Haley vendeu mais de 6 milhões de cópias.[281]

Rechonchudo, parcialmente careca e não mais na flor da juventude, Bill Haley não era o protótipo do ídolo do rock'n' roll. Um indicador da força bruta de sua música foi o tremendo impacto de "Rock around the clock". Quase ao mesmo tempo, porém, um candidato bem mais provável surgiu na pessoa de Elvis Presley, dez anos mais jovem que Haley, com uma voz bem melhor e uma aparência compatível. Além disso, tinha carisma, a capacidade de reduzir uma plateia à histeria só com seu surgimento no palco. Em Kilgore, Texas, no verão de 1956, o músico country Bob Luman assistiu a um show de Presley:

> Aquele sujeito surgiu com calças vermelhas, uma jaqueta verde, camisa e meias rosa [...] tinha um ar de deboche no rosto e postou-se atrás do microfone aposto que cinco minutos antes de se mexer. Depois deu uma pancada na guitarra e quebrou duas cordas [...]. Portanto havia aquelas duas cordas soltas e ele ainda não tinha feito nada, e aquelas moças da escola secundária estavam berrando, desmaiando e correndo até a beira do palco, e ele se pôs a mover os quadris bem devagar como se sentisse uma atração pela guitarra.[282]

A fase de rebelde sem causa de Presley teve vida breve. Seu novo empresário, o coronel Tom Parker, logo conseguiu que ele aparecesse na televisão e em filmes, criando no processo uma imagem contraditória de perigo e segurança, simultaneamente um "ídolo machão e ursinho de pelúcia".[283] "Ele é exatamente como um livro", observou uma de suas fãs. "Uma figura bem sexy na capa. Só que lá dentro não passa de uma boa história."[284] A fórmula teve um futuro longo e apelo internacional imenso. Do outro lado do Atlântico, uma série de empresários ingleses tentaram encontrar um Elvis britânico, sugerindo candidatos com nomes sugestivos como Billy Fury, Cuddly Dudley, Marty Wilde, Vince Eager, Johnny Gentle, Dickie Pride e Puffy Power. Sem dúvida o vencedor foi Cliff Richard (nome de batismo Harry Webb), que despontou em 1958 com indumentária completa: calças justas, riso escarninho, madeixas e costeletas. O produtor de TV Jack Good começou a metamorfose de Richard em um artista família: "Em pouco tempo Cliff era mais uma promessa que uma ameaça", observou o cantor de jazz George Melly.[285]

Melly também encontrou a metáfora ideal para descrever o processo de domesticação:

> Cada explosão da música pop emerge, bufando, da casa noturna onde se criou como um jovem touro raivoso. Observando atrás da barreira, o *establishment* corrente a rotula de perigosa, subversiva, uma ameaça aos jovens, e exige que se tome alguma providência. É o que acontece. A exploração comercial vai ao seu encontro oferecendo um monte de contratos de gravação, aparições na televisão e fama mundial. Depois que o focinho chafurda no mingau lustroso, o açougueiro esperto se esgueira com jeitinho ao longo do flanco e castra o animal. Após essa operação indolor, o *establishment* percebe que pode avançar com segurança e dá uns tapinhas cautelosos na criatura agora dócil que poderá então ser engordada e estupidificada até o momento em que a moda decidir que está pronta para o matadouro.[286]

As ações valem mais do que a aparência, Cliff poderia replicar à observação acerba adicional de Melly: "Ele continua ativo, um enigma sob vários aspectos e eternamente jovem". Essas palavras foram escritas há 37 anos, mas em 2007 Cliff continuava fazendo shows e gravando, tendo vendido cerca de 250 milhões de discos no período.

Nos anos 1950, nem todos os astros do rock 'n' roll sucumbiram à tentação de se tornar artistas de entretenimento. Os Beatles preservaram sua integridade trilhando um caminho neorromântico. Uma alternativa foi encontrada pelos Rolling Stones, que, longe de atenuarem a sensualidade de suas apresentações, preferiram aumentá-la. Seja por acaso ou intencionalmente, descobriram uma fórmula com um apelo poderoso aos adolescentes do mundo. Os tipos de adolescentes com que Glenn Ford deparou em North Manual High estavam por toda parte. Mick Jagger não disfarçou seus desejos físicos (lendários) com canções de amor melosas; ele cantou "I just wanna make love to you" [Eu só quero fazer amor com você] e "Let's spend the night together" [Que tal passarmos a noite juntos?], uma mensagem reforçada pela linguagem corporal igualmente inequívoca. Os resultados foram espetaculares.

O jornalista e historiador do pop Nik Cohn recorda um show antigo dos Rolling Stones em Liverpool:

> Após o espetáculo, fiquei pelos camarins. Os Stones estavam tratando mal todo mundo: fãs, jornalistas, curiosos, e fiquei entediado. Assim desci ao auditório, que estava vazio, totalmente deserto, mas senti um cheiro estranho. Mijo: as mocinhas haviam gritado a ponto de se molhar. Não apenas uma ou duas, mas um monte delas, deixando o chão encharcado e um fedor insuportável.[287]

As implicações não são apenas lascivas. Os Rolling Stones tiveram a sorte de entrar em cena justamente quando duas tendências sociais poderosíssimas começaram a convergir com uma tremenda sinergia: a revolução sexual e o choque de gerações. O grupo se beneficiou dessa combinação — além de lhe dar um impulso adicional de poder inquestionável, embora inquantificável. Para os adolescentes em busca da liberação sexual como parte da rejeição da cultura dos pais, bandas de rock como os Rolling Stones se tornaram ídolos muito atraentes. Na cultura popular do passado, o sexo havia sido edulcorado em baladas melosas ou insinuado discretamente (a câmera passando de um beijo para um trem entrando no túnel). Agora estava à vista, sem rodeios, cada vez mais explícito. Nas palavras de Flea, baixista do Red Hot Chili Peppers:

> Do nosso ponto de vista, é impossível ignorar a correlação entre música e sexo porque, sendo tão incrivelmente rítmica, a música tem uma ligação profunda com o sexo e com o ritmo do sexo, e com o ritmo do coração batendo e dos movimentos da relação sexual, que é o que você sente quando a ouve. Tentamos fazer que nossa música provoque uma ereção nas pessoas.[288]

George Bernard Shaw, que morreu em 1950, definiu de forma memorável a dança como "a expressão vertical de um desejo horizontal legitimada pela música".[289] É um desafio à imaginação saber o que teria achado dos Rolling Stones e grupos semelhantes. Mas a música de rock fez mais do que fornecer letras excitantes e uma batida como reforço ("um afrodisíaco com cheiro rançoso", foi o comentário de Frank Sinatra aos primeiros discos de Presley).[290] Ela tirou o sexo do armário da classe média de meia-idade, trazendo-o para o centro de uma cultura jovem, que é, de forma consciente e agressiva, hedonista e amoral. Em artigo seminal de 1978, os sociólogos Simon Frith e Angela McRobbie afirmaram que

> de todas as mídias de massa, o rock é a mais explicitamente voltada à expressão sexual. Isso reflete sua função como forma cultural jovem: o rock trata do problema da puberdade, aborda e explicita as tensões psicológicas e físicas da adolescência, acompanha o momento quando meninos e meninas aprendem seu repertório de comportamento sexual público.[291]

Especialmente importantes nesse aspecto, eles argumentam, são os artistas do "cock rock", como Mick Jagger, Roger Daltrey e Robert Plant — "agressivos, dominadores e orgulhosos".[292] A tendência culminou com o que Charles Shaar Murray denominou, de forma memorável, a "demência peniana" do rock heavy metal.[293] Num livro com o título descarado, mas que não deixa de ser apropriado, *The triumph of vulgarity*, Robert Pattison observa: "Somente quem já tentou imaginar Frank Sinatra cantando vestido com uma tanga consegue entender o abismo que separa o rock de seus predecessores na música popular".[294]

Outro atrativo do rock'n'roll para seus praticantes é o acesso ao sexo fácil. Enquanto no passado as fãs se concentravam na entrada do palco na esperança de um autógrafo do *crooner*, nos anos 1960 *groupies* competiam acirradamente pelo privilégio de oferecer todos os serviços sexuais imagináveis aos seus heróis (mas não suas heroínas — *groupies* homens são raros). Entre um sem-número de exemplos, dois serão suficientes: "Você ia pra escola e ninguém ligava pra você. Aí você entrava numa banda e apareciam milhares de garotas. Ali está você com milhares delas gritando feito loucas para você. Cara, isto é poder... *caramba*!" (Eric Clapton); e "Estou nesta profissão para exercer minhas fantasias sexuais. Quando estou no palco, é como se estivesse fazendo aquilo com 20 mil de suas amigas mais íntimas" (David Lee Toth, do Van Halen).[295]

Desnecessário dizer que os próprios músicos correspondiam às expectativas. Jimi Hendrix se aproveitava ao máximo dos rumores de que era dotado de um membro avantajado (uma casa noturna oportunista de Los Angeles incluiu Supersalsichas Hendrix no seu menu), de que nos bastidores tinha "xoxota no café, almoço e jantar", de que dera conta de sete *groupies* em apenas três horas, e coisas semelhantes.[296] Nos shows ele se inclinava sobre mulheres da plateia e movia a língua simulando sexo oral.[297] Hendrix contou a um entrevistador o seguinte encontro típico durante uma turnê, seu uso evasivo de um eufemismo enfatizando ainda mais sua natureza casual:

> Eu me levanto às sete da manhã e estou bem sonolento. Abro a porta [do quarto do hotel] e vejo alguém que realmente me atrai, e antes de mais nada eu me pergunto "Que diabos ela está fazendo aqui? O que é que ela quer?" ou algo parecido. E aí ela diz: "Oi, posso entrar?". E eu estou lá em pé curtindo ela [...] e ela deve ter dezenove, vinte anos, passou *daquela idade*... e eu a convido para entrar e tirar um cochilo.[298]

Como revelam esses episódios, a liberação sexual beneficiou mais os homens do que as mulheres. Embora seja um clichê, a observação de que o mundo do rock é masculino merece ser repetida. Claro que muitas mulheres trilharam carreiras brilhantes e duradouras, e sem dúvida mais delas estão ganhando mais dinheiro do que em qualquer época anterior. Tina Turner, Annie Lennox e Céline Dion desfrutam um prestígio tão elevado como de qualquer de seus colegas homens. Mas *relativamente* sua posição se deteriorou comparada com a era pré-rock, quando cantoras como Patti Page, Rosemary Clooney e Doris Day estavam no mesmo patamar de *crooners* como Perry Como, Eddie Fisher e Tony Bennett e transmitiam o mesmo tipo de mensagem usando o mesmo tipo de música. *The Rolling Stone illustrated history of rock'n'roll*, a história mais completa disponível, contém 45 capítulos sobre bandas e artistas, mas apenas três deles são mulheres (Aretha Franklin, Janis Joplin e Madonna). O capítulo intitulado "The girl groups" tem pouco mais de duas páginas e começa com uma observação depreciadora (escrita por um homem, Greil Marcus): "De todos os gêneros de rock'n'roll, o rock feminino é provavelmente o mais simpático e afetuoso. O estilo teve sucesso entre 1958 e 1963, anos fracos para o rock'n' roll, e teve sucesso pelas mesmas razões por que grande parte da música da época se

"Cock rock": Jimmy Page e Robert Plant do Led Zeppelin em ação. A banda vendeu mais de 100 milhões de álbuns, total só ultrapassado pelos Beatles e Elvis Presley.

tornou comportada, previsível e sem graça".[299] Um capítulo posterior sobre "Mulheres revoltadas" explora ao máximo Patti Smith, Chrissie Hynde e Sinead O'Connor, mas não consegue desfazer o equilíbrio negativo. As cantoras ainda representam apenas cerca de um quarto das receitas do rock, e nas turnês de shows recebem até um terço a menos do que homens com índices semelhantes de vendas de CDs.[300]

Se a música se mostrou uma faca de dois gumes na luta pela libertação das mulheres, exerceu um impacto claramente positivo no movimento simultâneo de liberação gay. Desde muito tempo, o mundo musical atrai os homossexuais, até mesmo por sua relativa tolerância. De novo Richard Wagner fornece um exemplo animador. Quando sua segunda esposa Cosima teve a precipitação de criticar o relacionamento entre o amigo do casal, Paul von Joukowsky, e seu criado napolitano Pepino, provocou a desaprovação do Mestre: "É algo pelo que tenho compreensão, mas não inclinação", Wagner disse. "De qualquer modo, em todos os relacionamentos o mais importante é o que nós próprios investimos neles."[301] Uma relação de alguns dos músicos gays e bissexuais mais célebres do século XX também é reveladora: Samuel Barber, Richard Rodney Bennett, Leonard Bernstein, Benjamin Britten, John Cage, Aaron Copland, Peter Maxwell Davies, Lorenz Hart, Hans Werner Henze, Ivor Novello, Peter Pears, Cole Porter, François Poulenc, Ethel Smyth, Stephen Sondheim, Billy Strayhorn, Michael Tilson Thomas, Michael Tippett e Virgil Thomson, sem esquecer o próprio filho de Wagner, Siegfried.[302]

Na luta por igualdade e justiça social, quem assumiu a dianteira em assegurar mudanças legislativas foram necessariamente os políticos. Onde os músicos estiveram na vanguarda foi na campanha simultânea e mais importante pela aceitação social. Como no caso dos direitos civis dos negros norte-americanos, nenhuma história do movimento gay pode ser escrita sem incluir uma dimensão musical. Como escreveu um ativista:

> Compartilhar o gosto por música é um dos principais fatores unificadores da cultura gay, quer se trate de *nervy nancies* nos anos 1950 extasiadas ao som de Judy, *disco bunnies* rodopiantes nas discotecas dos anos 1970 berrando ao reconhecer os primeiros acordes de Sylvester ou *queer boys* pós-modernos abusados dos anos 1990 fazendo jogos de adivinhação sobre a banda Take That.[303]

Particularmente importantes foram as discotecas, pois a música que criaram se mostrou dotada de um apelo universal, encorajando misturas entre públicos gay e hétero.[304]

O mesmo aconteceu com o número crescente de artistas que, em torno da mesma época, na década de 1970, começaram a experimentar a androginia. Nada ilustra melhor a perda do poder da geração mais velha no cenário da música popular do que sua ampla aceitação, ou mesmo o entusiasmo, em relação a ela. O tremendo sucesso do bissexual confesso David Bowie também encorajou a tolerância com os estilos de vida gay. Em texto para *The Face* em 1980, Jon Savage afirmou que a façanha de Bowie foi ter "aberto a caixa de Pandora: ao tornar a homossexualidade *atraente* (e não repulsiva) ele liberou e trouxe para a luz toda uma gama de fantasias que até então tinham sido reprimidas. Como seria de esperar, elas vieram à tona com grande força".[305] Outra fronteira foi transposta em 1983 com o videoclipe de *Relax*, da banda dance pop Frankie Goes to Hollywood. A letra parece relativamente inócua, mas quando cantada acompanhada por um vídeo aparentemente filmado num clube de sadomasoquismo, a mensagem ficou clara. Foi demais para a BBC, que logo baniu a música — assegurando assim seu sucesso comercial (cinco semanas no topo das paradas).

No mundo do hard rock — tradicionalmente uma cidadela da masculinidade inflexível —, o divisor de águas foi a morte de Freddie Mercury, vocalista do Queen, de uma doença associada à AIDS em novembro de 1991. Em abril seguinte, os três sobreviventes, todos heterossexuais, organizaram um show-tributo no Estádio de Wembley a fim de arrecadar dinheiro para o Mercury Phoenix Trust, uma instituição beneficente para aumentar a conscientização sobre a doença. Os 72 mil ingressos à venda se esgotaram imediatamente, e o show foi televisionado para setenta países, atraindo um público de mais de meio bilhão de pessoas, sem falar nos milhões que assistiram depois ao seu vídeo.[306] Relançado em DVD no décimo aniversário do show em 2002, chegou ao primeiro lugar da lista dos mais vendidos. Embora musicalmente desigual, o show marcou a aceitação em massa da homossexualidade pelo mundo da música rock. A presença de George Michael, Elton John, David Bowie e Annie Lennox talvez tenha sido previsível. Mais sugestivo da enorme mudança de atitude foi o comparecimento de cock rockers como Robert Plant, Tony Iommi, Joe Elliott, Slash e Axl Rose. Ainda mais reveladora foi a conduta do público, cujos cartazes e slogans aclamaram Freddie Mercury como um mártir, um herói, um deus até. Tratou-se menos de um show que de um grande ato coletivo de redenção — uma demonstração adicional de que, no mundo moderno, a música é a religião das massas, e o estádio, sua catedral.

Do outro lado da divisão sexual, ao que parece menos importante do que as artistas confessadamente lésbicas é a bissexualidade de artistas como Madonna, o que demonstra que, além de não se envergonharem, apreciam contatos físicos com o mesmo sexo. Os beijos escancarados de Madonna em Britney Spears e Christina Aguilera durante suas apresentações na premiação da MTV em 2003 devem ter sido mais eficazes na defesa da causa do que uma dúzia de álbuns da cantora militante gay k.d.lang. O mesmo se pode dizer daqueles cantores que insistem na sua heterossexualidade mas gostam de flertar com a ambivalência andrógina. O exercício mais atrevido a esse respeito foi a criação da banda t.A.T.u. pelo empresário russo Ivan Chapoválov em 1999. Seu truque foi fingir que as duas cantoras do grupo — Lena Kátina e Iúlia Vólkova — eram amantes lésbicas, o fato de que tinham acabado de atingir a maioridade (para atividades homossexuais) apimentando ainda mais a história. Ele revelou ao tabloide *Sun*: "Tive a ideia do t.A.T.u. a partir de uma pesquisa de mercado. Vi que a maioria das pessoas procura pornografia na internet e que grande parte está em busca de pedofilia. Vi que suas necessidades não estavam sendo satisfeitas. Mais tarde, ficou provado que eu estava certo. Meus desejos também são esses. Eu prefiro garotas menores".[307] Sua pesquisa de mercado se mostrou exata: t.A.T.u. se tornou uma sensação internacional, a banda russa mais popular da história, seu primeiro CD vendendo 5 milhões de cópias. Quando vazou a informação de que nenhuma das duas moças era lésbica, sua reputação já se firmara, e a aceitabilidade do lesbianismo fora promovida.[308]

Pode-se dizer que a mudança da atitude em relação ao homossexualismo foi a maior mudança social ocorrida no mundo desenvolvido no último meio século. Em 1959, a Suprema Corte de Londres obrigou o *Daily Mirror* a indenizar em 8 mil libras o pianista americano Liberace por um artigo calunioso publicado três anos antes, em que a colunista Cassandra insinuou que ele era homossexual, chamando-o de "o auge do sexo — gêneros masculino, feminino e neutro. Tudo que ele, ela ou isso possa desejar" e "uma pilha mortal, pestanejante, escarninha, insinuante, cromada, impregnada de perfume, luminosa, tremeluzente, gracejadora, frutada, afetada, coberta de gelo de amor materno". Liberace era de fato homossexual, mas isso não o impediu de cometer repetidos

David Bowie como Ziggy Stardust mostra que está em contato com seu lado feminino.

Madonna mostra que está em contato com seu lado masculino na cerimônia de premiação da MTV em 2003.

perjúrios no decorrer de seis horas de interrogatório, negando que tivesse alguma vez se envolvido em atos homossexuais e declarando: "Sou contra a prática porque ofende a convenção e ofende a sociedade". Sua justificação subsequente foi simples:

> Cassandra me custou muitos anos de minha carreira profissional ao insinuar que eu sou um homossexual. [...] Aquilo provocou incontáveis sofrimentos e constrangimentos e tornou-me alvo de ridicularização. [...] Em 1956, as pessoas eram destruídas por aquela acusação. Aquilo me prejudicou. As pessoas se afastaram de meus shows aos bandos. Sofri um baque num período muito curto, e tive de lutar por minha vida.[309]

Meio século depois, em 22 de dezembro de 2005, outro pianista gay, sir Elton John, se casou com David Furnish, seu companheiro de longa data, numa cerimônia de parceria civil em Windson Guildhall (onde anteriormente naquele ano o príncipe de Gales havia se casado com sua companheira de longa data, Camilla Parker-Bowles). A lista de convidados da recepção subsequente incluiu

t.A.T.u. — Lena Kátina e Iúlia Vólkova.

celebridades dos mundos da moda (Donatella Versace, Claudia Schiffer), esportes (Michael Vaughan, David Beckham, Greg Rusedski), artes (Sam-Taylor-Wood), teatro (sir Anthony Sher, sir Tim Rice), cinema (Elizabeth Hurley) e, claro, uma multidão de músicos (Ringo Starr, Ozzy Osbourne, Scissor Sisters, Bryan Adams, Joss Stone, Pet Shop Boys, James Blunt, Gary Barlow, Lulu etc.).

O contraste entre o perjúrio de Liberace e a apoteose de sir Elton dispensa maiores comentários. Sir Elton já havia fornecido os sinais mais claros possíveis de que a última cidadela do *establishment* havia caído ao gravar antecipadamente sua contribuição para o show do Jubileu da Rainha de *dentro* do Palácio de Buckingham. Em 1956, ser considerado veado, bicha, afeminado, ou qualquer que fosse o nome, não era apenas o supremo estigma, mas podia também resultar em processo criminal e prisão. O termo inglês "*homophobia*", segundo o *Oxford English dictionary*, originalmente significava "medo dos homens ou aversão ao sexo masculino". Só passou a ser empregado na acepção de "medo ou ódio aos homossexuais ou à homossexualidade" em 1969. As atitudes mudaram tão rápido que hoje a homofobia necessariamente situa uma pessoa fora dos limites da sociedade civilizada. Embora muitos indivíduos, grupos e forças impessoais tenham contribuído, esse avanço seria impensável sem a participação dos músicos, outra demonstração do poder liberador de sua arte.

Conclusão

Para o bem ou para o mal, a música tem sido transformada no mundo moderno — e tem ajudado a transformar esse mundo. Mas, como constato nas minhas palestras sobre o tema, ao convidar o público a fazer perguntas e comentários, muitas pessoas acreditam que a história da música nos últimos cem anos esteve longe de um progresso triunfal. Pelo contrário, elas afirmam que a música da tradição clássica desapareceu num mundo sônico estratosférico de "plins" e "plons" acessível somente aos demais músicos, enquanto a música popular mergulhou cada vez mais nos subterrâneos da vulgaridade ofensiva. Embora eu sinta certa afinidade por esse cenário alternativo, acho sua definição de música por demais elitista e subjetiva. De qualquer modo, o tema deste livro não foi o triunfo da música séria, música clássica ou mesmo música boa (seja qual for sua definição), e sim o triunfo da música *em si*. É irrelevante para os meus propósitos que grande parte da música transmitida dia e noite por todas as mídias imagináveis seja considerada por muitos vazia, repulsiva, imprestável — ou qualquer outro adjetivo pejorativo encontrado no dicionário.

Os Beatles proporcionam um exemplo instrutivo. Seu sucesso fenomenal provocou uma reação de igual intensidade. Em texto publicado na *New Statesman* em 1964, Paul Johnson explodiu de raiva do que denominou "apoteose da estupidez". Sem querer, ele também revelou de duas maneiras por que o que denominou "o novo culto da juventude" se transformou numa "anticultura" à parte. Primeiro, zombou com desprezo das plateias adolescentes que observou pela TV:

> Que abismo sem fundo de vacuidade eles revelam! Os rostos enormes, inchados de doces baratos e untados de maquiagem de lojas de departamentos, as bocas flácidas, abertas, e olhos vidrados, as mãos batucando sem perceber o ritmo da música, os saltos altos quebrados, as roupas ordinárias e estereotipadas da moda: eis aparentemente um retrato coletivo de uma geração escravizada por uma máquina comercial.

Em segundo lugar ele se vangloriou da excelência de sua própria formação (Stonyhurst e Magdalen College, Oxford):

> Lembro-me da dificuldade da prosa grega e do cálculo infinitesimal, mas também consigo me lembrar de ter lido todo o Shakespeare e Marlowe, escrito poemas, peças e contos. [...] Quase toda semana era descoberto um ídolo novo — Milton, Wagner, Debussy, Matisse, El Grego, Proust —, alguns para serem depois derrubados de seu panteão, mas todos brotando da cultura europeia clássica.[1]

Paul Johnson por sorte continua entre nós, ainda apregoando semanalmente a profundeza e o alcance de sua cultura pessoal, embora agora considere o jornal conservador *The Spectator* um órgão mais apropriado. Seria interessante saber seus pontos de vista sobre os Beatles quatro décadas depois. Ele poderia se confortar com a seguinte observação caracteristicamente sarcástica de John Lennon, em 1973:

> Existe um sujeito na Inglaterra, William Mann, que escreve para o *Times* e que escreveu o primeiro artigo intelectual sobre os Beatles. Depois disso as pessoas começaram a falar de nós em termos intelectuais. [...] Ele emprega um monte de terminologia musical e é uma besta. Mas nos fez ser aceitos pelos intelectuais. [...] Continua escrevendo o mesmo lixo. Mas ele também foi muito bom para nós, porque todos os intelectuais e pessoas de classe média de repente estavam dizendo: "Ooh".[2]

De forma ousada, Mann também descreveu Lennon e McCartney como "os maiores cancionistas desde Schubert".

Portanto, quem acabou tendo razão: William Mann ou Paul Johnson? Apesar de toda a sua pretensão (um bom exemplo sendo sua referência à "cadência eólica" na canção dos Beatles "Not a second time", em 1963), Mann deve ser o vencedor.[3] Tal veredicto nada tem a ver com qualquer avaliação subjetiva da qualidade da música dos Beatles, e sim com sua durabilidade. Enquanto os critérios estéticos são passageiros, a capacidade de agradar uma geração após outra se confirma pela objetividade. Apesar de toda sua autodepreciação zombadora, Lennon se tornou uma personalidade cultuada, sobretudo após seu assassinato em 1980. Uma pesquisa de 600 mil pessoas conduzida mundialmente vinte anos após sua morte o elegeu o músico mais influente de todos os tempos, à frente de Johann Sebastian Bach (sétimo lugar) e Mozart (décimo). Ele também foi escolhido o melhor cancionista, enquanto os Beatles receberam os lauréis de melhor banda e melhor álbum (*Sgt. Pepper's Lonely Hearts Club Band*).[4] A canção "Yesterday" dos Beatles (1965, composta e cantada por Paul McCartney) foi gravada mais de 3 mil vezes por outros artistas, mais do que qualquer outra canção na história. De acordo com a organização de direitos autorais BMI, no ano 2000 havia sido tocada em público mais de 7 milhões de vezes, gerando a cada vez direitos autorais para McCartney e Lennon, que também recebeu crédito oficial.[5]

Tampouco se pode dizer que o sucesso dos Beatles e de outros músicos populares se tenha dado à custa da música clássica. Os avanços tecnológicos tornaram disponíveis em diversos formatos muito mais versões de uma variedade bem maior de música clássica do que em qualquer época anterior da história. Até o advento do disco LP, pouquíssima "música antiga" estava disponível em disco. Mas a partir da década de 1950, uma quantidade crescente de gravações criou um público novo — e bem maior — para o que antes era o gosto de uma minoria. Noah Greenberg, cuja gravação dos madrigais de Banchieri se tornou um sucesso inesperado em 1953, observou:

> O surpreendente é que não foram os promotores dos concertos convencionais que abriram seus programas ao repertório de música antiga, e sim as gravadoras de discos — e, na maior parte, não as grandes gravadoras (que poderiam facilmente ter arcado com aquilo), mas as pequenas, sem dinheiro para contratar os conjuntos de virtuoses e artistas para vender discos do repertório convencional.[6]

Em 1981, uma discografia dedicada à música antiga listou 3164 itens diferentes.[7] A expansão da seção de resenhas do periódico especializado *Early Music*, fundado em 1973, foi outro indicador de progresso. Demonstrando uma percepção impressionante do potencial das novas tecnologias, a partir do trigésimo aniversário a revista passou a ilustrar artigos publicados em suas páginas com clipes sonoros na internet.[8]

Em um mundo que se transforma tão rápido, só os adaptáveis sobrevivem. A compaixão pelas vítimas da crise de uma orquestra ou gravadora precisa ser contrabalançada por uma admiração pela iniciativa dos beneficiários. Sempre que se previu o "fim da indústria fonográfica" em face dos desafios dos downloads ou do compartilhamento de arquivos na internet, a música reencontrou seu lugar ao sol. Dois bons exemplos foram fornecidos nos últimos tempos por sir John Eliot Gardiner. No ano 2000, a Deutsche Grammophon cancelou abruptamente o contrato para lançar gravações de sua *Peregrinação Bach* daquele ano, em que executou todas as duzentas cantatas de igreja de J. S. Bach. Sua resposta foi fundar sua própria gravadora chamada SDG, iniciais de Soli Deo Gloria (glória somente a Deus), as palavras que Bach costumava acrescentar a uma partitura concluída.[9] Os mais de vinte CDs já lançados são um triunfo comercial e artístico, o tributo mais eloquente que se poderia imaginar ao que se consegue combinando o gênio artístico com os recursos tecnológicos. Gardiner mostrou um outro caminho ao gravar a primeira parte de um show no Cadogan Hall, em Londres, em fevereiro de 2006, e ter o resultado transferido para CDs a tempo de serem vendidos aos espectadores na saída.

Outros ramos das artes criativas também se beneficiaram dos progressos discutidos neste livro e continuam a se desenvolver, embora muitas vezes com resultados paradoxais. Em termos de avanço tecnológico, foi a arquitetura que mais se beneficiou, embora seus praticantes sejam menos conhecidos e respeitados do que os músicos. Para cada prédio novo que fascina a imaginação pública — o Centro Pompidou, de Renzo Piano e Richard Rogers, em Paris; The Ghekin, de Norman Foster, em Londres; o Museu Guggenheim, de Frank Gehry, em Bilbao — 10 mil outros são recebidos com indiferença. O mesmo se aplica à escultura e aos escultores, se é que não estão em situação pior. Embora os livros sejam provavelmente mais baratos e possam ser ilustrados com muito mais esbanjamento que em qualquer época, em termos relativos o poder da palavra escrita e o prestígio de seus criadores têm declinado desde o final do século XIX.

Em particular, a época em que os poetas desfrutavam de fama e fortuna se perdeu no tempo, como a Oxford University Press anunciou em 1999 ao encerrar sua linha de poetas contemporâneos. Uma comparação do prestígio desfrutado por lorde Alfred Tennyson entre seus contemporâneos com o atual poeta laureado (Andrew Motion) revela um declínio catastrófico. O romance continua vivo, mas os romancistas caíram alguns pontos na estima do público. O hiato entre Charles Dickens e, digamos, Martin Amis seria mais bem descrito como um abismo. A entusiástica acolhida à série Harry Potter, de J. K. Rowling, serviu apenas para dramatizar o grau de atrofia da leitura. Até agora, qualquer esperança de que a tecnologia digital (*e-books*, por exemplo) possa trazer um renascimento da leitura não se realizou.

Em nossa era pós-letrada, as artes visuais são as que mais se aproximaram do sucesso da música. Uma forma simples de examinar o deslocamento do equilíbrio de forças entre palavra e imagem é comparar a mudança de sua importância relativa em qualquer jornal, já que ela pode ser sintetizada rapidamente pela fórmula "cada vez mais imagens e menos palavras".[10] Artistas empreendedores e seus agentes foram rápidos em explorar o potencial da nova tecnologia, criando os próprios sites para apregoar suas mercadorias. Da mesma maneira como o YouTube permitiu que os músicos eliminassem o intermediário e atingissem diretamente seus públicos, o site Saatchi Online, da Galeria Saatchi, está permitindo que aspirantes a pintor apresentem suas criações pelo mundo.[11] As galerias reais (não virtuais) também se deram bem: a Tate Modern, em Londres, atraiu cerca de 5 milhões de visitantes em 2006, e o Museum of Fine Arts de Boston está passando por uma enorme expansão. No alto do mastro escorregadio, os artistas provavelmente estão sendo mais bem remunerados que em qualquer época da história humana: *Homem ruivo numa cadeira*, de Lucien Freud, arrecadou 8,2 milhões de dólares num leilão; *Lullaby water*, de Damien Hirst, alcançou 3,7 milhões de libras e Charles Saatchi pagou a Tracey Emin 150 mil libras por *Minha cama*. A lista continua.

Porém, mesmo depois de computados todos os preços recordes nos leilões e reconhecida a onipresença das imagens, as artes visuais não conseguem desafiar a eminência solitária da música. No núcleo do desequilíbrio está a natureza dos respectivos gêneros. Seja qual for a mídia empregada, todos os artistas procuram criar um produto único, incapaz de ser reproduzido. Um colecionador rico pode pagar 1 milhão de libras ou mais por uma pintura original, mas não daria um tostão furado por uma fotografia da mesma. Assim, no que Walter Benjamin denominou a era da reprodução mecânica, a arte está em franca desvantagem.[12] Além disso, ainda que o produto não desapareça no cofre de um banco ou na parede de uma moradia privada fortemente vigiada, só pode ser visto numa galeria. Abaixo do nível da grande arte, quase todas as imagens têm um tempo de vida curtíssimo. Uma ou duas que alcançam uma posição proeminente — o pôster da Athena de uma jogadora de tênis coçando a bunda, que vendeu 2 milhões de cópias, logo vem à mente — são as exceções que comprovam a regra. Entretanto, a horda de equivalentes musicais — "Biquíni de bolinha amarelinha" (1960) — revelou um poder de permanência incrível, apesar da espantosa banalidade das letras e músicas.

Um desafio bem maior são as imagens em movimento do cinema e televisão. Essa mídia se beneficiou tanto quanto a música das inovações tecnológicas, enquanto seus astros atingiram prestígio, popularidade e riqueza semelhantes. Eles também cumpriram uma importante função na promoção da mudança social e política. Contudo, a música desfruta necessariamente de duas vantagens. Primeira, é bem mais interativa. Só um número minúsculo dos espectadores de filmes ou TV podem ter a esperança de se tornar participantes ativos como atores ou apresentadores. Por outro lado, apenas os desafinados estão impedidos de produzir algum tipo de música. Nos séculos XX e XXI, a queda do custo dos instrumentos musicais e a introdução de técnicas de educação em massa, como o método Suzuki, se combinaram para tornar a atividade musical mais generalizada do que nunca. O declínio da fabricação dos pianos tradicionais tem sido mais do que compensado pela rápida expansão de instrumentos antigos e novos. As recompensas que aguardam os empreendedores capazes de se adaptar às condições cambiantes do mercado foram exemplificadas pelo crescimento meteórico após 1945 da empresa japonesa Yamaha, que se transformou no maior fabricante de instrumentos musicais do mundo.

Segunda vantagem: o relacionamento entre a música e a imagem em movimento foi mutuamente benéfico, mas desigual. Como vimos, o cinema e a televisão foram menos uma ameaça do que uma oportunidade para a música e os músicos. Nos últimos anos, isso foi mais uma vez demonstrado pelo sucesso fenomenal do programa de talentos *Pop idol* e suas várias versões internacionais (*American Idol, Deutschland sucht den Superstar, The X-Factor*), que estreou em 2001. Da Albânia à Bolívia, do Afeganistão à Sérvia, o formato se mostrou irresistível: em mais de cinquenta países através do globo, centenas de milhares de aspirantes a cantor de todas as idades, formas e tamanhos estiveram dispostos a esperar horas na fila só para um teste. Milhões de outros pagam para votar por telefone, torpedo ou e-mail. No decorrer das várias eliminatórias do *American Idol* de 2006, mais de 500 milhões de votos foram computados, dos quais 63 milhões só na final (o maior número de votos obtidos por um presidente americano foram os 54,5 milhões de Ronald Reagan em 1984).[13] Eis o fato inquestionável e irredutível: a música pode existir sem a imagem em movimento, mas a imagem em movimento não pode existir sem a música.

Como este livro procurou mostrar, essa forma de arte atingiu a maturidade. O desenvolvimento da esfera pública e a transformação resultante dos locais e espaços culturais; a secularização e a correspondente sacralização da cultura; a revolução romântica; o ritmo em constante aceleração da inovação tecnológica; a irrupção da cultura jovem na segunda metade do século xx — tudo isso se combinou para impelir a música à *pole position* entre as artes criativas e cênicas, em termos de prestígio, influência e recompensa material. Nenhuma dessas forças mostra sinais de que irá se reverter no futuro previsível. Isso pode ser uma má notícia para os Paul Johnson da vida, desviados do estudo do grego e cálculo infinitesimal ou da criação de "poemas, peças e contos", mas é uma boa notícia para a música.

Cronologia

Como minha pesquisa sobre o triunfo da música foi organizada sob cinco títulos temáticos, talvez seja útil uma tabela cronológica listando os principais eventos e obras mencionados no texto. Uma segunda coluna foi acrescentada para fornecer um contexto histórico mais geral.

	1602 Morte de Elizabeth I da Inglaterra.
1612 Claudio Monteverdi é despedido pelo duque de Mântua e se muda para Veneza.	
	1618 Início da Guerra dos Trinta Anos.
1642 Monteverdi, *L'incoronazione di Poppea*.	1642 Guerra Civil na Grã-Bretanha.
	1643 Subida ao trono de Luís XIV.
1660 Lully se torna compositor da música de câmara do rei.	1660 Restauração de Carlos II na Inglaterra.
	1661 Início do governo absolutista de Luís XIV.
1662 *Ercole*, de Cavalli, é a última ópera italiana encenada na França por 67 anos.	
1665 Luís XV despede seus músicos italianos.	
	1667 Guerra da Devolução nos países baixos espanhóis; Pascal, *Pensées*; Espinosa, *Tractatus theologico-politicus*.
1669 Fundação da Academia Real de Música na França.	
1672 Primeiro concerto público (em Londres).	1672 Guerra Franco-Holandesa (até 1678).
1680 (década) Primeiros concertos públicos em Leipzig.	
1681 Lully adquire um cargo que lhe confere nobreza hereditária imediata.	1681 Franceses ocupam Estrasburgo.
	1682 Ménestrier alega que a França substituiu a Itália como potência cultural hegemônica da Europa.
	1683 Fim do certo turco a Viena.
	1685 Luís XIV revoga o Edito de Nantes e expulsa os protestantes; Jaime II sobe ao trono inglês.

1687 Lully morre riquíssimo.	1687 Newton, *Principia mathematica*.
	1688 Revolução Gloriosa na Inglaterra.
	1689 Começo da Guerra dos Nove Anos.
	1694 Criação do Banco da Inglaterra.
1700 Bartolomeo Cristofori cria o piano.	1700 Início da Grande Guerra do Norte (até 1721).
	1701 Início da Guerra da Sucessão espanhola (até 1714).
	1703 Pedro, o Grande, começa a construir São Petersburgo.
	1704 Batalha de Blenheim.
1713 Three Choirs Festival começa na Inglaterra.	
	1714 Primeiro tratado internacional redigido em francês em vez de latim.
	1715 Morte de Luís xiv; levante jacobita na Grã-Bretanha.
1717 J. S. Bach é preso pelo duque de Weimar.	1717 Criação da Grande Loja em Londres, dando origem à história moderna da maçonaria.
1719 Augusto, o Forte, da Saxônia e Polônia, constrói o maior teatro lírico ao norte dos Alpes para celebrar sua aliança pelo casamento com os Habsburgo.	1719 Daniel Defoe, *Robinson Crusoe*.
	1721 Montesquieu, *Cartas persas*.
1723 J. S. Bach se muda para Leipzig.	
1725 Série dos Concerts Spirituels começa em Paris.	1725 Morte de Pedro, o Grande.
1726 Academy of Ancient Music é fundada em Londres.	1726 Jonathan Swift, *Viagens de Gulliver*.
1728 John Gay, *Ópera do mendigo*.	
1729 Bach, *A paixão segundo São Mateus*.	
1737 O teatro lírico San Carlo, em Nápoles, fica pronto.	1737 Consagração da Igreja de São Carlos (Karlskirche) em Viena.
1738 Estátua em tamanho natural de Händel é instalada no jardim recreativo de Vauxhall, em Londres.	1738 Experiência de conversão de John Wesley inicia a história do metodismo.

1740 *Alfredo*, libreto de James Thomson e David Mallet e música de Thomas Arne; Frederico, o Grande, manda construir um novo teatro lírico em Unter den Linden, e atrai Johann Joachim Quantz, que estava empregado pelo eleitor da Saxônia.

1741 Händel, *Messias*.

1742 Estreia do *Messias* em Dublin.

1743 O eleitor Carlos Teodoro, do Palatinado, começa a formar sua comunidade musical em Mannheim.

1744 "God save the king" é publicado pela primeira vez.

1745 Editora musical Breitkopf é fundada em Leipzig.

1746 Händel, *Judas Maccabeus*.

1748 A primeira sala de concertos exclusiva na Inglaterra — Holywell Music Room, em Oxford — é aberta.

1740 Início da Guerra da Sucessão austríaca.

1745 Fracasso do levante jacobita na Grã-Bretanha.

1748 Montesquieu, *O espírito das leis*.

1749 Epifania de Rousseau na estrada para Vincennes.

1755 J. S. Bach morre deixando um patrimônio modesto.

1759 Händel morre rico em Londres e tem um enterro suntuoso.

1751 Primeiro volume da *Encyclopédie*, de Diderot e D'Alembert.

1756 Início da Guerra dos Sete Anos.

1758 David Hume, *Investigações sobre o entendimento humano*.

1759 Britânicos tomam posse do Quebec francês; Voltaire, *Cândido*.

1761 John Broadwood se muda para Londres; Joseph Haydn passa a trabalhar para o príncipe Esterházy.

1763 Breitkopf começa a listar as composições de Haydn em seu catálogo; o piano é tocado em público pela primeira vez, em Viena.

1767 Editora musical Artaria é fundada em Viena; Longman and Broderip, em Londres.

1762 Rousseau, *O contrato social*.

1763 Fim da Guerra dos Sete Anos.

1769 Museum Fridericianum em Kassel, primeiro museu independente da Europa.

1771 A imperatriz Maria Teresa aconselha seu filho a não empregar Mozart.

1771 Fome na Europa central.

1772 Primeira Partilha da Polônia.

1774 Morte de Luís XV.

1775 Sala de concertos Hanover Square Rooms é inaugurada em Londres.

1776 Declaração da Independência americana; Adam Smith, *A riqueza das nações*; Gibbon, *Declínio e queda do Império Romano*.

1780 O Grand Théâtre é inaugurado em Bordeaux.
1781 O Teatro Nacional do conde Nostitz é aberto em Praga; Mozart é expulso a pontapés do serviço do arcebispo de Salzburgo; uma nova sala de concertos — Gewandhaus — é aberta em Leipzig.

1780 Gordon Riots, tumultos anticatólicos em Londres.
1781 Britânicos derrotados em Yorktown; Kant, *Crítica da razão pura*.

1783 Tratado de Versalhes reconhece a independência americana; Rússia anexa a Crimeia.

1784 Concertos da Comemoração Händel em Londres.
1786 Mozart, *As bodas de Fígaro*.
1787 Mozart é nomeado compositor da corte do imperador José II; compõe *Don Giovanni*.

1786 Morte de Frederico, o Grande.
1787 Assembleia dos Notáveis se reúne em Versalhes, iniciando a crise terminal do Antigo Regime na França.
1788 Luís XVI concorda em convocar os Estados Gerais.
1789 Queda da Bastilha; promulgação da Declaração dos Direitos do Homem e do Cidadão.

1790 José II morre, sendo sucedido pelo irmão Leopoldo II; Burke, *Reflexões sobre a Revolução em França*.
1791 Thomas Paine, *Os direitos do homem*

1791 Mozart, *A flauta mágica*; *La clemenza di Tito*; primeira visita de Haydn a Londres; Mozart morre e é enterrado num túmulo não identificado; Academia de Canto é fundada em Berlim.
1792 Claude-Joseph Rouget de l'Isle escreve e compõe "A Marselhesa".

1794 Segunda visita de Haydn a Londres.
1795 William Parsons é o primeiro músico a ser nomeado cavaleiro na Grã--Bretanha.

1792 Início das guerras da Revolução Francesa.
1793 Início do Terror na França.
1794 Queda de Robespierre; fim do Terror.
1795 Terceira Partilha elimina a Polônia do mapa.

1798 Haydn, *A criação*.

1798 Wordsworth e Coleridge, *Baladas líricas*; Alois Senefelder inventa a litografia.
1799 Napoleão Bonaparte toma o poder na França.

1800 *O moleiro, o feiticeiro, o enganador e o casamenteiro*, música de Mikhail Matvéievitch Sokolóvski e libreto de Aleksander Oníssimovitch Ablesimov.

1804 Estreia da Terceira Sinfonia (*Eroica*) de Beethoven no palácio do príncipe Lobkowitz em Viena.	1804 Napoleão se aclama imperador.
	1805 Batalhas de Trafalgar e Austerlitz.
	1806 Napoleão reorganiza a Alemanha; Sacro Império Romano Germânico é formalmente dissolvido; Prússia derrotada na dupla batalha de Jena e Auerstedt.
1808 Apoteose de Haydn com uma apresentação de *A criação* em Viena; concerto maratona de Beethoven no Theater an der Wien, em Viena.	1808 Levante na Espanha contra o domínio napoleônico.
1809 Haydn morre na Viena ocupada pelos franceses com uma guarda de honra à sua porta.	1809 Áustria é derrotada mais uma vez por Napoleão.
1810 Primeiro festival coral na Alemanha (em Frankenhausen); Gabriel-Joseph Grenié começa a fabricar órgãos de palheta livre.	
1812 O "incidente em Teplitz", quando Beethoven esnoba a família imperial.	1812 Goya, *Os desastres da guerra*; invasão da Rússia por Napoleão termina em desastre.
	1813 Napoleão é derrotado em Leipzig e perde o controle da Alemanha.
1814 Heinrich David Stölzel exibe uma trompa sem válvulas em Berlim.	1814 Napoleão abdica e é exilado em Elba.
	1815 Napoleão é derrotado em Waterloo e exilado em Santa Helena.
	1819 Schopenhauer, *O mundo como vontade e representação*; Géricault, *A jangada da Medusa*.
	1819 Decretos de Karlsbad impõem um regime repressivo na Alemanha.
1820 (década) Os maestros começam a usar batuta, leem uma partitura completa e não tocam instrumento durante os concertos.	
1821 A nova casa de espetáculos de Karl Friedrich Schinkel, que inclui uma sala de concertos, é inaugurada no Gendarmenmarkt, em Berlim; estreia da ópera romântica de Carl Maria von Weber, *Der Freischütz*, em Berlim.	1821 Morte de Napoleão; Hegel, *Filosofia do direito*.
1824 Franz Liszt dá seu primeiro concerto público, em Viena, aos doze anos; Stendhal aclama Rossini como "um novo Napoleão".	1824 Morte de Byron; Delacroix, *O massacre de Quios*.
	1825 Manzoni, *Os noivos*.

1827 Beethoven morre e tem um enterro suntuoso.	1827 Joseph Niépce produz fotografias em chapas revestidas de asfalto.
1828 Niccolò Paganini começa suas sensacionais turnês de concertos; a sala de concertos Odeon, projetada por Leo von Klenze, é inaugurada em Munique.	
1829 Mendelssohn promove a apresentação do centenário de *A paixão segundo São Mateus*, de Bach, em Leipzig.	

	1830 Revolução na França e na Bélgica e tentativas de revolução em diversas outras partes da Europa; Delacroix, *A liberdade guiando o povo*; Victor Hugo, *Ernani*; Stendhal, *O vermelho e o negro*.
1831 Theobald Boehm começa a desenvolver um sistema aperfeiçoado de dedilhado para a flauta; *Norma*, de Vincenzo Bellini.	
	1832 Great Reform Act muda o sistema eleitoral na Grã-Bretanha; Mazzini funda a Jovem Itália; Festival de Hambach, protesto alemão radical.
1834 Liszt esnoba o rei Luís Filipe.	1834 Fundação da União Aduaneira (Zollverein) prussiana.
1835 Wilhelm Wieprecht e J. G. Moritz patenteiam a tuba.	
1836 Mikhail Ivánovitch Glinka, *Uma vida pelo tsar*.	
1838 Louis Jullien começa sua série de concertos populares em Londres.	1837 Subida ao trono da rainha Vitória; patenteamento do telégrafo elétrico.
1839 Étienne François Périnet, de Paris, patenteia a válvula de êmbolo cilíndrica.	1838 Início do Movimento Cartista.

1840 Johann Nikolaus Becker, canção do Reno; Liszt humilha o tsar Nicolau I.	1840 Cinzas de Napoleão retornam de Santa Helena.
	1841 Ludwig Feuerbach, *A essência do cristianismo*.
1842 Alexandre-François Debain patenteia o harmônio; Henry Bishop é o primeiro músico nomeado cavaleiro por um monarca reinante no Reino Unido; apoteose de Liszt em Berlim.	1842 Hong Kong é cedido à Grã-Bretanha; Gógol, *Almas mortas*.
1845 Primeira competição de bandas organizada em Burton Constable, perto da cidade de Hull.	1845 Início da Grande Fome na Irlanda.
1846 Adolphe Sax patenteia o saxofone.	1846 Revolta polonesa na Galícia.
	1848 Revolução na França e tentativas de revolução em diversas outras partes da Europa; Marx e Engels, *Manifesto comunista*.

1849 Verdi, *La battaglia di Legnano*; Wagner foge para o exílio após participar da fracassada revolução em Dresden.	1849 Sucesso da contrarrevolução por toda parte.

1850 Jenny Lind faz uma série de concertos nos Estados Unidos e ganha uma fortuna.	
1852 Charles Morton cria o primeiro *music hall* em Londres.	1852 Luís Napoleão Bonaparte é aclamado imperador Napoleão III.
1853 Revelação musical de Wagner em La Spezia.	1853 Início da Guerra da Crimeia.
1854 Wagner lê pela primeira vez *O mundo como vontade e representação*, de Schopenhauer.	
1856 Tratado de Berlioz sobre a arte da regência.	1856 Paz de Paris encerra a Guerra da Crimeia; Motim Indiano; Sinn Fein fundado na Irlanda.
1858 Charles Hallé começa sua série de concertos populares em Manchester.	1859 Início das Guerras da Unificação Italiana.

1861 Concurso do conde Harrach de melhor ópera sobre tema histórico tcheco; Jules Étienne Pasdeloup começa sua série de concertos populares em Paris.	1861 Vitório Emanuel II assume o título de rei da Itália; emancipação dos servos na Rússia.
1866 Estreia da ópera *Os brandeburgueses na Boêmia*, de Smetana.	1866 Guerra entre Áustria e Prússia; Dostoiévski, *Crime e castigo*.
1869 Primeira versão da ópera *Boris Godunov*, de Modest Mussórgski; Musikverein inaugurada em Viena; tratado de Wagner sobre a arte da regência.	1869 Abertura do canal de Suez.

	1870 Guerra Franco-Prussiana.
	1871 Proclamação do Império Alemão.
1875 Inauguração da Ópera de Paris, projetada por Charles Garnier; Smetana, *Das florestas e bosques da Boêmia*.	1875 Fundação do Partido Social-Democrata Alemão.
1876 Primeira encenação completa de *O anel dos nibelungos*, de Wagner, em Bayreuth na presença do imperador alemão.	
1877 Thomas Edison inventa o fonógrafo.	

1882 Estreia de *Parsifal* em Bayreuth; estreia de *Minha pátria*, de Smetana; o Teatro Nacional de Praga é inaugurado com uma representação de *Libuše*, de Smetana.	1882 Britânicos ocupam o Egito e o Sudão; Gottlieb Daimler desenvolve o motor à gasolina.
1883 Morte de Wagner.	1883 Nietzsche, *Assim falou Zaratustra*.
1884 Nova Gewandhaus inaugurada em Leipzig.	
1887 Emile Berliner patenteia o gramofone.	

	1895 Surgimento do cinema.

1902 Enrico Caruso grava dez árias para The Gramophone Company.	1902 Lênin, *O que fazer?*.
	1905 Revolução na Rússia.
	1914 Início da Primeira Guerra Mundial.
1917 A Original Dixieland Jazz Band faz a primeira gravação de jazz.	1917 Revolução na Rússia.
	1918 Fim da Primeira Guerra Mundial.
1919 Inauguração do Palais de Danse Hammersmith.	1919 Tratado de Paz de Versalhes

	1920 Primeira transmissão regular de rádio.
	1922 Primeira estação de rádio europeia (BBC) inicia suas transmissões; Mussolini sobe ao poder.
1924 Lançamento da gravação elétrica.	1924 Morte de Lênin.
1925 Partitura de Edmund Meisel para *O encouraçado Potemkin*, de Serguei Eisenstein.	
1927 Primeiro *jukebox* [máquina de tocar discos acionada por moedas].	1927 Filmes sonoros.
	1929 Crise de Wall Street.

1933 Fred Astaire e Ginger Rogers aparecem em *Voando para o Rio*.	1933 Hitler sobe ao poder.
1935 Teddy Wilson ingressa no Benny Goodman Trio.	1936 Início da Guerra Civil Espanhola.
1938 Primeiro navio de rádio pirata.	1938 Alemanha anexa a Áustria.

1939 Concerto de Marian Anderson no Lincoln Memorial.	1939 A Segunda Guerra Mundial começa com a invasão alemã da Polônia.
1941 Les Paul desenvolve a primeira guitarra elétrica.	1941 Alemanha invade a União Soviética; Japão ataca Pearl Harbor.
	1945 Fim da Segunda Guerra Mundial.
1947 Wynonie Harris, "Good rockin' tonight".	1947 Fim do domínio britânico na Índia.
1948 Les Paul inventa a gravação multicanal; primeira exibição de um LP de vinil.	1948 Ponte aérea de Berlim.
1950 Leo Fender comercializa o Broadcaster.	1950 Início da Guerra da Coreia.
1953 Elvis Presley visita a Sun Records, em Memphis, Tennessee; Leo Fender comercializa o primeiro baixo elétrico.	1953 Morte de Stálin.
1954 Primeiro rádio transistor; Leo Fender comercializa a guitarra Stratocaster.	1954 Rendição francesa em Dien Bien Phu.
1956 Elvis Presley grava "Heartbreak Hotel".	1956 Levante húngaro sufocado pelas forças soviéticas; crise de Suez.
1962 Os Beatles gravam "Love me do".	
1963 Lançamento da fita cassete pela Philips; Mahalia Jackson canta no Lincoln Memorial.	
1964 Bob Dylan apresenta os Beatles à maconha; John Coltrane grava *A love supreme*; Harold Wilson, então líder da oposição, entrega aos Beatles o prêmio Personalidades do Show Business de 1963.	1964 Partido Trabalhista vence as eleições gerais na Inglaterra.
1965 Bob Dylan adota a guitarra elétrica; os Beatles se apresentam no Shea Stadium, em Nova York; os Beatles descobrem o LSD.	1965 Escalada da Guerra do Vietnã.
1966 *Sgt. Pepper's Lonely Hearts Club Band*; Harold Wilson, agora primeiro-ministro, preside a reabertura do Cavern Club, em Liverpool.	
1967 Aretha Franklin, "Respect".	
	1973 Forças norte-americanas se retiram do Vietnã.
1979 Walkman da Sony começa a ser vendido.	
	1980 Forças soviéticas invadem o Afeganistão.
1981 MTV começa suas transmissões.	
1985 Shows Live Aid são vistos na televisão por cerca de 2 bilhões de pessoas.	

	1988 Forças soviéticas se retiram do Afeganistão.
	1989 Queda do Muro de Berlim e início do colapso da União Soviética.

1990 (década) Os três tenores (Pavarotti, Domingo, Carreras) ganham fortunas em shows em estádios.	1990 Reunificação da Alemanha.
1997 Tony Blair convida Noel Gallagher, do Oasis, para uma festa na Downing Street nº 10.	1997 Partido Trabalhista vence as eleições gerais na Inglaterra.

2001 Primeiro iPod.	2001 Ataque terrorista de 11 de setembro ao World Trade Center, em Nova York; Estados Unidos e Reino Unido começam a guerra no Afeganistão.
2003 Bono é admitido na Légion d'Honneur pelo presidente Jacques Chirac; batalha de Beirute em torno da competição musical árabe Superstar.	2003 Estados Unidos e aliados invadem o Iraque.
2005 Bono é eleito Personalidade do Ano pela revista *Time*; 3,8 bilhões de pessoas assistem aos shows Live 8; surge o YouTube.	
2006 Show dos Rolling Stones na praia de Copacabana, Rio de Janeiro, atrai público de mais de 1 milhão de pessoas.	
2007 Cem milhões de iPods vendidos; Bono é condecorado como cavaleiro honorário por Tony Blair.	2007 Tony Blair renuncia ao cargo de primeiro-ministro e é substituído por Gordon Brown.
	2008 Barack Obama e Hillary Clinton competem pela candidatura à presidência pelo Partido Democrata dos Estados Unidos.

Bibliografia

Como são fornecidas referências completas nas notas, não repeti tudo aqui. Limitei-me aos livros e artigos que julguei especialmente úteis e que ajudarão o leitor interessado a aprofundar o tema. O primeiro porto de escala deve ser sempre *The New Grove dictionary of music and musicians*, uma ferramenta valiosa, agora acessível na internet e em constante atualização. O equivalente alemão — *Die Musik in Geschichte und Gegenwart* — também é muito útil.

ABRAMS, M. H. *The mirror and the lamp: Romantic theory and the critical tradition.* Oxford, 1953.

ADAMSON, John. "The making of the Ancien Régime court 1500-1700". Em *The princely courts of Europe*, org. J. Adamson. Londres, 1999.

ADORNO, Theodor. "On jazz". Em *Essays on music*, org. T. Adorno, seleção, introdução, comentários e notas de Richard Leppert. Berkeley, 2002.

ASÉIEV, B. N. *Rúski dramatítcheski teatr ot evó istókov do kontsá XVIII veka.* Moscou, 1977.

AULARD, François-Alphonse. "La Marseillaise et le Réveil du peuple". Em *Études et leçons sur la Révolution Française*, vol. 1. Paris, 1914.

BADGER, Anthony J. "Different perspectives on the civil rights movement". *History Now* 8 (junho de 2006).

BAILBÉ, Joseph-Marc *et al.* (orgs.). *La musique en France à l'époque romantique (1830-1870).* Paris, 1991.

BALET, Leo e GERHARD, E. *Die Verbürgerlichung der deutschen Kunst, Literatur und Musik im 18. Jahrhundert.* Estrasburgo, 1936.

BARBIER, Pierre e VERNILLAT, France. *Histoire de France par les chansons*, vol. II: *Mazarin et Louis XIV.* Paris, 1956.

BARTH, Herbert; MACK, Dietrich e VOSS, Egon (orgs.). *Wagner: A documentary study.* Londres, 1975.

BEALES, Derek. "Religion and culture". Em *The short Oxford history of Europe: The eighteenth century*, org. T. C. W. Blanning. Oxford, 2000.

————. "Mozart and the Habsburgs". Em *idem, Enlightenment and Reform in eighteenth-century Europe.* Londres, 2005.

BEAUVERT, Thierry. *Opera houses of the world.* Londres, 1996.

BEKKER, Paul. *Das deutsche Musikleben.* Berlim, 1919.

BERRY, Mark. *Treacherous bonds and laughing fire: Politics and religion in Wagner's Ring.* Aldershot, 2005.

BLACK, John. *The Italian romantic libretto: A study of Salvadore Cammarano.* Edimburgo, 1984.

BLANNING, T. C. W. *The culture of power and the power of culture: Old Regime Europe 1660-1789.* Oxford, 2002.

————. "The commercialisation and sacralisation of culture". Em *The Oxford illustrated history of Modern Europe*, org. T. C. W. Blanning. Oxford, 1996.

BLANNING, Tim. *The pursuit of glory: Europe 1648-1815.* Londres, 2007.

BLAUKOPF, Kurt. *Musik im Wandel der Gesellschaft. Grundzüge der Musiksoziologie.* Munique e Zurique, 1982.

BRAUN, Rudolf e GUGGERLI, David. *Macht des Tanzes —Tanz der Mächtigen. Hoffeste und Herrschaftszeremoniell 1550-1914.* Munique, 1993.

BRAUNBEHRENS, Volkmar. *Mozart in Vienna.* Oxford, 1991.

BRAUNEIS, Walther. "Composta per festeggiare il sovvenire di un grand uomo": Beethovens *Eroica* als Hommage des Fürsten Franz Joseph Maximilian von Lobkowitz für Louis Ferdinand von Preu en. *Österreichische Musikzeitschrift* 12 (1998).

BRENET, Michel. *Les concerts en France sous l'ancien régime.* Paris, 1900; reedição Nova York, 1970.

BREUNING, Gerhard von. *Memories of Beethoven: From the House of the Black-Robed Spaniards*, org. Maynard Solomon. Cambridge, 1992.

BROPHY, James. *Popular culture and the public sphere in the Rhineland, 1800-1850.* Cambridge, 2007.

BROWN, Clive. *Louis Spohr: A critical biography.* Cambridge, 1984.

BUCKMAN, Peter. *Let's dance: Social, ballroom and folk dancing.* Nova York, 1978.

BURGER, Ernst. *Franz Liszt: A chronicle of his life in pictures and documents.* Princeton, 1989.

BURROWS, Donald. *Handel: Messiah.* Cambridge, 1991.

CAIRNS, David (org.). *The memoirs of Hector Berlioz.* Londres, 1969.

CARNEGY, Patrick. *Wagner and the art of the theatre.* New Haven, 2006.

CARSE, Adam. *The orchestra in the eighteenth century.* Cambridge, 1940.

CHANAN, Michael. *Musica practica: The social practice of Western music from gregorian chant to postmodernism.* Londres e Nova York, 1994.

CHARLTON, David (org.). *E. T. A. Hoffmann's musical writings: Kreisleriana, the poet and the composer, music criticism.* Cambridge, 1989.

COHN, Nik. *Awopbopaloobop alopbamboom: Pop from the beginning.* Londres, 1970.

COLE, Michael. *The pianoforte in the Classical Era.* Oxford, 1998.

COMINI, Alessandra. *The changing image of Beethoven: A study in mythmaking*. Nova York, 1987.

COOK, Nicholas. *Music: A very short introduction*. Oxford, 1998.

COOKE, Deryck. *I saw the world end: A study of Wagner's Ring*. Londres, 1979.

COOKE, Mervyn. *Jazz*. Londres, 1998.

COOKE, Mervyn e HORN, David (orgs.). *The Cambridge companion to jazz*. Cambridge, 2002.

CORNER, John (org.). *Popular television in Britain: Studies in cultural history*. Londres, 1991.

DAVID, Hans T. e MENDEL, Arthur. *The new Bach reader: A life of Johann Sebastian Bach in letters and documents*, revisado e ampliado por Christoph Wolff. Nova York, 1999.

DAVIES, Hunter. *The Beatles: The authorised biography*. Londres, 1968.

DAY, Timothy. *A century of recorded music: Listening to musical history*. Londres, 2000.

DECURTIS, Anthony e HENKE, James (orgs.). *The Rolling Stone illustrated history of rock 'n' roll*. Londres, 1992.

DENT, Edward. *The rise of romantic opera*, org. Winton Dean. Cambridge, 1976.

DEUTSCH, Otto Erich. *Mozart: A documentary biography*. Stanford, 1965.

DIDIER, Béatrice. *La musique des lumières. Diderot — L'Encyclopédie — Rousseau*. Paris, 1985.

DIECKMANN, Friedrich. *Richard Wagner in Venedig*. Leipzig, 1983.

DÖRFFEL, Alfred. *Geschichte der Gewandhausconcerte zu Leipzig vom 25. November 1791 bis 25. November 1881*. Leipzig, 1884.

DRIVER, Jim (org.). *The mammoth book of sex, drugs and rock 'n' roll*. Londres, 2001.

DUHAMEL, Jean-Marie. *La musique dans la ville de Lully à Rameau*. Lille, 1994.

DYLAN, Bob. *Chronicles*, vol. I. Nova York, 2004.

EBERLY, Philip K. *Music in the air: America's changing tastes in popular music, 1920-1980*. Nova York, 1982.

EHRLICH, Cyril. *The music profession in Britain since the eighteenth century: A social history*. Oxford, 1985.

———. *The piano: A history*, ed. rev. Oxford, 1990.

ELKIN, Robert. *The old concert rooms of London*. Londres, 1955.

EMERSON, Caryl e OLDANI, Robert William. *Modest Musorgsky and Boris Godunov: Myths, realities, reconsiderations*. Cambridge, 1994.

ERISMANN, Hans. *Richard Wagner in Zürich*. Zurique, 1987.

FANTEL, Hans. *Johann Strauss, father and son, and their era*. Newton Abbot, 1971.

FIAUX, Louis. *La Marseillaise, son histoire dans l'histoire des français depuis 1792*. Paris, 1918.

FIGES, Orlando. *Natasha's dance: A cultural history of Russia*. Londres, 2002.

FONTAINE, Gérard. *Palais Garnier: le fantasme de l'Opéra*. Paris, 1999.

FORBES, Elliot (org.). *Thayer's life of Beethoven*, ed. rev. Princeton, 1969.

FORSYTH, Michael. *Buildings for music: The architect, the musician, and the listener from the seventeenth century to the present day*. Cambridge, Mass., 1985.

FREYDANK, Ruth. *Theater in Berlin von den Anfängen bis 1945*. Berlim, 1988.

FRIEDLANDER, Paul. *Rock 'n' roll: A social history*. Boulder, 1996.

FRIEDLÄNDER, Saul e RÜSEN, Jörn (orgs.). *Richard Wagner im Dritten Reich*. Munique, 2000.

FRITH, Simon e GOODWIN, Andrew (orgs.). *On record: Rock, pop and the written word*. Londres, 1990.

FRITH, Simon; STRAW, Will e STREET, John (orgs.). *The Cambridge companion to pop and rock*. Cambridge, 2001.

FÜRSTENAU, Moritz. *Zur Geschichte der Musik und des Theaters am Hofe zu Dresden*, vol. II. Dresden, 1862.

GEIRINGER, Karl. *Haydn: A creative life in music*. Londres, 1982.

GELATT, Roland. *The fabulous phonograph: The story of the gramophone from tin foil to high fidelity*. Londres, 1956.

GRONOW, Pekka e SAUNIO, IIpo. *An international history of the recording industry*. Londres e Nova York, 1998.

GUTMAN, Robert W. *Richard Wagner: The man, his mind and his music*. Londres, 1968.

HANSLICK, Eduard. *Geschichte des Concertwesens in Wien*, 2 vols. Viena, 1869.

HANSON, Alice M. *Musical life in Biedermeier Vienna*. Cambridge, 1985.

HARRIS, John. *The last party: Britpop, Blair and the demise of English rock*. Londres e Nova York, 2003.

HELM, E. E. *Music at the court of Frederick the Great*. Norman, 1960.

HERBERT, Trevor e WALLACE, John (orgs.). *The Cambridge companion to brass instruments*. Cambridge, 1997.

HILDEBRANDT, Dieter. *Pianoforte: A social history of the piano*. Nova York, 1988.

HIRSHON, Stanley P. "Jazz, segregation, and desegregation". Em *A master's due: Essays in honor of David Herbert Donald*, org. William J. Cooper Jr., Michael F. Holt e John McCardell. Baton Rouge e Londres, 1985.

HOLLIS, Helen Rice. *The piano: A pictorial account of its ancestry and development*. Newton Abbot, 1975.

INGHAM, Richard (org.). *The Cambridge companion to the saxophone*. Cambridge, 1998.

ISHERWOOD, Robert M. *Music in the service of the king: France in the seventeenth century*. Ithaca e Londres, 1973.

JOHNSON, James H. "Musical experience and the formation of a French musical public". *Journal of Modern History* 64, 2 (1992).

————. *Listening in Paris: A cultural history*. Berkeley e Los Angeles, 1995.

JOHNSON, Paul. *The birth of the modern: World society 1815-1830*. Londres, 1991.

KAHN, Ashley. *A love supreme: The creation of John Coltrane's classic album*. Londres, 2002.

KEMP, Peter. *The Strauss family: Portrait of a musical dynasty*. Tunbridge Wells, 1985.

KENNEY, William Howland. *Recorded music in American life: The phonograph and popular memory, 1890-1945*. New York e Oxford, 1999.

KIMBELL, David. *Verdi in the age of Italian Romanticism*. Cambridge, 1981.

————. *Italian opera*. Cambridge, 1991.

KIRCHNER, Bill (org.). *The Oxford companion to jazz*. Oxford, 2000.

KLENKE, Dietmar. *Der singende '"eutsche Mann": Gesangvereine und deutsches Nationalbewu tsein von Napoleon bis Hitler*. Münster, 1998.

KOENIGSBERGER, H. G. "Music and religion in modern European history". Em *The diversity of history: Essays in honour of Sir Herbert Butterfield*, orgs. J. H. Elliott e H. G. Koenigsberger. Londres, 1970.

KUREISHI, Hanif e SAVAGE, Jon (orgs.). *The Faber book of pop*. Londres, 1995.

LANDON, H. C. Robbins (org.). *Haydn: Chronicle and works* (5 vols.), vol. I: *The early years 1732-1765*. Londres, 1976-1980.

LANDON, H. C. Robbins e JONES, David Wyn. *Haydn: His life and music*. Londres, 1988.

LANDON, H. C. Robbins e NORWICH, John Julius. *Five centuries of music in Venice*. Londres, 1991.

LARGE, Brian. *Smetana*. Londres, 1970.

LEHMANN, Dieter. *Russlands Oper und Singspiel in der zweiten Hälfte des 18. Jahrhunderts*. Leipzig, 1958.

LEVACHEVA, O. E. "Natchálo rúskoi óperi". *Istória rúskoi músiki*, vol. 3: *XVIII vek, tchast vtoráia*. Moscou, 1985.

LOESSER, Arthur. *Men, women and pianos: A social history*. Londres, 1955.

LOTH, Arthur. *Le chant de la Marseillaise, son véritable auteur*. Paris, 1886; nova edição org. Pierre Brière-Loth, Paris, 1992.

LOWINSKY, Edward E. "Musical genius: evolution and origins of a concept". *Musical Quarterly* 50 (1964).

LUCKETT, Richard. *Handel's Messiah: A celebration*. Londres, 1992.

LYTTELTON, Humphrey. *I play as I please: The memoirs of an old Etonian trumpeter*. Londres, 1954.

MAGEE, Bryan. *Aspects of Wagner*, ed. rev. Oxford, 1988.

————. *Wagner and philosophy*. Londres, 2000.

MARTLAND, Peter. *Since records began: EMI, the first 100 years*. Londres, 1997.

MARWICK, Arthur. *The Sixties: Cultural revolution in Britain, France, Italy and the United States c. 1958-c. 1974*. Oxford, 1998.

MASON, Laura. *Singing the revolution: Popular culture and politics 1787-1799*. Ithaca e Londres, 1996.

MAURON, Marie. *La Marseillaise*. Paris, 1968.

MCKINNON, James (org.). *Man and music: Antiquity and the Middle Ages*. Londres, 1990.

MCVEIGH, Simon. *Concert life in London from Mozart to Haydn*. Cambridge, 1993.

MEAD, Christopher Curtis. *Charles Garnier's Paris Opéra: Architectural empathy and the renaissance of French classicism*. Cambridge, Mass. e Londres, 1991.

MELLY, George. *Revolt into style: The pop arts in the 50s and 60s*. Oxford, 1989.

METZGER, Heinz-Klaus e RIEHN, Rainer (orgs.). *Richard Wagner, Parsifal, Musik-Konzepte*, vol. 5. Munique, 1982.

MILLER, James. "*Flowers in the dustbin*": *The rise of rock and roll 1947-1977*. Nova York, 1999.

MILLER, Simon (org.). *Music and society: The last post*. Manchester, 1993.

MILLIGAN, Thomas B. *The concert and London's musical culture in the late eighteenth century*. Epping, 1983.

MILLINGTON, Barry. *Wagner*. Londres, 1984.

MILLNER, Frederick L. *The operas of Johann Adolf Hasse*. Ann Arbor, 1979.

MONTAGU, Jeremy. *The world of baroque and classical musical instruments*. Newton Abbot, 1979.

————. *The world of romantic and modern musical instruments*. Newton Abbot, 1981.

MUNDY, John. *Popular music on screen: From Hollywood musical to music video*. Manchester, 1999.

MURRAY, Charles Shaar. *Crosstown traffic: Jimi Hendrix and the rock 'n' roll revolution*. Nova York, 1989.

NAEGELE, Verena. *Parsifals Mission. Der Einflu Richard Wagners auf Ludwig II. und seine Politik.* Colônia, 1995.

NEUBAUER, John. *The emancipation of music from language: Departure from mimesis in eighteenth century aesthetics.* New Haven e Londres, 1986.

NEWCOMB, Horace (org.). *Encyclopedia of television,* 2ª ed., vol. 3. Nova York e Londres, 2004.

NOTT, James J. *Music for the people: Popular music and dance in interwar Britain.* Oxford, 2002.

OGREN, Kathy J. *The jazz revolution: Twenties America and the meaning of jazz.* Oxford, 1989.

ORLOVA, Alexandra. *Glinka's life in music: A chronicle.* Ann Arbor e Londres, 1988.

OZOUF, Mona. *Festivals and the French Revolution.* Cambridge, Mass., 1988.

PADEL, Ruth. *I'm a man: Sex, gods and rock 'n' roll.* Londres, 2000.

PALMER, Robert. *Dancing in the street: A rock and roll history.* Londres, 1996.

PALMER, Tony. *All you need is love: The story of popular music.* Londres, 1976.

PARKER, Roger. *Leonora's last act: Essays in Verdian discourse.* Princeton, 1997.

PATTISON, Robert. *The triumph of vulgarity: Rock music in the mirror of romanticism.* Oxford, 1987.

PERGER, Richard von. *Geschichte der k.k. Gesellschaft der Musikfreunde in Wien.* Viena, 1912.

PESTELLI, Giorgio. *The age of Mozart and Beethoven.* Cambridge, 1984.

PHILLIPS-MATZ, Mary Jane. *Verdi: A biography.* Oxford, 1993.

PIERRE, Constant. *Les Hymnes et chansons de la Révolution.* Paris, 1904.

PINTÉR-LÜCK, Éva. "Norma-Bellini". Em *Opera — Composer — Works — Performers,* org. Sigrid Neef. Colônia, 1999.

PLACE, Adelaïde de. *La vie musicale en France au temps de la Révolution.* Paris, 1989.

PORTER, Cecelia Hopkins. *The Rhine as musical metaphor: Cultural identity in German romantic music.* Boston, 1996.

PORTER, Eric. *What is this thing called jazz? African American musicians as artists, critics, and activists.* Berkeley, 2002.

PORTER, Lewis. *John Coltrane: His life and music.* Ann Arbor, 1998.

POWELL, Ardal. *The flute.* New Haven e Londres, 2002.

PRENDERGAST, Roy M. *Film music: A neglected art,* 2ª ed. Nova York, 1992.

PRIESTLEY, Bryan. *John Coltrane.* Londres, 1987.

PRINZ, Ulrich. *Johann Sebastian Bachs Instrumentarium. Originalquellen — Besetzung — Verwendung.* Stuttgart, 2005.

QUANDER, George (org.). *Apollini et Musis: 250 Jahre Opernhaus Unter den Linden.* Frankfurt am Main e Berlim, 1992.

RAEBURN, Michael e KENDALL, Alan (orgs.). *Heritage of music,* vol. I: *Classical music and its origins.* Oxford, 1989.

———. *Heritage of music,* vol. II: *The Romantic Era.* Oxford, 1989.

———. *Heritage of music,* vol. III: *The nineteenth century legacy.* Oxford, 1990.

RAPHAEL, Gaston. *Le Rhin allemand, Cahiers de la Quinzaine,* 19. Paris, 1903.

RAYNOR, Henry. *A social history of music from the Middle Ages to Beethoven.* Londres, 1972.

REISS, Werner. *Johann Strauss meets Elvis: Musikautomaten aus zwei Jahrhunderten.* Stuttgart, 2003.

RESTLE, Konstantin (org.). *Faszination Klavier: 300 Jahre Pianofortebau in Deutschland.* Munique, 2000.

RINGER, Alexander (org.). *The early Romantic Era between revolutions, 1789 and 1848.* Londres, 1990.

ROSSELLI, John. "From princely service to the open market: Singers of Italian opera and their patrons 1600-1850". *Cambridge Opera Journal* 1, 1 (1989).

————. *Music and musicians in nineteenth century Italy.* Londres, 1991.

RUSSELL, Dave. *Popular music in England, 1840-1914.* Manchester, 1987.

RUST, Frances. *Dance in society: An analysis of the relationship between the social dance and society in England from the Middle Ages to the present day.* Londres, 1969.

SALMEN, Gabriele e SALMEN, Walter. *Musiker im Porträt,* vol. III: *Das 18. Jahrhundert.* Munique, 1983.

SALMEN, Walter. *Johann Friedrich Reichardt: Komponist, Schriftsteller, Kapellmeister und Verwaltungsbeamter der Goethezeit.* Freiburg in Breisgau e Zurique, 1963.

SAMSON, Jim (org.). *The late Romantic Era: From the mid-nineteenth century to the First World War.* Londres, 1991.

————. *The Cambridge history of nineteenth century music.* Cambridge, 2002.

SASSOON, Donald. *The culture of the Europeans from 1800 to the present.* Londres, 2006.

SAVAGE, Jon. *Time travel: Pop, media and sexuality.* Londres, 1996.

SCHLEUNING, Peter. *Das 18. Jahrhundert: Der Bürger erhebt sich.* Hamburgo, 1984.

SCHMIDT-GÖRG, Joseph e SCHMIDT, Hans (orgs.). *Ludwig van Beethoven.* Hamburg, 1969.

SCHNEIDER, L. *Geschichte der Oper und des Koeniglichen Opernhauses in Berlin.* Berlim, 1842.

SCHOLES, Percy A. (org.). *An eighteenth-century musical tour in Central Europe and the Netherlands: Being Dr Charles Burney's account of his musical experiences.* Oxford, 1959.

SCHÖNZELER, Hans-Hubert. *Dvořák.* Londres e Nova York, 1984.

SCHWAB, Heinrich. *Konzert: Öffentliche Musikdarbietung vom 17. bis 19. Jahrhundert.* Leipzig, 1971.

SHAPIRO, Harry. *Waiting for the man: The story of drugs and popular music,* ed. rev. Londres, 1999.

SHAW, George Bernard. "The perfect Wagnerite". Em *Major critical essays,* org. Michael Holroyd. Londres, 1986.

SHEEHAN, James J. *German history 1770-1866.* Oxford, 1989.

SHORE, Michael. *The Rolling Stone book of rock video.* Londres, 1985.

SIMON, Jacob (org.). *Handel: A celebration of his life and times.* Londres, 1985.

SMITH, Richard. *Seduced and abandoned: Essays on gay men and popular music.* Londres, 1995.

SMITH, Ruth. *Handel's oratorio and eighteenth century thought.* Cambridge, 1995.

SOLOMON, Maynard. *Mozart: A life.* Londres, 1995.

SOMFAI, László. *Joseph Haydn: His life in contemporary pictures.* Londres, 1969.

SOUTHERN, Eileen. *The music of black Americans: A history,* 2ª ed. Nova York, 1983.

SPENCER, Stewart (org.). *Wagner remembered.* Londres, 2000.

SPOHR, Louis. *Autobiography.* Londres, 1865.

SPOTTS, Frederic. *Bayreuth: A history of the Wagner Festival.* New Haven e Londres, 1994.

STEINBERG, Michael P. (orgs.). *Beethoven and his world.* Princeton, 2000.

STEINHAUSER, Monika. *Die Architektur der Pariser Oper: Studien zu ihrer Entstehungsgeschichte und ihrer architekturgeschichtlichen Stellung*. Munique, 1969.

STENDHAL. *Vida de Rossini*. São Paulo, Companhia das Letras, 1995.

STOWELL, Robin (org.). *The Cambridge companion to the violin*. Cambridge, 1992.

STRAVÍNSKI, Ígor. *An autobiography*. Londres, 1975.

STRUNK, Oliver (org.). *Source readings in music history*, ed. rev. por Leo Treitler. Nova York e Londres, 1998.

SUGDEN, John. *Niccolò Paganini: Supreme violinist or devils fiddler?*. Neptune City, N.J., 1980.

SYMES, Colin. *Setting the record straight: A material history of classical recording*. Middletown, 2004.

TARUSKIN, Richard. "Musorgsky vs. Musorgsky: The versions of *Boris Godunov*". *Nineteenth Century Music* 8 (1984-5).

———. *Defining Russia musically: Historical and hermeneutical essays*. Princeton, 1997.

———. *The Oxford history of Western music*, 6 vols. Oxford, 2005.

TCHECHIKHIN, Vsiévolod. *Istória rúskoi óperi* (*s 1674 po 1903 g.*), 2ª ed. São Petersburgo, 1905.

TEMPERLEY, Nicholas (org.). *The Blackwell history of music in Britain*, vol. 5: *The Romantic age 1800-1914*. Oxford, 1988.

THOMAS, Tony. *Music for the movies*. Los Angeles, 1997.

THOMPSON, Allison (org.). *Dancing through time: Western social dance in literature, 1400-1918: Selections*. Jefferson, N.C. e Londres, 1998.

TIERSOT, Julien. *Histoire de la Marseillaise*. Paris, 1915.

TRALAGE, J. N. du. *Notes et documents sur l'histoire des théâtres de Paris*. Paris, 1880.

TRYNKA, Paul (org.). *The Beatles: Ten years that shook the world*. Londres, 2004.

TUCKER, Mark (org.). *The Duke Ellington reader*. Nova York, 1993.

TYRRELL, John. *Czech opera*. Cambridge, 1988.

VAN ORDEN, Kate. *Music, discipline and arms in early modern France*. Chicago e Londres, 2005.

VOVELLE, Michel. "La Marseillaise: war or peace". Em *Realms of memory: Constructions of the French past*, org. Pierre Nora, vol. III: *Symbols*. Nova York, 1998.

WAGNER, Richard. *My life*. Cambridge, 1983.

WAKSMAN, Steve. *Instruments of desire: The electric guitar and the shaping of musical experience*. Cambridge, Mass., 1999.

WALKER, Alan. *Franz Liszt: The virtuoso years 1811-1847*, ed. rev. Londres, 1989.

———. *Franz Liszt: The Weimar years 1848-1861*. Londres, 1989.

———. *Franz Liszt: The final years 1861-1886*. Londres, 1997.

WALTER, Friedrich. *Geschichte des Theaters und der Musik am kurpfälzischen Hofe*. Leipzig, 1898.

WARD, Brian. *Just my soul responding: Rhythm and blues, black consciousness and race relations*. Londres, 1998.

WARNER, Timothy. *Pop music: Technology and creativity: Trevor Horn and the digital revolution*. Aldershot, 2003.

WARRACK, John. *Carl Maria von Weber*, 2ª ed. Cambridge, 1976.

WEBER, Max. *The rational and social foundations of music*, org. Don Martin Dale e Johannes Riedel. Carbondale, ilust., 1958.

WEBER, Solveig. *Das Bild Richard Wagners. Ikonographische Bestandsaufnahme eines Künstlerkults*, 2 vols. Mainz, 1993.

WEBER, Wililam. "Learned and general musical taste in eighteenth century France". *Past and Present* 89 (1980).

———. *The rise of musical classics in eighteenth century England*. Oxford, 1992.

———. *Music and the middle class lhe social structure of concert life in London, Paris and Vienna between 1830 and 1848*. Aldershot, 2004.

——— (org). *The musician as entrepreneur 1700-1914: Managers, charlatans and idealists*. Bloomington e Indianapolis, 2004.

WEISS, Piero e TARUSKIN, Richard (orgs.). *Music in the Western World: A history in documents*. Nova York e Londres, 1984.

WELLESZ, Egon e STERNFELD, Frederick (orgs.). *The New Oxford history of music*, vol. VII: *The age of Enlightenment 1745-1790*. Oxford, 1973.

WERNER, Craig. *A change is gonna come: Music, race and the soul of America*. Edimburgo, 1998.

WHEELER, Tom. *The Stratocaster chronicles: Celebrating 50 years of the Fender Strat*. Milwaukee, 2004.

WICKE, Peter. *Rock music: Culture, aesthetics and sociology*. Cambridge, 1990.

WILLIAMS, Adrian (org.). *Portrait of Liszt by himself and his contemporaries*. Oxford, 1990.

WILLIAMS, Chris (org.). *Bob Dylan in his own words*. Londres, 1993.

WOKLER, Robert. *La Querelle des Bouffons and the Italian liberation of France: A study of revolutionary foreplay. Eighteenth-Century Life* 11, 1 (1987).

WOLFF, Christoph. *Johann Sebastian Bach: The learned musician*. Oxford, 2002.

ZASLAW, Neal. *Mozart's symphonies: Context, performance practice, reception*. Oxford, 1989.

——— (org.). *The classical era: From the 1740s to the end of the eighteenth century*. Londres, 1989.

ZEMANOVÁ, Mirka. *Janá ek: A composer's life*. Londres, 2002.

ZÖCHLING, Dieter (org.). *Die Chronik der Oper*. Gütersloh e Munique, 1996.

Notas

INTRODUÇÃO [pp. 15-20]

1. Jorge III subiu ao trono em 1760, mas seu jubileu foi celebrado no início do quinquagési-mo ano de seu reinado. Foi bom que tenha sido assim, pois no ano seguinte ele sucumbiu à de-mência.

2. *The Sunday Times*, 9 de junho de 2002.

3. *The Times*, 6 de junho de 2002.

4. No show foram interpretadas 41 canções, mas apenas uma seleção foi incluída no DVD.

1. PRESTÍGIO [pp. 21-86]

1. Luís II para Richard Wagner após assistir ao ensaio geral de *O anel dos nibelungos* em Bayreuth, em agosto de 1876.

2. Piero Weiss e Richard Taruskin (orgs.), *Music in the Western world: A history in documents* (Nova York e Londres, 1984), pp. 25, 28.

3. Oliver Strunk (org.), *Source readings in music history*, ed. rev. por Leo Treitler (Nova York e Londres, 1998), p. 326.

4. Weiss e Taruskin (orgs.), *Music in the Western world*, p. 108.

5. Citado em H. G. Koenigsberger, "Music and religion in modern European history", em *The diversity of history: Essays in honour of Sir Herbert Butterfield*, org. J. H. Elliott e H. G. Koenigsberger (Londres, 1970), p. 51.

6. Richard Taruskin, *The Oxford history of Western music*, 6 vols., vol. 1: *The earliest notations to the sixteenth century* (Oxford, 2005), pp. 758-60.

7. Parte II, Seção 2, Membro VI, Subseção 3: "Música, um remédio".

8. Jacques Attali, *Noise: The political economy of music* (Manchester, 1985), p. 12. Para outros exemplos da hostilidade muçulmana contra a música e os músicos, ver Hans Engel, *Die Stellung des Musikers im arabisch-islamischen Raum* (Bonn, 1987), pp. 91-101.

9. Livro VIII.

10. Strunk (org.), *Source readings in music history*, p. 142.

11. Alec Harman, "Medieval and Renaissance music", parte 1 de *Man and his music: The story of musical experience in the West*, nova org. de Alec Harrman, Anthony Milner e Wilfrid Mellers (Londres, 1988), p. 12.

12. Christopher Page, "Court and city in France, 1100-1300", em *Man and music: Antiquity and the Middle Ages*, org. James McKinnon (Londres, 1990), pp. 201, 208.

13. Michael Long, "Trecento Italy", em *ibid.*, pp. 254, 262.

14. Patrick Macey, "Josquin des Prez", em *The New Grove dictionary of music and musicians*, 2ª ed., 29 vols., org. Stanley Sadie (Londres, 2001), XIII, pp. 200-6.

15. Weiss e Taruskin (orgs.), *Music in the Western world*, pp. 181-4.

16. Henry Raynor, *A social history of music from the Middle Ages to Beethoven* (Londres, 1972), p. 291.

17. Christoph Wolff, *Johann Sebastian Bach: The learned musician* (Oxford, 2002), p. 184.

18. Raynor, *A social history of music*, p. 292.

19. Thomas Bauman, "Courts and municipalities in North Germany", em *The classical era: From the 1740s to the end of the eighteenth century*, org. Neal Zaslaw (Londres, 1989), p. 242.

20. L. Schneider, *Geschichte der Oper und des Koeniglichen Opernhauses in Berlin* (Berlim, 1842), Beilagen, 17.

21. O. von Riesemann (org.), "Eine Selbstbiographie der Sängerin Gertrud Elizabeth Mara", *Allgemeine Musikalische Zeitung* X (11 de agosto-29 de setembro de 1875), pp. 561, 564, 577.

22. Kurt Blaukopf, *Musik im Wandel der Gesellschaft: Grundzüge der Musiksoziologie* (Munique e Zurique, 1982), p. 118.

23. *Ibid.*

24. Karl Geiringer, *Haydn: A creative life in music* (Londres, 1982), p. 62.

25. H. C. Robbins Landon (org.), *Haydn: Chronicle and works* (5 vols.), vol. I: *The early years 1732-1765* (Londres, 1976-80), pp. 350-2.

26. H. C. Robbins Landon e David Wyn Jones, *Haydn: His life and music* (Londres, 1988), pp. 118-9.

27. Landon e Jones, *Haydn: His life and music*, p. 169. Tampouco o príncipe gostou quando Haydn tentou aprender a tocar o barítono, algo incompatível com seu cargo.

28. Geiringer, *Haydn*, p. 59.

29. Citado em David Andrew Threasher, "Franz Joseph Haydn (1732-1809) Symphonies nos 40-54", no livreto acompanhando as sinfonias de Haydn nos 40-54, pela Orquestra Austro--Húngara, regida por Adam Fischer, vol. 3, Nimbus NI 5530/4 (1997).

30. László Somfai, *Joseph Haydn: Sein Leben in zeitgenössischen Bildern* (Budapeste, 1966), p. 57.

31. Landon (org.), *Haydn: Chronicle and works, II: Haydn at Esterháza 1766-1790*, p. 737.

32. *Ibid.*, pp. 741, 745.

33. Landon e Jones, *Haydn: His life and music*, p. 175.

34. *Ibid.*, p. 180.

35. C. F. Pohl, *Joseph Haydn*, vol. I (Berlim, 1875), p. 112; Landon e Jones, *Haydn: His life and music*, p. 118.

36. Discuti a ascensão da esfera pública em maiores detalhes em "The rise of the public sphere", parte II de *The culture of power and the power of culture: Old Regime Europe 1660-1789* (Oxford, 2002).

37. Donald W. Krummel, "Publishing", em *The new New Grove dictionary of music and musicians*, org. Sadie, XX, p. 366.

38. *Ibid.* Ver também Raynor, *A social history of music*, p. 331.

39. Hans-Martin Fleske, "Breitkopf und Härtel", em *The New Grove dictionary of music and musicians*, org. Sadie, IV, pp. 309-11. Em sua análise da evolução musical na Alemanha no século XVIII, a *Allgemeine Musikalische Zeitung* aclamou Breitkopf como o homem cuja invenção pôs a música ao alcance do homem comum: "Bemerkungen über die Ausbildung der Tonkunst in Deutschland im achtzehnten Jahrhundert", 19 (4 de fevereiro de 1801), p. 324.

40. Landon (org.), *Haydn: Chronicle and works*, I, pp. 591-8.

41. Ulrich Leisinger, "Haydn's keyboard music", no folheto anexo a Christine Schornsheim, *Joseph Haydn, Piano sonatas-complete recording* (Capriccio 49 404).

42. Existe uma boa reprodução em Michael Raeburn e Alan Kendall (orgs.), *Heritage of music*, vol. I: *Classical music and its origins* (Oxford, 1989), p. 297. Também é significativo que o duque optasse por ser retratado segurando uma partitura e apoiado num cravo (ou talvez piano).

43. Landon (org.), *Haydn: Chronicle and works*, II, p. 595.

44. *Ibid.*, p. 596.

45. *Ibid.*, p. 447, n. 5.

46. Derek Beales, "Religion and culture", em *The short Oxford history of Europe: The eighteenth century*, org. T. C. W. Blanning (Oxford, 2000), p. 149.

47. *Ibid.*, p. 368.

48. Donald Burrows, "Handel; his life and work", em *Handel*, org. Simon, p.17.

49. A original se encontra agora no Victoria and Albert Museum. Existe uma boa reprodução em David H. Solkin, *Painting for money: The visual arts and the public sphere in eighteenth--century England* (New Haven, 1993), p. 113.

50. Existe uma boa reprodução em Joseph Burke, *English Art 1714-1800* (Londres, 1976), gravura 50B.

51. John Mainwaring, *Memoirs of the life of the late George Frederic Handel: To which is added, a catalogue of his works, and observations upon them* (Londres, 1760).

52. William Coxe, *Anecdotes of George Frederick Handel and John Christopher Smith* (Londres, 1799), p. 31.

53. Landon e Jones, *Haydn: Chronicle and works*, p. 229.

54. Landon (org.), *Haydn: Chronicle and works*, III, p. 49. A "grande abertura" foi uma sinfonia, provavelmente nº 96.

55. *Ibid.*, p. 56.

56. Landon e Jones, *Haydn: His life and music*, p. 237. Como vimos, é impossível estimar precisamente o salário de Haydn, porque grande parte de sua remuneração era paga em espécie.

57. *Ibid.*, p. 252.

58. As plantas baixas da sala de concertos em Eisenstadt, da sala de música em Esterháza, dos Hanover Square Rooms e da sala de concertos anexa ao King's Theatre no Haymarket encontram-se em Michael Forsyth, *Buildings for music: The architect, the musician, and the listener from the seventeenth century to the present day* (Cambridge, Mass., 1985), p. 39. A sala de música em Esterháza tinha cerca de metade do tamanho dos Hanover Square Rooms.

59. Nota para o volume 10 da gravação das sinfonias de Haydn por Derek Solomons e L'Estro Armonico, CBS Masterworks, M3T 4211. Trompetistas e timpanistas do exército permanente podiam ser acrescentados quando necessário.

60. Para informações sobre o tamanho das orquestras no século XVIII, ver Peter Schleuning, *Das 18. Jahrhundert: Der Bürger erhebt sich* (Hamburgo, 1984), p. 144; e Adam Carse, *The orchestra in the eighteenth century* (Cambridge, 1940), *passim*.

61. Landon e Jones, *Haydn*, p. 271.

62. Landon (org.), *Haydn: Chronicle and works*, I, p. 343.

63. Lázló Somfai, "Haydn at the Esterházy court", em *The Classical Era: From the 1740s to the end of the eighteenth century*, org. Neal Zaslaw (Londres, 1989), p. 268.

64. Especialmente quando executadas por Derek Solomons e L'Estro Armonico, usando instrumentos de época e empregando uma orquestra de tamanho original. Infelizmente, apenas as gravações das sinfonias 26, 48 e 49 foram lançadas em CD, embora muitas outras estivessem disponíveis anteriormente em LP e fita cassete. Vale a pena procurar essas interpretações reveladoras.

65. Landon (org.), *Haydn: Chronicle and works*, V, pp. 360-2.

66. James Webster, "Joseph Haydn", em *The New Grove dictionary of music and musicians*, org. Sadie, XI, p. 190.

67. Giorgio Pestelli, *The age of Mozart and Beethoven* (Cambridge, 1984), p.143.

68. Emily Anderson (org.), *The letters of Mozart and his family*, 3ª ed. (Londres, 1985), pp. 716-7.

69. *Ibid.*, p. 743.

70. Volkmar Braunbehrens, *Mozart in Vienna* (Oxford, 1991), pp.133-9.

71. *Ibid.*, p. 63.

72. Eduard Hanslick, *Geschichte des Concertwesens in Wien*, 2 vols. (Viena, 1869), I, p. 38.

73. Mozart ao pai, 22 de dezembro de 1781, em Anderson (org.), *The letters of Mozart*, p. 789. Também citado em Maynard Solomon, *Mozart: A life* (Londres, 1995), p. 287.

74. Mozart ao pai, 21 de dezembro de 1782, em Anderson (org.), *The letters of Mozart*, p. 832. Também citado em Volkmar Braunbehrens, *Mozart in Vienna* (Oxford, 1991), p. 134.

75. Solomon, *Mozart*, pp. 291-2. Uma lista completa pode ser encontrada em Anderson (org.), *The letters of Mozart*, pp. 870-2. Ver também Neal Zaslaw, *Mozart's symphonies: Context, performance, practice, reception* (Oxford, 1989), p. 376.

76. Braunbehrens, *Mozart in Vienna*, pp. 118-9.

77. *Ibid.*, pp. 141, 363-8.

78. Maynard Solomon, *Mozart: A life* (Londres, 1995), pp. 498-9.

79. H. C. Robbins Landon (org.), *Beethoven: A documentary study* (Londres, 1970), p. 244.

80. Richard Wagner, *My life* (Cambridge, 1983), p. 30.

81. Tilman Seebass, "Lady Music and her protégés: From musical allegory to musicians' portraits", *Musica Disciplina* (1988), p. 24.

82. Ludwig Finscher, Rolf Ketteler e Jörg Jewanski, "Musik und bildende Kunst: Der Komponist als Objekt", *Musik in Geschichte und Gegenwart*, vol. VI, cols. 775-6.

83. Citado em H. C. Robbins Landon e John Julius Norwich, *Five centuries of music in Venice* (Londres, 1991), p. 87.

84. Conrad Freyse, *Bachs Antlitz: Betrachtungen und Erkenntnisse zur Bach-Ikonographie* (Eisenach, 1964), pp. 15-6.

85. Jacob Simon (org.), *Handel: A celebration of his life and times* (Londres, 1985), p. 33.

86. Gabriele Salmen e Walter Salmen, *Musiker im Porträt*, vol. III: *Das 18. Jahrhundert* (Munique, 1983), p. 162.

87. Somfai, *Joseph Haydn: Sein Leben in zeitgenössischen Bildern*, p. 215.

88. Otto Erich Deutsch, *Mozart: A documentary biography* (Stanford, 1965), p. 417; Volkmar Braunbehrens, *Mozart in Vienna* (Oxford, 1991), pp. 418-24.

89. Christopher H. Gibbs, "Performances of grief: Vienna's response to the death of Beethoven", em *Beethoven and his world*, org. Scott Burnham e Michael P. Steinberg (Princeton, 2000), p. 227.

90. Thomas Nipperdey, *Deutsche Geschichte 1800-1866. Bürgerwelt und starker Staat* (Munique, 1983), p. 539.

91. "Wien im April 1827. Beethovens Bestattung", *Berliner Allgemeine Musikalische Zeitung*, org. A. Marx, 1827, nº 21, p. 167.

92. Elliot Forbes (org.), *Thayer's life of Beethoven*, ed. rev. (Princeton, 1969), pp. 1053-5, tem a reprodução mais completa dos relatos da época.

93. Simon (org.), *Handel*, pp. 232-3.

94. Forbes (org.), *Thayer's life of Beethoven*, pp. 170-1.

95. Landon (org.), *Beethoven: A documentary study*, p. 47.

96. Alessandra Comini, *The changing image of Beethoven: A study in mythmaking* (Nova York, 1987), pp. 16-7.

97. Hanslick, *Geschichte des Concertwesens in Wien*, I, p. 38.

98. Cyril Ehrlich, *The piano: A history*, ed. rev. (Oxford, 1990), p. 17.

99. Herbert Schneider, "Die Popularisierung musikdramatischer Gattungen in der Tanzmusik", em *Atti del XIV Congresso della Società Internazionale di Musicologia: Trasmissione e recezione delle forme di cultura musicale*, vol. 1: *Round Tables*, org. Angelo Pompilio *et al.* (Turim, 1990), p. 445.

100. *Allgemeine Musikalische Zeitung* 93 (20 de novembro de 1822), p. 737.

101. Stendhal, *Life of Rossini*, trad. inglesa Richard N. Coe (Londres, 1956), p. 30. [Ed. brasileira: *Vida de Rossini*, São Paulo, Companhia das Letras, 1995.]

102. *Ibid*, p. 407.

103. *Allgemeine Musikalische Zeitung* 94 (22 de novembro de 1820), pp. 746-7.

104. Alice M. Hanson, *Musical life in Biedermeier Vienna* (Cambridge, 1985), pp. 103-4.

105. Forbes (org.), *Thayer's life of Beethoven*, p. 1046.

106. Citado em Hanson, *Musical life in Biedermeier Vienna*, p. 66.

107. *Ibid.*, p. 67.

108. Citado em Paul Johnson, *The birth of the modern: World society 1815-1830* (Londres, 1991), p. 126.

109. Stendhal, *Life of Rossini*, p. 1.

110. Johnson, *The birth of the modern*, p. 128.

111. "Rossini", *The Musical World*, xxv, 2 de setembro de 1836, p. 191.

112. Max Weber, "Politics as a vocation", em *Max Weber: Essays in sociology*, nova ed., orgs. H. H. Gerth e C. Wright Mills (Londres, 1991), pp. 78-9. [Ed. brasileira: "Política como vocação", em *Max Weber: Ensaios de sociologia*, Gerth, H. H. e C. Wright Mills (orgs.), Rio de Janeiro, 1967.]

113. Jean Tulard, *Napoléon ou le mythe du sauveur* (Paris, 1977), p. 150.

114. *Ibid*, p. 107.

115. Heinrich Panofka, "Correspondenz, Paris September 1834 (Paganini)", *Neue Leipziger Zeitschrift für Musik*, I, 53, 2 de outubro de 1834, p. 212.

116. Citado em Edward Neill, "Niccolò Paganini", em *The New Grove dictionary of music and musicians*, org. Sadie, XVIII, p. 890.

117. John Sugden, *Niccolò Paganini: Supreme violinist or devil's fiddler?* (Neptune City, N. J., 1980), p. 80.

118. Alan Walker, *Franz Liszt: The virtuoso years 1811-1847*, ed. rev. (Londres, 1989), p. 168.

119. Joseph-Marc Bailbé *et al.* (orgs.), *La musique en France à l'époque romantique* (*1830-1870*) (Paris, 1991), p. 203.

120. Citado em James H. Johnson, *Listening in Paris: A cultural history* (Berkeley e Los Angeles, 1995), p. 267.

121. Sugden, *Niccolò Paganini*, p. 42.

122. Para Eckermann, citado em *ibid.*, p. 43.

123. Michael Raeburn e Alan Kendall (orgs.), *Heritage of music*, vol. II: *The romantic era* (Oxford, 1989), p. 180.

124. Citado em Bailbé, *La musique en France à l'époque romantique*, p. 202.

125. Paul Smith, "Niccolò Paganini", *Revue et Gazette musicale de Paris*, 18, 50 (14 de dezembro de 1851), p. 404.

126. Frederic Ewen (org.), *The poetry and prose of Heinrich Heine* (Nova York, 1948), pp. 620-1.

127. Adrian Williams (org.), *Portrait of Liszt by himself and his contemporaries* (Oxford, 1990), p. 51. Liszt equivocadamente atribuiu estas palavras a Michelangelo.

128. *Ibid.*, p. 17.

129. *Ibid.*, p. 41.

130. *Ibid.*, pp. 49, 84, 123, 146.

131. Walker, *Franz Liszt: The virtuoso years 1811-1847*, p. 374.

132. Williams (org.), *Portrait of Liszt*, p. 189.

133. Walker, *Franz Liszt: The virtuoso years 1811-1847*, p. 288.

134. *Ibid.*, p. 221.

135. *Ibid.*, p. 146.

136. *Ibid.*, p. 289. Certa vez eu próprio empreguei uma variação dessa tática numa conferência no Instituto Histórico Alemão em Paris, com resultados igualmente gratificantes.

137. Williams (org.), *Portrait of Liszt*, p. 102. Este comentário foi feito pelo diplomata Philipp von Neuman após testemunhar a atitude relaxada de Liszt em visita à princesa Metternich, esposa do chanceler austríaco.

138. *Ibid.*, p. 106.

139. Walker, *Franz Liszt: The virtuoso years 1811-1847*, p. 149.

140. *Ibid.*, pp. 190-7.

141. Ewen (org.), *The poetry and prose of Heinrich Heine*, p. 634.

142. *Ibid.*, p. 135.

143. Ernst Burger, *Franz Liszt: A chronicle of his life in pictures and documents* (Princeton, 1989), p. 160. Muitos outros bons exemplos se encontram nesse excelente volume.

144. Williams (org.), *Portrait of Liszt*, pp. 440, 442.

145. Walker, *Franz Liszt: The virtuoso years 1811-1847*, p. 287.

146. Citado em John Deathridge e Carl Dahlhaus, *The New Grove Wagner* (Londres, 1984), p. 60.

147. Citado em Frederic Spotts, *Bayreuth: A history of the Wagner Festival* (New Haven e Londres, 1994), p. 68.

148. Barry Millington, *Wagner* (Londres, 1984), p. 94.

149. *L'Art musical*, 15, 33 (17 de agosto de 1876), p. 263.

150. Citado em Alan Walker, *Franz Liszt: The final years 1861-1886* (Londres, 1997), p. 351.

151. Bryan Magee, *Aspects of Wagner*, ed. rev. (Oxford, 1988), p. 33.

152. Solveig Weber, *Das Bild Richard Wagners: Ikonographische Bestandsaufnahme eines Künstlerkults*, 2 vols. (Mainz, 1993).

153. Citado em Nicholas Cook, *Music: A very short introduction* (Oxford, 1998), p. 37.

154. Hanslick, *Geschichte des Concertwesens in Wien*, p. 62.

155. *The Oxford English dictionary*, 2ª ed., vol. III, orgs. J. A. Simpson e E. S. C. Weiner (Oxford, 1989), p. 693.

156. David Cairns (org.), *The memoirs of Hector Berlioz* (Londres, 1969), p.196.

157. Leon Botstein, "Conducting", em *The New Grove dictionary of music and musicians*, org. Sadie, VI, pp. 264-70.

158. Hans Erismann, *Richard Wagner in Zürich* (Zurique, 1987), p. 61.

159. Stewart Spencer (org.), *Wagner remembered* (Londres, 2000), p. 222.

160. Erismann, *Richard Wagner in Zürich*, p. 62.

161. "'Bem, eu gostaria de ser *um pouquinho* maior, se a senhora quer saber', disse Alice, 'oito centímetros é uma altura tão insignificante!' 'É uma altura muito boa, ora essa!', disse a Lagarta encolerizada, erguendo-se ao falar (ela tinha exatamente oito centímetros de altura)." Lewis Carroll, *Alice no país das maravilhas*. [Tradução de Sebastião Uchoa Leite, em *Aventuras de Alice no país das maravilhas e através do espelho e o que Alice encontrou lá*, Rio de Janeiro/ São Paulo, Fontana/ Summus, 1977.]

162. Stewart Spencer (org.), *Wagner remembered*, p. 91. Sir Adrian Boult, quando lhe perguntaram por que não regia sem partitura como Karajan e outros astros, respondeu: "Ao contrário deles, eu sei lê-la".

163. Alan Walker, *Franz Liszt: The Weimar years 1848-1861* (Londres, 1989), p. 261 n. 101.

164. <http://en.wikipedia.org/wikilThe_Three_Tenors>.

165. Bruce Carr, "Theatre music: 1800-34", em *The Blackwell history of music in Britain*, vol. 5: *The Romantic age 1800-1914*, org. Nicholas Temperley (Oxford, 1988), p. 291.

166. John Harris, "Poll position", em *The Beatles: Ten years that shook the world*, org. Paul Trynka (Londres, 2004), p. 109.

167. Paul Johnson, "The menace of Beatlism", *New Statesman* (28 de fevereiro de 1964), reproduzido em *The Faber book of pop*, orgs. Hanif Kureishi e Jon Savage (Londres, 1995), pp. 195-8; Hunter Davies, *The Beatles: The authorised biography* (Londres, 1968), p. 212.

168. George Melly, *Revolt into style: The pop arts in the 50s and 60s* (Oxford, 1989), p. 82.

169. Podemos supor que nessa ocasião sir Paul não tenha fumado maconha num toalete do palácio, como teria feito em 1965.

170. John Harris, *The last party: Britpop, Blair and the demise of English rock* (Londres e Nova York, 2003), p. XIII.

171. *Ibid.*, p. 156.

172. *Ibid.*, p. 345.

173. *Ibid.*, p. 357.

174. *Ibid.*, p. 356.

175. Miranda Sawyer, "Police, nudity, furious punters and taking out U2", *The Guardian*, 6 de maio de 2005.

176. *New Musical Express*, 5 de julho de 2006.

177. <http://en.wikipedia.org/wiki/Do_They_Know_It's_Christmas>.

178. Peter Wicke, *Rock music: Culture, aesthetics and sociology* (Cambridge, 1990), p. VIII; <http://en.wikipedia.org/wiki/Live_Aid>.

179. Paul Vallely, "Can rock stars change the world?", *The Independent*, 16 de maio de 2006, p. 43.

180. <http://en.wikipedia.org/wiki/Live_8>.

181. Paul Vallely, "The missionary", *The Independent*, 13 de maio de 2006, p. 41.

182. Anthony Barnes, "Arise Sir Bono!", *ibid.*, 24 de dezembro de 2006, p. 3.

183. Vallely, "The missionary", p. 41.

2. PROPÓSITO [pp. 87-136]

1. David Charlton (org.), *E. T. A. Hoffmann's musical writings: Kreisleriana, the poet and the composer, music criticism* (Cambridge, 1989), p. 96. Cf. a crença de Lamartine de que a música é a literatura do coração, retomando a comunicação onde as palavras cessam. Citado em L. M. Gottschalk, "La musique, le piano et les pianistes", *La France Musicale*, 24, 45 (4 de novembro de 1860), p. 433.

2. Este argumento é desenvolvido com muito mais profundidade e detalhes em Paul Bekker, *Das deutsche Musikleben* (Berlim, 1919), um clássico da musicologia. Ver especialmente pp. 3-20.

3. Werner Sombart, *Luxury and capitalism* (Ann Arbor, 1967), p. 72.

4. Jean-François Solnon, *La cour de France* (Paris, 1987), p. 363.

5. John Adamson, "The making of the Ancien Régime court 1500-1700", em *The princely courts of Europe*, org. John Adamson (Londres, 1999), pp. 15-7.

6. Peter Burke, *The fabrication of Louis XIV* (New Haven, 1992), p. 65. [Ed. brasileira: *A fabricação do rei: A construção da imagem pública de Luís XIV*, Rio de Janeiro, Zahar, 1994.]

7. Elizabeth Hyde, *Cultivated power: Flowers, culture and politics in the reign of Louis* XIV (Filadélfia, 2005), *passim*. Em apenas quatro anos, o berçário de plantas real de Paris (um dentre muitos) forneceu 18 milhões de tulipas e outros bulbos; *ibid.*, p. 160.

8. Antoine Schnapper, "The king of France as collector in the seventeenth century", em *Art and history: Images and their meaning*, org. Robert I. Rotberg e Theodore K. Rabb (Cambridge, 1988), p. 195.

9. Rebecca Harris-Warrick, "Magnificence in motion: stage musicians in Lully's ballets and operas", *Cambridge Opera Journal* 6, 3 (1994), p. 195.

10. Citado em Rudolf Braun e David Guggerli, *Macht des Tanzes — Tanz der Mächtigen. Hoffeste und Herrschaftszeremoniell 1550-1914* (Munique, 1993), pp. 123-4.

11. Solnon, *La cour de France*, p. 408.

12. Michel Antoine, *Louis XV* (Paris, 1989), p. 147.

13. Braun e Guggerli, *Macht des Tanzes — Tanz der Mächtigen*, p. 145.

14. Solnon, *La cour de France*, p. 411.

15. *Ibid.*, p. 412.

16. Robert M. Isherwood, *Music in the service of the king: France in the seventeenth century* (Ithaca e Londres, 1973), pp. 133-4.

17. Donald Jay Grout, "Some forerunners of the Lully opera", *Music and Lettters* 22 (1941), p. 1.

18. Existe uma excelente síntese da tradição operística de Lully em Cynthia Verba, *Music and the French Enlightenment: Reconstruction of a dialogue 1750-1764* (Oxford, 1993), pp. 12-3.

19. James R. Anthony, "Jean-Baptiste Lully", em *The New Grove dictionary of music and musicians*, 20 vols., org. Stanley Sadie (Londres, 1980), XI, p. 317.

20. Neal Zaslaw, "Lully's orchestra", em *Jean-Baptiste Lully. Actes du Collloque/Kongressbericht Saint-Germain-en-Laye — Heidelberg 1987*, orgs. Jérome de La Gorce e Herbert Schneider (Laaber, 1990), Neue Heidelberger Studien zur Musikwissenschaft, vol. 18, p. 540.

21. Henry Prunières, *La vie illustre et libertine de Jean-Baptiste Lully* (Paris, 1929), pp. 221-7.

22. Solnon, *La cour de France*, p. 411; Anthony, "Jean-Baptiste Lully", p. 315.

23. James R. Anthony, "Michel-Richard Delalande", em *The New Grove dictionary of music and musicians*, org. Sadie, XIV, pp. 139-40.

24. Jean-Marie Apostolides, *Le roi-machine: Spectacle et politique au temps de Louis XIV* (Paris, 1981), pp. 30-1.

25. Nicole Ferrier-Caverivière, *L'image de Louis XIV dans la littérature française de 1660 à 1715* (Paris, 1981), p. 371, n. 71.

26. Alain Rey, "Linguistic absolutism", em *A new history of French literature*, org. Denis Hollier (Cambridge, Mass., 1989), p. 12.

27. Uma ária *da capo* (literalmente, "desde o começo") é composta de três partes, a terceira

sendo uma repetição da primeira e a segunda apresentando um contraste no tempo e geralmente na melodia.

28. Dennis Libby, "Italy: two opera centres", em *The classical era: From the 1740s to the end of the eighteenth century*, org. Neal Zaslaw (Londres, 1989), pp. 17-8; Egon Wellesz e Frederick Sternfeld, *The new Oxford history of music*, vol. VII: *The age of Enlightenment 1745-1790* (Oxford, 1973), p. 8.

29. *Ibid.*, p. 30.

30. Stefan Kunze, "Die opera seria und ihr Zeitalter", em *Colloquium "Johann Adolf Hasse und die Musik seiner Zeit"*, org. Friedrich Lippman (Siena, 1983), Veröffentlichungen der musikgeschichtlichen *Abteilung des Deutschen Historischen Instituts in Rom* (n. l., 1987), pp. 5-8.

31. *Ibid.*, p. 222.

32. Friedrich Walter, *Geschichte des Theaters und der Musik am kurpfälzischen Hofe* (Leipzig, 1898), p. 99.

33. Percy A. Scholes (org.), *An eighteenth-century musical tour in Central Europe and the Netherlands: Being Dr Charles Burney's account of his musical experiences* (Oxford, 1959), p. 38.

34. Peter Schleuning, *Das 18. Jahrhundert: Der Bürger erhebt sich* (Hamburgo, 1984), p. 62.

35. E. E. Helm, *Music at the court of Frederick the Great* (Norman, 1960), p. 71.

36. John A. Rice, *W. A. Mozart, La Clemenza di Tito* (Cambridge, 1991), p. 45.

37. Ruth Smith, *Handel's oratorio and eighteenth century thought* (Cambridge, 1995), p. 170.

38. Jean-Marie Duhamel, *La musique dans la ville de Lully à Rameau* (Lille, 1994), p. 67.

39. Até recentemente se acreditava que a obra tivesse estreado em 1729.

40. Hans T. David e Arthur Mendel (orgs.), *The new Bach reader: A life of Johann Sebastian Bach in letters and documents* (Nova York e Londres, 1998), p. 327.

41. O site dedicado à música vocal de Bach lista 117 gravações completas, vinte delas depois de 2000. <http://www.bach-cantatas.com/IndexVocal. htm#BWV244>.

42. *The Dublin Journal*, 10 de abril de 1742, citado em Donald Burrows, *Handel: Messiah* (Cambridge, 1991), p. 18.

43. *Ibid.*, pp. 47-9. Na verdade ele nasceu em 1685.

44. Eduard Hanslick, *Geschichte des Concertwesens in Wien*, 2 vols. (Viena, 1869), vol. I, p. IX.

45. Hugh Arthur Scott, "London's earliest public concerts", *Musical Quarterly* 22 (1936), p. 454. A definição de concerto foi extraída de Heinrich Schwab, *Konzert: Öffentliche Musikdarbietung vom 17. bis 19. Jahrhundert* (Leipzig, 1971), p. 6.

46. Michel Brenet, *Les concerts en France sous l'ancien régime* (Paris, 1900; reedição Nova York, 1970), p. 119; Hanslick, *Geschichte des Concertwesens in Wien*, I, p. XIV.

47. Brenet, *Les concerts en France sous l'ancien régime*, p. 117.

48. Karl Czok, "Zur Leipziger Kulturgeschichte des 18. Jahrhunderts", em *Johann Sebastian Bach und die Aufklärung*, org. Reinhard Szekus (Leipzig, 1982), p. 26.

49. Alfred Dörffel, *Geschichte der Gewandhausconcerte zu Leipzig vom 25. November 1791 bis 25. November 1881* (Leipzig, 1884), p. 3.

50. Horst Thieme (org.), *Leipzig: Streifzüge durch die Kulturgeschichte*, 2ª ed. (Leipzig, 1990), p. 198.

51. Dörffel, *Geschichte der Gewandhausconcerte*, pp. 19-20.

52. Roger North, *Memoires of musick being some historico-criticall collecctions of that subject* (1728), org. Edward F. Rimbault (Londres, 1846), p. 117.

53. Simon McVeigh, *Concert life in London from Mozart to Haydn* (Cambridge, 1993), pp. 6, 53, escreveu: "Não se deve pensar que os modos de organização comerciais [...] implicassem uma liderança cultural burguesa. [...] O gosto musical moderno foi sem dúvida formado por patrocinadores aristocráticos na parte elegante da cidade" e "A vida de concerto moderna não foi uma criação burguesa e só se expandiu à cidade numa imitação posterior, da mesma forma como a burguesia adquiriu requinte em forma de pianos e aulas de piano para as filhas".

54. Goethe à mãe, 11 de agosto de 1785; *Goethes Werke*, hrsg. im Auftrage der Gro herzogin Sophie von Sachsen, 133 vols. (Weimar, 1887-1912), v, pp. 178-81.

55. Discuti essa questão em grande detalhe em *The culture of power and the power of culture: Old Regime Europe 1660-1789* (Oxford, 2002), pp.161-80.

56. John Rosselli, "From princely service to the open market: Singers of Italian opera and their patrons 1600-1850", *Cambridge Opera Journal* 1, 1 (1989), p. 12.

57. J. N. du Tralage, *Notes et documents sur l'histoire des théâtres de Paris* (Paris, 1880), pp. 85-7.

58. James H. Johnson, *Listening in Paris: A cultural history* (Berkeley e Los Angeles, 1995), p. 24.

59. *Ibid.*, p. 30.

60. Frances Burney, *Evelina, or The history of a young lady's entrance into the world*, org. Margaret Anne Doody (Londres, 1994), p. 116.

61. Citado em Anna Verena Westermayr, "The 1784 Handel Commemoration: The conduct and interpretation of a spectacle" (tese de mestrado inédita, Universidade de Cambridge, 1996), p. 42. É provável que a prática de se levantar tenha sido iniciada por Jorge II na primeira apresentação em Londres em 1743: Richard Luckett, *Handel's Messiah: A celebration* (Londres, 1992), p. 175.

62. Richard Scheel, "Feste und Festspiele", em *Die Musik in Geschichte und Gegenwart*, org. Ludwig Finscher, vol. IV (Kassel e Basileia, 1955), p. 108.

63. William Weber, *The rise of musical classics in eighteenth century England* (Oxford, 1992), p.142.

64. "Die Begründung der teutschen Musikfeste", *Allgemeine Musikalische Zeitung*, XXXVIII, 17 (1836), p. 266.

65. Edward Dent, *The rise of romantic opera*, org. Winton Dean (Cambridge, 1976), p. 184.

66. Jean-Jacques Rousseau, *The confessions*, org. J. M. Cohen (Londres, 1953), p. 321.

67. Maurice Tourneux (org.), *Correspondance littéraire, philosophique et critique par Grimm, Diderot, Raynal, Meister, etc.*, vol. II (Paris, 1877), p. 312; *Journal et mémoires du marquis d'Argenson*, org. E. J. B. Rathery, vol. VIII (Paris, 1867), pp. 13, 20.

68. Citado em William Weber, "Learned and general musical taste in eighteenth century France", *Past and Present* 89 (1980), p. 73; e Duhamel, *La musique dans la ville*, p. 47, respectivamente.

69. Rousseau, *The confessions*, p. 180.

70. *Ibid.*, p. 327.

71. Jean-Jacques Rousseau, *The discourses and other early political writtings*, org. Victor Gourevitch (Cambridge, 1997), p. 6.

72. *Ibid.*, p. 16.

73. Maurice Cranston, *Jean-Jacques: The early life and works of Jean-Jacques Rousseau 1712-1754* (Harmondsworth, 1987), p. 232.

74. Rousseau, *The confessions*, p. 17.

75. *Ibid.*, p. 262.

76. *Ibid.*, p. 190.

77. *Ibid.*, p. 354.

78. Raymond Trousson, "J.-J. Rousseau et son oeuvre dans la presse périodique allemande de 1750 à 1800", *Dix-huitième Siècle* 1 (1969), pp. 289-306.

79. Christian Daniel Schubart, *Deutsche Chronik* xxII (5 de dezembro de 1774), p. 574.

80. Johann Georg Meusel, "Ueber das Kunstgefühl: Ursachen seines Mangels und seiner Verstimmung", *Miscellaneen artistischen Inhalts* (1780), III, p. 11.

81. Citado em W. D. Robson-Scott, *The literary background of the Gothic Revival in Germany* (Oxford, 1965), p. 59; e Isaiah Berlin, *Against the currrent: Essays in the history of ideas* (Londres, 1979), p. 10.

82. Hans Günter Ottenberg (org.), *Der Critische Musicus an der Spree: Berliner Musikschrifttum von 1748 his 1799* (Leipzig, 1984), p. 15.

83. David Charlton (org.), *E. T. A. Hoffmann's musical writings*, p. 96. Ele acrescentou: "a música revela ao homem um domínio desconhecido, um mundo totalmente distinto do mundo sensorial externo que o cerca, um mundo onde ele abandona todos os sentimentos precisos para abraçar um anseio inexpressível".

84. John Neubauer, *The emancipation of music from language: Departure from mimesis in eighteenth century aesthetics* (New Haven e Londres, 1986), p. 5.

85. M. H. Abrams, *The mirror and the lamp: Romantic theory and the critical tradition* (Oxford, 1953), p. 23.

86. Citado em *ibid.*, pp. 21, 48.

87. Edward Young, *Conjectures on original composition, in a letter to the author of Sir Charles Grandison* (Londres, 1759), pp. 26-7.

88. *Ibid.*, p. 28.

89. Robson-Scott, *The literary background of the Gothic Revival in Germany*, p. 58.

90. Herbert Dieckmann, "Diderot's conception of genius", *Journal of the History of Ideas* 2, 2 (1941), p. 151.

91. Edward E. Lowinsky, "Musical genius: evolution and origins of a concept", *Musical Quarterly* 50 (1964), p. 326.

92. Johann Wolfgang von Goethe, *Dichtung und Wahrheit*, pt. 2, bk. 8.

93. L. D. Ettlinger, "Winckelmann", em *The age of Neo-classicism*, The Fourteenth Exhibition of the Council of Europe (Londres, 1972), pp. xxxIII-IV.

94. James J. Sheehan, *German history 1770-1866* (Oxford, 1989), p. 329.

95. Gerhard von Breuning, *Memories of Beethoven: From the House of the Black-robed Spaniards*, org. Maynard Solomon (Cambridge, 1992), pp.109-10. Existem várias versões ligeira-mente diferentes. Esta parece a mais confiável, pois Breuning registrou que as linhas foram ano-

tadas "conforme Grillparzer as transmitiu ao meu pai a seu pedido pessoal e conforme as copiei sem mais demora".

96. Por exemplo, sua carta para Vocke de 22 de maio de 1793, reproduzida em Donald W. MacArdle e Ludwig Misch (orgs.), *New Beethoven letters* (Norman, Okla., 1957), p. 6, em que ele cita uma passagem de *Don Carlos*, de Schiller.

97. Joseph Kerman e Alan Tyson, *The New Grove Beethoven* (Londres, 1983), pp. 53, 76-7.

98. Citado em Maynard Solomon, *Beethoven* (Londres, 1977), p. 316. Ajustei a tradução de "Wissenschaft" de "ciência" para "erudição", já que "ciência" tem conotações de "ciências naturais", que Beethoven certamente não visava.

99. Paul Johnson, *The birth of the modern: World society 1815-1830* (Londres, 1991), p. 125.

100. "O Testamento de Heiligenstadt" foi reproduzido várias vezes, por exemplo, em H. C. Robbins Landon, *Beethoven: A documentary study* (Londres, 1975), p. 86.

101. *Ibid.*, p. 97.

102. *Ibid.*, p. 94.

103. Walther Brauneis, "'Composta per festeggiare il sovvenire di un grand uomo': Beethovens *Eroica* als Hommage des Fürsten Franz Joseph Maximilian von Lobkowitz für Louis Ferdinand von Preu en", *Österreichische Musikzeitschrift* 12 (1998), p. 7.

104. Alan Walker, *Franz Liszt: The virtuoso years 1811-1847*, ed. rev. (Londres, 1989), p. 417.

105. Norbert Stich, "String quartets. String quintet", em Ludwig van Beethoven, orgs. Joseph Schmidt-Görg e Hans Schmidt (Hamburgo, 1969), p. 105.

106. Walker, *Franz Liszt: The virtuoso years*, p. 227.

107. Franz Liszt, "Lettre d'un bachelier ès musique", *Revue et Gazette Musicale de Paris*, IV, 29 (16 de julho de 1837), pp. 239-41.

108. Hugh Arthur Scott, "London concerts from 1700 to 1750", *Musical Quarterly* 24 (1938), pp. 201-2.

109. Thomas Nipperdey, *Wie das Bürgertum die Moderne fand* (Berlim, 1988), p. 35.

110. Citado em T. C. W. Blanning, "The commercialisation and sacralisation of culture", em *The Oxford illustrated history of Modern Europe*, org. T. C. W. Blanning (Oxford, 1996), p. 135.

111. Alan Walker, *Franz Liszt: The Weimar years 1848-1861* (Londres, 1989), pp. 272-3.

112. Jacob Grimm e Wilhelm Grimm, "Philister", em *Deutsches Wörterbuch*, vol. 7 (Leipzig, 1889), col. 1826.

113. Por exemplo, "Bemerkungen über die Ausbildung der Tonkunst in Deutschland im 18ten Jahrhundert", *Allgemeine Musikalische Zeitung* 19 (4 de fevereiro de 1801), p. 322; "Andeutungen über Kunst, Dilettantism und Kritik", *Allgemeine Musikalische Zeitung mit besonderer Rücksicht auf den österreichischen Kaiserstaat* 19 (4 de setembro de 1819), p. 565; *Berliner Allgemeine Musikaalische Zeitung* 24 (14 de junho de 1826), p. 187; "Jetziger Zustand der Musik in Berlin", *Neue Leipziger Zeitschrift für Musik* I, 34 (28 de julho de 1834), p. 136.

114. Joseph d'Ortigue, "Des sociétés philharmoniques dans le Midi de la France", *Gazette Musicale de Paris* I, 48 (30 de novembro de 1824), p. 383.

115. Uma expressão útil inventada por Klaus Lankheit. Ele a estava empregando em refe-

rência às artes visuais, mas ela se aplica igualmente à música. Klaus Lankheit, *Revolution und restauration* (Baden-Baden, 1965), p. 9.

116. Franz Liszt, "De la situation des artistes et de leur condition dans la societé", *Gazette Musicale de Paris* II, 19 (10 de maio de 1835); 20 (17 de maio de 1835); 30 (26 de julho de 1835); 35 (30 de agosto de 1835); 41 (11 de outubro de 1835).

117. Liszt, "Lettre d'un bachelier ès musique", pp. 239-41.

118. Citado em Alan Walker, *Franz Liszt: The final years 1861-1886* (Londres, 1997), p. 354.

119. Adrian Williams (org.), *Portrait of Liszt by himself and his contemporaries* (Oxford, 1990), pp. 197, 424.

120. Richard Wagner, *My life* (Cambridge, 1983), trad. inglesa Andrew Gray, org. Mary Whittall, p. 499. Esta é de longe a melhor tradução inglesa disponível, mas infelizmente não tem índice remissivo.

121. *Tristão e Isolda*, segundo ato.

122. Citado em Robert W. Gutman, *Richard Wagner: The man, his mind and his music* (Londres, 1968), p. 20.

123. Richard Wagner, *Sämtliche Schriften und Dichtungen*, 5ª ed., 12 vols. (Leipzig, s.d.), vol. III, p. 38.

124. Citado em Herbert Barth, Dietrich Mack e Egon Voss (orgs.), *Wagner: A documentary study* (Londres, 1975), p. 199.

125. Um bom relato dos estágios iniciais do Festival de Bayreuth se encontra em Frederic Spotts, *Bayreuth: A history of the Wagner Festival* (New Haven e Londres, 1994), cap. 1.

126. Para duas análises especialmente perspicazes de *O anel*, ver Deryck Cooke, *I saw the world end: A study of Wagner's Ring* (Londres, 1979); e Mark Berry, *Treacherous bonds and laughing fire: Politics and religion in Wagner's Ring* (Aldershot, 2005).

127. Williams (org.), *Portrait of Liszt*, p. 614.

128. Verena Naegele, *Parsifals Mission: Der Einflu Richard Wagners auf Ludwig II. und seine Politik* (Colônia, 1995), pp. 27-8.

129. Udo Bermbach, "Liturgietransfer: Über einen Aspekt des Zusammennhangs von Richard Wagner mit Hitler und dem Dritten Reich", em *Richard Wagner im Dritten Reich*, orgs. Saul Friedländer e Jörn Rüsen (Munique, 2000), pp. 43-5. Bermbach escreve com uma visão e persuasão especiais sobre Wagner; é lamentável que tão pouco de sua obra esteja disponível aos leitores anglófonos.

130. Bryan Magee, *Wagner and philosophy* (Londres, 2000), p. 129.

131. Wagner, *My life*, p. 510.

132. Bryan Magee, *The philosophy of Schopenhauer* (Oxford, 1983), pp. 348-9. O volume contém um ensaio separado substancial intitulado "Schopenhauer and Wagner".

133. *Ibid.*, p. 349.

134. Citado em Barth, Mack e Voss (orgs.), *Wagner: A documentary study*, p. 241.

135. Citado em Friedrich Dieckmann, *Richard Wagner in Venedig* (Leipzig, 1983), p. 214.

136. Citado em Constantin Floros, "Studien zur *Parsifal*-Rezeption", em *Richard Wagner, Parsifal, Musik-Konzepte*, vol. 5, orgs. Heinz-Klaus Metzger e Rainer Riehn (Munique, 1982), p. 15.

137. Embora este seja o número normalmente citado, Mozart compôs muitas outras. A

gravação das sinfonias pela Academy of Ancient Music dirigida por Christopher Hogwood inclui as 41 sinfonias mais 27 outras obras sinfônicas em dezenove CDs: Éditions de Oiseau-Lyre, 452 496-62.

138. Heinz Becker, "Johannes Brahms", em *The nineteenth century legacy*, orgs. Michael Raeburn e Alan Kendall (Oxford, 1990), p. 196.

139. Em carta aos membros da associação musical na ilha de Rügen: H. C. Robbins Landon, *Haydn: Chronicle and works*, vol. V: *Haydn: The late years* (Londres, 1977), p. 233.

140. *The Musical World* XIX, 36 (5 de setembro de 1844), p. 291; Williams (org.), *Portrait of Liszt*, p. 224.

141. Weber, *The rise of musical classics in eighteenth century England*, p. 6.

142. McVeigh, *Concert life in London from Mozart to Haydn*, pp. 21-4.

143. Ígor Stravínski, *An autobiography* (Londres, 1975; publicado originalmente em francês em 1935), p. 115.

144. *Ibid.*, pp. 53-4.

145. *Ibid.*, p. 20.

146. *Ibid.*, p. 175.

147. *A love supreme* está atualmente disponível em CD (Impulse, 0602498840139) e também em edição de luxo que inclui uma gravação da única interpretação ao vivo conhecida. Em ambos os casos, as informações sobre a gravação original estão incluídas.

148. Citado em Bryan Priestley, *John Coltrane* (Londres, 1987), p. 52.

149. Citado em Ashley Kahn, *A love supreme: The creation of John Coltrane's classic album* (Londres, 2002), p. xv.

150. Citado em Lewis Porter, *John Coltrane: His life and music* (Ann Arbor, 1998), p. 232.

151. *Ibid.*, p. 231.

152. *Ibid.*

153. Citado em Kahn, *A love supreme*, p. XXII. Claro que nem todos concordaram. Quando Coltrane morreu em 1967, Philip Larkin escreveu um obituário tão injurioso para o *Daily Telegraph* que não pôde ser publicado na época: "grunhir e balbuciar por dezesseis compassos não é nada; Coltrane conseguiu fazê-lo por dezesseis minutos, induzindo o ouvinte a uma espécie de estado hipnótico em que ele lia e relia as informações do encarte e acreditava não que estivesse se divertindo, mas que estivesse ouvindo algo significativo. [...] Lamento a morte de Coltrane, como lamento a morte de qualquer homem, mas não posso esconder o fato de que ela deixa no jazz um vasto e abençoado silêncio". Citado em Mervyn Cooke, *Jazz* (Londres, 1998), p.152.

154. *Ibid.*, p. 171.

155. Tony Palmer, *All you need is love: The story of popular music* (Londres, 1976), p. 249.

156. Dave Marsh, "Eric Clapton", em *The Rolling Stone illustrated history of rock 'n' roll*, orgs. Anthony DeCurtis e James Henke (Londres, 1992), p. 407.

157. Existe uma discussão reveladora do endeusamento de Clapton entre dois antigos membros dos Yardbirds na série da BBC "Dancing in the streets" no episódio intitulado "Crossroads" antes disponível em vídeo — BBCV 5896 —, mas infelizmente não mais comercializado.

158. Rupert Steiner, "Rock star rolls in Ferrari", *The Sunday Times* (23 de fevereiro de 2003). Esse artigo foi publicado depois que Clapton recebeu seu novo Ferrari Enzo de 400 mil libras da

fábrica em Maranello. Steiner também informou que no ano financeiro de 1999-2000 sua empresa Marshbrook lhe pagara 8,8 milhões de libras; que sua renda total declarada nos últimos dez anos chegava a 67 milhões de libras; e que os sessenta concertos realizados em 2002 haviam rendido 28 milhões de libras brutas.

159. Bob Dylan, *Chronicles*, vol. I (Nova York, 2004), p. 51. Como indica essa efusão tipicamente romântica, a afirmação de Robert Pattison de que o "romantismo do século XIX sobrevive na cultura de massa do século XX e os Sex Pistols vieram a realizar a profecia de Shelley" não é tão absurda quanto se afigura. Robert Pattison, *The triumph of vulgarity: Rock music in the mirror of romanticism* (Oxford, 1987), p. XI.

160. Chris Williams (org.), *Bob Dylan in his own words* (Londres, 1993), p. 30.

161. James Miller, *"Flowers in the dustbin": The rise of rock and roll 1947-1977* (Nova York, 1999), pp. 227-8. Cf. George Melly em texto de 1970: "Eu agora desconfio que foi Bob Dylan que assegurou a libertação da prisão do pop comercial [dos Beatles]... Eles simplesmente seguiram o exemplo dele, confiando em suas próprias lembranças e sensações como a fonte de sua música. Foi, porém, ao seu *próprio* passado que se voltaram". George Melly, *Revolt into style: The pop arts in the 50s and 60s* (Oxford, 1989), p. 85.

162. Harry Shapiro, *Waiting for the man: The story of drugs and popular music*, ed. rev. (Londres, 1999), pp. 116-7.

163. Outra adaptação possível da máxima de Marx adequada ao mundo moderno é: "Os entorpecentes são o ópio do povo".

3. LUGARES E ESPAÇOS [pp. 137-87]

1. Hellmut Lorenz (org.), *Geschichte der bildenden Kunst in Österreich*, vol. 4: *Barock* (Munique, 1999), p. 260. Existem excelentes ilustrações do exterior e interior respectivamente nas pp. 88 e 116.

2. Hans Sedlymayr, "Die Schauseite der Karlskirche in Wien", em *Kunstgeschichtliche Studien für Hans Kauffmann*, org. Wolfgang Braunfels (Berlim, 1956), pp. 263-4.

3. Thomas DaCosta Kaufmann, *Court, cloister and city: The art and culture of Central Europe 1450-1800* (Londres, 1995), p. 300.

4. Sedlymayr, "Die Schauseite der Karlskirche in Wien", p. 268, n. 15.

5. Thomas Hochradner, "Johann Joseph Fux", em *Die Musik in Geschichte und Gegenwart*, org. Ludwig Finscher, Personenteil, vol. 7 (Kassel, 2002), p. 318.

6. Hilde Haiger-Pregler, "Höfisches und nichthöfisches Theater in Paris und Wien", em *J. J. Fux-Symposium Graz '91*, org. Rudolf Flotzinger (Graz. 1992), pp. 49-50.

7. Egon Wellesz, *Fux* (Oxford, 1965), pp. 42-3.

8. Frederick L. Millner, *The operas of Johann Adolf Hasse* (Ann Arbor, 1979), p. 6.

9. Moritz Fürstenau, *Zur Geschichte der Musik und des Theaters am Hofe zu Dresden*, vol. II (Dresden, 1862), pp. 142-3.

10. Embora de má qualidade, existe uma reprodução da pintura completa em Dieter Zöchling (org.). *Die Chronik der Oper* (Gütersloh e Munique, 1996), p. 33.

11. Michael Forsyth, *Buildings for music: The architect, the musician, and the listener from the seventeenth century to the present day* (Cambridge, Mass., 1985), p. 88.

12. Marguerite Countess of Blessington, *The idler in Italy*, 3 vols. (Londres, 1839-40), II, p. 253.

13. Fürstenau, *Zur Geschichte der Musik und des Theaters am Hofe zu Dresden*, p. 140.

14. Dennis Libby, "Italy: two opera centres", em *The classical era: From the 1740s to the end of the eighteenth century*, org. Neal Zaslaw (Londres, 1989), p. 24.

15. James H. Johnson, "Musical experience and the formation of a French musical public", *Journal of Modern History* 64, 2 (1992), p. 195.

16. Sydney Lady Morgan, *Italy*, 2 vols. (Londres, 1821), I, p. 44.

17. Millner, *The operas of Johann Adolf Hasse*, p. 6.

18. H. C. Robbins Landon e David Wyn Jones, *Haydn: His life and music* (Londres, 1988), p. 174.

19. Charles Saunders, *A treatise on theatres* (Londres, 1790), pp. 64, 71.

20. Louis Spohr, *Autobiography* (Londres, 1865), p. 259.

21. Morgan, *Italy*, I, p. 97.

22. F.-G. Pariset, "Les beaux-arts de l'âge d'or", em *Histoire de Bordeaux*, org. C. Higounet, vol. V: *Bordeaux au XVIII siècle*, org. François-Georges Pariset (Bordeaux, 1968), pp. 608-9.

23. Robert Latham e William Matthews (orgs.), *The diary of Samuel Pepys*, vol. VI: *1665* (Londres, 1972), p. 242.

24. Roger North, *Memoires of musick being some historico-criticall collections of that subject* (1728), org. Edward F. Rimbault (Londres, 1846), pp.111-2.

25. Christoph Wolff, *Johann Sebastian Bach: The learned musician* (Oxford, 2002), p. 352.

26. Eugen K. Wolf, "The Mannheim court", em *The classical era*, org. Neal Zaslaw (Londres, 1989), p. 213.

27. Jan Larue, "Der Hintergrund der klassischen Symphonie", em Schwab, *Konzert.*, p. 104.

28. Charles Burney, *The present state of music in Germany, the Netherlands and the United Provinces*, 2 vols. (Londres, 1775), I, p. 95.

29. Emily Anderson (org.), *The letters of Mozart and his family*, 3ª ed. (Londres, 1985), p. 355.

30. Citado em Wolf, "The Mannheim court", pp. 226-7.

31. Clive Brown, *Louis Spohr: A critical biography* (Cambridge, 1984), p. 12.

32. *Ibid.*, p. 48.

33. Tim Healey, "Dogs and tumults": <http://www.thisislimitededition.co.uk/item.asp?category=History&ID=599>.

34. Robert Elkin, *The old concert rooms of London* (Londres, 1955), p. 92; Thomas B. Milligan, *The concerto and London's musical culture in the late eighteenth century* (Epping, 1983), p. 1.

35. L. Schneider, *Geschichte der Oper und des Koeniglichen Opernhauses in Berlin* (Berlim, 1842), p. 21.

36. Walter Rösler, "Die Canaillen bezahlet man zum Plaisir", em *Apollini et Musis: 250 Jahre Opernhaus Unter den Linden*, org. George Quander (Frankfurt am Main e Berlim, 1992), p. 14.

37. O. von Riesemann (org.), "Eine Selbstbiographie der Sängerin Gertrud Elizabeth Mara", *Allgemeine Musikalische Zeitung* x (11 de agosto-29 de setembro de 1875), p. 546.

38. Leo Balet e E. Gerhard, *Die Verbürgerlichung der deutschen Kunst, Literatur und Musik im 18. Jahrhundert* (Estrasburgo, 1936), p. 71.

39. Dieudonné Thiébault, *Mes Souvenirs de vingt ans de séjour à Berlin; ou Frédéric le Grand, sa famille, sa cour, son gouvernement, son académie, ses écoles, et ses amis littérateurs et philosophes,* 3ª ed., 4 vols. (Paris, 1813), II, p. 209.

40. Percy A. Scholes (org.), *An eighteenth-century musical tour in Central Europe and the Netherlands. Being dr. Charles Burney's account of his musical experiences* (Oxford, 1959), pp. 164, 207.

41. Forsyth, *Buildings for music*, p. 104.

42. Rösler, "Die Canaillen bezahlet man zum Plaisir", p. 18.

43. Sobre Frederico como músico, ver E. E. Helm, *Music at the court of Frederick the Great* (Norman, 1960), *passim*; Helmuth Osthoff, "Friedrich der Große als Komponist", *Zeitschrift für Musik* 103, 2 (1936); e Helmuth Osthoff, "Friedrich II. als Musikliebhaber und Komponist", em *Friedrich der Große*, org. Erhard Bethke (Gütersloh, 1985).

44. Peter Gay, *The Enlightenment: An interpretation*, vol. 1: *The rise of modern Paganism* (Londres, 1967), p. 100; Winfried Böhm, "Bildungsideal, Bildungswesen, Wissenschaft und Akademien", em *Friedrich der Große*, org. Bethke, p. 186.

45. Adolf Rosenberg, "Friedrich der Große als Kunstsammler", em *Zeitschrift für bildende Kunst*, nova série, 4 (1893), p. 209.

46. James J. Sheehan, *Museums in the German art world: From the end of the Old Regime to the rise of Modernism* (Nova York, 2000), p. 21.

47. *Ibid.*, p. 22.

48. *Ibid.*, p. 26.

49. Peter Mandler, "Art in a cool climate: The cultural policy of the British state in European context, c. 1780-c. 1850", em *Unity and diversity in European culture c. 1800*, org. Tim Blanning e Hagen Schulze, Proceedings of the Brittish Academy, vol. 134 (Oxford, 2006), pp. 106-7.

50. Ruth Freydank, *Theater in Berlin von den Anfängen bis 1945* (Berlim, 1988), p. 112.

51. Ingeborg Allihn, Eveline Bartlitz, Joachim Jaenecke e Marion Sommerfeld, "Berlin", em *Die Musik in Geschichte und Gegenwart*, Sachteil, vol. I (Kassel, 1994), col. 1435.

52. Michael Schwarzer, "The social genesis of public theater in Germany", em *Karl Friedrich Schinkel 1781-1841: The drama of architecture*, org. John Zukowsky (Chicago, 1994), p. 62.

53. Norbert Miller, "Der musikalische Freiheitskrieg gegen Gaspare Spontini: Berliner Opernstreit zur Zeit Friedrich Wilhelms III", em *Preußen — Versuch einer Bilanz*, 5 vols., org. Manfred Schlenke, vol. 4: *Preußen-Dein Spree-Athen. Beitrage zu Literatur, Theater und Musik in Berlin*, org. Hellmuth Kühn (Hamburgo, 1981), *passim*.

54. John Warrack, *Carl Maria von Weber*, 2ª ed. (Cambridge, 1976), p. 250.

55. Gottfried Eberle, *200 Jahre Sing-Akademie zu Berlin: "Ein Kunstverein für die heilige Musik"* (Berlim, 1991), p. 44.

56. *Ibid.*, pp. 50, 64-5.

57. *Leipziger Tageblatt*, 12 de dezembro de 1884, reeditado em Wolfgang Schneider (org.), *Leipzig: Streifzüge durch die Kulturgeschichte*, 2ª ed. (Leipzig, 1995), p. 391.

58. Robin Middleton e David Watkin, *Neoclassical and nineteenth century architecture* (Nova York, 1980), p. 406.

59. Heinrich Habel, *Das Odeon in München und die Frühzeit des öffentlichen Konzertsaalbaus* (Berlim, 1967), pp. 1-16, 49.

60. Eduard Hanslick, *Geschichte des Concertwesens in Wien*, 2 vols. (Viena, 1869), vol. I, pp. 144-7; "Über den Verein der Musikfreunde in Wien und das damit verbundene Conservatorium", *Allgemeine Musikalische Zeitung* 46 (13 de novembro de 1833), pp. 757-64.

61. Trata-se da sala de concertos de onde é televisionado o concerto de Ano-Novo da Orquestra Filarmônica de Viena. Uma excelente coleção de fotografias da época está em Renate Wagner-Rieger (org.), *Die Wiener Ringstrasse — Bild einer Epoche: Die Erweiterung der Inneren Stadt Wien unter Kaiser Franz Joseph*, vol. I (Viena, 1969), ilustrações 41 a-j. Mais acessíveis são as excelentes fotografias coloridas modernas encontradas em Rolf Tooman (org.), *Wien: Kunst und Architektur* (Colônia, 1999), pp. 206-7. Hansen foi um dos arquitetos favoritos de Hitler, como revelam seus desenhos iniciais.

62. Richard von Perger, *Geschichte der k.k. Gesellschaft der Musikfreunde in Wien* (Viena, 1912), p. 114.

63. Herbert Barth, Dietrich Mack e Egon Voss (orgs.), *Wagner: A documentary study* (Londres, 1975), p. 199. Essa excelente fonte de consulta também inclui muitas ilustrações da época de Bayreuth.

64. Ao prefeito de Bayreuth, Friedrich Feustel, 12 de abril de 1872, *ibid.*, p. 220.

65. Patrick Carnegy, *Wagner and the art of the theatre* (New Haven, 2006), pp. 72-4. Existem muitas ilustrações excelentes em Manfred Kiesel (org.), *Das Richard Wagner Festspielhaus Bayreuth* (Colônia, 2007).

66. Barth, Mack e Voss (orgs.), *Wagner*, p. 242.

67. Forsyth, *Buildings for music*, p. 166.

68. Monika Steinhauser, *Die Architektur der Pariser Oper: Studien zu ihrer Entstehungsgeschichte und ihrer architekturgeschichtlichen Stellung* (Munique, 1969), p. 13.

69. Citado em Christopher Curtis Mead, *Charles Garnier's Paris Opéra: Architectural empathy and the renaissance of French classicism* (Cambridge, Mass. e Londres, 1991), p. 120.

70. Citado em *ibid.*, p. 127.

71. Citado em Steinhauser, *Die Architektur der Pariser Oper*, p. 106.

72. *The Musical Times*, 1º de fevereiro de 1875.

73. *The Musical Standard*, n.s., vol. VIII, nº 545, 9 de janeiro de 1875.

74. Reproduções de boa qualidade podem ser encontradas em Gerard Fontaine, *Palais Garnier: le fantasme de l'Opéra* (Paris, 1999), pp. 232, 265.

75. Frederic Spotts, *Bayreuth: A history of the Wagner Festival* (New Haven e Londres, 1994), p. 51.

76. *Ibid.*

77. Steinhauser, *Die Architektur der Pariser Oper*, p. 50.

78. Um bom exame visual destes e de outros teatros líricos se encontra em Thierry Beauvert, *Opera houses of the world* (Londres, 1996).

79. Donald Sassoon, *The culture of the Europeans from 1800 to the present* (Londres, 2006), p. 566.

389

80. *Ibid.*, p. 1358.

81. George Bernard Shaw, "The perfect Wagnerite", em *Major critical essays*, org. Michael Holroyd (Londres, 1986), p. 299.

82. James H. Johnson, *Listening in Paris: A cultural history* (Berkeley e Los Angeles, 1995), p. 259.

83. Richard Wagner, *My life*, org. Mary Whittall (Cambridge, 1983), pp. 174-5.

84. Johnson, *Listening in Paris*, pp. 259, 264.

85. *Revue Musicale*, "Correspondance", 18 de maio de 1830, p. 115.

86. Elizabeth Bernard, "Musique et communication: Les formes du concert", em *La musique en France a l'époque romantique (1830-1870)*, org. Joseph-Marc Bailbé *et al.* (Paris, 1991), p. 90.

87. Simon McVeigh, *Concert life in London from Mozart to Haydn* (Cambridge, 1993), p. 69.

88. Percy M. Young, "Orchestral music", em *The Blackwell history of music in Britain*, org. Nicholas Temperley, vol. 5: *The romantic age 1800-1914* (Oxford, 1988), pp. 358-9.

89. *The Musical World*, 7 de fevereiro de 1839, p. 77.

90. *Ibid.*, 30 de janeiro de 1845, pp. 49-50.

91. Citado em *ibid.*, p. 49.

92. "Jullien's monster concert", *ibid.*, 26 de junho de 1845, p. 303.

93. "Jullien's concerts monstres", *ibid.*, 2 de junho de 1849, p. 349.

94. Joel Sachs, "London: the professionalisation of music", em *Man and music: The early romantic era between revolutions, 1789 and 1848*, org. Alexander Ringer (Londres, 1990), p. 226.

95. Nicholas Temperley, "Ballroom and drawing-room music", em *The romantic age*, org. Temperley, p. 115.

96. *Ibid.*, 9 de junho de 1849.

97. *Ibid.*, 4 de novembro de 1848, p. 718.

98. John Rink, "The profession of music", em *The Cambridge history of nineeteenth century music*, org. Jim Samson (Cambridge, 2002), pp. 63-4.

99. William Weber, *Music and the middle class: The social structure of concert life in London, Paris and Vienna between 1830 and 1848* (Aldershot, 2004), p. 19. A cifra de Londres foi provavelmente subestimada, pois não inclui os muitos concertos suburbanos não mencionados pela imprensa.

100. A. Laudely, "Pasdeloup", *L'Art Musicale* 26, 8 (30 de abril de 1887), pp. 121-2. Jean-Jacques Eigeldinger, "1830-1870: Eléments d'une trajectoire musicale", em *La Musique en France à l'époque romantique (1830-1870)*, org. Joseph-Marc Bailbé *et al.*, p. 18.

101. Michel Brenet, *Les concerts en France sous l'ancien régime* (Paris, 1900; reedição Nova York, 1970), p. 209.

102. Jules Ruelle, "Concert populaire du Cirque: Réouverture et Wagnérisme", *L'Art Musicale* 14, 44 (2 de novembro de 1876), p. 349. Ruelle costumava se referir a Wagner como "Son Incommensurabilité".

103. Laudely, "Pasdeloup", p. 122.

104. Oscar Commettant, "Concerts populaires de musique classique", *L'Art Musicale* 2, 3 (19 de dezembro de 1861), p. 19.

105. Cyril Ehrlich, *The music profession in Britain since the eighteenth century: A social history* (Oxford, 1985), p. 63.

106. Citado em Dave Russell, *Popular music in England, 1840-1914* (Manchester, 1987), p. 68.

107. "Des associations musicales", *L'Art Musicale* 1, 25 (17 de junho de 1838), pp. 1-2.

108. Citado em Hanns-Werner Heister, "Konzertwesen", *Die Musik in Geschichte und Gegenwart*, Sachteil, vol. 5 (Kassel, 1996), col. 694.

109. Rebecca Harris-Warrick, "Ballroom dancing at the court of Louis XIV", *Early Music* 14 (1986), p. 41.

110. *Ibid.*, p. 146.

111. Citado em Harris-Warrick, "Ballroom dancing at the court of Louis XIV", p. 41.

112. Derek Carew, "The consumption of music", em *The Cambridge history of nineteenth century music*, org. Samson, p. 251.

113. Peter Buckman, *Let's dance: Social, ballroom and folk dancing* (Nova York e Londres, 1978), pp. 108-10.

114. Citado em Nicholas Temperley, "Ballroom and drawing-room music", em *The Romantic age 1800-1914*, org. Temperley, p. 109.

115. Carew, "The consumption of music", p. 255.

116. Allison Thompson (org.), *Dancing through time: Western social dance in literature, 1400-1918: Selections* (Jefferson, N.C. e Londres, 1998), p. 137.

117. Carew, "The consumption of music", p. 254.

118. Citado em Hans Fantel, *Johann Strauss, father and son, and their era* (Newton Abbot, 1971), pp. 43-4.

119. *Ibid.*, p. 256.

120. Peter Kemp, *The Strauss family: Portrait of a musical dynasty* (Tunbridge Wells, 1985), p. 139.

121. Dave Russell, *Popular music in England, 1840-1914* (Manchester, 1987), p. 74.

122. Dave Russell, "Morton, Charles (1819-1904)", em *Oxford dictionary of national biography* (Oxford, 2004) <http://www.oxforddnb.com/view/article/50957>, (acessado em 18 de setembro de 2006).

123. Cyril Ehrlich, *The music profession in Britain since the eighteenth century*, pp. 57-8.

124. Russell, *Popular music in England*, pp. 76-7.

125. Citado em *ibid.*, p. 92. O grifo é do próprio McGlennon.

126. Richard Middleton, "Popular music of the lower classes", em *The Romantic age 1800-1914*, org. Temperley, pp. 80-7.

127. Russell, *Popular music in England*, p. 80.

128. *Ibid.*, p. 36.

129. Sassoon, *The culture of the Europeans*, p. 803.

130. Roy M. Prendergast, *Film music: A neglected art*, 2ª ed. (Nova York, 1992), p. 5.

131. John Mundy, *Popular music on screen: From Hollywood musical to music video* (Manchester, 1999), p. 17.

132. Tony Thomas, *Music for the movies* (Los Angeles, 1997), p. 38.

133. *Ibid.*, pp. 39-40.

134. Prendergast, *Film music*, pp. 16-7.

135. Thomas, *Music for the movies*, p. 40.

136. Prendergast, *Film music*, p. 35.

137. Sassoon, *The culture of the Europeans*, p. 792. O Palladium em Midsomer Norton, Inglaterra, infelizmente há muito tempo fechado, por certo não era o único que oferecia aos seus frequentadores assentos duplos na fila de trás.

138. Citado em Frances Rust, *Dance in society: An analysis of the relationship between the social dance and society in England from the Middle Ages to the present day* (Londres, 1969), p. 81.

139. Citado em *ibid.*, p. 89.

140. *Ibid.*, p. 93.

141. Devo essa informação a Donald Sassoon, que a transmitiu no decorrer de uma contribuição a uma Conferência Ameurus em Dresden em 19 de maio de 2007.

142. Adam Sherwin, "Stones gig at rugby's HQ kicks up storm", *The Times*, 4 de dezembro de 2002.

143. *Ibid.*; a fonte citada é a revista *Fortune*.

144. Tom Phillips, "Rio rolls towards Stones' biggest bang", *The Guardian*, 14 de fevereiro de 2006, p. 19.

145. Nicholas Wapshott. "It's not only rock and roll...", *The Sunday Telegraph*, 11 de setembro de 2005, p. 8.

146. Ian Burrell, "Rock revival fuels record sales of live concert tickets", *The Independent*, 12 de janeiro de 2004, p. 7.

4. TECNOLOGIA [pp. 188-245]

1. "Charbon acoustique: Gaz musical", *Le Menestrel* IV, 50 (25 de junho de 1837).

2. Michael Cole, *The pianoforte in the Classical Era* (Oxford, 1998), p. 3. Essa obra fornece o relato mais detalhado e convincente da história inicial do piano. Um fac-símile do inventário é reproduzido em Konstantin Restie (org.), *Faszination Klavier: 300 Jahre Pianofortebau in Deutschland* (Munique, 2000), p. 82, além de um retrato de Cristofori e uma fotografia de um dos três pianos remanescentes produzidos por ele.

3. Leo Balet e E. Gerhard, *Die Verbürgerlichung der deutschen Kunst, Literatur und Musik im 18. Jahrhundert* (Estrasburgo, 1936), p. 364.

4. Jeremy Montagu, *The world of baroque and classical musical instruments* (Newton Abbot, 1979), p. 70.

5. Hans T. David e Arthur Mendel. *The new Bach reader: A life of Johann Sebastian Bach in letters and documents*, revisado e aumentado por Christoph Wolff (Nova York, 1999), p. 365.

6. Christoph Wolff, *Johann Sebastian Bach: The learned musician* (Oxford, 2001), p. 427.

7. Cole, *The pianoforte in the classical era*, p. 1.

8. H. C. Robbins Landon e David Wyn Jones, *Haydn: His life and music* (Londres, 1988), p. 167.

9. Ulrich Leisinger, "Haydn's keyboard music", no encarte que acompanha Christine Schornsheim, *Joseph Haydn, Piano sonatas — complete recording* (Capriccio 49 404).

10. *Ibid.*, p. 33.

11. Stephen Roe, "Johann (John) Christian Bach", *Grove Music Online*, org. L. Macy, <www.grovemusic.com> (acessado em 11 de julho de 2007).

12. *Ibid.*

13. Béatrice Didier, *La musique des lumières: Diderot — L'Encyclopédie — Rousseau* (Paris, 1985), p. 264.

14. Cole, *The pianoforte in the classical era*, cap. 3.

15. *Ibid.*, pp. 86-7.

16. Isso inclui a firma Shudi em que Broadwood ingressou em 1761, tornando-se sócio nove anos depois.

17. Derek Adlam e Cyril Ehrlich, "Broadwood", em *The New Grove dictionary of music and musicians*, 2ª ed., 29 vols., org. Stanley Sadie (Londres, 2001), IV, pp. 411-2.

18. Cole, *The pianoforte in the classical era*, pp. 133-40.

19. *Ibid.*, p. 136.

20. Emily Anderson (org.), *The letters of Mozart and his family*, 3ª ed. (Londres, 1985), pp. 327-8.

21. Elliot Forbes (org.), *Thayer's life of Beethoven*, ed. rev. (Princeton, 1969), pp. 694-5.

22. H. C. Robbins Landon, *Beethoven: A documentary study* (Londres, 1970), p. 195.

23. Anne Rousselin-Lacombe, "Piano et pianistes", em *La musique en France à l'époque romantique (1830-1870)*, org. Joseph-Marc Bailbé *et al.* (Paris, 1991), p.145.

24. Citado em Cole, *The pianoforte in the classical era*, p. 217.

25. Gunther Joppig, "Biedermeierliches in der Musik", em *Biedermeiers Glück und Ende... die gestörte Idylle 1815-1848*, org. Hans Ottomeyer (Munique, 1987), p. 225.

26. Alan Walker, *Franz Liszt: The virtuoso years 1811-1847*, ed. rev. (Londres, 1989), pp. 285-6.

27. Citado em Kurt Blaukopf, *Musik im Wandel der Gesellschaft: Grundzüge der Musiksoziologie* (Munique e Zurique, 1982), p. 96.

28. Dieter Hildebrandt, *Pianoforte: A social history of the piano* (Nova York, 1988), p. VII.

29. Paul Johnson, *The birth of the modern: World society 1815-1830* (Londres, 1991), p. 130.

30. Volkmar Braunbehrens, *Mozart in Vienna* (Oxford, 1991), p. 147.

31. John Rosselli, *Music and musicians in nineteenth century Italy* (Londres, 1991), p. 114.

32. Citado em Colin Heywood, "Society", em *The short Oxford history of Europe: The nineteenth century*, org. T. C. W. Blanning (Oxford, 2000), p. 52.

33. Daniel Heartz, *Haydn, Mozart and the Viennese School 1740-1780* (Nova York e Londres, 1995), p. 56. Entretanto, Cyril Ehrlich afirmou que foi Johann Christian Bach quem fez a primeira apresentação pública num piano, em Londres em 1768: Cyril Ehrlich, *The piano: A history*, ed. rev. (Oxford, 1990), p. 13.

34. Alice M. Hanson, *Musical life in Biedermeier Vienna* (Cambridge, 1985), p. 118.

35. Henri Blanchard, "Coup d'oeil musical sur les concerts de la semaine et de la saison", *Revue et Gazette Musicale de Paris* XII, 1 (12 de janeiro de 1845).

36. "Sur l'industrie musicale", *Gazette Musicale de Paris*, IX (25 de dezembro de 1830), pp. 198-200.

37. Rousselin-Lacombe, "Piano et pianistes", p. 129.

38. Ehrlich, *The piano*, p. 68.

39. *Ibid.*, p. 71.

40. Cyril Ehrlich, *The music profession in Britain since the eighteenth century: A social history* (Oxford, 1985), p. 71.

41. F. W. J. Hemmings, *Culture and society in France 1789-1848* (Leicester, 1987), p. 295.

42. Émile Zola, *Nana*, org. Douglas Parmeé (Oxford, 1992), p. 81.

43. Elizabeth Gaskell, *North and South* (Londres, 1994), pp. 1, 112.

44. *L'Art Musical*, 1, 2 (13 de dezembro de 1860), p. 12.

45. *La Critique Musicale: Journal complet de toutes les branches de l'art* I, 1 (1º de novembro de 1846), p. 5.

46. François Fétis, "Soirées musicales de quatuors et de quintetti", *Revue Musicale* 1 (fevereiro de 1827), p. 37; Friedrich August Kanne, "Über das Fortepiano-Spiel", *Allgemeine Musikalische Zeitung mit besonderer Rücksicht auf den österreichischen Kaiserstaat* 45 (7 de novembro de 1818), p. 409.

47. Rousselin-Lacombe, "Piano et pianistes", p. 129.

48. Jeremy Montagu, *The world of romantic and modern musical instruments* (Newton Abbot, 1981), p. 34.

49. Malou Haine, "Les facteurs d'instruments de musique à l'époque romantique", em *La Musique en France à l'époque romantique (1830-1870)*, org. Joseph-Marc Bailbé *et al.* (Paris, 1991), p. 104; Ehrlich, *The piano*, p. 32; Helen Rice Hollis, *The piano: A pictorial account of its ancestry and development* (Newton Abbot, 1975), p. 110.

50. Citado em Arthur Loesser, *Men, women and pianos: A social history* (Londres, 1955), p. 338.

51. Blaukopf, *Musik im Wandel der Gesellschaft*, pp. 88-90.

52. F. Danjou (org.), *Revue de la musique religieuse, populaire et classique* (Paris, 1845), I, p. 165. Ele também chamou Liszt de "o Alexandre, o Napoleão, o César dos pianistas".

53. Max Weber, *The rational and social foundations of music*, org. Don Martindale e Johannes Riedel (Carbondale, ilust., 1958), p. 124.

54. Hildebrandt, *Pianoforte*, p. 2.

55. Ulrich Prinz, *Johann Sebastian Bachs Instrumentarium: Originalquellen — Besetzung — Verwendung* (Stuttgart, 2005).

56. "Bemerkungen über die Ausbildung der Tonkunst in Deutschland im 18. Jahrhundert", *Allgemeine Musikalische Zeitung* 16 (14 de janeiro de 1801), p. 263.

57. Thomas Hiebert, "The horn in the baroque and classical periods", *The Cambridge companion to brass instruments*, orgs. Trevor Herbert e John Wallace (Cambridge, 1997), pp. 103-4.

58. Simon Wills, "Brass in the modern orchestra", em *The Cambridge companion to brass instruments*, orgs. Herbert e Wallace, p. 158.

59. Ardal Powell, *The flute* (New Haven e Londres, 2002), pp. 68, 121-2.

60. Adam Carse, *The orchestra in the eighteenth century* (Cambridge, 1940), p. 38.

61. Landon e Jones, *Haydn*, p. 255.

62. Montagu, *The world of baroque and classical musical instruments*, pp. 110-2; John

Dilworth, "The violin and bow — origins and development", em *The Cambridge companion to the violin*, org. Robin Stowell (Cambridge, 1992), p. 21.

63. Simon McVeigh, "The violinists of the baroque and classical periods", em *The Cambridge companion to the violin*, org. Stowell, p. 46.

64. Montagu, *The world of romantic and modern musical instruments*, p. 11.

65. "Musikzustand und musikalisches Leben in Wien", *Cäcilia, eine Zeitschrift für die musikalische Welt* I, 1 (1824).

66. "Quelques considérations sur l'état actuel de la musique", *Le Dilettante: Journal de musique, de littérature, de théâtres et de beaux-arts* I, 2 (13 de outubro de 1833) e I, 6 (10 de novembro de 1833).

67. Philip Bate e Ludwig Böhm, "Theobald Boehm", em *New Grove dictionary of music and musicians*, org. Sadie, III, pp. 777-8.

68. *Ibid.* Ver também Powell, *The flute*, cap. 9.

69. Montagu, *The world of romantic and modern musical instruments*, cap. 3.

70. Citado em Thomas Liley, "Invention and development", em *The Cambridge companion to the saxophone*, org. Richard Ingham (Cambridge, 1998), p. 3.

71. *Ibid.*, p. 1.

72. *Ibid.*, p. 18.

73. Citado em *ibid.*, p. 14.

74. Montagu, *The world of romantic and modern musical instruments*, p. 82.

75. *Ibid.*, p. 77. Essa página inclui uma boa cronologia das principais mudanças entre 1815 e 1839.

76. Arnold Myers, "Design, technology and manufacture since 1800", em *The Cambridge companion to brass instruments*, org. Herbert e Wallace, pp. 115-6.

77. "Exposition universelle de Londres", *Revue et Gazette Musicale de Paris* 18, 46 (16 de novembro de 1851), p. 369.

78. Trevor Herbert, "Brass bands and other vernacular brass traditions", em *The Cambridge companion to brass instruments*, org. Herbert e Wallace, p. 177.

79. Dave Russell, *Popular music in England 1840-1914: A social history* (Manchester, 1987), p. 162.

80. *Ibid.*, p. 170.

81. *Ibid.*, p. 162.

82. *Ibid.*, p. 188.

83. John Brewer, *The pleasures of the imagination: English culture in the eighteenth century* (Londres, 1997), p. 553.

84. Bernarr Rainbow, "Parochial and nonconformist church music", em *The Blackwell history of music in Britain*, vol. 5: *The Romantic age 1800-1914*, org. Nicholas Temperley (Oxford, 1988), pp. 144-51.

85. Montagu, *The world of romantic and modern musical instruments*, p. 41.

86. Malou Haine, "Les facteurs d'instruments de musique a l'époque romantique", em *La musique en France à l'époque romantique*, org. Bailbe *et al.*, p. 105.

87. *Revue de la Musique Religieuse, Populaire et Classique*, 1, p. 11. Ele retornou ao mesmo tema um ano depois: II, p. 78.

88. Hans Klotz e T. Wohnhaas, "Walcker", em *New Grove dictionary of music and musicians*, org. Sadie, XXVII, p. 7.

89. Gustav Bock (org.), *Neue Berliner Musikzeitung* 28 (9 de julho de 1851), p. 215.

90. Roland Gelatt, *The fabulous phonograph: The story of the gramophone from tin foil to high fidelity* (Londres, 1956), p. 10. Esse excelente estudo também inclui uma boa cronologia.

91. Peter Martland, *Since records began: EMI, the first 100 years* (Londres, 1997), p. 23.

92. Timothy Day, *A century of recorded music: Listening to musical history* (Londres, 2000), p. 2.

93. *Ibid.*, p. 11.

94. Gelatt, *The fabulous phonograph*, p. 137.

95. Colin Symes, *Setting the record straight: A material history of classical recording* (Middletown, 2004), p. 40.

96. Gelatt, *The fabulous phonograph*, pp. 28, 145. Uma noção do gosto refinado do próprio Edison pode ser obtida a partir de seu pedido de que "I'll take you home again, Kathleen" fosse cantado em seu enterro: William Howland Kenney, *Recorded music in American life: The phonograph and popular memory, 1890-1945* (Nova York e Oxford, 1999), p. 9.

97. Day, *A century of recorded music*, p. 2.

98. Noel Malcolm, "An unsung cultural revolution" (resenha de Day, *A century of recorded music*), *The Sunday Telegraph*, 10 de dezembro de 2000, p. 13.

99. Symes, *Setting the record straight*, p. 28.

100. Citado em Martland, *Since records began*, p. 58.

101. Gelatt, *The fabulous phonograph*, p. 81.

102. Citado em Martland, *Since records began*, p. 56.

103. *Ibid.*, p. 59.

104. Gelatt, *The fabulous phonograph*, pp. 153, 169.

105. James J. Nott, *Music for the people: Popular music and dance in interwar Britain* (Oxford, 2002), pp. 17, 32.

106. Day, *A century of recorded music*, p. 5; Gelatt, *The fabulous phonograph*, p. 86.

107. Pekka Gronow e Ilpo Saunio, *An international history of the recording industry* (Londres e Nova York, 1998), p. 33.

108. Ehrlich, *The music profession in Britain*, p. 118.

109. Nott, *Music for the people*, p. 1.

110. Ehrlich, *The music profession in Britain*, pp. 209-10.

111. Citado em Gelatt, *The fabulous phonograph*, pp. 232-3.

112. Malcolm, "An unsung cultural revolution", p. 13.

113. David Sager, "History, myth and legend: the problem of early jazz", em *The Cambridge companion to jazz*, org. Mervyn Cooke e David Horn (Cambridge, 2002), pp. 270, 279; para informações sobre a Original Dixieland Jazz Band, ver <http://www.redhotjazz.com/odjb.html>.

114. David Horn, "The identity of jazz", em *The Cambridge companion to jazz*, org. Cooke e Horn, p. 27.

115. E. J. Hobsbawm ("Eric Newton"), *The jazz scene*, nova ed. (Londres, 1989), p. 112. Philip Larkin escreveu sobre essas gravações da década de 1920: "É tentador dizer que poderíamos prescindir de qualquer artista do século XX antes de Louis Armstrong, pois enquanto os outros

vinham demolindo suas mídias, Armstrong estava dando ao jazz sua primeira voz definitiva, que mudou o caráter da música popular até os dias de hoje". Richard Palmer e John White (orgs.), *Larkin's jazz: Essays and reviews 1940-84* (Londres, 2001), p. 115.

116. A transcrição se encontra em <www.grovemusic.com/shared/views/article.html?section = jazz.015400.2>.

117. Humphrey Lyttelton, *I play as I please: The memoirs of an old Etonian trumpeter* (Londres, 1954), p. 34.

118. Donald Sassoon, *The culture of the Europeans from 1800 to the present* (Londres, 2006), p. 1128.

119. Citado em Philip K. Eberly, *Music in the air: America's changing tastes in popular music, 1920-1980* (Nova York, 1982), p. 17.

120. *Ibid.*, pp. 25, 34. Como observou Avner Offer, o rádio e a televisão, que consumiam tempo, se difundiram bem mais rápido que eletrodomésticos como aspiradores de pó e máquinas de lavar, que poupavam tempo: "o tempo poupado por um conjunto de aparelhos era consumido pelo outro". Avner Offer, *The challenge of affluence: Self-control and well-being in the United States and Britain since 1850* (Oxford, 2006), p. 170.

121. Nott, *Music for the people*, p. 59.

122. *Ibid.*, p. 61.

123. Ehrlich, *The music profession in Britain since the eighteenth century*, p. 212.

124. Sassoon, *The culture of the Europeans*, p. 1142.

125. *Ibid.*, pp. 71, 79, 82.

126. Martland, *Since records began*, p. 142. Martland duvida disso, mas não fornece nenhuma cifra.

127. *Ibid.*, p. 46.

128. Gronow e Saunio, *An international history of the recording industry*, p. 68.

129. Henry Pleasant, "Bing Crosby", em *The New Grove dictionary of music and musicians*, org. Sadie, vi, p. 721.

130. <http://en.wikipedia.org/wiki/Bing_Crosby>.

131. John Mundy, *Popular music on screen: From Hollywood musical to music video* (Manchester, 1999), p. 180.

132. Citado em Humphrey Burton, "Television: concerts and recital relays and recordings", em *The New Grove dictionary of music and musicians*, org. Sadie, xxv, p. 234.

133. Citado em Tom McCourt e Nabell Zuberi, "Music on television", em *Encyclopedia of television*, 2ª ed., vol. 3, org. Horace Newcomb (Nova York e Londres, 2004), p. 1570.

134. Lawrence Welk com Bernice McGeehan, *Wunnerful, wunnerful! The autobiography of Lawrence Welk* (Englewood Cliffs, N.J., 1971), p. 257. Mesmo pelos padrões do gênero, trata-se de um livro maravilhosamente íntegro e agradável.

135. <http://en.wikipedia.org/wiki/Lawrence_Welk>.

136. Recomendo especialmente o trailer de *The Wiggles — The Movie*. Tive que ver tantas vezes que conheço de cor.

137. Arthur Marwick, *The Sixties: Cultural revolution in Britain, France, Italy and the United States c. 1958-c. 1974* (Oxford, 1998), p. 36.

138. Citado em Iain Brailsford, "History repeating itself: were post-war American youngsters ripe for harvest?" <www.kingston.ac.uk/cusp/Lectures/Brailsfordpaper.doc>.

139. *Ibid.*

140. Werner Reiss, *Johann Strauss meets Elvis: Musikautomaten aus zwei Jahrhunderten* (Stuttgart, 2003), p. 68.

141. *Ibid.*, p. 255.

142. James Miller, *"Flowers in the dustbin": The rise of rock and roll 1947-1977* (Nova York, 1999), p. 25; publicado no Reino Unido em 2000 como *Almost grown: The rise of rock and roll* com a mesma paginação.

143. *Ibid.*, p. 37.

144. Citado em Robert Palmer, *Dancing in the street: A rock and roll history* (Londres, 1996), p. 19.

145. Gelatt, *The fabulous phonograph*, p. 223.

146. *Ibid.*, p. 232.

147. Reiss, *Johann Strauss meets Elvis*, p. 273.

148. <www.etedeschi.ndirect.co.uk/tr.radio.history.htm>.

149. Robert Pattison, *The triumph of vulgarity: Rock music in the mirror of Romanticism* (Oxford, 1987), pp. 214-5.

150. O livro de título promissor escrito e compilado por Paul du Gay, Stuart Hall, Linda James, Hugh Mackay e Keith Negus, *Doing cultural studies: The story of the Sony Walkman* (Londres, 1997), foi concebido para um curso da Open University, sendo assim mais teórico do que prático. Contém no entanto a seguinte observação imponente de Iain Chambers, que, infelizmente, é bem típica de certo tipo de texto sobre música popular: "Como parte do equipamento do nomadismo moderno, ele [o walkman] contribui para a extensão protética de nossos corpos, para sempre 'em movimento', envolvidos numa difusão descentralizada de linguagens, experiências, identidades, idioletos e histórias que são distribuídos numa sintaxe de tendência global" (p. 141).

151. *The Independent*, 27 de abril de 2007, p. 19.

152. <http://news.sky.com/skynews/article/0,,30200-1263084,00.html?f=rss>.

153. Michael Chanan, *Musica practica: The social practice of Western music from gregorian chant to postmodernism* (Londres e Nova York, 1994), p. 15.

154. Miller, *"Flowers in the dustbin"*, pp. 141, 214.

155. John Hill, "Television and pop: the case of the 1950s", em *Popular television in Britain: Studies in cultural history*, org. John Corner (Londres, 1991), pp. 90-1, 96.

156. Severin Carrell, "MTV discovers the flip side to all that sex", *The Independent on Sunday*, 16 de julho de 2006, p. 9.

157. O vídeo pode ser encontrado em <http://www.youtube.com/watch?v=xwtHEmVjVw8>.

158. Citado em Michael Shore, *The Rolling Stone book of rock video* (Londres, 1985), p. 14.

159. Johnny Davis, "The beat goes on", *The Independent Review*, 22 de fevereiro de 2005, p. 2.

160. Ian Burrell, "Internet killed the video star", *The Independent*, 2 de agosto de 2006, p. 10. Ver também Bella Thomas, "What the poor watch on TV", *Prospect* (janeiro de 2003), p. 48.

161. Theodor Adorno, "On jazz", em T. Adorno, *Essays on music*, seleção, introdução, comentários e notas de Richard Leppert (Berkeley, Los Angeles e Londres, 2002), pp. 470-91.

162. "How much amplifier power do I need?", <www.crownaudio.com/amp_htm/amp_info/how_much_power.htm>.

163. John Vasey, *Concert tour production management: How to take your show on the road* (Boston, 1998), p. 81.

164. <www.missoulian.com/articles/2006/10/04/news/local/news02.txt>.

165. Simon Frith, Will Straw e John Street (orgs.), *The Cambridge companion to pop and rock* (Cambridge, 2001), p. 166.

166. Gelatt, *The fabulous phonograph*, p. 220.

167. Gronow e Saunio, *An international history of the recording industry*, p. 150.

168. Paul Théberge, "'Plugged in': technology and popular music", em *The Cambridge companion to pop and rock*, orgs. Frith, Straw e Street, p. 9.

169. Paul Trynka (org.), *The Beatles: Ten years that shook the world* (Londres, 2004), p. 242.

170. Citado em Peter Wicke, *Rock music: Culture, aesthetics and sociology* (Cambridge, 1990), p. 15.

171. Citado em Timothy Warner, *Pop music: Technology and creativity: Trevor Horn and the digital revolution* (Aldershot, 2003), p. 22.

172. Trevor Pinch e Frank Trocco, *Analog days: The invention and impact of the Moog synthesizer* (Cambridge, Mass., 2002), p. 7.

173. *Ibid.*, p. 28.

174. *Ibid.*, p. 132.

175. *Ibid.*, p. 66.

176. Citado em Steve Waksman, *Instruments of desire: The electric guitar and the shaping of musical experience* (Cambridge, Mass., 1999), p. 39.

177. *Ibid.*, p. 43.

178. Citado em Miller, *"Flowers in the dustbin"*, p. 40.

179. Andy Gill, "Strat's the way to do it", *The Independent*, Arts and Books Review, 24 de setembro de 2004.

180. *Ibid.*

181. *Ibid.*

182. *The Independent*, 4 de novembro de 2006. Clapton doou o instrumento ao leilão, cuja receita foi destinada à sua instituição beneficente Crossroads, em Antígua.

183. Tom Wheeler, *The Stratocaster chronicles: Celebrating 50 years of the Fender Strat* (Milwaukee, 2004), p. 122.

184. *The Independent*, 3 de fevereiro de 2006, p. 16.

185. *The Daily Telegraph*, 24 de outubro de 2005, p. 11.

186. David Sinclair, "Bedroom superstar", *The Independent*, 7 de abril de 2006, p. 16.

187. Pode ser encontrado em <www.youtube.com/watch?v=fN4fIRjMf-M>.

188. <http://en.wikipedia.org/wiki/YouTube>.

189. Louise Jury, "Golden age of home-grown music fuelled by downloads", *The Independent*, 6 de janeiro de 2007, p. 20.

5. LIBERTAÇÃO [pp. 246-341]

1. Thomas Carlyle, *History of Friedrich II of Prussia called Frederick the Great*, vol. 5 (Londres, 1865), pp. 259-60.

2. G. B. Volz (org.), *Die Politischen Testamente Friedrichs des Grossen* (Berlim, 1920), pp. 184-5.

3. Andreas Dörner, *Politischer Mythos und symbolische Politik. Sinnstiftung durch symbolische Formen am Beispiel des Hermannmythos* (Opladen, 1995), p. 188.

4. Siegmar Keil, "'Nun danket alle Gott' — ein Kirchenlied als Inspirationsquell", *Die Tonkunst online*, 0510 (1º de outubro de 2005), p. 1.

5. Barbara W. Tuchman, *August 1914* (Londres, 1962), p. 80.

6. Christopher Clark, *Iron Kingdom: The rise and downfall of Prussia* (Londres, 2006), p. 657.

7. *The letters and speeches of Oliver Cromwell, with elucidations by Thomas Carlyle*, org. S. C. Lomas, vol. II (Londres, 1904), p. 100.

8. Kate van Orden, *Music, discipline and arms in early modern France* (Chicago e Londres, 2005), p. 19.

9. Reinhold Koser e Hans Droysen (orgs.), *Briefwechsel Friedrichs des Großen mit Voltaire*, 3 vols., Publikationen aus den K. Preu ischen Staatsarchiven, vols. 81, 82, 86 (Leipzig, 1908-9, 1911), I, 71-2.

10. *Des moeurs, des coutumes, de l'industrie, des progrès de l'esprit humain dans les arts et dans les sciences, Oeuvres de Frédéric le Grand*, 30 vols. (Berlim, 1846-56), vol. 1, p. 224.

11. K. Biedermann, *Fredrich der Gro e und sein Verhältni zur Entwicklung des deutschen Geisteslebens* (Brunswick, 1859), p. 5.

12. Citado em E. E. Helm, *Music at the court of Frederick the Great* (Norman, 1960), p. 73. Discuti a suposta francofilia de Frederico em "Frederick the Great and German culture", em *Royal and republican sovereignty in early modern Europe: Essays in honour of Ragnhild Hatton's eightieth birthday*, orgs. G. C. Gibbs, Robert Oresko e Hamish Scott (Cambridge, 1996), pp. 527-50.

13. Percy A. Scholes (org.), *An eighteenth-century musical tour in Central Europe and the Netherlands: Being Dr. Charles Burney's account of his musical experiences* (Oxford, 1959), p. 167.

14. Helm, *Music at the court of Frederick the Great*, p. 129.

15. O. von Riesemann (org.), "Eine Selbstbiographie der Sängerin Gertrud Elizabeth Mara", *Allgemeine Musikalische Zeitung* X (11 de agosto-29 de setembro de 1875), p. 533.

16. Citado em Helm, *Music at the court of Frederick the Great*, pp. 71, 73.

17. Walter Salmen, *Johann Friedrich Reichardt: Komponist, Schriftsteller, Kapellmeister und Verwaltungsbeamter der Goethezeit* (Freiburg in Breisgau e Zurique, 1963), pp. 38, 43.

18. Noel Malcolm, "My country, old or young?", resenha de Adrian Hastings, *The construction of nationhood: Ethnicity, religion and nationalism* (Cambridge, 1997), *The Sunday Telegraph*, 30 de novembro de 1997, p. 13.

19. Discuti isso em mais detalhes em *The pursuit of glory: Europe 1648-1815* (Londres, 2007), pp. 305-21.

20. "*Hispanus flet, dolet Italus, Germanus boat, Flander ululat, & solus Gallus cantat.*" Charles de Saint-Denis, seigneur de Saint-Evrémond, "Sur les opera, a Monsieur de Bouquinquant", em

Oeuvres meslées, vol. XI (Paris, 1684) e reeditado em François Lesure (org.), *Textes sur Lully et l'opéra français* (Genebra, 1987), p. 105.

21. Robert M. Isherwood, *Music in the service of the king: France in the seventeenth century* (Ithaca e Londres, 1973), pp. 133-4.

22. *Comparaison de la musique italienne et de la musique française*, 2ª ed., 3 vols. (Bruxelas, 1705-6; reedição em fac-símile, Genebra, 1972), III, p. 202.

23. *Ibid.*, vol. I, p. 90.

24. Pierre Bourdelot e Pierre Bonnet, *Histoire de la musique et de ses effets* (Amsterdã, 1725; reedição em fac-símile, Graz, 1966), pp. 293-5.

25. *Ibid.*, pp. 291, 299-300. Para outros exemplos da hostilidade francesa à música italiana, ver Michel Brenet, *Les concerts en France sous l'ancien régime* (Paris, 1900; reedição Nova York, 1970), pp.150-2.

26. Marc-Antoine Laugier, *Sentiment d'un harmoniphile sur différens ouvrages de musique* (Amsterdã, 1756; reedição em fac-símile, Geneva, 1972), p. 80. Na folha de rosto moderna da reedição, afirma-se que a obra, publicada anonimamente, foi escrita por A. J. Labbet e A. Leris, mas no catálogo da biblioteca da Universidade de Cambridge consta: "para mais informações sobre esta obra, com frequência atribuída a A. J. Labbet e A. de Uris, mas de fato de M. A. Laugier, ver LAUGIER (Marc Antoine)".

27. *Der musikalische Patriot*, III, 3 de agosto de 1741, p. 19.

28. Jean-Marie Duhamel, *La musique dans la ville de Lully à Rameau* (Lille, 1994), p. 47.

29. Citado em *ibid.*, p. 47.

30. Adelaïde de Place, *La vie musicale en France au temps de la Révolution* (Paris, 1989), p. 60.

31. Para um excelente relato resumido do caso, ver Robert Wokler, "*La Querelle des Bouffons* and the Italian liberation of France: a study of revolutionary foreplay", *Eighteenth-Century Life* 11, 1 (1987). Discuti isso em mais detalhes em *The culture of power and the power of culture: Old Regime Europe 1660-1789* (Oxford, 2002), cap. 8.

32. Jean-Jacques Rousseau, *The confessions*, org. J. M. Cohen (Londres, 1953), p. 358.

33. Friedrich Melchior Grimm, *Le petit prophète de Boehmischbroda* (Paris, 1753).

34. Rousseau, *Lettre sur la musique française*. Reeditado em Denise Launay (org.), *La Querelle des Bouffons*, 3 vols. (Genebra, 1973), vol. 1. Uma tradução inglesa parcial pode ser encontrada em Oliver Strunk (org.), *Source readings in music history*, ed. rev. por Leo Treitler (Nova York e Londres, 1998), pp. 895-908. A passagem citada está na p. 908.

35. Rousseau, *Confessions*, p. 359.

36. Abbé Pellegrin, *Dissertation sur la musique française et italienne*, em Launay, org., *La Querelle des Bouffons*, III, p. 33; [de Rochemont], *Reflexions d'un patriote sur l'opéra français, et sur l'opéra italien, qui présentent le Parallele du goût des deux Nations dans les beaux Arts*, em *ibid.*, pp. 24, 81-2.

37. Pellegrin, *Dissertation*, em *ibid.*, pp. 16, 19, 27, 47; [de Rochemont], *Reflexions*, em *ibid.*, pp. 42, 80-3.

38. *Réponse du Coin du Roi au Coin de la Reine*, I, pp. 1-2.

39. [P. Castel], *Réponse critique d'un académicien de Rouen, à l'académicien de Bordeaux, sur le plus profond de la musique*, em *ibid.*, p. 51.

40. [P. Castel], *Lettres d'un académicien de Bordeaux*, em *ibid.*, pp. 3-4.

41. [V. T. H. S. V.], *Lettre de M. M... du Coin du Roi, à M. M. du Coin de la Reine, sur la nouvelle Piece, intitulée... La Servante Maitresse*, em *ibid.*, pp. 12, 18.

42. [de Rochemont], *Réflexions d'un patriote*, em *ibid.*, pp. 48-50.

43. Essa opinião estranhamente ultrapassada foi citada por Ernest Gellner em *Nations and nationalism* (Oxford, 1983), p. 51. Entretanto, não consegui encontrar essa fala no meu exemplar do romance. Gellner acrescentou: "e toda alta cultura agora quer um Estado, de preferência seu próprio".

44. Esta frase data apenas de 1914, mas o preconceito existia desde tempos imemoriais. Stephen Banfield, "The artist and society", em *The Blackwell history of music in Britain*, vol. 5: *The Romantic age 1800-1914*, org. Nicholas Temperley (Oxford, 1988), p. 11.

45. *Allgemeine Musikalische Zeitung* IV, 50 (8 de setembro de 1802), p. 805; V, 12 (15 de dezembro de 1802), p. 194.

46. *Ibid.*, VII, 29 (17 de abril de 1805), p. 472.

47. *The Spectator*, nova ed. (Londres, s.d.), 18 (21 de março de 1711), p. 33.

48. Michael Greenhalgh, "King Arthur", no folheto que acompanha a gravação por Alfred Deller, o Deller Consort and Choir e o King's Musick, Harmonia Mundi HMX 2901531, p. 6.

49. John Dryden, *King Arthur or the British worthy: A dramatick opera*, org. Dennis Arundell (Cambridge, 1928), p. 65.

50. *Ibid.*, p. 60.

51. Paul Hammond, "Dryden, John (1631-1700)", *Oxford dictionary of national biography* (Oxford, 2004); edição on-line <www.oxforddnb.com/view/article/8108> (acessado em 5 de fevereiro de 2007). O libreto de 1691 provavelmente se baseou num esboço de 1684, escrito antes de sua conversão.

52. Dryden, *King Arthur*, p. 21.

53. *Ibid.*, p. 62.

54. *Ibid.*, p. 63.

55. Dennis Arundell, "Introduction", em *ibid.*, pp. VII-VIII.

56. *Ibid.*, p. 60.

57. *The works of James Thomson, with his last corrections and improvements*, 4 vols. (Londres, 1766), III, p. 244.

58. *Ibid.*, p. 253.

59. Jonathan Keates, "Thomas Arne's *Alfred*: an opera born of patronage and patriotism"; *BBC Music Magazine*, junho de 1997.

60. Matthew Kilburn, "Frederick Lewis, prince of Wales (1707-1751)", *Oxford dictionary of national biography* (Oxford, 2004); edição on-line <www.oxforddnb.com/view/article/10140> (acessado em 6 de fevereiro de 2007). Ver também Alan D. McKillop, "The early history of Alfred", *Philological Quarterly* 41, 1 (1962).

61. Discuti o assunto em mais detalhes em *The pursuit of glory: Europe 1648-1815* (Londres, 2007), pp. 443-4.

62. Robert D. Hume, "The beggar's opera", em *The New Grove dictionary of opera*, org. Stanley Sadie (Nova York, 1992), 1, pp. 374-7.

63. Percy A. Scholes, *The Oxford companion to music*, 10ª ed. (Oxford, 1970), pp. 408-13.

64. Discuti isso em mais detalhes em *The culture of power and the power of culture*, pp. 275-7.

65. Roy Palmer (org.), *The Oxford book of sea songs* (Oxford, 1986).

66. Citado em Michael Dobson, *The making of a national poet: Shakespeare, adaptation and authorship, 1660-1769* (Oxford, 1992), p. 204, n. 27.

67. Pierre Barbier e France Vernillat, *Histoire de France par les chansons*, vol. II: *Mazarin et Louis XIV* (Paris, 1956), pp. 90, 115, 117.

68. *Ibid.*, p. 97.

69. *Ibid.*, vol. III: *Du Jansénisme au siècle des lumières* (Paris, 1957), p. 140.

70. Citado em Michel Antoine, *Louis XV* (Paris, 1989), p. 852.

71. Roger Bickart, *Les Parlements et la notion de souveraineté nationale au dix-huitième siècle* (Paris, 1932), p. 110.

72. Claude Duneton, *Histoire de la chanson française*, vol. II: *De 1780 à 1860* (Paris, 1998), p. 39. Sobre o problema da censura de canções sem partitura, ver Annette Keilhauer, *Das französische Chanson im späten Ancien Régime* (Hildesheim, 1998), pp. 55-6.

73. François Moureau, "Stratégie chansonnie de la Révolution française", *The French Review* 62, 6 (1989), p. 968.

74. Laura Mason, *Singing the revolution: Popular culture and politics 1787-1799* (Ithaca e Londres, 1996).

75. Pierre Barbier e France Vernillat, *Histoire de France par les chansons*, vol. IV: *La Révolution* (Paris, 1957), p. 78.

76. Robert Brécy, *The revolution in song* (Paris, 1988), p. 55.

77. Barbier e Vernillat, *Histoire de France par les chansons*, IV, p. 82.

78. Citado em Brécy, *The revolution in song*, p. 55.

79. Mason, *Singing the revolution*.

80. *Ibid.*

81. Discuti essa mudança importantíssima em *The French revolutionary wars 1787-1802* (Londres, 1996), pp. 46-7, 55.

82. Quando nasceu se chamava apenas "Rouget"; o sufixo aparentemente aristocrático "de l'Isle" foi acrescentado em 1776 para que pudesse ingressar na academia militar: Julien Tiersot, *Histoire de la Marseillaise* (Paris, 1915), p. 5.

83. Essa história foi contada muitas vezes, invariavelmente baseada no relato do próprio Rouget de l'Isle no prefácio de seu *Cinquante chants français* de 1825. Meu próprio relato foi extraído principalmente de Hervé Luxardo, *Histoire de la Marseillaise* (Paris, 1989), pp. 19-24.

84. *Ibid.*, p. 16; Duneton, *Histoire de la chanson française*, II, p. 126.

85. Julien Tiersot, *Histoire de la Marseillaise* (Paris, 1915), pp. 39-40.

86. David Bell, "Aux origines de la 'Marseillaise': L'adresse à la nation angloise de Claude-Rigobert Lefebvre de Beauvray", *Annales historiques de la Révolution française* 299 (1995), pp. 75-6.

87. Arthur Loth em *Le chant de la Marseillaise son véritable auteur* (publicado originalmente em1886, nova edição org. Pierre Brière-Loth, Paris, 1992) procura mostrar que a melodia apareceu cinco anos antes da Revolução Francesa num oratório, *Esther*, de Jean-Baptiste Lucien Grisons, que provavelmente também a obteve de outrem.

88. Tiersot, *Histoire de la Marseillaise*, p. 44.

89. Luxardo, *Marseillaise*, pp. 34-7.

90. Tiersot, *Histoire de la Marseillaise*, p. 57.

91. Louis Fiaux, *La Marseillaise, son histoire dans l'histoire des français depuis 1792* (Paris, 1918), p. 33.

92. Mona Ozouf, *Festivals and the French Revolution* (Cambridge, Mass.,1988), p. 81.

93. *Ibid.*, p. 38; Tiersot, *Histoire de la Marseillaise*, p. 70.

94. Marie Mauron, *La Marseillaise* (Paris, 1968), p. 58.

95. Citado em John A. Lynn, *The bayonets of the republic: Motivation and tactics in the army of revolutionary France 1791-94* (Urbana e Chicago, 1984), p. 151.

96. David A. Bell, *The first total war* (Boston e Nova York, 2007), p. 145.

97. *Ibid.*, p. 162; Hermann Wendel, *Die Marseillaise* (Zurique, 1936), p. 40.

98. Michel Vovelle, "La Marseillaise: war or peace", em *Realms of memory: Constructions of the French past*, org. Pierre Nora, vol. III: *Symbols* (Nova York, 1998), p. 40.

99. *Ibid.*, p. 41.

100. O marquês de Bouillé havia alcançado a notoriedade ao reprimir brutalmente as rebeliões em Metz e Nancy em 1790, tornando-se um símbolo da contrarrevolução. Ele planejou a malfadada tentativa de fuga da família real em 1791 e emigrou quando esta fracassou.

101. Luxardo, *La Marseillaise*, pp. 99-100.

102. Elas podem ser encontradas em <http://chnm.gmu.edu/revolution/d/626/>. A primeira estrofe diz: "Povo francês, povo de irmãos,/ Podes observar, sem tremer de horror,/ O crime desfraldar seu estandarte/ Da carnificina e do terror?/ Tu sofres com uma horda atroz,/ De assassinos e bandidos,/ Manchando com seu hálito feroz,/ Os territórios dos vivos!".

103. François-Alphonse Aulard, "La Marseillaise et le Réveil du peuple", em Aulard, *Études et leçons sur la Révolution française*, vol. I (Paris, 1914), pp. 242-8. Sobre as canções contrarrevolucionárias, ver Simone Wallon, "La chanson des rues contre-révolutionnaires en France de 1790 à 1795", em *Orphée phrygien: Les musiques de la Révolution*, org. Jean-Rémy Julien e Jean-Claude Klein (Paris, 1989), pp. 137-53.

104. Pierre, *Les hymnes et chansons de la Révolution*, p. 13.

105. Aulard, "La Marseillaise et le Réveil du peuple", pp. 261-4.

106. Jacques Godechot, "Nation, patrie, nationalisme et patriotisme en France au XVIIIe siècle", *Annales historiques de la Révolution française* 43 (1971), pp. 496-8.

107. David Cairns (org.), *The memoirs of Hector Berlioz* (Londres, 1969), p. 133.

108. Gaston Raphaël, *Le Rhin allemand*, Cahiers de la Quinzaine, 19 (Paris, 1903), p. 11.

109. Michael Paul Driskel, "Singing the *Marseillaise* in 1840: The case of Charlet's censored prints", *The Art Bulletin* 69, 4 (1987), p. 605.

110. Richard Wagner, *My life* (Cambridge, 1983), p. 399. Wagner achou erradamente que domingo fosse 7 de maio.

111. Wagner já havia usado a *Marseillaise* para expressar oposição à outra grande potência alemã, Áustria. Em 1834, aos 21 anos, havia persuadido um grupo de companheiros de bebida na Taverna Cavalo Negro em Praga a "entoar 'A Marselhesa' em altos brados à noite". A consequência foi uma convocação para um interrogatório na delegacia de polícia local: *ibid.*, p. 85.

112. O filme está agora disponível em DVD do Studio Canal, ref. 196 828-9.
404

113. David Kimbell, *Italian opera* (Cambridge, 1991), p. 326.

114. *Ibid.*, p. 394.

115. John Rosselli, *Music and musicians in nineteenth century Italy* (Londres, 1991), p. 56.

116. David Kimbell, *Verdi in the age of Italian romanticism* (Cambridge, 1981), p. 22; John Black, *The Italian romantic libretto: A study of Salvadore Cammarano* (Edimburgo, 1984), p. 5.

117. Citado em Rosselli, *Music and musicians*, pp. 70-1.

118. Kimbell, *Italian opera*, p. 418; Rosselli, *Music and musicians*, p. 61.

119. *Ibid.*, pp. 70, 115.

120. Derek Beales e Eugenio F. Biagini, *The Risorgimento and the unification of Italy* (Londres, 2002), p. 33.

121. Citado em Kimbell, *Italian opera*, p. 392.

122. *Ibid.*

123. *Ibid.*, p. 493.

124. Dennis Libby, "Italy: two opera centres", em *The classical era: From the 1740s to the end of the eighteenth century*, org. Neal Zaslaw (Londres, 1989), p. 15.

125. Stendhal, *Life of Rossini* (Londres, 1956), p. 30. [Ed. brasileira: *Vida de Rossini*, São Paulo, Companhia das Letras, 1995.]

126. Edward Dent, *The rise of romantic opera* (Cambridge, 1976), p. 114.

127. *Ibid.*, p. 28.

128. *Ibid.*, p. 467.

129. Wolfgang Altgeld, *Das politische Italienbild der Deutschen zwischen Aufklärung und europäischer Revolution von 1848* (Tübingen, 1984), p. 189.

130. Citado em Kimbell, *Italian opera*, p. 355.

131. Dent, *The rise of romantic opera*, p. 116.

132. Jonathan Keates, *The siege of Venice* (Londres, 2005), p. 15.

133. *Ibid.*, p. 351.

134. Éva Pintér-Lück, "Norma-Bellini", em *Opera — Composer — Works — Performers*, org. Sigrid Neef (Colônia, 1999), p. 29.

135. Harold Acton, *The last Bourbons of Naples (1825-1861)* (Londres, 1961), p. 81.

136. *Ibid.*

137. Black, *The Italian romantic libretto*, p. 104.

138. *Ibid.*, p. 118.

139. Mary Jane Phillips-Matz, *Verdi: A biography* (Oxford, 1993), p. 79.

140. *Ibid.*, p. 765.

141. Roger Parker, *Leonora's last act: Essays in Verdian discourse* (Princeton, 1997), p. 20.

142. Kimbell, *Italian opera*, p. 494. John Rosselli, porém, escreveu: "O suposto vínculo estreito entre a ópera italiana no início do século XIX e o nacionalismo liberal é um daqueles clichês que continuam desafiando os fatos": *Music and musicians in nineteenth century Italy*, p. 65.

143. Phillips-Matz, *Verdi*, p. 388. O poeta Giovanni Prati, que registrou essa cena, não revelou se Cavour conseguiu atingir o dó de peito no clímax da ópera.

144. "Bemerkungen über die Ausbildung der Tonkunst in Deutschland im achtzehnten Jahrhundert", *Allgemeine Musikalische Zeitung*, 15 (7 de janeiro de 1801), p. 242; 16 (14 de janeiro de 1801), p. 259.

145. Emily Anderson (org.), *The letters of Mozart and his family*, 3ª ed. (Londres, 1985), pp. 522, 564, 587-8.

146. *Ibid.*, pp. 531-3.

147. Citado em R. R. Palmer, *Twelve who ruled: The year of the Terror in the French Revolution* (Princeton, 1970), p. 320.

148. Citado em T. C. W. Blanning, *Reform and revolution in Mainz, 1743-1803* (Cambridge, 1974), p. 323.

149. Discurso de 7 de maio de 1794, citado em T. J. Reed, *The classical centre: Goethe and Weimar 1775-1832* (Oxford, 1986), p. 183, n. 30.

150. Augusta Wedler-Steinberg (org.), *Körners Werke*, vol. I (Berlim, s.d.), p. 6.

151. "Gedanken über Musik", *Museum der eleganten Welt* I, 4 (13 de janeiro de 1836), p. 56.

152. J. Fesky, "Allerlei über den Standpunkt der heutigen Musik: Teutsche, französische und italienische Musik", *Cäcilia* XVII (1835), pp. 225-6.

153. Schubart, *Deutsche Chronik* XL (18 de maio de 1775), p. 314.

154. Alice M. Hanson, *Musical life in Biedermeier Vienna* (Cambridge, 1985), p. 65.

155. Franz Stoepel (org.), *Münchener Allgemeine Musik-Zeitung* XX (16 de fevereiro de 1828), p. 310.

156. John Warrack (org.), *Carl Maria von Weber: Writings on music* (Cambridge, 1981), p. 332. Ver também John Warrack, *Carl Maria von Weber*, 2ª ed. (Cambridge, 1976), pp. 94-9.

157. J. Fesky, "Allerlei über den Standpunkt der heutigen Musik: Teutsche, französische und italienische Musik", *Cäcilia* XVII (1835), pp. 222, 225.

158. Adolph Bernhard Marx (org.), *Berliner Allgemeine Musikalische Zeitung* 21 (23 de maio de 1827), p. 165.

159. *Ibid.*, 43 (27 de outubro de 1824), p. 372.

160. Schubart, *Deutsche Chronik* XL (18 de maio de 1775), p. 314.

161. "Zustand der Musik in England, besonders in London", *Allgemeine Musikalische Zeitung* 12 (15 de dezembro de 1802), p. 193.

162. *Ibid.*, XLI, 18 (1º de maio de 1839), pp. 348-9.

163. Marx (org.), *Berliner Allgemeine Musikalische Zeitung* 2 (14 de janeiro de 1824), p. 12.

164. Carl Friedrich Cramer, *Magazin der Musik* (Hamburgo, 1783-6; reedição Hildesheim e Nova York, 1971), II, 2 (1784), p. 1059.

165. *Ibid.*, II, 1 (1784), p. 590.

166. *Allgemeine Musikalische Zeitung* 15 (7 de janeiro de 1801), p. 241.

167. *Cäcilia*, XVII (1835), p. 287.

168. Thomas Nipperdey, *Deutsche Geschichte 1800-1866: Bürgerwelt und starker Staat* (Munique, 1983), p. 480.

169. F. S. Gassner (org.), *Zeitschrift für Deutschlands Musik-Vereine und Dilettanten* (Karlsruhe, 1841), p. 168.

170. Clive Brown, *Louis Spohr: A critical biography* (Cambridge, 1984), p. 62.

171. G. Schilling (org.), *Jahrbücher des deutschen Nationalvereins für Musik und ihre Wissenschaft* (Karlsruhe, 1839-42), 19 (8 de agosto de 1839), p. 152.

172. Richard Scheel, "Feste und Festspiele", em *Die Musik in Geschichte und Gegenwart*, IV (Kassel e Basileia, 1955), p. 152.

406

173. Gertrude Cepl-Kaufmann e Antje Johanning, *Mythos Rhein: zur Kulturgeschichte eines Stromes* (Darmstadt, 2003), pp. 168-78.

174. Hagen Schulze, *The course of German nationalism from Frederick the Great to Bismarck 1763-1867* (Cambridge, 1991), p. 65.

175. Gassner (org.), *Zeitschrift für Deutschlands Musik-Vereine und Dilettanten*, p. 107.

176. *Allgemeine Musikalische Zeitung* 9 (3 de março de 1841), p. 191. Decorrido um ano, o poema havia sido musicado mais de cem vezes: Cecelia Hopkins Porter, *The Rhine as musical metaphor: Cultural identity in German romantic music* (Boston, 1996), pp. 229-37.

177. Schilling (org.), *Jahrbücher des deutschen Nationalvereins für Musik und ihre Wissenschaft*, 11 (18 de março de 1841), p. 85.

178. Hans Hattenhauer, *Geschichte der deutschen Nationalsymbole: Zeichen und Bedeutung*, 2ª ed. (Munique, 1990), pp. 62-8.

179. James Brophy, *Popular culture and the public sphere in the Rhineland, 1800-1850* (Cambridge, 2007), p. 91.

180. *Ibid.*, p. 90.

181. "Über die hohe Bedeutung der Musik in der Gegenwart", *Neue Zeitschrift für Musik* XVI, 43 (27 de maio de 1842), p. 169.

182. Gassner (org.), *Zeitschrift für Deutschlands Musik-Vereine und Dilettanten*, p. 223.

183. *La France Musicale*, IV, 16 (18 de abril de 1841), pp. 133-5.

184. L. Bischoff (org.), *Rheinische Musik-Zeitung für Kunstfreunde und Künstler* (Colônia, 1850) I, 16 (19 de outubro de 1850), p. 126.

185. Dietmar Klenke, *Der singende "deutsche Mann": Gesangvereine und deutsches Nationalbewu tsein von Napoleon bis Hitler* (Münster, 1998), p. 63.

186. *Ibid.*

187. Benedict Anderson, *Imagined communities: Reflections on the origin and spread of nationalism*, ed. rev. (Londres, 1991), p. 6. [Ed. brasileira: *Comunidades imaginadas: Reflexões sobre a origem e a difusão do nacionalismo*, São Paulo, Companhia das Letras, 2008.]

188. Brian Large, *Smetana* (Londres, 1970), pp. 3, 43.

189. Citado em *ibid.*, p. 268.

190. Derek Sayer, *The coasts of Bohemia: A Czech history* (Princeton, 1998), pp. 54-5.

191. *Ibid.*, pp. 49-50.

192. *Ibid.*, p. 56.

193. *Ibid.*, p. 53.

194. "Über den Zustand der Musik in Böhmen", *Allgemeine Musikalische Zeitung* 28 (9 de abril de 1800), p. 488; Johann Friedrich Reichardt, *Briefe eines aufmerksamen Reisenden die Musik betreffend*, 2 vols. (Frankfurt e Leipzig, 1774-6), II, pp. 124-30.

195. Large, *Smetana*, pp. 141-2.

196. *Ibid.*, p. 120.

197. Tradução do livreto que acompanha a gravação regida por Jan Hus Tichy em Supraphon 11 1804-2612.

198. Large, *Smetana*, p. 145.

199. John Tyrrell, *Czech opera* (Cambridge, 1988), p. 24.

200. *Ibid.*, p. 41.

201. Tradução do livreto que acompanha a gravação completa regida por Josef Krips em Myto Records MCD 924.65. No mínimo, a trama é ainda mais incoerente que a de *Os brandeburgueses na Boêmia*.

202. Large, *Smetana*, p. 209.

203. Mirka Zemanová, *Janáček: A composer's life* (Londres, 2002), p. 20.

204. *Ibid.*

205. Hans-Hubert Schönzeler, *Dvořák* (Londres e Nova York, 1984), p.153.

206. Citado em Malcolm Burgess, "A survey of the stage in Russia from 1741 to 1783, with special reference to the development of the Russian theatre" (dissertação de doutorado inédita, Universidade de Cambridge, 1953), p. 1.

207. A. M. Sokolova, "Kontsértnaia jizn", *Istória rúskoi múziki* III (Moscou, 1985), p. 244.

208. Dieter Lehmann, *Russlands Oper und Singspiel in der zweiten Hälfte des 18. Jahrhunderts* (Leipzig, 1958), p. 22, n. 4.

209. *Ibid.*, p. 247.

210. Orlando Figes, *Natasha's dance: A cultural history of Russia* (Londres, 2002), p. 39.

211. B. N. Aséiev, *Rúski dramatítcheski teatr ot evó istókov do kontsá XVIII veka* (Moscou, 1977), p. 304.

212. Vsiévolod Tchechikhin, *Istória rúskoi óperi (s 1674 po 1903 g.)*, 2ª ed. (São Petersburgo, 1905), p. 52.

213. *Ibid.*, p. 47.

214. Richard Taruskin, "Mikhail Matveyevich Sokolovsky", em *The New Grove dictionary of music and musicians*, org. Sadie, IV, p. 41.

215. S. Frederick Starr, "Russian art and society 1800-1850", em *Art and culture in nineteenth century Russia*, org. Theofanis George Stavrou (Bloomington, Ind., 1983), p. 96.

216. Claus Scharf, "'La princesse de Zerbst Catherinisée': Deutschlandbild und Deutschlandpolitik Katharinas II", em *Deutsche und Deutschland aus russischer Sicht. 18. Jahrhundert: Aufklärung*, org. Dagmar Herrmann (Munique, 1992), p. 285.

217. Hans Rogger, *National consciousness in eighteenth century Russia* (Cambridge, Mass., 1960), p. 34.

218. O. E. Levacheva, "Natchálo rúskoi óperi". *Istória rúskoi músiki*, vol. 3: *XVIII vek, tchast vtoráia*. (Moscou, 1985), p. 10.

219. Figes, *Natasha's dance*, pp. 65-6; Aleksandra Orlova, *Glinka's life in music: A chronicle* (Ann Arbor e Londres, 1988), pp. 422, 614. Muitas outras condenações de Paris podem ser encontradas nessa última coletânea. A aversão de Glinka pela cidade parece ter sido maior que a de Richard Wagner. Parte da razão dessa virulenta francofobia pode ter sido as lembranças de infância da invasão e saque de sua casa pelos soldados de Napoleão em 1812.

220. Nicholas V. Riasanovsky, *A parting of the ways: Government and the educated public in Russia 1801-55* (Oxford, 1976), p. 107.

221. Fiódor Dostoiévski, *Os demônios*, São Paulo, Editora 34, 2004.

222. Richard Taruskin, "A life for the tsar", em *The New Grove dictionary of opera*, org. Sadie, II, pp. 1261-4.

223. Orlova, *Glinka's life in music*, pp. 136-7.

224. *Ibid.*, p. 141.

225. *Ibid.*, p. 143. Essa preciosa antologia inclui uma série de outros comentários semelhantes de pessoas da época.

226. Richard Taruskin, *Defining Russia musically: Historical and hermeneutical essays* (Princeton, 1997), p. 27.

227. Geoffrey Hosking, *Russia: People and empire 1552-1917* (Cambridge, Mass., 1997), p. 28.

228. Riasanovsky, *A parting of the ways*, pp. 255-6.

229. Richard Taruskin, "Boris Godunov", em *The New Grove dictionary of opera*, org. Sadie, I, pp. 552-9.

230. Richard Taruskin, "Musorgsky vs. Musorgsky: The versions of *Boris Godunov*", *Nineteenth Century Music* 8 (1984-5), pp. 91-118, 245-72.

231. *Ibid.*, pp. 114, 256, 260.

232. *Ibid.*, p. 114; Caryl Emerson e Robert William Oldani, *Modest Musorgsky and Boris Godunov: Myths, realities and reconsiderations* (Cambridge, 1994), pp. 204-5.

233. *Ibid.*, p. 150.

234. Jacob Katz, *Out of the ghetto: The social background of Jewish emancipation, 1770-1870* (Cambridge, Mass., 1973), *passim.*

235. Artur Holde, *Jews in music* (Londres, 1959), pp. 62-3.

236. *The Sunday Times*, 17 de agosto de 2003.

237. Nicholas Blanford, "Battle of the divas brings harmony to the Arab world", *The Times*, 20 de agosto de 2003, p. 14.

238. <www.cbsnews.com/stories/2003/08/18/world/main568959.shtml>.

239. Mark Tucker (org.), *The Duke Ellington reader* (Nova York, 1993), p. 59.

240. *Ibid.*, p. 146.

241. *Ibid.*, p. 128.

242. Citado em Kathy J. Ogren, *The jazz revolution: Twenties America and the meaning of jazz* (Oxford, 1989), p. 162. A descrição de Bechet é enganadora, já que ele não era "tão preto", e sim mulato.

243. *Ibid.*, p. 7.

244. Stanley Hirshon, "Jazz, segregation, and desegregation", em *A master's due: Essays in honor of David Herbert Donald*, organizado por William J. Cooper Jr. *et al.* (Baton Rouge e Londres, 1985), p. 235.

245. *Ibid.*

246. Eric Porter, *What is this thing called jazz? African American musicians as artists, critics, and activists* (Berkeley, 2002), p. 85.

247. Eileen Southern, *The music of black Americans: A history*, 2ª ed. (Nova York, 1983), pp. 493-4.

248. Brian Ward, *Just my soul responding: Rhythm and blues, black consciousness and race relations* (Londres, 1998), p. 40.

249. A entrevista foi dada ao jornalista francês Hugo Cassavetti e pode ser encontrada em: <www.harbour.sfu.ca/~hayward/van/reviews/1997april.html>.

250. Ward, *Just my soul responding*, p. 128.

251. Citado em Anthony DeCurtis e James Henke (orgs.), *The Rolling Stone illustrated history of rock 'n' roll* (Londres, 1992), p. 27.

252. Craig Werner, *A change is gonna come: Music, race and the soul of America* (Edimburgo, 1998), p. 17.

253. Ward, *Just my soul responding*, p. 115.

254. Ruth Padel, *I'm a man: Sex, gods and rock 'n' roll* (Londres, 2000), p. 159.

255. Werner, *A change is gonna come*, p. 164.

256. *Ibid.*, pp. 125, 128.

257. Ward, *Just my soul responding*, p. 130.

258. *Ibid.*, p. 128.

259. Robert Christgau, "Chuck Berry", em *The Rolling Stone illustrated history of rock 'n' roll*, orgs. DeCurtis e Henke, p. 64.

260. Ward, *Just my soul responding*, p. 95.

261. *Ibid.*, p. 104.

262. Anthony J. Badger, "Different perspectives on the Civil Rights Movement", *History Now* 8 (junho de 2006).

263. Werner, *A change is gonna come*, p. 9.

264. Em 1955, Marian Anderson foi a primeira cantora negra a se apresentar no Metropolitan Opera House em Nova York. Durante as duas décadas seguintes, ela foi seguida por Shirley Verrett, Grace Bumbry, Jessye Norman, Leontyne Price, Leona Mitchell e Kathleen Battle.

265. <www.abbeville.com/civilrights/washington.asp>.

266. *Ibid.*

267. O texto completo pode ser encontrado em muitos lugares, como em James Melvin Washington (org.), *A testament of hope: The essential writings of Martin Luther King, Jr.* (Nova York, 1986), pp. 217-20.

268. Werner, *A change is gonna come*, p. 4.

269. Robert Palmer, *Dancing in the street: A rock 'n' roll history* (Londres, 1996), p. 80.

270. Ward, *Just my soul responding*, p. 389.

271. Dan Morgenstern, "Louis Armstrong", em *The Oxford companion to jazz*, org. Bill Kirchner (Oxford, 2000), pp. 118-9.

272. Citado em Ward, *Just my soul responding*, p. 323.

273. Citado em *ibid.*, p. 232.

274. Palmer, *Dancing in the street*, p. 95. No programa de televisão da bbc para o qual este livro foi escrito, existe uma entrevista particularmente reveladora com o guitarrista branco Steve Cropper sobre o efeito do assassinato de King sobre a cooperação musical inter-racial.

275. Badger, "Different perspectives on the Civil Rights Movement".

276. Pekka Gronow e Ilpo Saunio, *An international history of the recording industry* (Londres e Nova York, 1998), p. 204.

277. <www.rollingstone.com/news/story/5939212/the_immortals>. *Sgt. Pepper's Lonely Hearts Club Band* foi o disco número 1 e os Beatles, o grupo número 1. As avaliações, feitas por especialistas, envolveram 55 "músicos, historiadores, executivos do setor e críticos importantes".

278. William Ashton Ellis, *The life of Richard Wagner*, vol. IV (Londres, 1904), p. 442.

279. James Miller, *"Flowers in the dustbin": The rise of rock and roll 1947-1977* (Nova York, 1999), p. 84.

280. *Ibid.*, pp. 87-8.

281. *Ibid.*, p. 93. Segundo a capa do vídeo VHS — ISBN 0-7928-3244-2 — o filme foi retirado do Festival de Cinema de Veneza a pedido da embaixatriz americana Clare Boothe Luce por apresentar um quadro nada lisonjeiro da educação secundária norte-americana.

282. Citado em Paul Friedlander, *Rock 'n' roll: A social history* (Boulder, Colo., 1996), p. 42.

283. Sue Wise, "Sexing Elvis", em *On record: Rock, pop and the written word*, orgs. Simon Frith e Andrew Goodwin (Londres, 1990), p. 396.

284. Citado em Nik Cohn, *Awopbopaloobop alopbamboom: Pop from the beginning* (Londres, 1970), p. 26.

285. George Melly, *Revolt into style: The pop arts in the 50s and 60s* (Oxford, 1989), p. 56. Esse livro foi publicado pela primeira vez em 1970.

286. *Ibid.*, p. 37.

287. Cohn, *Awopbopaloobop alopbamboom*, p. 64.

288. Mat Smith, "Phallus or fallacy", *The Melody Maker*, 12 de março de 1988; reedição em Jim Driver (org.), *The mammoth book of sex, drugs and rock 'n' roll* (Londres, 2001), p. 348.

289. Citado por George Melly em artigo sobre o twist e as discotecas em *The New Statesman*, 23 de março de 1962.

290. Citado em Miller, "*Flowers in the dustbin*", p. 169.

291. Simon Frith e Angela McRobbie, "Rock and sexuality", em *On record: Rock, pop and the written word*, orgs. Simon Frith e Andrew Goodwin (Londres, 1990), p. 371.

292. *Ibid.*, p. 374.

293. Charles Shaar Murray, *Crosstown traffic: Jimi Hendrix and the rock 'n' roll revolution* (Nova York, 1989), p. 58.

294. Robert Pattison, *The triumph of vulgarity: Rock music in the mirror of Romanticism* (Oxford, 1987), p. 115.

295. Ruth Padel, *I'm a man*, pp. 295, 311.

296. *Ibid.*

297. Murray, *Crosstown traffic*, p. 69.

298. Citado em *ibid.*, p. 71.

299. DeCurtis e Henke (orgs.), *The Rolling Stone illustrated history of rock 'n' roll*, pp. 189-91.

300. John Harlow, "Beyoncé joins the big boys with £30m tour deal", *The Sunday Times*, 14 de março de 2004, p. 31.

301. Martin Gregor-Dellin e Dietrich Mack (orgs.), *Cosima Wagner's diaries*, vol. II: 1878-83 (Londres, 1980), p. 631. Anotação de 25 de fevereiro de 1881.

302. <http://en.wikipedia.org/wiki/Category:Gay_musicians>.

303. Andy Medhurst, prefácio de Richard Smith, *Seduced and abandoned: Essays on gay men and popular music* (Londres, 1995), p. XVI.

304. Alexander Laski, "The politics of dancing — gay disco and postmodernism", em *Music and society: The last post*, org. Simon Miller (Manchester, 1993), pp. 115-7.

305. Jon Savage, *Time travel: Pop, media and sexuality* (Londres, 1996), p. 114.

411

306. Laura Jackson, *Queen: The definitive biography* (Londres, 1999), pp. 225-9. Ver também o encarte que acompanha o conjunto de DVDs.

307. <www.thesun.co.uk/article/0,,2003061831,00.html>. A estranha grafia "t.A.T.u" se deve à existência de outra banda chamada "Tatu". Chapoválov divulgou que a palavra era uma abreviação russa de "esta menina ama aquela menina".

308. As duas moças apareceram na Parada do Orgulho Gay em Moscou em 26 de maio de 2007, ação que foi tão corajosa quanto bem divulgada. Depois de alvejadas com ovos, foram retiradas dali por sua comitiva: <www.pinknews.co.uk/news/articles/2005-4495.html>.

309. Esta informação foi extraída de um trecho da biografia de Darden Asbury Pyron *Liberace: An American boy*, que pode ser encontrada em <www.press.uchicago.edu/Misc/Chicago/686671.html>.

CONCLUSÃO [PP. 343-49]

1. Paul Johnson, "The menace of Beatlism", *New Statesman*, 18 de fevereiro de 1964; reproduzido em Hanif Kureishi e Jon Savage (orgs.), *The Faber book of pop* (Londres, 1995), pp. 195-8.

2. Citado em Peter Wicke, *Rock music: Culture, aesthetic and sociology* (Cambridge, 1990), pp. 23-4.

3. Paul Trynka (org.), *The Beatles: Ten years that shook the world* (Londres, 2004), p. 248.

4. Matt Wells, "How Robbie headed Amadeus in the race to be music's man of the millennium", *The Guardian*, 8 de novembro de 1999.

5. <http://en.wikipedia.org/wiki/Yesterday_(song)>. Embora na verdade a canção tenha sido composta somente por McCartney, Lennon e McCartney compartilham o crédito.

6. Citado em Harry Haskell, *The early music revival: A history* (Londres, 1988), p. 109. Uma honrosa exceção foi a série "Archiv", da Deutsche Grammophon.

7. Trevor Croucher, *Early music discography: From plainsong to the sons of Bach*, 2 vols. (Londres, 1981), p. VI.

8. John Milsom, "Soundclips and *early music*" *Early Music* 31, 1 (2003), p. 3.

9. Alguns observam que "SDG" também pode ser interpretado como acrônimo de "Sod Deutsche Grammophon". [*Sod* pode ser traduzido como "droga", "porcaria". (N. T.)]

10. Existe reconhecidamente pelo menos uma exceção: o carrancudo jornal diário alemão *Frankfurter Allgemeine Zeitung*.

11. <http://www.saatchi-gallery.co.uk/yourgallery/>.

12. Walter Benjamin, "The work of art in the age of mechanical reproducction", em *Illuminations* (Londres, 1970): "Mesmo a reprodução mais perfeita de uma obra de arte carece de um elemento; sua presença no tempo e espaço, sua existência singular no lugar onde por acaso está". Devo esta percepção a Eric Hobsbawm que a revelou durante uma intervenção numa conferência Ameurus em Dresden em 19 de maio de 2007. Ele acrescentou que as artes visuais haviam declinado no decorrer do século XX, especialmente durante a segunda metade, e continuariam declinando no século XXI.

13. <http://www.advanced-television.com/2006/news_archive_2006/may29_jun2.htm#pop>.

Créditos das ilustrações

p. 16 Festa no Palácio: Show do Jubileu da rainha em 3 de junho de 2002. (AP Photo/ Steve Holland)

p. 18 Brian May toca "God save the queen" na abertura do Show do Jubileu em 3 de junho de 2002. (PA Photos)

p. 33 Catálogo temático de Breitkopf e Härtel (1763). (Breitkopf & Härtel KG)

p. 34 O duque de Alba por Goya (1795). (Erich Lessing/ Art Resource, NY)

p. 35 Franz Joseph Haydn por J. E. von Mansfeld. (The Art Archive/ Museum der Stadt Wien/ Alfredo Dagli Orti)

p. 36 Händel por Louis François Roubiliac. (Victoria & Albert Museum, Londres/ Art Resource, NY)

p. 37 Monumento a Händel por Louis François Roubiliac, Abadia de Westminster. (Michael Jenner/ Alamy)

p. 43 A apoteose de Haydn em 27 de março de 1808 por Balthasar Wigand. (The Art Archive/ Museum der Stadt Wien/ Alfredo Dagli Orti)

p. 49 Monteverdi por Bernardo Strozzi (1640). (Erich Lessing/ Art Resource, NY)

p. 50 Johann Sebastian Bach por Elias Gottlob Haussmann (1746). (Erich Lessing/ Art Resource, NY)

p. 51 Georg Friedrich Händel por Thomas Hudson (1756). (© Coleção Particular/ The Bridgeman Art Library)

p. 54 Propaganda da Mozartkugel. (FAN Travelstock/ Alamy)

p. 55 Beethoven por Franz Klein (1812). (Beethoven-Haus, Bonn)

p. 57 Cortejo fúnebre de Beethoven em 1827, por Franz Stober. (Erich Lessing/ Art Resource, NY) *p. 62* Niccolò Paganini por J. A. D. Ingres (1819). (Réunion des Musées Nationaux/ Art Resource, NY)

p. 63 Paganini por Ferdinand-Victor-Eugène Delacroix (1831). (The Phillips Collection, Washington, DC)

p. 68 Caricatura francesa de Franz Liszt. (Interfoto)

p. 69 Concerto de Franz Liszt em Berlim em 1842. (The Granger Collection, Nova York)

p. 70 Franz Liszt, litografia de Josef Kriehuber (1846). (The Art Archive/ Museum der Stadt Wien/ Alfredo Dagli Orti)

p. 73 Imperador Guilherme I conduzido pelas ruas de Bayreuth (1876). (Reuter Wagner Museum, Eisenach)

p. 74 Wagner com o imperador Guilherme I em Bayreuth na inauguração do Teatro de Festivais (1876). (Münchner Stadtmuseum, Munique)

p. 80 Harold Wilson atormentado pelos Beatles (1964). (Kent Gavin/ Getty Images)

p. 82 Tony Blair com Noel Gallagher do Oasis (1997). (AP Photo/ Rebecca Naden)

p. 85 Bono e Bob Geldof com Tony Blair (2003). (AP Photo/ Roger Allen/ Daily Mirror Pool)

p. 89 Encenação de *A princesa de Elis*, de Molière, como parte de *Os prazeres da ilha encantada*, gravura de Israel Silvestre (1664). (© Roger-Viollet/ The Image Works)

p. 94 Planta da cidade de Mannheim em meados do século XVIII. (Reiss-Engelhorn-Museen, Mannheim/ Jean Christen)

p. 101 Gewandhaus, Leipzig, por Felix Mendelssohn-Bartholdy (1837). (Bildarchiv Preussischer Kulturbesitz/ Art Resource, NY)

p. 104 *La petite loge*, de Jean-Michel Moreau (1783). (Victoria & Albert Museum, Londres/ Art Resource, NY)

p. 111 *Apollo Belvedere*, Vaticano. (Clifford Boehmer/ Harvard University Press)

p. 114 Frontispício da Terceira Sinfonia de Beethoven, *Eroica*. (Erich Lessing/ Art Resource, NY)

p. 121 Teatro de Festivais em Bayreuth. (Cortesia de Bernd Mayer, Bayreuth)

p. 123 Momentos finais da estreia de *Parsifal* em Bayreuth por Paul von Joukowsky (1882). (The Granger Collection, Nova York)

p. 130 John Coltrane (1964). (AP IMAGES)

p. 133 O ícone dos anos 1960 Eric Clapton é profanado.

p. 140 Teatro Regio, Turim, durante a representação de *Arsace* de Pietro Domenico Olivero (1740). (The Art Archive/ Museo Civico Turin/ Gianni Dagli Orti)

p. 141 Bayreuth: o camarote do margrave na Casa de Ópera do Margrave, de Giuseppe e Carlo Galli Bibiena (1744-8). (INTERFOTO Pressebildagentor/ Alamy)

p. 144 Haydn dirige um espetáculo na casa de ópera de Esterháza. (The Granger Collection, Nova York)

p. 145 Interior de La Scala de Milão. (The Art Archive/ Museo Teatrale alla Scala Milan/ Alfredo Dagli Orti)

p. 148 O Rittersaal no palácio do príncipe eleitor em Mannheim (1730). (Fotografia de Robert Häusser, Mannheim)

p. 149 O palácio do príncipe eleitor em Mannheim (1725). (The Granger Collection, Nova York)

p. 151 Hanover Square Rooms, Londres (1843). (Cortesia de Monir Tayeb e Michel Austin <www.hberlioz.com>)

p. 152 Casa de ópera de Frederico, o Grande, em Berlim, projetada por Knobelsdorff. Gravura de J. Rosenberg (1778). (The Art Archive)

p. 155 Teatro Nacional na praça Gendarmenmarkt, Berlim (c. 1810). (Bildarchiv Preussischer Kulturbesitz/ Art Resource, NY)

p. 156 Schauspielhaus na praça Gendarmenmarkt, Berlim. (The Granger Collection, Nova York)

p. 157 A sala de concertos no Schauspielhaus, Berlim. (Bildarchiv Preussischer Kulturbesitz/ Art Resource, NY)

p. 161 O aspecto original do salão principal da Musikverein, Viena. (Copyright Wien Museum)

p. 162 Esboço do arquiteto do exterior do Teatro de Festivais de Bayreuth. (National-archiv der Richard-Wagner-Stiftung, Bayreuth)

p. 163 Corte transversal da Ópera de Paris. (Bibliothèque Musée de l'Opéra, Bibliothèque Nationale de France)

p. 164 Vista da Ópera de Paris. (Clifford Boehmer/ Harvard University Press)

p. 165 Grande escadaria da Ópera de Paris. (Clifford Boehmer/ Harvard University Press)

p. 166 *La danse bachique* de Gustave Boulanger. (Erich Lessing/ Art Resource, NY)

p. 170 A sala de concertos no Conservatório de Paris. (*L'Illustration*, 15 de abril de 1843)

p. 181 Órgão de teatro Mighty Wurlitzer. (Bildarchiv Preussischer Kulturbesitz/ Art Resource, NY)

p. 184 Anúncio do Palais de Danse Hammersmith (anos 1920).

p. 186 Os Beatles no Shea Stadium (1965). (© Bettman/ CORBIS)

p. 190 Bartolomeo Cristofori apontando para um diagrama de seu novo mecanismo à base de martelos (acima); um dos três únicos pianos remanescentes produzidos por ele (abaixo). (Lebrecht Music and Arts Photo Library/ Alamy)

p. 200 *Ao piano*, de Albert Gustaf Aristides Edelfelt (1884). (© Goteborgs Konstmuseum, Suécia/ The Bridgeman Art Library)

p. 207 Os saxofones de Adolphe Sax: soprano (na frente), contralto, tenor e barítono. (National Music Museum, The University of South Dakota, S. R. H. Spicer, fotógrafo)

p. 208 Banda Besses o' Th' Barn (1860). (Manchester Archives and Local Studies)

p. 209 Banda Besses o' Th' Barn (1903). (Manchester Archives and Local Studies)

p. 213 O violino de Stroh. (Smithsonian Institution Collections, National Museum of American History, Behring Center)

p. 222 Gramofone usado para as transmissões da estação KWCR em Cedar Rapids (década de 1920). (Cortesia da WMT Radio)

p. 226 *Jukebox* Wurlitzer. (Frank Chmura/ Alamy)

p. 228 Propaganda de His Master's Voice (anterior a 1914).

p. 229 Propaganda do *jukebox* Wurlitzer modelo 1015 (década de 1950).

p. 230 Adolescentes alemães ouvindo um *jukebox* (1960). (The Granger Collection, Nova York)

p. 238 Discoteca em Ibiza. (Alex Segre/ Alamy)

p. 241 Anúncio de uma Fender Broadcaster (1951). (Fender® é marca registrada da Fender Musical Instruments Corporation, sendo empregada aqui com autorização expressa por escrito)

p. 242 Jeff Beck toca com The Deltones no Downgate Hall, Tonbridge (1961). (Cortesia de Jeff Beck)

Índice remissivo

Bordeaux, 146, 174, 353

Borodin, Aleksandr Porfiriévitch, 311

Bösendorf, fábrica de pianos, 201

Bowie, David, 84, 336, 338

Boyce, William, 262

Brahms, Johannes, 126, 201, 307

Braunbehrens, Volkmar, 45, 196

Breitkopf, editora musical, 33, 35, 115, 352

Britten, lorde Benjamin, 78, 335

Brno ver Brünn

Broadwood, 193-6, 352

Broonzy, Big Bill, 319

Brown, Gordon, 85, 359

Brown, James, 325

Bruch, Max, 315

Bruckner, Anton, 72

Brünn, 307

Brunswick, 148, 253, 272

Buckingham, Palácio de, 15-7, 19, 341

Budapeste, 169

Buenos Aires, 169

Buggles, The, 234

Bülow, Hans von, 69, 76, 118, 121, 126, 216

burguesia ver classe média

Burney, Charles, 40, 95, 103, 147, 151, 192-3

Butterfield, Paul, 134

Byron, lorde, 59, 65, 109, 176, 354

"Ça ira", 266-7, 269, 272-3, 275

caçadas, 88, 203

cafés, 147, 149

Cage, John, 233, 335

Calvino, João, 24

Cambridge, 97

Cameron, David, 83

Cammarano, Salvadore, 285-7

canções revolucionárias, 273; ver também "A Marselhesa"

Cannabich, Christian, 95, 147, 253

cantatas, 96, 346

Canterbury (Cantuária), 15, 179

carisma, 60-1, 63, 68, 76, 134, 172, 329

Carlos Teodoro, eleitor do Palatinado e da Baviera, 94-5, 147, 153, 352

Carlos VI, imperador do Sacro Império Romano-Germânico, 137

Carlos X, rei da França, 69

Carlos, Wendy, 239

Carlyle, Thomas, 76, 246

Carreras, José, 77, 359

Caruso, Enrico, 77, 214-5, 357

casas de ópera, 121, 139, 145, 147, 150-2, 167-9

Cassandra (William Connor), 337, 339

cassete, fita, 358

castrati, 77

Catarina, a Grande, 310

Catedral de São Paulo, 56, 105

cavaleiros, 26, 77-8, 122, 148

Cavalli, Francesco, 91, 251, 350

Cavern Club, 81, 358

Chaliápin, Fiódor, 215

Cherubini, Luigi, 315

Chicago, 131, 134, 218, 317

Chirac, Jacques, 86, 359

Chopin, Frédèric, 68, 194, 315

Chostakóvitch, Dmítri, 183

Christian, Charlie, 240

cinema, 157, 180-5, 212, 217, 328, 341, 348, 357

Cirque Napoléon, 174, 178

Clapton, Eric, 20, 133-4, 242, 332

clarinete, 202, 205-6, 213

classe alta, 180, 184, 227; ver também nobreza

classe média, 41, 46, 67, 100, 117, 127, 172, 175-6, 180, 193, 195, 197, 201-2, 212, 223, 227, 326, 332, 344

classe trabalhadora, 174-5, 178, 180, 212

clavicórdio, 189, 191, 201

Clementi, Muzio, 46, 194

Clinton, Bill, 86

Clooney, Rosemary, 333

cock rock, 332

Cohn, Nik, 331

Coldplay, 83-4

Cole, Nat King, 321

1ª EDIÇÃO [2011] 1 reimpressão

ESTA OBRA FOI COMPOSTA PELA SPRESS EM MINION E IMPRESSA EM OFSETE
PELA GRÁFICA BARTIRA SOBRE PAPEL PÓLEN SOFT DA SUZANO PAPEL E CELULOSE
PARA A EDITORA SCHWARCZ EM OUTUBRO DE 2011